长春统计年鉴

2003

长 春 市 统 计 局　　编

中国统计出版社

(京)新登字 041 号

图书在版编目(CIP)数据
长春统计年鉴·2003/长春市统计局编—北京:中国统计出版社,2003.7
ISBN 7-5037-4173-2

Ⅰ.长…
Ⅱ.长…
Ⅲ.统计资料—长春市—2003—年鉴
Ⅳ.C832.341-54
中国版本图书馆 CIP 数据核字(2003)第 049447 号

长春统计年鉴——2003

作者/长春市统计局
责任编辑/蔡启新
E-mail/yearbook@stats.gov.cn
责任校对/高岩
封面设计/鄢萍　高岩
出版发行/中国统计出版社
通信地址/北京市西城区三里河月坛南街 75 号　中国统计出版社
邮编/100826
电话/(010)63262295
印刷/吉林华源国际实业有限公司印业商社
经销/新华书店
开本/890×1240 毫米 1/16
字数/65 万字
印张/27
印数/1-1500
版别/2003 年 8 月第 1 版
版次/2003 年 8 月第 1 次印刷
书号/ISBN 7-5037-4173-2/F·1684
定价/198.00 元

《长春统计年鉴——2003》编委会

《长春统计年鉴——2003》编辑人员

总　编　辑：	鄢　萍
责任编辑：	蔡启新　高　岩　石岱峰
参加编写人员：	王　坚　史玉珊　冯丽婷
	刘　力　刘　刚　李永新
	宋福来　张　幕　郑丽莉
	秦桂芳　曹　资　戴　群
	鄢　萍
英文翻译：	杨会晏　王　巍　张秀娥
总　　校：	高　岩
承　　印：	吉林华源国际实业有限公司印业商社

编者说明

一、《长春统计年鉴——2003》是一部全面反映长春市2002年经济和社会发展情况的资料性刊物。本书收录了2002年长春市经济和社会各方面大量的统计数据。

二、全书共包括四部分。(一) 特载，(二) 专论，(三) 县 (市) 区经济，(四) 统计资料。统计资料按其内容分为18个篇目，即 (1) 综合；(2) 人口；(3) 单位从业人员及劳动报酬；(4) 固定资产投资；(5) 能源消费与库存；(6) 财政；(7) 物价；(8) 人民生活；(9) 城市建设；(10) 农业；(11) 工业；(12) 交通运输邮电通信业；(13) 建筑业；(14) 批发零售贸易和餐饮业；(15) 对外经济贸易和旅游业；(16) 金融保险业；(17) 教育、科技及文化事业；(18) 体育、卫生及其他事业。

三、本书资料大部分来自于各专业年报资料，部分资料取自抽样调查。

四、本书中文字资料主要是统计部门人员撰写。

五、本书中所使用的价值量指标及构成，除已注明外，均按当年价计算，发展速度按可比价格计算。

六、本书采用国际统一标准计量单位。

七、书中符号使用说明："#"表示其中的主要项，"空格"表示该项指标数据不详或无该数据。

PREFACE

Ⅰ、*Changchun Statistical yearbook*—2003 *is an annual statistics publication, which covers very comprehensive data, reflects various aspects of changchun′s social and economic development.*

Ⅱ、*The book contains the following four parts*, 1. *special reports*; 2. *special topic*; 3. *Economy of counties (cities) and districts*; 4. *Statisticals data*: (1) *General survey,* (2) *population*, (3) *Employment and wages*, (4) *Investment in fixed assets*, (5) *Consumption and storage of energy*, (6) *Government finance*, (7) *Price*, (8) *people′s livelihood*, (9) *General survey of city*, (10) *Agriculture*, (11) *Industry*, (12) *Transportation, post and telecommunications services*, (13) *construction*, (14) *Wholesale, retail trade and food services*, (15) *Foreign trade and tourism*, (16) *Banking and insurance*, (17) *Education*, *science and social welfare*, (18) *sports*, *public health and Others*.

Ⅲ、*The major data sources of this publication are obtained from annual statistical reports, and some from sample surveys.*

Ⅳ、*Special reports and special topic are obtained from statistical departments and relionship departments.*

Ⅴ、*The value indicators and composition used in this book are at current price except notes have made, growth rate is calclaled by constant price.*

Ⅵ、*The units of measurement used in this book are internationally standard measurement units.*

Ⅶ、*Explantory notes for notations used in this book*: "#" *indicates the major items of the total*, "(*blank space*)" *indicates that the data not available.*

目　录

特　载

SPECIAL REPORT

专　论

SPECIAL TOPIC

县（市）区经济

ECONOMY OF COUNTY（CITY）AND DISTRICT

统 计 资 料

STATISTICS

第一篇　综合

1. GENERAL SURVEY

第二篇　人口

2. POPULATION

第三篇　单位从业人员与劳动报酬

3．EMPLOYMENT AND WAGE

第四篇　固定资产投资

4．INVESTMENT IN FIXED ASSETS

第九篇　城市建设

GENERAL SURVEY OF CITY

第十篇　农业

10. AGRICULTURE

第十一篇　工业
11. INDUSTRY

第十二篇　交通运输、邮电通信业

12．TRANSPORTATION，POST AND TELECOMMUNICATION

第十三篇　建筑业

13．CONSTUCTION

第十四篇　批发零售贸易和餐饮业

14．WHOLESALE RETAIL TRADES AND CATERING

第十五篇　对外经济贸易和旅游业
15. FOREIGN TRADE AND TOURISM

第十六篇　金融保险业
16. BANKING AND INSURANCE

第十七篇　教育、科技及文化事业

17. EDUCATION，SCIENCE AND CULTURE

第十八篇 体育、卫生及其他事业

18. SPORTS, PUBLIC HEALTH AND OTHERS

特　　载
SPECIAL REPORT

政府工作报告

——2002年12月17日在长春市第十二届人民代表大会第一次会议上

市 长 李 述

各位代表：

现在，我代表市人民政府向大会作工作报告，请予审议；并请列席会议的同志提出意见。

一、五年工作回顾和二〇〇二年的简要总结

自1998年市十一届一次人民代表大会至今的五年来，我们认真贯彻党的十五大、十六大精神，在省委、省政府和市委的领导下，团结全市各族人民，抢抓机遇，开拓前进，圆满完成了本届政府各项任务，实现了跨越式发展的阶段性目标。

——国民经济持续快速增长，综合经济实力显著增强。国内生产总值等5项主要经济指标实现翻番。预计2002年，全市国内生产总值达到1150亿元，超本届政府计划150亿元，年均增长13%，占全国经济总量的比重由1997年的0.73%提高到1.14%。全口径财政收入107.5亿元，超计划22.5亿元，比1997年增长1.2倍；五年累计实现财政收入404.8亿元，年均增长16.6%。规模以上工业完成产值1120亿元，比1997年增长1.6倍，年均增长20.6%，在15个副省级城市中的位次由1997年的第13位上升到第7位。固定资产投资五年累计完成1176亿元，超计划176亿元，年均增长24.7%。外贸进出口总额完成25亿美元，比1997年增长1.5倍，年均增长19.7%。

——结构调整成果显著，经济整体素质全面提升。三次产业比重发生较大变化，一、二、三产业增加值占国内生产总值比重由1997年的21.1∶41.5∶37.4调整到12.8∶45.4∶41.8。效益型农业发展迅速，以大成、德大、皓月集团为代表的农业产业化龙头企业发展到120户，畜牧业占农业总产值比重达到51%。工业经济整体素质和市场竞争力明显增强，成为拉动经济增长的主要力量。规模以上工业企业发展到577户，五年累计完成新产品产值860.8亿元；一汽等30户重点企业实现产值占全市比重83.9%；汽车、食品、光电子信息、生物与医药四大主导行业占全市比重88.1%；高新技术产业产值达到400亿元，比1997年增长4.7倍。五年累计企业技术改造投资217.7亿元，比前五年增长1.1倍。第三产业结构进一步优化，金融保险、旅游等行业蓬勃发展。所有制结构调整成效突出，混合型经济发展迅速，非国有经济占国内生产总值比重达到60%，比1997年提高19个百分点。

——各项改革不断深化，社会主义市场经济体制初步建立。深入开展国企改革攻坚战，较好完成了国有及国有控股大中型企业三年脱困阶段性目标。全市121户中型以上国有企业80.2%改为公司制，1057户中小企业73%完成改制。资本运作成效突出，在深、沪两地及香港上市公司21家，总股本78.4亿股，累计募集资金130.2亿元。以养老、失业、基本医疗保险为重点的社会保障体系初步建立，74万名职工参加失业保险，40万名职工参加基本医疗保险，90万名职工和离退休人员参加基本养老保险，基本养老金社会发放率97.6%。建立和完善了城市居民最低生活保障制度，五年累计投入保障资金14424万元，受保人数14.7万人。住房、人事、分配制度和投融资体制等项改革逐步深入，要素市场不断完善，中介服务机构迅速发展，市场在资源配置中的基础性作用日益增强。较好地完成了各级政府机构改革任务。

——开发区经济迅猛发展，对外开放取得新成就。以招商引资为重点，全面扩大对外开放，拓展了经济发展空间。2002年，实际利用外资6.2亿美元，比1997年增长2.6倍；五年累计引进外资20.7亿美元，引进内资420亿元。外商投资企业2600多家，其中大众、伊藤忠等28家世界500强企业落户我市。大力开拓国际市场，外贸进出口总额占国内生产总值比重达到17.9%。同我市有贸易往来的国家、地区，比1997年增加了80个；文化等其他领域的对外交流与合作日益扩大，外事、台务、侨务等项工作在对外开放中发挥了积极作用。作为对外开放"窗口"的开发区，保持了强劲发展势头，2002年，五个开发区实现国内生产总值362.7亿元，比1997年增长2.9倍，占全市国内生产总值比重达31.5%。

——城市建设步伐加快，环境质量明显提高。突出"经营城市"理念，坚持可持续发展战略，不断拓展城市发展思路和空间。五年累计投入资金300多亿元，实施了一大批城市基础设施工程。"引松入长"二期、石头口门水库增容等源水建设工程的建成使用，缓解了连年干旱造成的"水荒"压力，为人民生活和经济发展提供了有效保障。绕城高速公路、轻铁一期工程及亚泰大街等60多条街路的建成使用，不仅有效地缓解了城市快速运转的"瓶颈"问题，而且使城市的骨架进一步完美、特色更加鲜明。伊通河风光带工程的实施，以及环城绿化带一期工程和牡丹园、长春公园等10个开放式公园的投入使用，进一步改善了城市环境质量，大大提升了城市的品位和层次。"一级规划、二级建设、三级管理"体制的实施，以及"畅通工程"、"取缔马路市场、禁止马车进城"、拆"三小"等多项综合整治活动的开展，使城市管理水平迈上了新台阶。现今，我市城市综合气化率94.5%，垃圾袋装化覆盖率82%，源水水质合格率100%，污水处理率66.8%，城市绿化覆盖率39%，空气质量基本达到国家二级标准，成为中国内陆生态环境质量最好的城市之一。

——关心群众切身利益，人民生活质量不断提高。2002年，城市居民人均可支配收入和农民人均纯收入6900元和3147元，分别比1997年增长46.7%和38%；城乡居民储蓄存款由386亿元上升到710亿元，年均增长13%，全市人均储蓄超过10000元。在收入增加的同时，人民群众的消费水平不断提高。全市社会消费品零售总额完成402亿元，比1997年增长86.3%，年均增长13.2%；城乡居民人均消费支出由3173元提高到5702元，年均增长12.4%；城市和农村居民恩格尔系数分别由1997年的50.4%、51.2%下降到39.7%和47%。城乡人均住房建筑面积分别为21.2平方米和18.5平方米。人口自然增长率控制在3.28‰以内。城乡居民生活总体达到小康水平。社区建设稳步推进，全市各类社区服务网点已达8000多个，社区卫生服务覆盖人口90%以上。大力实施"再就业"工程，五年累计实现再就业25万人(次)，城镇登记失业率控制在3%以内。把解决群众的难点问题摆在政府工作突出地位，认真扎实为群众办实事。从薄弱校改造、农村改水改厕、"菜篮子"工程到大气环境治理、伊通河改造，五年(列入《政府工作报告》中)共完成实事工程60件、221子项，件件关联群众切身利益。

——科技教育与各项社会事业协调发展,精神文明建设全面推进。“长春·中国光谷”高标准起步,2002年,全市光电子信息产业完成产值90亿元,比1997年增长2倍,光电子信息企业已发展到220户。生物与医药行业迅速扩张,完成产值40亿元,比1997年增长近4倍,生物与中药现代化企业发展到89户。完成了长春信息港建设工程,政务信息化、社会公众信息化和企业信息化发展迅猛,信息化带动工业化的进程明显加快。把教育摆在优先发展的地位,全市五年教育经费投入74.9亿元,年均增长15.2%。强化素质教育,中小学办学体制和学校内部管理体制改革取得明显成效。突出农村教育和职业教育的战略地位,深化体制改革,强化结构调整,产生了积极的社会效果。长春职业技术学院成为全国职业教育品牌学校。市属医疗卫生体制改革取得实质性进展,食品卫生三年整顿任务基本完成。新闻、出版、文化、体育等各项社会事业全面发展,广电中心、国际会展中心、五环体育馆等一批文化体育基础设施建成投入使用。积极实施人才战略,市场配置人才机制基本形成,五年培训各类专业技术人才17.4万人(次),引进各类急需短缺人才1.1万人。多种形式的群众性文明创建活动蓬勃发展,社会文明程度不断提高,首批进入全国创建文明城市先进城市行列,四次荣获“双拥模范城”光荣称号。民族宗教工作取得新成绩。

——实行政务公开,坚持依法行政,民主法制和软环境建设取得新成绩。坚持不懈地开展软环境建设,结合长春实际,不断赋予软环境建设新的内涵,全力打造良好的长春“法制环境、服务环境、政策环境、社会环境”。“学习经济开发区海关活动”和建委等6部门试点工作取得良好成效;加快了软环境载体建设,启动基本建设等4个服务中心,成立长春政务中心,增强了政府工作的透明性。进一步改革审批制度,努力扩大创业自由度。报请市人大常委会批准废止的地方性法规5件,废止政府规章和规范性文件371件。审批、核准、备案事项由932项减少到465项,减幅为50.1%。廉政建设和反腐败斗争取得新成果。自1999年成立政府采购中心以来,组织公开招投标采购109次,节约财政资金9400万元。主动接受人大的法律监督、工作监督和政协的民主监督,认真办理人大议案、建议、意见和政协建议案、提案,努力扩大社会各界的知情权,提高政府民主决策、科学决策水平。高度重视社会稳定工作,认真处理人民群众来信来访,积极化解矛盾,努力解决人民群众的困难。“12345”市长公开电话自1999年开通以来,共受理群众来电374485件,办结354263件,办结率达94.6%,一大批群众关心的难点热点问题得到解决。深入开展“严打”整治和打击“法轮功”邪教组织斗争,强化社会治安综合治理,保持了政治稳定、社会安定。

2002年是本届政府的最后一年。面对入世新形势和严峻挑战,全市上下团结一心,善为实干,坚持加快发展不动摇,推进改革开放和现代化建设再上一个新台阶。与上年相比,国内生产总值增长13.1%,全口径财政收入增长10.4%,城市居民人均可支配收入和农民人均纯收入分别增长8.8%和13%,为实现跨越式发展目标奠定了坚实基础。一是坚持奋发有为,集中全力扶强做大优势产业,努力赢得市场竞争主动权,开创了工作新局面。农业产业化骨干企业不断发展壮大,全市新建续建投资规模3000万元以上的农业产业化龙头项目22个,大成、德大集团均实现翻番目标。工业经济实现速度与效益同步增长,规模以上工业增加值增长17.7%,利润增长28.8%,工业效益综合指数达到170.2,位列15个副省级城市第一;特别是汽车工业再创新高,一汽集团汽车年产量突破50万辆;“解放”中重型卡车实现销售量20万辆,单品牌超过德国奔驰而跃居世界首位。二是坚持实事求是,创新工作方式方法,努力探索符合长春实际的经济工作新思路。在农业结构调整中,因地制宜开展了“两打”工程:一年打井20800多眼,超过建国50年来的总和;引导鼓励65万农民外出打工,比上年增长一倍多。有效地缓解了制约农业发展的水源不足及资金匮乏两项主要矛盾。在招商引资工作中,紧密结合长春的地缘、人文和气候等实际,巧打“三张牌”(大中华牌、欧美日韩牌、国内发达地区牌)、突出“三条线”(韩国、日本、台湾),有效地推动了工作开展,实际利用外资、引进内资分别比上年增长24%和14%。三是坚持迎难而上,集中主要精力解决主要矛盾,一些困扰多年的“老大难”问题实现了新突破。通过艰苦努力,恢复建设“半截子工程”25.4万平方米,确籍“无籍房”120万平方米,安置历史遗留的超期回迁居民531户;通过有效的市场运作,综合改造“长江路”,使之焕发生机,成为集旅游、观光、商贸于一体的商业街。四是坚持精品意识,高标准打造独具特色的城市品牌,着力提高城市的知名度和影响力。通过锲而不舍的努力,成功赢得2007年第六届亚冬会举办权,展示了城市魅力和实力,吸引了世界目光,凝聚了人心,架起了又一座长春通向世界的桥梁。同时荣获“国家园林城市”和“国家环保模范城市”称号,增加了城市无形资产的含金量,标志着城市生态环境质量和综合影响力显著提升。农博会、电影节、教育展再获圆满成功,成为全国具有重要影响的主题展会,提升了城市人气,创造了巨大商机。五是坚持以人为本,努力使人民生活向更全面更高水平的小康社会迈进,人民的物质和精神生活更加丰富。在初步实现小康的基础上,人们不再满足于基本生存条件,更加注重享受高科技和信息化带来的便捷和幸福。城市移动电话普及率每百人37.2部,每万人拥有私人轿车100辆、电脑1400台,日均“上网”32万人(次),年出境2万人(次),人均体育用地2.07平方米,超过国家规定标准1倍多。人们追求新时尚和新观念,精神生活愈加富足,市民娱乐、文化教育支出占消费性支出比重达到12.1%。与此同时,政府开始注重增加享受型设施投入,伴随着世纪广场、朝阳公园等一批公众活动场所的投入使用,以及市民健身中心和健身公园、社区健身路径的集中建设,使市民拥有了更多的公共娱乐休闲场所和设施。六是坚持用先进文化统领各项社会事业,努力实现“两个文明”相互促进、共同发展。自觉把发展社会事业作为建设先进文化的重要内容,不断加大基础设施投入。修复、重建了文庙、道台府、伪满皇宫等历史文物,挖掘和丰富了城市的历史文化内涵。多处老年活动中心和老年公寓的建成,以及市区主要街路盲人步道和无障碍通道的设置,弘扬了良好的社会道德风尚和时代精神;“代理妈妈”对4500名贫困儿童的认领,5000多名残疾人的就业安置,以及“慈善救助一日捐”1000多万元善款的筹集,都证明了长春“相互关爱、充满爱心”的良好社会氛围正在形成。

各位代表,过去的五年是长春历史上发展最好的时期。社会主义市场经济体制实现了由局部改革到形成基本框架的整体性推进,城市基础设施建设实现了由严重制约到基本适应的本质性变化,经济发展实现了由速度不稳、效益不佳到持续高速增长、效益同步提高的实质性转变,人民生活实现了由温饱到小康的阶段性跨越。这些成绩的取得,是我们全面贯彻落实中央、省各项方针政策和重大部署的结果,是市委正确领导和市人大、政协有效监督的结果，是全市广大干部群众同心协力、顽强拼博的结果。五年来，海内外朋友特别是长春籍人士、港澳台同胞及外埠工商人士热诚关心、支持、帮助长春的建设和发展；中央、省驻长单位，中国人民解放军和武警驻长部队指战员，为长春两个文明建设做出了巨大贡献。在此，我代表市人民政府表示崇高的敬意和衷心的感谢！

在肯定成绩的同时，也要清醒地看到，与国内先进城市相比，从市场竞争的压力和群众的期望上看，我们还有很大差距，发展中仍然存在许多困难和问题，主要是：市场经济体制尚不健全，要素市场不适应生产力发展需要；经济总量偏小，地方可用财力比重偏低；经济结构不尽合理，调整优化任务十分艰巨；城市化水平不高，县域经济发展任务繁重、财力不强；出口拉动力度不足，投资率偏低；就业再就业工作压力很大，城乡居民收入增长缓慢，部分群众生活困难；政府职能转变需要进一步加强，机关工作效率有待进一步提高；廉政建设、社会治安和安全生产等方面的问题也不可忽视，等等。对这些问题，我们要高度重视，采取有效措施，着力加以解决。

二、今后五年的指导思想、奋斗目标和主要任务

今后五年，是我们认真贯彻党的十六大战略部署、全面建设小康社会的重要时期。任务光荣而艰巨，形势复杂而多变。我们必须把跨越发展作为富民强市的第一要务，增强信心，奋发有为，抢抓机遇，超常运作，继续以高于全省、全国平均发展水平，高于大多数副省级城市的增长速度，加快长春发展进程。

今后五年政府工作总的指导思想是：高举邓小平理论伟大旗帜，认真贯彻"三个代表"重要思想，全面落实党的十六大精神，按照省八次、市十次党代会的部署，以全面建设惠及长春700万人民的小康社会为目标，以加快发展为主题，以结构调整为主线，以改革开放和体制、机制、技术创新为动力，继续实施依法治市、科教兴市、开放带动、县域突破、可持续发展"五大战略"，加速建设现代制造业、区域性物流、科教文化"三大中心"，提高综合经济实力，促进物质、政治、精神"三大文明"协调发展，使长春早日进入全面、更高水平的小康社会。

全市经济和社会发展的主要预期目标是：国内生产总值年均增长12%左右，2007年达到2000亿元，提前实现十六大提出的人均国内生产总值3000美元的奋斗目标；全口径财政收入超过185亿元，力争200亿元；全社会固定资产投资累计实现2000亿元。城市居民人均可支配收入超过9500元，力争10000元；农民人均纯收入超过4500元，力争5000元。城镇累计新增就业岗位35万个以上，城镇登记失业率控制在4%左右，农村外出务工经商人数占农村劳动力比重40%以上。完成上述目标任务，我们要努力做到"发展要有新思路，改革要有新突破，开放要有新局面，各项工作要有新举措"。

——以工业化思维谋划农业，做大做强工业，调整提升服务业，推进产业结构优化升级。全面建设小康社会关键在农村，要立足于农业增效、农民增收、财力增强，大力发展现代农业。以市场为导向，加快农业结构调整。重点发展种源农业、生态农业、创汇农业，连片建设800万亩专用原料基地、500万亩经济作物基地。充分依托粮食资源优势，集中发展优质肉牛等五大牧业体系，畜牧业产值占农业产值比重达到60%。推进农业标准化建设，农产品全部实现无害化、60%实现绿色化，率先建成全国农业标准化示范区。实施农村富余劳动力转移工程，形成以非农产业为主的就业结构，拓宽农民增收渠道。坚持用工业化思维谋划农业，新建扩建100项以上产业化大项目，基本形成布局合理、特色鲜明的县域工业群体。2007年，县(市)经济总量占全市比重稳定在30%，县(市)财力基本实现翻番。以改造传统产业和加快高新技术产业化为主线，狠抓汽车、食品、光电子信息、生物医药四大主导行业，建设大项目，培植大企业，走具有长春特色的新型工业化道路。举全市之力支持一汽实施"第三次创业"，培植大成、华禹光谷等一批起骨干支撑作用的大企业，建设100万辆汽车等一批具有突破性带动作用的重大项目。通过五年的努力，把长春建成真正意义上的国际汽车城、国内一流的绿色食品城、全国著名的光电子信息产业基地、区域性的生物医药和中药现代化产业基地。2007年，四大主导行业的销售收入突破2000亿元，销售收入超10亿元的企业达到50户，上市公司45户。围绕建设区域性物流中心，调整完善大商业、大市场、大流通格局，促进传统服务业向现代服务业转变。启动建设汽车贸易开发区等一批物流园区，积极培育和扶持以第三方物流为重点的现代物流企业，转型提升、整合重组现有物流资源，逐步构建功能完善、开放性的现代化物流服务体系。不断完善商贸、旅游、信息、会展四大服务功能，增强区域性中心城市辐射带动能力。适应居民消费结构变化，着力发展中介、咨询、教育培训、文化服务、体育健身等新兴服务业，培育新的经济增长点。到2007年，汽车贸易开发区要建成东北亚最大的汽车物流中心，全市各类物流园区销售收入达到400亿元，服务业增加值年均增长13%以上，服务业从业人员比重提高到50%。

——以体制创新为核心，全面推进各项改革，增强经济发展活力。毫不动摇地巩固和发展公有制经济，基本完成国有经济战略性调整和国有企业战略性改组，积极推行股份制，发展混合所有制经济。国有大中型企业要继续实行规范的公司制改造，完善法人治理结构，建立现代企业制度，绝大多数企业真正成为具有较强竞争力的市场主体。毫不动摇地鼓励、支持和引导非公有制经济加快发展，要把各种积极因素全部调动起来，使各种经济主体都活跃起来，放手让一切劳动、知识、技术、管理和资本的活力竞相迸发，让一切创造社会财富的源泉充分涌流，以造福于长春人民。鼓励一部分人通过诚实劳动、合法经营先富起来，一切合法的劳动收入和合法的非劳动收入都要得到保护，让广大群众放心大胆地创造财富。2007年，非公有制经济占全市经济总量的比重达65%以上。深化分配制度改革，扩大中等收入者比重，提高低收入者收入水平。深化人事制度、住房制度、投融资体制和医疗制度等各项改革，使改革向更深层次、更广领域全面推进。在更大程度上发挥市场机制在资源配置中的基础性作用，健全统一、开放、竞争、有序的现代市场体系。推进资本市场的改革开放，发展产权、土地、劳动力和技术等要素市场，创造各类市场主体平等使用生产要素的良好环境。

——以招商引资为重点，更加广泛地参与国际经济技术合作与竞争，全方位实现对外开放。强化开放意识，树立世界眼光。结构调整要顺应全球市场需求，新上重大项目要在国际产业分工体系中找准位置。充分利用国内国际两个市场，优化资源配置，拓展发展空间。外贸进出口总额达到55亿美元，外贸依存度每年提高1个百分点以上。有效利用国内国际两种资源，动员全市各个层面齐力抓招商引资，同时引进先进技术、智力和管理方式。五年累计利用外资50亿美元、内资800亿元以上。鼓励和支持外资投资农业、制造业和高新技术产业，逐步推进服务领域开放。扩大科技、教育、文化等领域对外交往渠道，搭建开放发展的国际平台。实施“走出去”战略，积极到境外承包工程、办企业，开展劳务合作，带动产品、劳务和技术装备出口。密切关注、积极参与图们江地区开发。继续推进开发区“二次创业”，努力实现体制、科技、产业、环境“四大创新”，把开发区建设成为机制新、环境美、多功能、现代化的新城区，完成由奠基期到规模扩张阶段的实质性跨越。2007年，五个开发区实现国内生产总值1000亿元，占全市经济总量50%左右。

——推进科技进步与创新，加快信息化进程，为生产力发展提供不竭动力。把经济发展建立在科技进步的基础上，大力发展高新技术和先进适用技术，提高科学技术在经济增长中的贡献率。突出抓好开发区各类科技园区和“孵化器”建设，打造“生物与医药”、“光电子信息”等高新技术发展平台，引进一批项目，集聚一批企业，培植长春“创新经济”高地。高新技术产业产值达到1500亿元。正确处理技术创新和引进、消化、吸收的关系，加强四大主导行业等领域的关键技术开发，形成一批具有自主知识产权的核心技术。坚持科技体制创新，实行产学研一体化，促进科技教育与经济紧密结合，提高科技成果转化率。大力推进国民经济和社会信息化，建设“数字城市”。依托长春信息港构筑全市网络平台交互体系，建立完善工业信息等十大应用系统，满足政府、企业、社会信息化的需求。加强信息化基础设施建设，全市通信光缆总长度达到10000皮长公里，光纤主干网传输速率100G，城区宽带骨干网入口覆盖率80%，计算机普及率每百户38台，互联网接入率73%以上。以信息化带动工业化，使工业化在高起点上迅速发展。在企业新产品研发、生产、经营、管理和决策过程中广泛应用信息技术，应用计算机辅助设计技术的企业比例超过70%。大力发展软件开发和信息服务业，全市软件企业达到500家，信息产业增加值300亿元。

——以中心城市为依托，加快城市化步伐，促进城乡一体协调发展。坚持“规划先行”原则和“积极而为，适度超前”方针，加强城市基础设施和环境建设。实施铁北、八里堡旧城区改造，启动南部新城和富锋、兴隆分团，依托高新技术开发区建设城市副中心，超前规划以长春新机场为依托的东部新城，初步形成多中心、组团式的城市格局，使“舒朗、大气、通透、开放”的城市风格更加鲜明。实施引气入长、城市新水源、污水处理、热电厂扩建、县乡公路等十大工程，城市综合气化率达到98%以上，日供水能力130万吨，污水集中处理率75%以上，能源交通等各种基本生产要素供给满足城市发展需要。实施市容综合整治行动计划，全面启动“半截子工程”，拆除违法建筑。主要街路基本改造成为标准化街路，二环路以内主次干道实现美化亮化，中心城区市容市貌达到国内一流水平。实施“蓝天、碧水、绿地、安静”工程，高标准建设贯通城区的伊通河生态风光带，加宽环城绿化带，整治西部串湖，恢复波罗泡湿地，年均人工造林10000公顷。综合治理水体、空气和噪声污染，使长春的人居环境优美、生态环境良好、适宜市民生活，成为世人瞩目的中国内陆最具特色的生态园林城市。充分发挥中心城市的聚集、辐射和带动功能，积极发展中小城市，择优扶持一批重点建制镇，形成布局合理、特色突出、功能互补的城镇体系。消除城市化的体制障碍，取消就业歧视性政策，引导农村劳动力合理有序流动，推进城市化步伐。2007年，城市化水平达到50%以上。

——大力发展社会主义文化，建设社会主义精神文明和政治文明，推动社会全面进步。以“三个代表”重要思想为统领，大力发展社会主义先进文化，培育与社会主义初级阶段基本经济制度相适应的思想观念，营造有利于人才发展创业的良好机制，形成“人人想干事业、人人能干事业”的良好社会氛围。加强社会公德、职业道德和家庭美德教育，弘扬奋发向上、朝气蓬勃、团结友爱的城市精神，树立自强不息、诚实豁达的长春人形象。支持文化产业发展，整合文化资源，加强文化基础设施建设，发展群众文化。加快发展教育事业，造就一大批高素质劳动者、专门人才和拔尖创新人才。开展全民健身活动，提高市民健康水平。完善公共卫生医疗服务体系，加快实现“人人享有卫生保健”目标。发展新闻出版、广播电视等各项事业，满足人民群众多样化精神需要。随着经济发展，不断增加城乡居民收入，拓宽消费领域，优化消费结构，促进发展型和享受型消费大众化，使长春老百姓由单纯过日子变为享受新生活。健全和完善社会保障体系，积极发展社会福利、社会救助事业，帮扶困难群众，使他们的基本生活得到保障，并逐步过上小康生活，努力使长春的每个角落都富起来。进一步转变政府职能，提高行政效率，降低行政成本，建立“行为规范、运转协调、公正透明、廉洁高效”的新型行政管理体制，建设服务型政府。深入实施“依法治市”战略，加强社会主义民主法制建设，提高依法行政水平，推进政府决策科学化、民主化进程。

举办亚冬会，是长春发展史上的盛事，也是推进城市现代化进程的难得机遇。充分挖掘亚冬会拉动经济增长和促进社会进步的潜力，以亚冬会助发展。要在国家和省的大力支持下，充分运用市场机制和国际化运作模式，高标准完成亚冬会比赛场馆的建设与改造，建设一批交通、通信、市政、生态大型项目和公共建筑，全面提升城市综合服务功能和整体形象。要全市动员、全民参与，凝聚人心，鼓舞士气。2007年，长春人将向亚洲证明：亚奥理事会做出的重大抉择是一次明智之举，长春人民奉献给亚洲的一定是历史上最成功、最具魅力的一届冬季体育盛会。

三、二〇〇三年工作安排

2003年是新一届政府的起始年，也是全面落实党的十六大精神的第一年，开好头、起好步十分重要。在新的一年里，要继续坚持加快发展不动摇，坚持干是硬道理，努力实现新一届政府各项工作的良好开局，为长春今后五年的发展赢得时间，争得主动。主要预期目标是：国内生产总值增长13%左右，全口径财政收入增长11.2%，城市居民人均可支配收入、农民人均纯收入分别比上年增长7.5%和8%；新开发就业岗位6.5万个，城镇登记失业率控制在3.5%左右，农村外出务工经商人数突破80万人次。重点要抓好以下八项工作。

（一）加快结构调整和产业优化步伐，提高经济整体竞争力

坚持在发展中调整结构，在结构调整中加快发展，保持经济快速增长的良好势头。大力发展市场农业，提高农村工业化水平，推进县域经济实现新突破。一产增加值实现158亿元，增长6%。加快农业结构调整步伐，提高农业综合效益。种植业要继续压缩普通玉米，集中发展劳动技术密集型园艺作物，做大做强优势产品，促进特色乡镇上档次、上水平。突出抓好饲料牧草，加快形成粮、经、饲三元种植结构。经济作物、蔬菜、饲料牧草分别发展到400万亩、200万亩和20万亩。畜牧业在扩张总量的基础上，突出抓住良种选用、饲料开发、防疫检疫、规模饲养和深加工等五大环节，解决质量和安全问题，提高国际市场竞争力。畜牧业增加值增长12%。加

快农业标准化进程，建立完善农产品质量标准、质量监督检测、质量认证和安全执法等“四大体系”，开展农副产品上条码、上标识、上包装工作，打好“绿色食品牌”。启动建设16个无公害或绿色农产品示范园区，无公害和绿色食品面积新增45万亩。推进农业产业化经营，提高农民进入市场的组织化程度。广泛吸引社会资本兴办产业化龙头企业，鼓励大型流通机构、能人大户领办各种新型农村合作经济组织。进入产业化体系的农户比例达到45%以上。大力发展农村劳务经济。每个乡(镇)都建立一个外派劳务输出基地，培训农村富余劳动力1000人，为农民外出务工经商提供信息、培训和权益保障服务。按照依法、自愿、有偿的原则，进行农村土地使用权流转，发展规模经营。巩固农村税费改革成果，确保农民负担明显减轻、不反弹，确保乡镇机构和村级组织正常运转，确保义务教育经费正常需要。发挥市场机制作用，加快四县(市)所在地和五棵树等10个重点乡镇建设，完善功能，聚集人口，繁荣小城镇经济。本着“多予、少取、放活”的原则，加强对农业的保护和扶持。继续实施农村“打井”工程，每个具备条件的自然屯都要有一眼电机井。加强林业生态体系建设，退耕还林还草5000公顷，完成“三北”四期防护林4000公顷，规划启动城区西部、北部防风御沙林工程。工业是长春经济实现跨越式发展的重心和主要着力点。要围绕发展壮大四大主导行业，全面推进工业结构调整，提升工业经济整体素质和市场竞争力。工业增加值增长14%左右。滚动实施“重大项目”工程，启动建设一汽客车等一批投资超亿元的工业大项目，东高大豆深加工等14个项目年内投产。坚持用高新技术改造骨干企业，突出抓好中重型车改造等25项投资超亿元的重点技改项目，全年完成技改投资70亿元，增长15.7%。全力支持一汽换型改造与合资合作，整体带动工业经济加速增长。紧跟一汽发展规划，重组整合汽车零部件行业，向系统化、模块化配套供货方向发展，加快融入世界汽车产业分工体系。引导中小企业围绕国内外大企业、大项目，搞好协作配套，年内组建冲压、锻造、模具等5个加工中心。中小企业完成产值640亿元，增长16.4%。加快新产品开发步伐。奥迪A4轿车等30种重点新产品年内投放市场，实现产值332亿元。高起点规划建设各类民营工业园区，吸引企业合理集聚。依托双丰等重点乡镇建设10个县(区)工业园，围绕德大、皓月等龙头企业规划一批农副产品加工小区。引导企业利用信息化技术改进产品设计和生产工艺流程，抓好重点行业和重点企业的信息化改造。一汽轿车公司齿轮厂等近百户制造业信息化示范企业全面普及CAD、CAM(计算机辅助设计、计算机辅助制造)技术。

大力发展服务业，是经济结构战略性调整的重要内容。要加快发展现代服务业，推动传统服务业提档升级。第三产业增加值增长13%。加快汽车贸易开发区、东站、铁北三大物流园区建设步伐，积极引进国际物流企业，扶持大众物流、欧亚集团等第三方物流企业或专业物流配送中心扩展业务，加快区域性物流中心建设进程。按照合理布局的原则，启动建设蔬菜中心批发市场等9个大型专业批发市场，抓好亚泰购物中心等14个万米以上大型商业项目，其中7个项目竣工投入使用。发展新兴业态和社区商业，新增各类连锁店100家。全社会消费品零售总额增长13.4%。抓好旅游资源的深度开发和综合利用，完成伪满皇宫周边环境治理及主要景区的主体建筑复原。以净月冰雪节等活动为载体，全力开拓旅游市场。旅游总收入增长30%。开发会展资源，挖掘办展潜力，全年举办全国性大型展会10个以上。办好汽博会、中国汽车产业奠基50周年纪念大会、农博会、国际雕塑大会等大型展会，提高档次，扩大影响。坚持依法治税，确保财政收入稳定增长。继续树立过紧日子思想，集中财力保稳定、保发展。推行国库集中收付和会计集中核算管理，扩大政府采购范围和规模，提高财政资金的使用效率。继续抓好市政、公用工程材料设备公开招标采购，从制度上防止“工程腐败”。积极防范和化解地方性金融风险。

(二)坚定不移地推进改革，提高经济市场化程度

调整国有经济的布局和结构，改革国有资产管理体制，是深化经济体制改革的重大任务。积极推进国有企业产权制度改革，竞争性行业中的国有独资企业要加快国有资本退出步伐。年内市属14户中型以上国有独资工业企业、5户较大规模的国有独资商贸企业、50%的市以下小型国有独资企业，实现国有资本退出。加快市政公用事业单位改革进程，公交集团、自来水公司、煤气公司分别减亏1000万元以上，市政、环卫、园林绿化三支队伍的“事转企”工作迈出实质性步伐。支持企业境内外上市和已上市企业的再融资，境内外新上市企业分别达到2户以上，股票市场融资规模超过20亿元，并培育一批上市预备企业。非上市公司要积极实施国有股减持。实行改制的大中型企业，要以“责权统一、运转协调、有效制衡”为目标，规范法人治理结构，年内60%的企业建立较为完善的现代企业制度。调整国有资本管理、运营和监管体系，改革国有资产考核办法，强化激励和约束机制，促进国有资产科学运营。通过变现国有资产、盘活土地资源等办法，多渠道筹集资金，弥补改革成本缺口，妥善安置职工。支持中、省直国有企业加快改革步伐，加强对集体企业改革工作的指导。发展民营经济对于充分挖掘蕴藏在群众中的巨大潜力，加快生产力发展具有重要意义。全力支持和促进民营经济实现突破性发展，凡国家法律法规未予限制的领域都要向民营经济放开，凡符合国家产业政策的都要放手让民营企业发展，切实为民营经济创造公平竞争的良好环境。在产权明晰的前提下，支持民营企业以多种形式参与国有、集体企业的改制、改组和改造，推动多种所有制经济在机制上对接，经营方式上取长补短。营造崇尚“建设者有功、纳税人光荣”的社会氛围，激发群众自主创业热情。民营企业和个体工商户新增2000户和10000户，销售收入10亿元和亿元以上的民营企业分别发展到8户和80户，民营经济增加值和税收分别增长26%和22%。支持乡镇企业技术改造、结构调整和体制创新，增强发展活力。

(三)坚持“引进来”和“走出去”相结合，努力开创对外开放新局面

实施市场多元化战略，在稳定日本、韩国等周边传统市场的同时，深度开发俄罗斯、越南等新兴市场，并逐步向独联体和东盟其它国家延伸。实现外贸出口总额11.5亿美元，增长9.5%。坚持以质取胜，优化出口结构，巩固玉米出口，扩大蔬菜、肉类等农副产品及精加工产品出口规模，努力把机电、高新技术产品培植成出口拳头产品。深化外经贸体制改革，推进外贸主体多元化。支持“三资”企业、自营出口企业组织出口，出口额各增长14%。按照国际市场需求组织生产，抓好采用国际标准和质量标准认证工作，年内60家企业通过相应的国际标准认证。积极地“走出去”，支持境外投资办厂，新办境外企业4户。扩大对外工程承包领域和规模，合同额增长10%。

吸引外商直接投资，提高利用外资的质量和水平。组织各种灵活务实的招商活动，继续对日本、韩国、台湾地区开展团组招商；组织汽车零部件企业与大众、丰田配套体系内企业开展对接招商；以开发区各类园区为载体开展园区招商，配套引进资本、技术、管理、品牌和销售渠道。拓展引资视野，既要抓住上亿美元的大项目不放，形成引进一个项目、带来一批企业的集聚效应，也要引进一批有市场前景的中小企业。创新引资方式，既要吸引外商独资企业，也要鼓励跨国公司实施并购重组和支持外资企业增资扩股。实际利用外资 7.5 亿美元，增长 21%。坚持内外并举，以发达地区的民营资本和国内著名厂商为重点，吸引外埠资本来长春投资兴业。实际利用内资 140 亿元，增长 16.7%。

开发区是拉动我市经济增长最活跃的力量。要全力支持开发区“二次创业”。按照“内部管理企业化、外部管理市场化”的思路，实施开发区体制和机制创新，加快建立“小机构、大社会”的管理体制和协调、高效的运行机制。按照“把管理寓于服务之中，把支持变成自身责任”的要求，全市各部门、窗口单位都要优化服务环境，为开发区快速发展做贡献、尽义务。各开发区要自我加压，鼓足干劲，为“二次创业”做出无私奉献。五个开发区年内引进超千万美元的大项目 32 个，实际利用内外资均增长 20%；国内生产总值增长 30%以上。

(四)实施科教兴市战略，积极开发人才资源

坚持引进与自主创新相结合，构筑科技创新体系，实现技术进步和产业升级的新突破。高新技术产业产值增长 30%。集中力量和资源，着力抓好重大项目的开发、转化和产业化进程。生物医药行业要突出抓好水痘疫苗等 10 个重点产业化项目，加快天药科技等 8 个国家级新药研发中心建设步伐，产值比上年增长 30%。光电子信息行业要集中扶持一批大企业大集团，白光二极管等 7 个产业化项目开工建设，镀膜材料等 11 个重点项目实现批量生产，产值增长 35%。实施“特快列车”等七项政府引导计划，整合现有科技资源，大力推进官产学研结合。开展“市院合作工程”，实施可溶性导电聚苯胺等 10 个重大科研项目，激光彩色视频显示技术等 5 个项目进入中试阶段。鼓励企业与高校、科研院所共建博士后流动站、实验室、研发中心等各类科研机构，新建企业技术中心 20 个。推进经济和社会信息化进程。抓好宽带接入网建设，大中型企业、城区中小学校宽带接入率达到 95%和 90%，富豪花园等一批居民小区实现千兆到小区。全市政务信息网络系统投入运行，部分政务实现网上办理。

教育是发展科学技术和培养人才的基础，必须摆在优先发展的战略位置。深化教育改革，促进基础教育、职业教育、成人教育和高等教育协调发展。加大农村基础教育投入，深化农村办学模式改革，控制农村中小学生辍学。加快高中教育优质化进程，新建两所寄宿制高中，15 所示范性高中争取通过国家验收。整合职业教育资源，在四县(市)和双阳区各建一所职业教育中心。办好长春职业技术学院，组建职业教育集团。深化中小学内部管理体制改革，加强校长和教师队伍建设。支持在长高校扩大办学规模，探索在校特困大学生勤工俭学的扶持办法。继续推进“市民外语”工程，加强窗口行业从业人员外语培训。

人才是第一资源。要加快实施人才战略，创造各类优秀人才脱颖而出的良好环境。支持知识、技术、经营管理等生产要素按贡献参与分配，出售专利所得、技术股权分红和经营管理股份分红等各种非劳动收入都要得到合法保护。认真兑现人才应享受的各项优惠政策和相关待遇，最广泛最充分地调动科研人员、企业家等各类人才创造财富的积极性。坚持以事业需要选人用人，实现人才使用“柔性化”。降低人才引进门槛，放活人才流动形式，年内引进短缺和急需人才 3500 人以上。

(五)千方百计扩大就业，努力改善困难群众的基本生活

就业是民生之本。扩大就业是当前和今后长时期重大而艰巨的任务。各级政府必须把改善创业环境和增加就业岗位作为重要职责，列入领导干部岗位目标责任制。全方位开发就业岗位，突出发展社区服务业等劳动密集型产业，全年开发社区就业岗位 1.8 万个；支持下岗失业人员以非全日制、临时性工作等方式实现多形式就业；积极开拓境内外劳务市场，国际劳务外派人员增长 10%。落实促进再就业的各项政策，为下岗失业人员自谋职业和自主创业提供小额贷款；新吸纳一定比例下岗失业人员、并与之签订 3 年以上劳动合同的服务型企业，按比例减免相关税费。完善就业服务体系，建立市、县(市)区、街道、社区四级就业服务网络，形成齐抓共管的工作机制；加强职业技能培训，全年培训下岗失业人员 1.5 万人、新生劳动力 1.6 万人，企业在职职工培训率 40%以上；搞好劳动力市场和职业介绍网络建设，为下岗失业人员谋职提供便利服务。引导下岗失业人员转变就业观念，鼓励自谋职业和自主创业。加强劳动用工管理，保障劳动者合法权益。

高度重视和关心困难群众的基本生活。发展老龄事业，提高老年人福利服务质量。市老干部活动中心年内竣工并交付使用。依法安排残疾人就业，全年安置 1920 人。在大马路等五条街路修建盲人步道和无障碍通道，不断改善残疾人的生活质量。强化政府救济职能，发展社会福利事业，开展“经常性社会捐助”、“扶贫助困”活动，努力帮助困难群众解决重病就医和因贫失学等问题。落实居民最低生活保障制度，把符合条件的居民全部纳入最低生活保障范围，努力做到不漏保、不错保。确保国有企业下岗职工基本生活费、离退休人员基本养老金、失业人员失业保险金按时足额发放。继续扩大养老、失业保险覆盖面，做好非公有制企业职工养老保险和事业单位职工失业保险工作。养老、失业保险各新增参保人数 5 万人。稳步推进城镇职工医疗保险制度改革。

(六)发展社会主义先进文化，建设社会主义精神文明，全力维护社会稳定

牢牢把握先进文化的前进方向，推动社会主义文化的发展和繁荣。把弘扬和培育民族精神、城市精神作为先进文化建设重要任务，纳入公民教育和精神文明建设全过程，深入进行十六大精神和“三个代表”重要思想教育，贯彻《公民道德建设实施纲要》，引导市民树立正确的世界观、人生观、价值观和共同理想。积极开展群众性精神文明创建活动，推动文明城市建设深入发展。充分利用群众喜闻乐见的活动载体，发展特色群众文化。全年组织大型广场文化活动 200 场。繁荣文艺创作，多出文艺精品。加快文化基础设施建设，筹建长春艺术大厦，长春图书馆完成数字化改造，新闻出版大厦交付使用。推行全民健身计划，上半年全民健身中心向市民开放。承办好 2003 年亚洲汽车拉力赛等大型体育赛事。抓好疾病预防控制，传染病发病率控制在 1.7‰以内。加强医疗垃圾无害化处理。启动建设北方肝胆医院。推进农村卫生基础设施建设，因地制宜发展农村合作医疗，改善农村医疗卫生状况。深化计划生育综合改革，全面实施妇女儿童发展规划，提高人口素质。人口自然增长率控制在 5.2‰以下。启动新一

轮地方志修志工作。深入开展军警民共建活动,巩固"双拥模范城"成果。认真做好民族、宗教和民兵、预备役工作。

完成改革和发展的繁重任务,必须保持和谐稳定的社会环境。高度重视群众来信来访和人民调解工作,认真解决人民群众的实际困难,及时化解影响社会稳定的因素。加强社会治安综合治理,严厉打击各种刑事和经济犯罪,扫除"黄赌毒"等社会丑恶现象。切实加强生产、交通和消防安全管理,全面落实安全生产责任制,防止重大事故发生。继续深入开展同"法轮功"等邪教组织的斗争。高度重视民族团结,做好对西藏定结县的援助工作。

(七)加快重点项目建设,增强经济发展后劲和城市承载能力

重点项目是保持经济社会持续快速健康发展的支撑和依托,必须摆上重要位置,认真谋划和实施。深入开展"项目建设年"活动,继续紧跟国家积极的财政政策导向,启动一批国债项目,最大限度争取国债资金和贷款贴息支持。完成全社会固定资产投资365亿元,增长14%。挖掘储备项目,定期补充调整,建成动态、开放的项目库。推进投融资体制改革,开放城市基础设施、公用设施及科教文卫等投资领域。推行社会投资项目审批备案制,启动民间投资。完善土地收购储备制度,经营性国有土地使用权实行招标拍卖和挂牌出让,土地出让收益完成8亿元以上。

继续加快城市基础设施建设。完善城市综合交通体系,方便市民出行。延伸景阳大街,打通基隆路,整修市区20余条主次干道,加快长吉南线、九德线等公路建设;启动轻铁净月线,实施54线有轨电车向铁北延伸工程;延长公交线路15条,更新大公共汽车245辆;长春新机场飞行区工程竣工,候机楼、航管楼实现主体封闭。推进住宅产业化,改善居民居住条件。年内房地产开发500万平方米,竣工260万平方米;放开和培育二手房市场,规范住房租赁市场;继续扩大住房公积金缴存覆盖面,提高使用率。搞好城市绿化及园林建设,提高市区绿化覆盖率。启动雕塑公园二期工程;伊通河城区中段综合整治有实质性进展,沿岸部分区域完成绿化美化;发挥市、区两级积极性,搞好区属公园综合整治,抓好养护管理,提高园林水平。城区新增绿地100公顷。继续抓好生态环境建设,巩固"国家环保模范城市"创建成果。加强空气和水污染治理,控制城区噪声污染;发展燃气用户2万户,新增集中供热面积200万平方米;热电二厂二期扩建工程完成厂房和配套设施建设。抓紧启动南部污水处理、雁鸣湖区域污水处理、北郊污水处理厂"中水回用"等项目。加强城市综合管理,提升城市形象。完成解放大路等五条标准街路和五个市容达标区建设;拆除违法建筑40万平方米;强化广场管理,提高市民休闲场所的档次和水平;搞好市容环境卫生,扩大垃圾袋装化覆盖面积,新建30座水洗公厕;继续抓好"畅通工程"建设,优化交通环境。依法调整和完善城市总体规划,编制完成城市近期建设规划、南部新城规划以及水系、交通等分团规划和专项规划;加强规划控制管理,推进规划管理法制化。改革城管监察体制,完善综合执法体系。

抓紧亚冬会场馆、交通、通信、文化设施的规划设计,以及建设资金的筹措,集全市之资源拉开"办好亚冬会、建设新长春"的序幕。

(八)建设"爱民、廉洁、务实、高效"政府,努力提高行政效能

新一届政府的良好形象和行政效能,是完成各项任务的重要保证。按照"爱民、廉洁、务实、高效"的要求,全面加强政府自身建设。

进一步转变观念。坚持与时俱进,按照建设"学习型"政府的要求,大兴学习之风,勤于钻研,努力解放思想,转变观念,把思想认识从不合时宜的观念、习惯和体制的束缚中解放出来,把创新作为工作的常态,不断探索发展的新思路。政府全体公务人员都要振奋精神,鼓足干劲,以高昂的斗志锐意改革,以饱满的热情致力创新,以求实的精神促进发展。

进一步转变职能。按照建立"服务型"政府的要求,自觉把政府不该管的事务交给市场和社会,把直接从事的活动缩到最合理的范围,努力营造良好的经济发展软环境。继续推进审批制度改革,清理削减审批事项,规范审批行为。深入推行政务公开,增强行政透明度。严格依法行政,规范行政行为,对损害经济发展软环境的行政行为从严整处。

进一步转变作风。认真践行"三个代表"重要思想,深入实际,体察民情,关心群众疾苦,努力为民解忧,始终保持与人民群众的血肉联系。继续办好市长公开电话,畅通政府与群众的联系渠道。力戒形式主义,老实做事,踏实干活,全身心地投入工作。各级领导要亲历亲为,靠前指挥,敢于碰硬,勇于解决难题。强化效率意识,加快工作节奏,推动政府工作全面提速。加强党风廉政建设,勤政为民,清廉为政。

政府及其组成部门将一如既往地自觉接受市人大的法律监督和工作监督,自觉接受市政协的民主监督,自觉接受人民群众监督和舆论监督。

根据群众的建议,2003年努力办好12件实事。

1、实施再就业工程。对"4050"困难就业群体实施就业援助,年内9000人实现再就业。

2、解决困难群众就医难问题。特困户、残疾人到市属医院(不含私营)就医,免收挂号费,门诊常规检查费优惠20%,住院床位费减半。

3、建设第二回族公墓,设立回族殡葬服务站,完善设施。

4、实施乡村公路建设工程,年内修建乡村公路400公里以上。

5、开展"城乡手拉手、扶贫助学行动",扶助农村薄弱学校建设,救助贫困学生完成学业;建设20个农村教育实践培训基地。

6、实施街路综合改造和亮化工程。对影响市民出行的30条

街路进行综合改造,配套搞好软硬覆盖;对二环路以内60条街道实施亮化。

7、改造长吉高速公路和102国道(长平段)两个城市出入口,搞好绿化、亮化、美化。

8、实施城区"二次供水"设施改造工程,年内综合整治"二次供水"设施305处,改造供水管线20公里。

9、实施"三北"(北站房、北广场、北人民大街)续建工程,年内完成长春铁路客运北站房、北站前广场及地下停车场、南北广场连接地道建设,力争打通北人民大街。

10、启动南湖公园三年改造工程,年内完成水体改造,实施部分绿化美化项目。

11、改造二道区八里堡、宽城区铁北部分棚户区(面积30万平方米),改善市民居住条件。为城市低保家庭的住房特困户实物分配廉租房500套。

12、完善"菜篮子"产品质量卫生安全检测设施,逐步实行农产品市场准入制度,加强食品安全卫生质量控制。新增无

公害蔬菜4000公顷。

各位代表,让我们在党的十六大精神指引下,在省委、省政府和市委的领导下,团结一致,奋发拼搏,与时俱进,开拓进取,为建设一个繁荣富强、文明开放的新长春,为全市人民早日过上全面、更高水平的小康生活而努力奋斗!

2002年长春市国民经济和社会发展统计公报

长春市统计局

2002年,全市人民在市委、市政府领导下,认真贯彻"三个代表"重要思想,全面落实中央关于扩大内需、调整结构等一系列方针政策,解放思想,与时俱进,深化改革,扩大开放,经济运行总体质量和效益不断提高,国民经济持续快速健康发展,各项社会事业全面进步,人民生活质量继续提高,全市改革和发展的主要预期目标基本实现。

一、综合

国民经济持续快速增长,综合实力明显增强。全年实现国内生产总值1150亿元,按可比价格计算,比上年增长13.1%。其中,第一产业增加值146.8亿元,比上年增长8.5%;第二产业增加值522.3亿元,增长14.6%;第三产业增加值480.9亿元,增长13.2%。三次产业比重分别为12.8%、45.4%和41.8%。人均国内生产总值达到16300元,比上年增长12.7%。非国有经济快速发展,国有和非国有经济占GDP比重达到40:60。

居民消费价格水平略有下降。2002年,居民消费价格总指数为99.7%,比上年下降0.3%,其中,除娱乐教育文化用品及服务类、居住类分别上升0.9%、6.3%外,其他消费品价格均有不同程度下降。国企改革取得新进展。2002年,重点围绕53户国有大中型企业,开展了以加快国有资本退出和破产重组为主要目标的改革脱困攻坚战。全市有42户国有企业实施了产权制度改革,有12户企业被下达破产批复。在97户已实现投资主体多元化的国有大中型企业中,有79户建立起比较规范的现代企业制度,占81.4%。

就业和再就业工作稳步推进。2002年,全市建立再就业服务中心75个,共为2.3万名在站下岗失业人员发放基本生活费7780万元。全年开发各类用工岗位7万个,安置下岗失业人员实现再就业4.4万人,共有1万名下岗职工平稳出中心,解除劳动关系比率达到74%。全年培训下岗失业人员2万人,培训后就业1.1万人,就业率达到55.5%。城镇登记失业率控制在2.88%。

二、农业

农村经济全面发展,结构调整步伐加快。全年粮食作物播种面积91.5万公顷,比上年减少2.2%。经济作物播种面积增长4.6%,优质专用玉米、大豆、水稻播种面积达36.3万公顷,占粮食作物播种面积的41.5%。全年粮食总产量达到702万吨,比上年增加77万吨。全年农业总产值242亿元,比上年增长14.9%。

"订单农业"规模不断扩大。全市订单品种扩大到60多个,比上年增加20余个;订单种植面积达到62.5万公顷,占总播种面积的56.4%。

畜牧业生产稳步发展。全年畜牧业产值达124.8亿元,比上年增长14.4%。畜禽产品产量全面增长,2002年,全市肉类总产量达到136.9万吨,比上年增长14.7%。禽蛋产量33.8万吨,比上年增长8%。猪、牛、鸡良种覆盖率分别达到69%、59%和97.5%。

全市完成造林面积9571公顷,比上年增长39.2%。当年完成新育苗面积1690公顷,比上年增长63.6%。

农业产业化龙头项目建设进展顺利。全市新建续建农业产业化骨干项目22个,完成投资13亿元。

三、工业和建筑业

2002年,工业经济以壮大汽车及零部件、食品、光电子信息、生物与医药四个主导行业为发展重点,不断推进工业化进程,工业经济整体素质和市场竞争能力进一步增强。

工业生产快速增长,经济效益大幅度提高。全年完成全口径工业增加值450.3亿元,比上年增长15%。其中,国有及年产品销售收入500万元以上的非国有工业企业(以下简称规模以上工业企业)完成增加值341.6亿元,增长17.7%。工业经济效益综合指数达到176.3%,比上年提高了23.6个百分点。规模以上工业企业盈亏相抵后实现利润80.6亿元,比上年增长37.3%,其中,国有及国有控股工业企业实现利润67.3亿元,增长42.6%,占全市规模以上工业利润总额的83.5%。大中型工业企业盈利水平明显提高,全年实现利润74.4亿元,比上年增长38.8%。

工业经济结构进一步优化,重点行业和重点企业的支撑作用不断增强。汽车及零部件、食品、光电子信息、生物医药四个主导行业完成工业总产值1055.3亿元,占工业总产值的比重达到87.8%,比上年提高4.1个百分点。30户重点企业完成工业总产值1007.4亿元,比上年增长32.6%,占工业总产值的比重达到83.8%。新产品开发能力不断增强。全年完成新产品产值307亿元,比上年增长20.6%,新产品产值率达到25.5%。

重点工业产品产量大幅度增长。在全市30种重点工业产品中有19种上升,增幅较大的有:录放音机增长91.7%,味精增长76.4%,房间空气调节器增长72.7%,子午线轮胎增长51.8%,汽车增长35.1%,其中,轿车增长45.7%。

建筑业快速发展。全年建筑业完成增加值72.0亿元,比上年增长12.0%。建安企业完成施工产值162.4亿元,比上年增长15.7%,实现利税6.0亿元,下降5.9%。全市施工单位工程8175个,其中投标承包工程6033个,占全部施工工程的73.8%。施工面积1123.1万平方米,比上年增长13.4%;竣工面积650.1万平方米,增长4.3%。一次交验合格率为86.4%。

四、固定资产投资

2002年,固定资产投资保持了快速增长的好势头。全年完成固定资产投资总额320.5亿元,比上年增长12.4%。其中,基本建设投资120.3亿元,比上年增长14.1%;更新改造投资60.7亿元,增长14.7%;房地产开发投资60.8亿元,增长25.3%。从各产业完成投资情况看,第三产业投资增长最快,比上年增长22.9%,第一产业投资上升18.1%,第二产业投资增长5.4%;从投资主体看,国有经济投资118.7亿元,比上年增长9.1%;非国有经济投资130.7亿元,增长24.4%,占全社会固定资产投资的比重由上年的49.1%上升到52.4%。

房地产开发增长较快。全年完成商品房竣工面积335.9万平方米，比上年增长14.3%。商品房销售异常活跃。商品房销售面积200.4万平方米，比上年增长46.4%；商品房销售额48.7亿元，比上年增长54.5%。居民个人购房活跃，在商品房销售中，售给私人用房189.5万平方米，销售额46.0亿元，分别占销售总量的94.6%和94.3%。商品房空置面积264.3万平方米。

投资效益有所提高。全年建成投产基本建设、更新改造投资项目191个，项目建成投产率为36.0%，新增固定资产123.8亿元，固定资产交付使用率为68.4%，比上年提高8.2个百分点。房屋建筑面积竣工率为41.5%，与上年同期持平。

五、交通和邮电业

交通运输业发展平稳。全年各种运输方式完成货物周转量341.4亿吨公里，比上年下降1.8%。其中：铁路307.6亿吨公里，比上年下降2.6%；公路33.6亿吨公里，增长7%；民航2454万吨公里，增长19.4%。完成旅客周转量126.2亿人公里，比上年增长2.9%。其中：铁路85.2亿人公里，增长1%；公路25.7亿人公里，增长5.3%；民航15.3亿人公里，增长10.1%。

邮电通信事业持续快速发展，现代化通信能力迅速提高。全年完成邮电业务收入32.9亿元，比上年增长7.6%。全年特快专递94.9万件，增长14.4%；函件7804万件，增长11.2%；包件66万件，减少1.6%。全市电话交换机容量达185.6万门，比上年增长3.2%；市话用户发展到104.6万户，比上年增长7.6%；农话用户发展到21.8万户，增长13.2%。个人住宅电话已发展到115万户，比上年增长15%，占全市电话总数的98%。移动电话持续高速发展，年内新增移动电话用户96.1万户，到2002年末已达251万户，比上年增长63.6%。全市电话普及率由上年的40.3部/百人提高到53.4部/百人(含移动电话)。网络通信业务迅猛发展，到2002年末，互联网用户98124户，比上年增长91.4%。

六、城建、公用事业

城市建设步伐加快，承载能力进一步增强。绕城高速公路、轻铁一期工程及亚泰大街等60多条街路的建成使用，不仅有效地缓解了城市快速运转的“瓶颈”问题，而且使城市的骨架进一步完美、特色更加鲜明。全年完成道路新建和扩建面积64.3万平方米。到2002年末，全市铺装道路总面积达1659.9万平方米，铺装道路长度达1127.6公里。

公用事业全面发展，综合服务功能明显增强。2002年，全市水厂日综合生产能力达115.6万立方米，规划区使用自来水人数达230.2万人。全市人工煤气和天然气供气总量分别达到11568和14826万立方米；液化石油气供气总量达39840吨。市区使用煤气、天然气、石油液化气户数达68.6万户。城区集中供热面积达到4025.4万平方米。全市拥有营运公共电、汽车3382辆，运营线路网长度1161公里。

城市绿化水平不断提高。到2002年末，全市园林绿地面积达5732.3公顷，公共绿地面积达1667.2公顷，建成区绿化覆盖面积达6575.4公顷，绿化覆盖率达到39%。

七、国内贸易

2002年，全市商业企业紧紧抓住扩大内需政策和“假日经济”、“会展经济”的有利时机，积极开拓市场，扩大服务领域，超市、专卖店和物流配送中心等新兴业态发展迅速，促进了商品市场销售繁荣活跃。全年实现社会消费品零售总额402.2亿元，比上年增长12.2%。其中：吃的零售额142.4亿元，比上年增长13.3%；穿的零售额61.6亿元，下降2.0%；用的零售额198.2亿元，增长16.7%。分行业看，其中，批发零售贸易业零售额345.8亿元，比上年增长12%，餐饮业零售额53.5亿元，比上年增长14.8%。

市场建设步伐加快。全年新建各类市场39个，各类商品交易市场已发展到375个。其中：消费品市场336个，生产资料市场34个，生产要素市场5个。大型市场的主导地位越来越明显，40个亿元市场全年实现交易额265.6亿元，占批零贸易业商品销售总额的41.5%。

“菜篮子”工程建设持续发展。全市菜田面积发展到7.9万公顷，保护地面积8700公顷，全年实现蔬菜出口9740万公斤。无公害蔬菜工程建设快速推进。全市种植无公害蔬菜和绿色食品蔬菜8000公顷，比上年增长60%，提供无公害蔬菜和绿色食品蔬菜4亿公斤，进一步提高了市民的生活质量。

会展经济成为我市新的经济增长点。全年共举办会展活动59项，特别是冰雪节、汽配会、教育展、农博会、电影节、药械展等重点会展活动档次进一步提升，对促进我市经济发展，加快改革开放，扩大对外影响，产生了良好的经济效益和社会效益。

八、对外经济和旅游业

深入实施大经贸战略，开发多元化市场，发挥出口骨干企业的支撑作用，全市进出口贸易快速增长。全年实现进出口总额28.9亿美元，比上年增长22.3%，其中，进口16.2亿美元，增长16.7%；出口12.7亿美元，增长30.2%。在出口中，国有企业出口10.6亿美元，比上年增长39.5%；外商投资企业出口2.0亿美元，减少4.6%；一般贸易出口11.1亿美元，增长38.6%。农副产品、机电产品、纺织服装、高新技术四大类骨干商品出口比重有所上升。外向依存度达到20.9%，比上年提高1.9个百分点。

招商引资成效显著，全方位对外开放格局基本形成。全年新批三资项目119个，其中，超千万美元项目22个。全年实际利用外资6.3亿美元，比上年增长23.7%。其中，直接利用外资3.4亿美元，下降5.4%。经济技术开发区、高新技术开发区和净月潭旅游开发区继续发挥龙头带动作用，全年共审批三资企业65个，占全市审批项目总数的54.6%；利用外资4.6亿美元，占全市的73.6%，比上年增长24.2%。坚持优势互补、共同发展的指导思想，加快对内开放步伐，全年利用内资124.5亿元，比上年增长16.5%。

对外承包工程与劳务合作继续展开。全年新签对外承包和劳务合作合同金额38650万美元，完成营业额16600万美元，外派劳务人员1.29万人。

旅游业发展势头良好。春节、“五一”和“十一”三个长假期拉动作用突出，全年接待黄金周假日旅游人数达150.7万人次，比上年增长8.0%，收入6.0亿元，比上年增长43%。全年来长旅游人数达到1093.1万人次，其中，接待入境游客7.6万人次，比上年增长13.9%；接待国内旅游者1085.5万人次，增长8.4%。旅游总收入67亿元，增长39.5%。全年旅游外汇收入4204万美元，增长36.8%。全市已有星级饭店41家，旅行社74家，其中国际旅行社15家，旅游定点餐馆、商店38家，接待能力不断增强。

九、财政金融和保险业

财政收入持续快速增长。全市一般预算全口径财政收入完成110.2亿元，比上年增长13.1%，其中，上划中央“两税”

收入52.4亿元,增长8.6%;上划省级收入14.9亿元,增长15.2%;留用收入37.8亿元,增长14.7%。市本级全口径财政收入53.2亿元,比上年增长6.1%。

财政支出结构进一步改善,有力地支持了各项事业的发展。地方财政支出70.1亿元,比上年增长18.8%。其中,科技三项费支出增长14.2%,抚恤和社会福利救济支出增长72.7%,社会保障补助支出增长45.1%,城市维护费支出增长26.3%。市本级财政支出35.1亿元,比上年增长12.0%。

金融运行平稳。年末全市金融机构各项存款余额(人民币)1403.6亿元,比年初增长21.2%,其中,企业存款余额468.7亿元,比年初增长25.2%;储蓄存款余额713.9亿元,比年初增长17.4%;金融机构各项贷款余额(人民币)1492.5亿元,比年初增长9.5%。其中,短期贷款余额863.2亿元,比年初增长6.7%;中长期贷款余额501.8亿元,比年初增长20.9%。金融机构累计实现现金总收入3476.1亿元,比上年增长13.9%;累计现金总支出3410.2亿元,比上年增长12.9%;货币净回笼65.9亿元。

证券市场进一步规范发展。到2002年末,股票交易机构3个,股票交易网点36个。上市企业19个。开设股民帐户64.9万户。全市有价证券成交总额661.5亿元,其中,股票交易成交额474.7亿元,国债成交额比上年增长596.8%,基金成交额比上年下降41.3%。

保险事业进一步发展。全年承保总额2544.2亿元,比上年增长40.6%,其中,财产险保额2369.2亿元,比上年增长39.3%;寿险保额175.0亿元,增长60.2%。保费收入18.7亿元,比上年增长55.5%,其中,财产险保费收入4.6亿元,增长0.4%;人身险保费收入14.1亿元,增长89.6%。全年赔付总金额4.8亿元,比上年增长14.2%,其中,财产险赔付金额2.9亿元,比上年增长22.9%;人身险赔付金额1.9亿元,增长3.1%。

十、科技、教育

全面实施"科教兴市"战略,深化科技体制改革,技术创新能力进一步增强。2002年,全市列入市级以上各类科技发展计划615项,其中:国家级计划项目142项,省级计划项目285项,市级计划项目188项。专利申请量大幅增长,全年专利申请量由上年的1254件增加到1861件,增长48.4%。全年通过鉴定、验收和认定的科技成果188项,获得市以上科技进步奖励成果102项,其中:获国家级奖励6项,省级奖励96项。

科技队伍稳步发展。到2002年末,全市城镇单位以上从业人员中科学技术人员41万人。其中,自然科技人员20.1万人,社会科技人员20.9万人。在全市各级各类科技人员中,"两院"院士26人,享受国务院及长春市人民政府特贴人员累计达到432人。全市独立科学研究与技术开发机构98个。其中,自然科学和技术领域研究与开发机构75个,社会科学与人文领域研究与开发机构17个,科技信息与文献领域机构6个。

技术成果交易日益活跃,全市技术开发、咨询、转让等服务机构发展到2348户,技术成果交易额达5.06亿元。市科技管理部门共投入科技经费3970万元。

高新技术产业快速发展。2002年,全市新认定高新技术企业33户,高新技术产业实现产值400亿元,比上年增长33%。产值超亿元的高新技术企业已发展到55家。

质量技术监督机制日趋完善。全市有产品质量检验机构7个,法定计量技术机构9个。全年共对3900户企业的产品进行了定期监督检验,检验样品6738批次,抽样合格率为78.44%,比上年提高了0.44个百分点。其中,国家和省的监督抽查产品质量平均合格率分别达到92%和84%,均为历史最好水平。全年各级质量技术监督部门查处违法案件7521件,查获假冒伪劣和不合格产(商)品标值5000余万元。教育改革不断深入。年末全市普通全日制高等院校27所,共招收本、专科学生6.5万人,年底在校生19.6万人。各类成人高等学校10所,共招收本、专科学生5.7万人,年底在校生13.9万人。年末成人中专30所,招收学生0.4万人,年底在校生1万人;中等职业技术学校74所,年底在校生4.7万人。普通中学397所,在校生41.7万人,其中初中322所,在校生32.5万人。小学1830所,年底在校生55.3万人,小学适龄儿童入学率达98.97%。

十一、文化、卫生和体育

文化、卫生、体育、广播电视等各项事业协调发展。艺术创作精品不断涌现,全年共获省级以上奖励77项。

2002年,电影事业机构244个,其中电影放映点237个。文化事业机构225个,其中艺术表演团体11个,剧场、影剧院9个。公共图书馆10个,总藏量234万册,其中少儿图书馆1个,藏量20万册。群众文化事业机构161个,其中乡镇文化站145个,文化市场管理机构11个,其它文化事业机构9个。文物事业机构7个,其中,博物馆2个。国家档案馆12个,馆藏档案80.8万卷,开放档案11.1万卷。长春电影制片厂全年共生产故事片5部,译制片7部,科教片12部。

2002年,全市有广播电台5座,节目8套,中波发射台和转播台2座,广播人口覆盖率为100%;电视台5座,节目9套,一千瓦以上电视发射台和转播台6座,电视人口覆盖率为100%。

卫生事业不断发展,医疗卫生体制改革取得突破性进展。2002年末,全市卫生医疗机构发展到1507个,其中医院、卫生院298所,拥有医疗、疗养床位2.21万张,比上年下降8%。卫生技术人员为3.4万人,比上年下降3.8%。农村村设医疗点2110个,比上年增长12%。乡村医生和卫生员4733人,个体医生开业人员1976人。每千人拥有医生1.98人。

社区卫生服务不断深入,已建立社区卫生服务站150个,社区卫生服务覆盖人口达到95%以上,建立家庭病床17277张。

体育事业蓬勃发展,群众体育取得新进展。各级中小学校继续实施《国家体育锻炼标准》,中学生、小学生达标人数分别为279204人、480118人;全市行政区域内共有体育设施7097个,人均占有体育用地面积已达2.07平方米。竞技体育成绩优异。长春市和长春市输送的11名运动员在19届冬奥会短道速滑项目上获银牌2枚、铜牌3枚;在全国年度比赛中,获得金牌49枚、银牌57枚、铜牌54枚。在全省比赛中,共获金牌360枚。

一年来,成功地举办了中俄、中伊国际篮球对抗赛;全国男篮甲A联赛,全国足球甲B联赛;承办了十四届省运会柔道等6个项目的比赛和市级篮球、排球等30余项比赛,获得良好的社会效益和经济效益。

十二、环境保护

坚持可持续发展战略,环境保护事业发展较快。工业污染防治能力不断增强。全市工业废水排放达标率和工业固体废物综合治理率分别达到93.04%和95.66%。环境综合整治成效显著。到2002年末,全市建成烟尘控制区面积168.6平方公里,环境噪声达标区面积103.89平方公里。

城市环境进一步改善。空气首要污染物总悬浮颗粒年日均值每立方米178微克,比上年降低5微克;二氧化硫均值每立方米14微克,比上年降低1微克;二氧化氮年均值每立方米27微克,比上年上升3微克;饮用水源水质达标率100%;城市地面水质达标率100%。

十三、人口与人民生活

2002年末,全市总人口为712.5万人。其中,市区人口303.9万人,四县(市)人口408.6万人。全市人口出生率为7.32‰,死亡率为4.59‰,自然增长率为2.73‰。

全市从业人员总数已达329.4万人。其中,第一产业从业人员139.5万人,占全市的42.3%,第二产业从业人员70.1万人,占全市的21.3%,第三产业从业人员119.8万人,占全市的36.4%。年末城镇在岗职工90.4万人,从事个体劳动的有23.1万人。在岗职工平均货币工资12869元,比上年增长16.0%。

人民生活继续改善。城市居民人均可支配收入达6900元,比上年增长8.8%,人均消费性支出6147元,比上年增长9.9%。农村居民人均纯收入3147元,比上年增长13%。城乡居民消费结构发生较大变化,生活质量不断提高。城市恩格尔系数为39.5%,农村恩格尔系数为47.6%。城市居民每百户拥有彩电117台,电冰箱及冰柜99.56台,洗衣机98.69台,住宅电话97.72部。农村居民每百户拥有彩电62台,电冰箱9台,洗衣机64台,摩托车28辆。城市人均住房建筑面积由上年的20.24平方米增加到21.22平方米,农村人均住房面积达到18.62平方米。

社会保障事业扎实推进。基本医疗保险制度改革进展顺利,养老保险制度改革全面推进,省级统筹单位养老金社会化发放率达100%。2002年,全市共有67.2万名在职职工、23.7万名离退休人员参加了基本养老保险,共征缴养老、失业保险基金18.1亿元,年末参加失业保险职工75.2万人,发放失业保险金6200万元。有47.1万名职工和退休人员参加了基本医疗保险。2002年,城市共有61839户、160766人得到最低生活保障,共发放保障金6906万元。

社会福利事业继续发展。全市共有社会福利机构96家,总床位数4836张。其中国有福利机构4家,集体和民办福利机构92家。农村敬老院134所。城镇社区服务网络持续快速发展,全市有各种社区服务网点8000个。全年销售社会福利彩票11149万元,筹集社会福利资金3902万元。全年募集善款1736万元。

注:1、国内生产总值、各产业增加值绝对数按现价计算,增长速度按可比价格计算。
2、人口数据来源于公安局统计年报。

专　论

SPECIAL TOPIC

转变农业经营体制土地适度规模经营推进农业现代化

“三农”问题的核心是农业增效、农村财力增强,农民增收,这也是从中央到地方各级党委和政府极为关注的热点。今年三季度,长春市统计局在全市130个农村乡镇的百万农户中,随机抽取了1300户进行了入户问卷调查。通过调查和综合分析,我们认为:转变农业经营体制,实施土地适度规模经营,是解决我市“三农”问题的切入点和发展的方向。

一、第一产业仍然是我市农村经济的主体和农民收入的主要来源,农村一家一户小规模分散经营在农业经营体制中仍占主导地位,这是当前我市农村经济的主要特征,也是影响我市农村经济快速发展的主要制约因素。

长春是全国重要的商品粮生产基地之一。种植业,特别是粮食生产在我市第一产业中始终占有重要地位。多年来,我市加大了种植业的结构调整,扩大了农业产业化的规模,促进了畜牧养殖和加工业的长足发展,现已形成两者各占半壁江山的局面。但是,这些发展和变化也只限于第一产业内部结构的变化,而对于整个农村经济而言,第一产业主导整个县域经济的格局没有发生根本转变,农民靠传统农业生存的方式也没有发生根本性改变。详见下表:

2001年我市农村县(市)区GDP结构表

单位:亿元

	GDP总量	其中:					
		一产	比重%	二产	比重%	三产	比重%
全市	1003.0	135.9	13.6	443.3	44.2	423.5	42.2
榆树	78.6	36.9	46.9	16.6	21.1	25.1	31.9
农安	80.0	35.0	43.8	20.5	25.6	24.5	30.6
德惠	70.0	28.5	40.7	22.7	32.4	18.8	26.9
九台	44.9	13.3	29.6	14.3	31.9	17.3	38.5
双阳	33.1	6.9	20.9	11.4	34.4	14.8	44.7

2001年我市农村县(市)区财政收入构成表

单位:万元

	全口径地方财政收入	其中:			
		农业税收	比重%	工商税收	比重%
全市	362628	11932	3.3	202721	55.9
榆树	13000	2993	23	4373	33.6
农安	22000	1496	6.8	6030	27.4
德惠	23000	5224	22.7	6832	29.7
九台	15000	1338	8.9	4709	31.4
双阳	12000	197	1.63	784	6.5

2001年我市农村县(市)区农民收入构成表

单位:元

	农民收入	其中:							
		种植业	比重%	畜牧业	比重%	工资性收入	比重%	家庭经营和其他	比重%
全市	2785	1298	46.6	753	27	411	14.8	323	11.6
榆树	2853	852	29.9	1361	47.7	204	7.2	436	15.3
农安	2812	1184	42.1	1300	46.2	216	7.7	112	4
德惠	2776	1042	37.5	1337	48.2	127	4.6	270	9.7
九台	2486	1184	47.6	1069	43	59	2.6	174	7
双阳	2282	1280	56.1	118	5.2	433	19	451	19.8

以上资料显示,我市农村经济规模总量和农民收入来源中,第一产业所占比重仍然较大,而农业税占财政收入的比重却较小,多年来形成的农业大县、工业小县、财政穷县的状况尚没有根本转变。

当前,我市农业生产的主体是千家万户的农民和180余万的农村劳动力。2001年,全市农村住户为107.6万户,如果把每个农民家庭当作一个从事农业生产最基本的单位计算,平均每个农户经营耕地1.02公顷,创造12632元农业增加值,提供110.9元农业税。由于家庭分散经营,农业科技的推广和现代耕作设备的使用受到一定程度地限制,加之信息不灵,抵御市场波动、自然灾害的能力较弱,生产成本很难下降,农产品的科技含量和附加值不高,市场销售竞争乏力,农业低效,农民低收。农村经济实力长期积弱不强,农民收入总量不高,一直是困扰农村消费品市场启动和农村现代化发展的重要原因。2001年,占全市总人口60.3%的农村居民实现的社会消费品零售额为16.3亿元,占全市社会商品零售额的4.5%。由此可见,千家万户,分散无序的小农业经营体制已成为制约我市农村经济发展的主要因素之一。

二、转变农业经营体制,土地适度规模经营、推进农业现代化

对我市农业经济的发展具有重要的意义和推动作用,是解决我市“三农”问题的重要切入点和发展方向。

1、转变农业经营体制,土地适度规模经营符合发达国家和地区农业发展的一般规律。农业是最原始、最传统的产业,在其漫长的发展过程中,世界上发达国家农业经营体制大体上都经历了从小农业的个体农户制逐步发展到中等农业的家庭农场制,再到大农产集团公司制的演进历程。目前,国际上“超大农业”跨国公司制和托拉斯式农业已成发展趋势。我国已加入WTO,我们所面临的形势非常严峻,发达国家农业正逐步成为一种全球化农业、科技化农业、网络化农业、人文生态化农业。我市作为经济欠发达地区,农业又处在非常典型的散乱无序小农经济形态阶段,因此,加速转变农业经营体制,实施适度规模经营战略尤显十分必要。

2、转变农业经营机制,土地适度规模经营,对我市农业发展有巨大的促进作用。一是可以适当集中生产要素,优化资源配置,形成规模效益,减少生产成本,降低市场风险,逐步形成资本积累。例如:农安县开安镇一户农民承包经营土地150公顷,主要是种植玉米作青饲料。全年养牛100余头,年人均纯收入在3万元以上,高于同期农安全县平均收入水平10倍以上。德惠市边岗乡一家农民承租土地100公顷,其中种植玉米90公顷,大豆10公顷。2001年产粮700吨。全年长、短雇工45人,除掉生产成本,年人均纯收入达1.1万元,是德惠市平均收入水平的4倍。榆树市秀水镇一家农民租赁耕地60公顷,全部种植玉米,产粮550吨,秋天雇短工20人,年人均纯收入2万元,是榆树市平均水平的7倍。二是推进农业现代化。农业现代化的重要特征和标志就是广泛采用农业高科技,包括种子、耕作技术、设备等等。特别是高科技的投入和风险较高,而分散无序的一家一户小农业是很难推广先进的农业科技,也很难承受高风险、高投入、高成本。由于我市目前农业是粗放型小农业,农产品的市场价格一般都高于国际价格,科技含量和附加值都不高,特别是大多农产品的耕作都没有采用国际先进的农业科技,产品中农药、化肥等生化指标较高,一般都通不过国际通行的农产品认证体系,很难打入国际市场,因此,转变农业经营体制,推进农业现代化对

我市农业发展具有十分重要的现实意义和推动作用。

3、我市实施土地适度规模经营具有一定的自然条件、资源优势和现实基础。我市地处松辽平原腹地，土质肥沃平坦，是世界著名的玉米种植黄金带之一，便于现代农业高科技的扩广和大机械化的耕作，有适度规模经营的自然条件。我市与全国其他副省级城市相比，我市人均占有耕地面积达0.27公顷，居第2位，有相对资源优势。据对130个行政村抽样调查，2001年被调查村共有7606个家庭以转包、转让、反租倒包等多种经营形式进行了土地流转，流转土地的面积占全部调查村总耕地面积的比重达4.9%。以此推算，全市有8.5万户家庭流转了5.3万公顷的土地。其中，规模经营在5公顷以上的有286户，占被调查村总户数的0.3%，规模经营50－100公顷的有3户。这些规模经营户的示范作用和效应十分明显，使我市土地流转具有一定的社会现实基础。

三、转变农业经营体制面临的主要困难和问题。

转变农业经营体制，土地适度规模经营战略的实施尚存在一定困难和问题，但是最主要和最基本的前提是土地的流转。土地是重要的资源和资产，转变农业经营体制，适度规模经营，说到底，就是通过市场机制，将各种生产要素，特别是土地进行优化配置，集中到少部分种田能手和农业企业家手中，产生规模效益。但是制约土地流转的因素也不少。一是法律问题。土地归国家所有。2001年6月，提请全国人大常委会审议的《中华人民共和国农村土地承包经营法(草案)》从法律上对原来以家庭为单位的人人有份的“土地承包经营权”施以“物权保护”，即使用权归农户，所有权仍属国家、集体所有。这在一定程度上使土地流转仅限于使用和经营这个层面上，距离市场意义上的流转还需要一个过程。二是市场化问题。对我市绝大多数农民来说，土地是农民家庭赖以生存的主要资源，经营土地是他们收入极为重要的来源和谋生的手段。适度规模经营，将土地集中到少数人的手中，虽然符合市场经济和农业发展的基本规律，但是调整、配置、流转的方式和手段必须很靠市场来完成。只有通过市场机制调节，才能使失去土地和占有土地两者都能接受，也就是只有实现“双赢”才能保障农村的基本稳定。三是社会化服务体系尚未健全。健全的社会化服务体系是实现农村土地流转和适度规模经营的基本保障。产业化和土地规模经营与社会化的综合服务，是相互依赖，相互促进的。土地规模经营需要政府有关职能部门、涉农组织、企业及社区合作经济组织提供信了息、资金、技术、保险等一系列产前、产中、产后服务。没有社会化的综合服务，就难以形成规模，即使形成了，也难以坚持下去。四是农村劳动力转移问题。广大农民“以食为天，以土为本”的思想观念根深蒂固，更何况，总体素质不高，大多无一技之长的农民如果没有比经营土地更熟练、更把握的其他谋生手段来替代，是绝不肯轻易放弃土地的。

四、几点建议

1、制定有关法规和政策，使土地“所有权”和“经营承包权”相对分离，为土地流转提供必要的法制环境和支持。在国家有关法律和环境没有变化的条件下，根据我市经济发展的实际情况和客观要求，由地方政府出台具有原则性的指导政策和规定，使“土地所有权”和“经营承包权”相对分离，确保“土地承包经营权”进入市场流转合法。在农民自愿的前提下，坚持公开、公平、公正的原则，处理好国家、集体、个人的利益关系，允许和鼓励农民以转租、入股、合营等形式“买卖”土地，对于土地有偿转让过程中的原则、程序、合同、纠纷、仲裁等问题做出相应的规定、解释和保护，切实维护好土地转让各方的合法权益，使土地资源配置逐步纳入法制化轨道。

2、培育好土地流转的市场体系。一是强化利益驱动机制。土地作为农业生产的资源和特殊“商品”，其承包经营权真正进入市场流通，归根到底取决于市场经济的发展水平。只有在市场经济比较发达，市场体系和运行机制比较健全的条件下，才能使进入市场流转的主体与客体才能逐步地符合和遵循市场经济发展的基本规律和规则。因此，就我市市场经济发展的现阶段水平而言，我们必须不断地培育、形成和发展农业的平均利润机制，通过利益机制驱动，调节供求关系，营造土地流转的社会氛围，使农民自觉、自愿地将土地作为“商品”在市场中流通，得到自已较为满意的利益。在这一点，我国南方经济发达地区，大量劳动力转入非农产业，自发地将土地转让，使其产生更大的利益。由于我市是经济欠发达地区，经营土地仍然是农民生存和收入的主要来源。因此，要积极培育、形成利益机制，妥善解决土地经营的公平与效率问题。二是搞好中介服务。土地分散在千家万户，土地流转的方式也多种多样。信息、资金、政策等服务非常重要，各级政府应当积极组织，政策指导，资金扶持，提供信息服务。同时积极发挥社会中介组织、经纪人的作用，形成各级梯次分明、优势互补、协调运作的有机中介体系。

3、加快小城镇建设。通过小城镇建设，特别是发展农村第二、第三产业，形成和聚集产业群体和消费群体，为安置和吸纳农村剩余劳动力提供更多岗位和机会，使农民的收入来源多元化，谋生手段多样化，为土地流转创造更有利的条件。

(刘 刚)

2002年工业经济运行情况分析及2003年预测

2002年是我国加入WTO的第一年，面临很多机遇和挑战。年初以来，在国家扩大内需、增加投入等一系列积极财政政策的持续作用下，在市委、市政府的正确领导下，全市工业以市场为导向，坚持开发区带动，继续壮大汽车、食品、光电子、医药四大主导行业，不断深化企业改革，加快传统产业的改造升级，优化产品结构，加快重点项目建设，培育新的经济增长点，扩大经济总量，推进跨跃式的发展，使全市工业经济运行保持了良好发展，工业生产快速增长，经济效益进一步提高。

一、2002年工业经济运行基本情况及持点：

1、工业生产快速增长，经济总量进一步扩大。2002年，全年完成全口径工业总产值1562亿元，比上年增长25.1%。完成全口径工业增加值450.3亿元，比上年增长15%。规模以上工业企业完成工业总产值1202亿元，比上年增长30.6%；完成工业增加值306.6亿元，比上年增长26%。在15个副省级城市中，我市完成工业总产值居第八位，在东北四市中居第一位，工业总产值增幅由年初的第四位跃居第一位，分别高哈尔滨、大连、沈阳16.3、15.1和13.3个百分点。从分月情况看，2002年全市月均产值达100亿元，是历史以来最好水平。其中有六个月的月份产值超过了百亿元，4月份113.2亿元、5月份111亿元、9月份101.6亿元、10月份101.1亿元、11月份110.9亿元和12月份的125.5亿元。经过一年的发展,我市工业经济总量进一步扩大,全口径工业增加值占全市GDP的比重由上年37.9%上升到39.2%,提高了1.3个百分点。

2002年,全市30种重点产品有18种比上年增长,有12种下降。增长幅度较大的有:汽车52.7万辆,增长35.1%,其中轿车22.6万辆,增长45.7%;内燃机3376万千瓦,增长45.6%;电动工具10.7万台,增长28.7%;子午线轮胎28.3万条,增长51.8%;液晶显示器33.5万块,增长45.2%;录放音机5万台,增长91.7%;房间空气调解器5.4万台,增长72.7%;灯泡1940.7万支,增长17.9%;成品钢材4.2万吨,增长54.2%;味精5241吨,增长76.4%;淀粉52.1万吨,增长37.4%;食用植物油9.4万吨,增长20.1%。下降幅度较大的有:铁路客车1051辆,下降32.4%;摩托车3.9万辆,下降24.9%;彩色电视机41.9万部,下降5.7%;数字程控交换机5.5万线,下降52.9%;微型电子计算机276部,下降91.4%;自动化仪表2568台,下降65.6%;四轮拖拉机43台,下降99.7%。

2、产销衔接较好,产品销售率保持较高水平。2002年,全市规模以上工业产品销售率为98.2%,比上年提高1.29个百分点。1—12月份各月累计产销率均在98%以上。其中有三个月当月产销率在100%以上,最高的一月份达114%。在15个副省级城市中,我市工业产品销售率居第八位,在东北四市中居第一位,分别高于哈尔滨、大连、沈阳1.1、0.1和0.2个百分点。2002年,在列入季度产销量统计范围的49种产品中,产销率在90%以上的有45种,占91.8%。我市主要工业产品:汽车产销率为97.3%,其中轿车为98.4%;彩色电视机为116.5%、摩托车为109%、程控交换机为100.1%、水泥为100.3%、工业锅炉为143.4%、内燃机为95.6%、啤酒为99.9%、饮料为97.7%、卷烟为92.3%。

3、整体经济效益进一步提高,实现利润突破80亿元。2002年,全市规模以上工业经济效益综合指数为177.2%,比上年提高23.6个百分点,在15个副省级城市中居第一位,比哈尔滨、大连、沈阳分别高88、59.2和81个百分点,在七项经济效益指标中全员劳动生产率达108893元/人(年),比上年增长25.9%,在15个副省级城市中居第一位。比哈尔滨、大连、沈阳分别高74422元、51795元和61850元,其他经济效益指标与上年相比,总资产贡献率为13.1%,提高1.9个百分点,资本保值增值率为106.4%,下降0.7个百分点,成本费用利润率为7.3%,提高0.5个百分点,资产负债率为61.3%,提高1.5个百分点,流动资产周转率为1.9次,提高0.4次。从绝对指标看,;实现产品销售收入1196.7亿元,比上年增长29.7%;实现利税167.2亿元,比上年增长32.8%;实现利润80.6亿元,比上年增长37.3%;亏损企业亏损额为13.1亿元,比上年上升61%;亏损面(按企业个数计算)为31.6%,比上年提高5.1个百分点。

4、四大重点行业进一步壮大。2002年,全市汽车及零部件、食品、生物医药和光电子信息四大主导产业共完成工业总产值1055.3亿元,比上年增长34.2%,高全市平均水平3.8个百分点,拉动全市增长30.5个百分点,占全市工业总产值的比重由去年的83.7%上升到87.7%,提高4个百分点。其中汽车及零部件工业完成总产值914.2亿元,比上年增长39.9%,高全市9.3个百分点,占全市工业总产值的比重由去年的71.3%上升到76%,提高4.7个百分点;食品工业完成产值99亿元,比上年增长32%,高全市1.4个百分点,占全市工业总产值的比重由去年同期的7.9%上升到8.2%,提高0.3个百分点;生物医药工业完成产值15.2亿元,比上年增长18.7%,占全市工业总产值的比重由上年的1.5%降为1.3%,下降0.2个百分点;光电子信息工业完成产值26.9亿元,比上年下降20.4%,占全市工业总产值的比重由上年的3%降为2.2%,下降0.8个百分点。

5、重点企业拉动作用明显。2002年,全市30户重点企业完成产值1007.4亿元,比上年增长32.6%,比全市增幅高2个百分点,占全市产值比重为83.8%。产值超亿元的企业达69户,比上年多9户,完成产值1092.2亿元,比上年增长33.4%。全市30户重点企业实现利润77.7亿元,比上年增长41%,占全市利润额的96.3%,比上年提高2.5个百分点。盈利超千万元的企业达48户,比上年增加7户,实现利润89.1亿元,比上年增长45.6%,占全市利润额的105.5%,其中一汽大众汽车有限公司实现利润53.9亿元,比去年同期增利19.4亿元;一汽集团公司实现利润13.7亿元,比去年增利4.5亿元,仅此两户企业增利额达23.9亿元,占全市增利额的109.1%。

从以上分析可以看出,我市工业经济已经进入实质性增长阶段,发展步入了快车道,在十五个副省级城市中的地位也发生了很大的变化,有多个指标在15个副省级城市中居第一位。

二、2002年工业经济运行中存在的主要问题

虽然2002年我市工业经济运行保持了良好发展,工业生产快速增长,经济效益进一步提高,但是,还存在一些不容忽视的问题,主要表现为:

1、工业经济发展不够均衡。从总体上看,全市工业生产快速增长、经济效益不断提高,主要是少数骨干企业的带动,形成了高度集中,汽车工业一枝独秀,多数企业的生产和效益情况并不理想。在全市34个工业行业大类中,工业增长幅度超过全市平均水平的只有10个行业,占29.4%,其他24个行业增幅均低于全市平均水平,有10个行业生产下降,占29.4%。全市工业生产增长主要是由汽车工业的拉动,扣出汽车工业全市工业只增长6.5%。盈利超千万元的只有11个行业,占32.4%,微利和亏损行业23个,占67.6%,其中亏损行业10个,占29.4%。扣出汽车工业全市实现利润3.8亿元,比上年下降49.5%。

2、结构性矛盾还十分突出。从经济成份看,2002年,全市非国有经济完成产值483.4亿元,占全市工业总产值的比重为40.2%;国有经济完成产值718.7亿元,占全市工业总产值的比重为59.8%,从我市工业所有制构成来看,仍然是国有经济占主导的格局。国有经济适应市场能力较差,国有退出的步伐还有待加快。

3、一批亏损大户的亏损仍然没有得到扭转,亏损额增大。2002年,全市亏损企业达153户,亏损面为26.8%,全市亏损企业亏损额达到12.9亿元,增幅为61%。与上年相比,有36户企业由盈利变为亏损,亏损额为1.3亿元,比上年减利2.3亿元;全市亏损前50户企业共亏损12.7亿元,增幅为1.2倍。亏损额超过千万元的有20户,其中亏损额超亿元的有4户:长铃集团亏损2.6亿元,增亏2.5亿元;热电一厂亏损1.8亿元,增亏2446万元;煤气公司亏损1.2亿元,减亏637万元;省电子集团亏损1亿元,增亏6148万元。

此外,国有企业改革与发展的任务还十分繁重,国有企业脱困的基础还不牢固,一些暂时脱困企业抗波动能力还很弱,中小企业不活的问题还没有得到根本解决。这些都是我们在今后的工作中应当注意的问题。

三、2003年工业经济运行形势预测和主要指标预计

2003年是深入贯彻党的十六大精神,全面建设小康社会的第一年,也是全面实现"十五"计划的承上启下之年。因此,认清形势,加大措施,全面做好2003年工业经济工作,对保持工业经济稳定增长具有十分重要的意义。2003年我市工业经济的发展,既有许多有利因素也有不利因素,但总体上说2003年经济发展的外部环境要比2002年好。从有利因素来看主要有如下几个方面:

1、世界经济形势已显现出好转的趋势。2001年以来,世界经济一直处于衰退之中,美国经济衰退,欧盟经济低迷,日本经济转入负增长,亚洲经济形势严峻。近来,由于各国的不懈努力,世界经济已逐渐好转,美国经济复苏,日本、欧盟经济逐渐摆脱困境走上复苏之路,亚洲发展中国家经济反弹等等。世界经济好转为我国2003年经济发展提供了良好的国际环境。

2、扩大内需政策仍是2003年经济增长的主要拉动力。扩大内需政策是我国保持经济持续、稳定增长的关键措施。多年来,国家实施积极的财政政策,加强基础设施建设,西部大开发战略等,对经济增长发挥了重要作用。随着居民生活水平提高,民间投资和教育、住房、轿车等新的消费热点的形成,推动了我国经济持续增长。党的十六大制定了全面建设小康社会的宏伟规划,中央经济工作会议确定2003年坚持扩大内需的方针,继续实行积极的财政政策和稳健的货币政策。这一政策的延续,必将推动我国经济持续增长。同时,也对我市投资拉动型经济是极为有利的条件和机遇。

3、我市经济结构调整取得进展,为经济增长奠定了良好基础。近几年,我市加大了所有制结构调整的力度,大力发展混合经济和非公有制经济,积极扶持、壮大股份制经济、民营经济等多种经济成份,这些企业已经或正在成为经济发展的生力军;围绕壮大四大支柱产业,加大技术改造和投资力度,一批大项目陆续投产,增强了我市工业发展的后劲。这都将成为促进我市工业经济持续增长的有利条件。

4、汽车市场的启动为我市汽车工业带来了新的机遇。我市是以汽车等交通运输设备制造业为主导的工业格局,汽车产值占全市70%以上,今后几年内,这种格局不会改变。加入WTO,是我国汽车工业在竞争中求发展的机遇,价格下降、品种更新、居民消费水平的提高,使汽车市场空前活跃。专家预测,由于我国汽车市场的空间很大,汽车的需求行情只是刚刚启动,并将延续较长时间。这为我市汽车工业的持续、稳定增长提供了难得的机遇和有利的保障。

从不利因素看,主要有如下几个方面:

1、投资与消费的关系仍未根本解决。目前我国投资占GDP的比率达到非常高的水平,并在不断上升。21世纪初,投资占GDP的比率已接近40%,2002年甚至超过40%。投资比重过高,最终消费比例过低,是导致生产能力相对过剩,内需不足的根本原因。目前我国居民收入不高,特别是农民收入水平更低,使消费处于低迷状态,给经济进一步快速增长带来负面影响。

2、关税下降、进口配额上升使企业压力增大。2003年是我国入世后的第二年,我国总体关税水平将进一步下调至11.5%,其中,工业品平均税率下调致10.6%,汽车关税在近两年下调的基础上,继续下调4%—5%,同时,进口汽车的配额量增长15%,这将使进口商品更有竞争力,抢占更大的市场份额,同时加剧产品的价格战,使竞争更加激烈。汽车产品将面临较大的价格调整压力,这些都对我市工业生产的增长和经济效益的提高产生较大影响。

3、我市工业增长的内在压力增大。一是连续多年快速增长的压力。长春工业经济近几年来一直保持了快速增长势头,规模以上工业产值总量由1998年的506.3亿元到2002年突破1200亿元,只经过短短的四年,产值翻了一番。基数高,调整的压力增大,要保持经济快速增长将会遇到较大的困难。二是我市近年来大型合资合作、投资和技术改造项目较少,技术改造投资低于全国平均水平,经济增长的后劲明显不足。三是我市汽车零部件企业除少数合资企业外,大都缺乏技术开发能力,产品缺乏竞争能力,跟不上快速发展的汽车工业发展步伐。四是还有相当一部分大中型国有企业,如七九三厂、六三六厂、五一三厂、拖拉机厂等,还没有从困境中走出来,生产能力得不到开发,国企改革的压力较大。五是国有企业深化改革与保持社会稳定的矛盾还十分突出。

4、2003年,影响经济增长的不确定因素也较多,其包含许多风险因素。这些都加大了工业经济发展的难度。

通过以上分析,我们对2003年我市工业经济发展所面临的形势,有了清醒的认识,应该克服不利因素,抓住有利时机,加快发展步伐。要以党的"十六大"精神为指导,认真贯彻中央和省经济工作会议精神,以结构调整为主线,抓住我国汽车工业高速发展的有利时机,举全市之力支持一汽集团及汽车零部件工业成长壮大;以深化国有企业改革、技术创新和信息技术为动力,加速新型工业化进程,扩大经济总量,提高经济增长的质量和效益,保证我市工业经济持续、稳定、快速发展。2003年规模以上工业主要指标预计如下:工业增加值450亿元,同比增长20.9%;工业总产值1500亿元,同比增长24.6%;工业企业实现利润88.6亿元,同比增长10%;亏损额控制在11亿元以下,同比下降16%;工业产品销售率达到97%;新产品产值率达到29%;工业产品出口交货值完成23亿元,同比增长16.8%。从目前的有利情况看,完成全年预期目标没有问题,有些指标甚至可以超过预期。

(宋福来)

2002年消费品市场繁荣活跃

2002年,在国家扩大内需,拉动消费政策的引导下,全市商业企业不断改善经营环境,拓展消费领域,扩大消费需求,使消费品市场繁荣活跃,流通规模不断扩大,市场建设步伐明显加快,市场交易额稳步上升,经济效益明显好转。全年实现社会消费品零售总额402.2亿元,比去年同期增长12.2%,增幅高于全国、全省平均水平1.9和1.3个百分点,占全省社会消费品零售总额1008.1亿元的39.9%,增幅在15个副省级城市中居第8位,在东北四市中均居首位,分别比大连、哈尔滨和沈阳高1.4、1.0和0.7个百分点。

2002 年 15 个副省级社会消费品零售总额对比表

城市名称	社会消费品零售总额(亿元)	增长%	增长位次
长 春	402.2	12.2	8
沈 阳	695.2	11.5	12
大 连	591.9	10.8	14
哈尔滨	559.3	11.2	13
南 京	525.2	12.7	5
杭 州	523.5	14.1	1
宁 波	462.9	11.8	11
济 南	446.5	12.3	6
青 岛	400.5	13.5	2
武 汉	770.1	12.3	6
广 州	1370.7	9.8	15
成 都	709.5	13.1	4
西 安	409.4	11.9	9
深 圳	689.6	13.2	3
厦 门	215.1	11.9	9

分行业看:在社会消费品零售总额中,批发零售贸易业仍占主体地位,2002 年,批发零售贸易业实现零售额 345.8 亿元,占社会消费品零售总额的 86.0%,比上年增长 12.0%。餐饮业拉动作用较强,实现零售额 53.5 亿元,占社会消费品零售总额的 13.3%,比上年增长 14.8%。其他行业实现零售额 2.9 亿元,下降 4%。

按经济类型划分:非公有经济发展较快,实现零售额 317.7 亿元,比去年同期增长 14.4%。公有经济实现零售额 84.5 亿元,增长 4.7%。非公有经济增幅高于公有经济增幅 9.7 个百分点。非公有经济在零售额中所占比重为 79.0%,比上年上升了 1.5 个百分点。

按用途划分:吃、用零售额上升,穿的零售额下降。在社会消费品零售总额中,食品类零售额实现 142.4 亿元,增长 13.3%;用品类零售额实现 198.2 亿元,增长 16.7%;穿着类零售额实现 61.6 亿元,下降 2.0%。

一、消费品市场运行的主要特点

1、餐饮业零售额始终保持快速增长

随着城乡居民生活水平的不断提高和消费方式的逐步转变,人们在外用餐的次数不断增多。同时旅游业和会展业的发展使餐饮业的消费群体也不断扩大。各餐饮企业紧紧抓住人们消费习惯变化的有利时机,在经营手段和促销方式上不断进行改进和创新,使餐饮业始终保持了快速的增长势头。2002 年,餐饮业实现零售额 53.5 亿元,比去年同期增长 14.8%,在社会消费品零售总额中所占比重比上年提高 0.3 个百分点,增幅高于社会消费品零售总额 2.6 个百分点,成为带动社会消费品零售额快速增长的因素之一。

2、假日经济促进消费品市场的繁荣

自国家延长“五一”、“十一”、“春节”的休假日以来,假日消费逐渐成为一种潮流,全市商业企业根据居民假日消费的心理变化,积极组织货源,增加服务项目,开展丰富多彩的酬宾活动,形成了一种较好的休闲、购物消费环境,有力地促进了消费需求的增长。春节黄金周期间,长百集团当月实现商品销售总额 1.5 亿元,比去年同期增长 45.7%,欧亚集团实现 1.8 亿元,增长 31.5%。在 7 天假期内,10 家大型商业企业实现销售总额达 1.5 亿元,比去年同期增长 18.3%。“五一”黄金周期间,一些大商场、超市的客流量是平时的 3－4 倍,市场销售额大幅度增长,长百集团、欧亚集团、卓展、恒客隆、国商等主要商场、超市 7 天实现销售额 1.8 亿元,比去年同期增长 40.6%,各商场双休日的销售额均比平时有不同程度的增长,有力地带动了消费品零售额的增长。

3、大型骨干市场带动作用明显

近几年来,我市按照“专业化、规模化、现代化”的原则和构筑“大市场、大商贸、大流通”格局的思路,不断加快了市场建设的步伐,全年新建各类市场 39 个,各类商品交易市场已发展到 375 个,建筑面积达到 558 万平方米。这些市场为消费品市场的繁荣活跃起了一定的积极作用。特别是一些大型骨干市场的带动作用越来越明显,40 个亿元以上商品交易市场全年实现成交额 265.6 亿元,占全市批发零售贸易业商品销售总额的 41.5%,其中实现零售额 124.3 亿元,占全市社会消费品零售额的 30.9%。

4 、会展业带动了社会消费品零售总额的增长

会展业一般被认为是高收入和高盈利的行业。据专家测算,国际上会展业的产业带动系数大约为 1:9,即展览场馆的收入如果是 1,相关的社会收入为 9。今年,我市成功地举办了农博会、职教展、冰雪节、特交会、木博会、长春书市和中国长春电影节等一系列活动,不仅聚集了人气,扩大了长春市的知名度,也带动了社会消费品零售总额的增长。如:本届农博会现场交易十分活跃,7 天内实现现场交易额 1.5 亿元,是去年同期的 3 倍多。在职教展的 3 天时间里,签定各类合作项目 458 项,整个展会签约及现场采购教育装备金额达 5.6 亿元。第七届长春书市在 9 天时间里,光顾者达 134.5 万人次,销售码洋达 1500 多万元,创下了长春书市的历史最高记录。特交会、木博会和中国长春电影节等对社会消费品零售额的增长也起到很好的促进作用。

5、新兴业态取得可喜的发展

2002 年,我市重点在百货、副食、医药等行业中引导和扶持发展了一批连锁店,实现了规模扩张,以超市、专卖店、专业店和物流配货中心为代表的新兴业态取得了新的发展,初步形成了各种所有制投资兴办商业的良好局面,促进了商业结构的优化,如恒客隆、远方、亚泰等将经营触角向外市县延伸,加快了布点步伐,抢占市场。欧亚集团、中东集团、福寿德集团、果品集团、恒客隆等企业的配送中心建设已初具规模,欧亚配送中心已投入使用。

6、“菜篮子”工程建设成效显著

2002 年,我市的“菜篮子”工程得到了持续发展,全市菜田面积发展到 7.9 万公顷,保护地面积达 8700 公顷,全年实现蔬菜出口 9740 万公斤。无公害蔬菜工程建设快速推进,全市种植无公害和绿色食品蔬菜 8000 公顷,比上年增长 60%,提供无公害和绿色食品蔬菜 4 亿公斤,进一步提高了市民的生活质量。

7、居民消费结构不断优化升级

2002 年,居民收入稳步增长,城市居民人均可支配收入达 6900 元,比上年增长 8.8%,农民人均纯收入达 3147 元,比上年增长 13%。收入的稳步增长使消费结构得到明显的改善。2002 年,在社会消费品零售总额中,食品类占 35.4%,用品类占 49.3%,穿着类占 15.3%,非食品类消费的比重正在逐步增加。从恩格尔系数也可以看出这种变化,2002 年,城市恩格尔系数为 39.5%,比上年下降 0.3 个百分点;农村恩格尔系数为 47.6%。城市居民在食品消费方面更讲究营养,绿色食品、保健食品和肉、蛋、奶、禽的消费量不断增加;在穿着和用品方面开始追求商品品牌,一些大商场紧紧抓住这个热点,从大类商品销售转向品牌销售。据对部分大型商场和批发市场的了解,在各类家电商品销售中,品牌商品销售量占 80%以上。微型计算机、空调器、摄像机、汽车等高档消费品也逐渐进入居民家庭。农村也已进入耐用消费品快速增长阶段,彩电、冰箱、洗衣机、影碟机、录像机、热水器等耐用消费品逐渐成为居民家庭生活的普通用品。2002 年,每百户农村居民拥有彩电 62 台,电冰箱 9 台,洗衣机 64 台,摩托车 28 辆。

8、商业经济效益大幅度好转

商业体制的改革促使了商业经济效益的好转。2002 年,在我市 191 户限额以上批零贸易企业中,亏损 89 户,亏损面

为46.6%,比上年下降2.6个百分点;商品销售收入大幅增长,实现商品销售净额256.9亿元,比上年增长40.3%;实现利润总额为1.4亿元,扭亏增盈2.6亿元,限额以上批零贸易企业总体经济效益大幅度好转。其中,批发业经济效益好转最为明显,由上年亏损0.3亿元转为盈利1.8亿元,扭亏增盈2.2亿元,占扭亏增盈总额的83.7%。零售业由上年亏损0.8亿元转为亏损0.4亿元,减亏0.4亿元。

二、消费品市场存在的主要问题

尽管我市消费品市场运行良好,但也存在一些不可忽视的问题:

1、农村市场启动较慢,制约消费品市场的发展

我市农业人口占总人口的近60%,近年来,各级政府始终把增加农民收入,开拓农村市场作为扩大内需、启动消费的中心工作之一。但是从目前来看,农村市场商品流通不畅,农村的商业网络发展不健全,基础设施也较落后,农民有效购买力不足,农村市场的发展始终滞后于城市市场。目前,四县(市)人均实现社会消费品零售额仅为我市人均社会消费品零售额的20%左右,农民的消费水平大大落后于城市居民。因此,增加农民收入是启动农村消费市场的关键。

2、居民增支预期在短期内难有明显改善

在经济体制加速转轨的过程中,原来由政府和国有企业向城镇居民提供的就业、住房、医疗、养老、教育等保障相继转变为由居民自己承担全部或部分的风险与费用,绝大多数消费者对未来的增支心理预期没有减轻,抑制了消费品零售额的增长。

三、几点建议

2003年是新一届政府的起始年,也是全面落实党的十六大精神的第一年。为了使我市批发零售贸易、餐饮业更健康地发展,提出以下几点建议:

1、大力开拓市场,扩大流通规模

一是不断开拓农村市场。扩大农村居民消费,关键是增收。只有农民生活真正富裕了,他们才会消费那些价值较高的商品,才能逐步提高消费水平。增加农民收入的途径主要有调整农业生产结构,积极稳妥地推进农业产业化经营,加快小城镇建设的步伐,转化农村剩余劳动力等。积极鼓励各流通企业到农村兴办直销店、连锁店、加盟店等,将城市名店向农村延伸,以提升县(市)、区的消费档次,为启动农村市场创造条件;同时鼓励一些大型的批发零售贸易、餐饮业和交易市场建立农村专业营销配送网络,为农村提供质优价廉的商品,引导和刺激农民消费。

二是积极开拓城市市场。流通企业努力发展特色化经营,把经营重点面对广大工薪阶层,以消费者的现实需求和潜在需求为导向,根据消费者对产品质量、档次和品牌的更高要求,组织适销对路的产品。鼓励消费者采取分期付款和租赁方式消费高档商品。

三是开拓国外市场。进一步发挥我市农副产品资源丰富的优势,针对国际市场需求,不断开发研制粮食深加工产品与各种营养、方便、速冻食品等,积极打入国际市场。正确把握我市实施开放带动战略的机遇,把在国内市场有一定生产能力的名、优、新、特商品和地方特色商品带出去,增加创汇能力,使我市流通企业进入更大的国际空间。

2、加强管理,不断提高经济运行质量

随着商品市场向买方市场发展,特别是中国加入WTO以后,外资零售巨头将会越来越多地角逐国内的零售市场,而且将更多地从沿海向内地渗透,处于东北三省枢纽位置的长春将会是首选,流通领域今后的竞争会更加激烈。因此,流通企业一方面应该继续深化改革、开拓市场、扩大销售,努力开辟新的利润增长点,提高企业的赢利水平;同时,应采取切实措施,加强内部财务管理,严格控制费用支出,改变传统商品经营方法,加快商流、物流、信息流的运转,减少每个环节的费用,提高经济效益。

3、继续打好"假日经济"和"会展经济"牌

据统计,在假日和会展期间,各大商场的销售额都比平时有较大幅度的增加。各流通企业应紧紧抓住"假日经济"和"会展经济"的有力时机,积极组织货源,拓宽经营空间和服务空间,开展丰富多彩、各具特色的促销活动,把"假日经济"和"会展经济"这块蛋糕做大、做足、做强,以带动消费品市场的快速发展。

4、调整商业业态,促进营销方式的多元化

目前,城市中心的大型百货零售业已基本饱和,各种新型业态必将得到快速的发展,各流通企业应根据这一发展趋势,按照购买力水平和分布情况,加快向连锁店、专卖店、特色店、精品店、超市、货仓式卖场等方向发展。同时鼓励国内外有实力、技术先进的商业集团进入我市市场,以带动整体商业管理服务水平的提高。

5、统一规划,不断推进市场建设和市场体系的发展完善

我市处在东北亚经济圈中,地理位置优越,占据由俄、朝、日、韩等国家通往国内腹地的洲际路桥要冲位置,适合发展区域性国际化的商品中转集散市场。我市以汽车、铁路客车为主体的交通运输制造业在国内占有举足轻重的地位,适合发展、建设各类具有产业依托和地方特色的产区型商品市场。我市的科研、教育基础雄厚,适合建设发展依托科研、教育和技术等智能优势,以高新技术产品和技术、智能软件为交易客体的时代型新兴市场。我市应在市场建设方面适应社会主义市场体制和国内外市场体系的发展变化趋势,建设多元化、规模化、专业化、现代化和外向化的市场,提高政府对市场的领导和调控水平,加强市场配套设施建设,加快商品流通现代化进程,切实提高市场组织化程度和市场规范化管理水平,研究制定有利于市场及其主体发展的政策措施。

6、加强对市场的宏观管理和引导,使其向有序化、规范化方向发展

随着市场竞争的日益激烈,降价销售已成为众多商家抢占市场份额的一种手段。从短期看,消费者赢得了实惠,商家也获得了暂时的利益。但过度的价格战,再加上一部分企业在经营中的不规范行为,则会影响到市场的健康发展。过度的降价,必然使商家的应得利益减少。大多数消费者的心理是买涨不买落,势必造成消费者持币待购,等待着下一次更大幅度的降价。因此,我们需加强对市场的宏观管理和引导,整顿流通秩序,规范交易行为,让市场在一种既充满竞争,又井然有序的环境中求得良性发展。

总之,只要我们积极转变观念,加强宏观引导,大力开拓市场,合理调整商业布局,强化企业管理,我市的流通业就一定能健康有序地发展。

(逯桂梅)

县（市）区经济
ECONOMY OF COUNTY(CITY) AND DISTRICT

【农安县】 农安县,古称黄龙府。地处松辽平源腹地,吉林省中部,距省会长春市60公里,是长春市主要农副产品供应和加工基地,全县幅员面积5400平方公里,辖26个乡镇,378个行政村,总人口111.7万人。农安县属于大陆性季风气候,年平均气温5.6度,年平均降水量466.7毫米,年有效积温3136.9度,全年无霜期146天,适合一年一季作物生长。现有耕地面积29.1万公顷。

2002年,实现国内生产总值920281万元,比上年增长13.1%。其中,第一产业增加值373168万元,增长4.7%,第二产业增加值256828万元,增长23.6%;第三产业产值290285万元,增长17%。三次产业比由2001年的44%调整为2002年的41:28:31。

农业产业化进程进一步提高,出口菜、"三辣"等优势产业迅速壮大,订单、品牌、特色、园区农业成效显著。全年实现农业总产值631110万元,比上年增长5.1%。种植业结构不断优化,优质高效作物面积继续增加。全县普通玉米与经济作物种植比例达到6.2:3.8。粮食生产获得较好收成,全年粮食总产量达到2024193吨,增长25%。畜牧业发展势头强劲。全年实现牧业产值318523万元,占农业总产值的比重达到50.4%。猪牛羊肉产量达到391081吨,比上年增长3.3%,继续保持了全国第一产肉大县的荣誉。林业稳步发展。全年实现林业总产值1235万元,比上年增长4.2%。全年完成造林面积2540公顷,比上年增长44%。波罗湖退耕还林、环城绿化带、302国道绿化通道等九大工程已全面启动。

工业生产快速增长,经济效益进一步提高。长春石油化工厂和长春华润啤酒有限责任公司两大骨干企业充分发挥支撑作用,全年累计完成税金6737万元,占全县财政收入的27.6%。民营工业迅猛发展,荣发集团、电联水泥、新安药业等民营企业不断壮大。全县规模以上工业企业完成增加值33923万元,比上年增长15.6%。国有及国有控股工业实现增加值22965万元,比上年增长16.1%,非国有工业企业实现工业增加值10958万元,比上年增长14.2%。

建筑业快速发展。全年建筑业完成增加值24841万元,比上年增长79.1%。建筑企业实现利税总额1420万元,比上年增长82.1%。全年建筑施工面积230289平方米,比上年增加55232万平方米,增长31.6%;竣工面积211096平方米,增加57923平方米,增长37.8%。2002年全社会固定资产投资完成137396万元,比上年增长17.4%。

基础设施建设步伐加快,城乡面积明显改观。截止2002年末,县城新修和改造20条街路100平方米,新铺供水管线31.8公里、排水管线6.6公里,安装了23种路灯896套。启动了集中供热一期工程,供热面积达到30万平方米。规划建设了黄龙府广场,辽塔游园等景点,为市民休闲娱乐提供了幽雅环境。加快重点建设,镇容镇貌明显改观,实现了亮丽工程,人居环境不断优化。

全年实现社会消费品零售额170862万元,比上年增长12.29%。餐饮业完成零售额24172万元,增长10.1%;批发零售贸易业完成零售额146690万元,下降16.1%,其中,限额以上批发零售业完成零售额7779万元,下降6.1%,限额以上批发零售业完成零售额138911万元,增长13.3%。随着市场的进一步开放,外资进入流通领域,各种超市等新兴业态发展迅速,给商业企业经营和管理带来新的理念,优胜劣汰机制明显增强。市场建设步伐加快,截止2002年末,全县各类商品交易市场发展到84个。

城乡居民收入增长加快。全年城镇居民人均可支配收入达到4300元,比上年增长12.0%。农民人均纯收入进一步增长,全年农民人均纯收入达到3160元,比上年增长27.4%,增幅高于上年3个百分点。

社会保障体系逐步完善。建立了统一的养老保险制度,养老保险的保障水平逐步提高。全县参加养老保险的职工人数达到20640人,比上年增长24.3%;享受养老保险待遇的离退休人员达到6678人,比上年增长15.5%;月人均养老水平达到467元,比上年增长12.0%。城市最低生活保障的基础工作得到加强,截止2002年末,已纳入城市居民最低生活保障人数达到9102人,比上年增长18.1%;共发放低保资金255万元。以城市养老、失业、医疗保险和最低生活保障为主要内容的社会保障体系框架初步建立,城镇居民最低生活保障线制度已基本实现全面覆盖。 **(肖立群)**

【九台市】 2002年,全市实现国内生产总值550887万元,同比增长了16.50%。其中第一产业增加值完成了192666万元,同比增长了7.5%;第二产业增加值完成了143568万元,同比增长44.00%;第三产业增加值完成了241653万元,同比增长了10.10%。

农业:2002年,我市加快了农业生产结构调整的步伐,农业生产和农村经济稳步发展,农民收入有了较大幅度的增加。粮食总产量达到924552吨,同比增长了8.96%;农业增加值实现192666万元,同比增长了7.50%。在种植业结构调整上,积极发展生猪、肉牛、大鹅等畜牧业和苗木、花卉、林果、中草药村等特产业,不断扩大生产基地建设规模。全市以提高生产能力和经济效益为目标,以科技兴农为先导,狠抓了各类示范区的建设,规划和落实了以上河湾为主的芸豆之乡,以波泥河为主的苗木之乡、以土们岭为主的中草药材之乡,以及龙家堡设施农业示范区,沐石河三元结构示范区、饮马河生态农业示范区等一批示范典型、进一步扩大了名、优、新、特的蔬菜,胡萝卜、苗木、芸豆、晒烟等一批绿色农产品的生产。使我市的农业生产走上了一条快速增长、可持续发展的道路。

工业:工业生产围绕调整产业结构,培育主导产业进行。把"招商引资"和改制改造、提升传统工业放在全市经济工作的首位,进一步推动了工业生产。尤其是招商引资企业,全面进入开工生产期,进下不形成了食品工业、医药工业、建材工业、汽车工业为主的新的主导工业体制,并正在拉动我市工业生产进入快速增长阶段。民营工业已形成了半壁河山。全口径工业总产值584272万元。全市全年实现工业增加值107861万元,同比增长了57020%。

贸易业:2002年,全市实现社会消费品零售总额138152万元,同比增长了18.06%;个体工商户发展到15490户,注册资金26916万元,从业人员20414人;私营企业发展到554户,注册资金达到41708万元,从业人员8942人。民营经济真正的成为我市国民经济不可缺少的重要组成部分。

固定资产投资:2002年,全市完成固定资产投资额65184万元,同比增长了0.22%。2002年,我市在进行了大规模更新改造和基础设施建设的同时,还采取改造与开发相结合,自建与引资建设相结合的办法,开发建设了设计标准高、功能齐全的阳光苑、怡景花园、世纪花园、平安小区等住宅小区。在美化、净化、香化九台工程方面,小南河综合治理全面启动,铁南带状公园已经开工,曙光广场全面竣工,曙光大街全线贯通。这些工程的全面开工和竣工,大大地改善了我市居民的居住条件和城区面貌,同时拉动了建材、运输、装饰装潢业等相关产业的发展。

人民生活:2002年,我市户籍总人口为831910人,人口自然增长率为3.58‰;全口径财政收入实现19414万元,同比增长了32%,其中国税收入5954万元,地税收入10595万元;在岗职工年平均工资达到6752元(不含中直及省直企事业单位),同比增长了2.30%;农村人均纯收入为3050元,同比增长了26.29%;城乡有线电视发展到2.4万户,出现了第一个有线电视村,标志着我市人民群众的物质文明和精神文明实现了共同提高;电话装机总容量达到105316门,城乡实际安装电话机达到71741部,同比增长2.87%;2002年年末城乡居民银行储蓄存款余额达到234188万元,人均存款2827元,户均存款9000元,同比增长了8.65%;2002年年末银行各项贷款余额404592万元,同比增长了4.16%。

【榆树市】 榆树市位于吉林省中北部,处于长春、吉林、哈尔滨三市构成的三角区中心,北和东北与黑龙江省的双城市、五常市隔河相望,南与舒兰市毗邻,西与松源市接壤,幅员面积4723.77平方公里。

全市辖14个乡、16个建制镇、4个街道办事处,总人口122.4万人。

2002年,榆树市紧紧围绕经济建设这个中心,加速经济结构优化调整步伐,积极推进各项事业发展。全市国内生产总值实现832148万元,其中:第一、第二、第三产业增加值分别实现375758万元、155878万元和300512万元;全口径财政收入实现47595万元;农民人均纯收入达到3116元。

一、农村经济质量稳步提高,农业产业化结构调整成效显著

大力进行了农业产业化调整,重点发展绿色农业、特色农业、效益农业,初步完成了三条经济带建设规划。一是专用玉米经济带,围绕工业发展需要,种植高淀粉、高油玉米,围绕畜牧业生产种植饲料玉米,围绕市场需求种植食用玉米;二是绿色蔬菜经济带,以榆陶公路、榆三公路和吉哈公路为主线,以长春生态农业产业开发区为辐射源,建立了绿色蔬菜长廊;三是绿色稻米经济带,依托“一江、两河”水资源优势,以禾丰、三军等米业加工企业为龙头,建设绿色稻米基地。2002年,全市农业总产值实现610701万元,同比增长13.1%;其中:牧业总产值实现239637万元,同比增长19.7%;多种经营收入实现20亿元,同比增长11%;劳务输出23.6万人,实现收入6.09亿元;农业订单面积达到15.9万公顷,占耕地面积的55%。

二、规模以上工业发展势头强劲,大项目开发取得新成就

全市工业企业大项目开发取得重大突破。全年建成项目12个,在建项目8个,停产激活项目5个,另外,储备了10个拟建项目。2002年,规模以上工业发展势头强劲,总产值实现64671万元,同比增长16.3%,销售收入实现62346万元,同比增长16.8%,税金实现6380万元,同比增长24.3%,工业产品产销率为97%。全市工业经济正在由恢复性增长向实质性增长转变。

三、商贸金融态势良好,城乡市场体系日臻完善

城乡市场体系日臻完善,一批专业特色市场基本形成,流通组织和营销手段不断创新,存贷款余额稳中有升,信息化建设初见成效。2002年,全市社会消费品零售额实现116526万元,同比增长13.8%,金融机构存款余额330433万元,金融机构贷款余额738183万元,城乡居民储蓄存款余额达到251187万元。全市各类生产合作社、专业协会和组织达到180多个,经纪人2万多人。全面实施了“扩张非公有制经济”的战略,对民营经济实行“国民待遇”,支持民营企业购买、租赁、承包国有企业和集体企业,加快企业退出国有和集体的步伐。2002年,全市民营经济增加值实现28亿元,实现税金5000万元,分别比上年增长11.1%和7.4%。

四、改革开放不断深入,招商引资又有新举措

各项改革稳步推进,全方位对外开放格局基本形成。在国企改革上,165户企业完成改制80户,退出国有10户。在税费改革上,农村税费改革取得明显成效,按照税费改革后的收益分配政策,农民负担减轻了24%。在社会保障制度改革上,以养老、医疗、失业和社会救济为重点的社会保障制度改革初见成效。在招商引资工作上,全市以东南发达地区和长春、吉林、哈尔滨等地区为招商重点,采取上门招商、以商招商、网上招商等方式,强化招商引资质量。2002年引进内资5.67亿元,外资16.8万美元。重新修改制定了《榆树市招商引资优惠政策》,使一些全国知名的企业在榆树落户发展。

五、基础设施日臻完善,小城镇建设步伐加快

城市建设力度进一步加大,各项设施不断完备,综合承载的功能明显增强。2002年,市政府投资2500万元用于城市基础设施建设,完成了榆树大街拓宽改造工程及榆树大街、工农大街、向阳路人行步道彩色方砖铺装和居民区主要巷路硬面铺装等工程;完成了主要街路的路灯安装工程;改造了站前广场,新建了西外环广场;改造了供、排水管网和供热管网;新建市区楼房63栋、28万平方米;出动111.5万人次,开展了大型农田水利基本建设,完成土方330万立方米。突出抓了小城镇建设,按照突出重点、科学规划、整体推进的原则,走运用市场机制经营城镇,以存量换增量,以资产换资金,以资源换资源的道路,加快小城镇建设。聘请有关专家对五棵树镇原建设规划进行了重点修订,制定了三十年不落后的总体发展规划,扩大了规划区面积。由五棵树镇带动,弓棚、泗河、新立、大坡等四个试点镇的规划都已制定修改完成,正在分步组织实施。

六、社会事业全面进步,人民生活丰富多彩

突出了教育优先发展战略,全面实施素质教育,巩固九年义务教育成果,进一步改善办学条件,教育为“三农”服务的功能进一步增强,民办学校、公办民助学校、民办公助学校相继在榆树成立。医疗卫生工作以提高人民健康水平为核心,深化了农村卫生院改革,整顿组建了村卫生所,加快了医疗机构内部运行机制改革,成立了医疗保险经办中心。加强了计划生育基层网络建设,提高了计划生育率。广播电视节目质量明显提高,有线电视光缆工程全面启动。新建电话村146个,市话扩容8万门,发展因特网用户3500户。

七、民主法制建设得到加强,社会秩序更加稳定

全民的民主法制意识明显增强,参政议政水平进一步提高。市政府认真执行人大的决议决定,自觉接受法律监督和民主监督;坚持政治协商制度,密切了同民主党派、无党派人士和人民团体的联系。2002年,市政府共办理人大代表、政协委员、群众团体的议案、提案和建议59件。坚持依法治市,强化依法行政,严格规范了各类行政执法行为。认真查处了各类违法违纪案件,坚持不懈地开展反腐败斗争。认真解决群众信访问题,妥善落实了各项优抚安置政策。强化了社会治安综合治理,积极开展了严打整治斗争,保持了社会稳定。

【德惠市】 地处松辽平原腹地,吉林省中北部,即东经125°14－126°28,北纬44°33－44°51,位于长春、吉林、哈尔滨三市构成的三角区中心,隶属长春市管辖。全市辖14个镇、5个乡、4个街道办事处、308个行政村。全市总户数为24.3万户;总人口为91.2万人,其中农业人口为75.3万人,占总人口的82.6%。全市幅员面积3435平方公里,其中耕地面积21.1万公顷。

德惠属中温半湿润大陆性季风气候,春季干燥多风,夏季温热多雨,秋季艳阳高照,冬季漫长寒冷。年平均气温4.4℃、有效积温约2800℃、无霜期135至140天、降雨量550至600毫米,适宜农作物生产。境内盛产玉米、水稻、大豆、高粱,是全国商品粮生产基地县(市)之一。

2002年,全市事业快速发展,综合经济实力显著增强,改革开放建设取得了新成就。全市实现国内生产总值80亿元,同比增长17.3%,其中:第一产业增加值30.2亿元,同比增长7.2%;第二产业增加值26.2亿元,同比增长23.2%;第三产业增加值23.6亿元,同比增长25.8%;财政收入实现2.65亿元,同比增长16.2%;农民人均纯收入实现3080元,同比增长14.3%;城市居民人均可支配收入实现5159元,同比增长11.7%;出口创汇实现10930万美元,同比增长30.1%。农业结构调整步伐加快,效益农业快速发展。粮、经、饲三元种植结构日趋合理。订单农业初见成效。畜牧业保持良好发展态势。园区建设取得较大突破,初步建成了种养加三大类园区54个。劳务经济快速发展,全市外出务工经商农民近10万人。农产品流通体系进一步完善,全市共建设各类产地批发市场14个。中介组织和经纪人队伍不断壮大,全市已发展各类协会、学会、研究会300多个,经纪人5000多人,建立党员合作社16个。

企业改革进一步深化,工业经济效益明显提高。

企业产权制度改革取得了实质性进展。供热公司的破产改制工作已经完成;大曲酒厂破产已进入法律程序;第一水泥厂改制方案已经确定。双停企业启动工作取得新成效。德惠市造纸厂由哈尔滨和鑫集团租赁经营,年末实现产值2610万元;味精厂资产剥离后,实行租赁经营,年末产值达到10277万元。企业生产形势好转,效益提高,2002年,全市规模以上工业企业实现产值36.3亿元,同比增长6.1%;实现利润总额7957万元,增长28.3%。

民营经济快速发展,第三产业不断壮大。民营经济园区建设取得新的进展。振东彩印厂、正通酒厂等8户企业入区建成投产,完成投资3319万元。2002年,全市个体工商户达到5万户,私营企业达到210户,缴纳税金3800万元,占财政收入的17.3%。全市社会消费品零售额完成13.98亿元,同比增长16.7%,城乡集市贸易成交额达到9亿元,同比增长20%。

重点项目进展顺利,招商引资取得丰硕成果。德大公司三期翻番工程完成,一亿只肉鸡加工屠宰、13万吨熟食加工项目已投入运营,16个现代化肉鸡小区、100万吨大豆加工、100万吨饲料生产项目稳步推进。德惠四中教学楼和宿舍楼一期工程已竣工投入使用;德惠物流园区项目一期主体工程已经完工;高科技示范园区项目、绿洲生物肥料、米沙子三鼎页岩陶粒和20万吨精制米等项目已顺利进入施工建设阶段。成功举办了“第三届吉林德惠绿色食品节暨德大公司1亿只鸡项目竣工庆典”活动。树立了德惠形象,提高了知名度,产生了积极影响。“绿节”期间,有32个项目签约,签约总金额达10.97亿元人民币。重点招商活动取得良好效果,成功地组团参加了“厦洽会”、“乌洽会”、“农博会”及赴日本、韩国、俄罗斯等国家经贸考察活动,签约项目14个。2002年,合同引资19.8亿元,实际到位外资1,680万美元,内资8.97亿元人民币。

城乡建设步伐加快,创建文明城工作迈出新步伐。顺利完成了光明街与德大道路连接工程等“十件实事”建设任务。积极创造条件,完成了中央街延伸、西二道街及新惠路南段油柏路铺装和昌盛街、西六道街灯光隧道工程。全年楼房开发建设面积达35万平方米。米沙子、朱城子、郭家、岔路口等乡镇的小城镇建设取得了实质性进展。城市管理水平又有新提高,在长春市爱卫会组织的检查评比中获得了较好成绩。

财政体制改革不断深化,财政管理水平有新提高。完善了乡镇财政管理体制,普遍建立了乡级国库。集中开展了财政供养人员经费的清查工作,完成了工资统发、政府采购、编制部门预算的前期准备工作。强化税收征管,全力挖潜增收,多方筹资,保证了行政事业人员工资的按月发放和社会稳定。金融工作健康运行,2002年末,全市城乡居民储蓄存款余额达30.2亿元,比年初增加0.6亿元。 (云德成)

【南关区】 位于长春市东南部,总面积253.93平方公里(城区面积28.15平方公里),辖九个街道办事处和两镇一乡,总人口为51.2万人,其中,乡村人口为8万人,是长春市的百年商端口地,其地理位置优越,科教实力雄厚,经济基础良好,各项事业蓬勃健康地发展。

2002年全区国内生产总值完成296586万元,比上年增长15.2%,是1997年的2倍之多,提前实现了翻一番的目标,其中:第一产业实现增加值17050万元,比上年增长5.6%;第二产业实现增加值121030万元,比上年增长7.6%;第三产业实现增加值158506万元,比上年增长23.0%。三次产业的比重由1997年的14:47.9:38.1调整到5.8:40.8:53.4,全口径收入实现56575万元比上年同期增长32.5%,区本级财政收入实现8914万元,同比口径增长17.3%,农民人均纯收入达到3640元。

一、国民经济稳步健康发展,综合实力明显增强

1、农村经济全面发展。2002年全区农业总收入完成39003万元,比上年增长17.7%,农业结构进一步优化,并且被农业部命名为无公害蔬菜基地,农村经纪人队伍也日益成熟,充分发挥了剩余劳动力转移的作用。农村城市化建设也迈出坚实步伐,实现了乡村道基本硬化,晴雨通车。乡(镇)村经济综合实力进一步增加,三个乡(镇)全部进入全市30强行列,东风村、黑嘴子村等9个行政村也进入全市50强行列。

2、工业经济运行质量不断提高。2002年,全区工业产值完成378217万元,比去年同期增长9.74%;实现利润19006万元,比上年同期增长28.27%:实现销售收入340268万元,比上年同期增长10.62%。规模以上企业实现总产值118404万元,比上年同期增长24.68%;实现利润3553万元,比上年同期增长15.23%;实现销售收入60305万元,比上年同期增长10.37%。并且有三户企业获得省“小型巨人企业”称号。

3、第三产业和民营经济整体水平逐步提升。2002年,全区第三产业实现增加值158506万元,比上年增长23.0%,初步形成了商贸流通业、房地产业、餐饮、服务业等竞相发展的三产新格局,使一大批规模大,业态新,效益好的三产项目不断壮大。各专业型街路也竞相发展逐渐形成规模,长春明珠、鸿城国际等一批名牌小区使房地产行业也呈现出勃勃生机。

大力发展非公有制经济,民营企业达到30808户,从业人员8.5万余人,完成民营增加值310626万元,比上年增长32.6%,个体私营经济对财政贡献率达到40%。

4、财政收入实现历史性突破。积极适应新的财政体制改革,进一步理顺了区对街乡财政管理体制,牢固树立税源意识,加强税收征管,实现应收尽收,全面落实"收支两条线"管理,严控预算外支出,有力地推动了各项事业的发展。

5、招商引资工作成效显著。全区共引进市政府认定的内资6.524亿元,外资1722万美元。并且确立了八大重点项目,实行"一个项目、一名领导、一套班子、一抓到底"的办法,推动重点项目的建设,使其拉动全区的经济,增强后劲,为南关区的经济快速发展起到推波助澜的作用。

二、城区环境得到明显改善,城市建设与管理实现历史性突破。

不断强化经营城市理念,将建设、管理经营城市作为城区政府的重要职能。初步建立了"一级规划、两级建设、三级管理"的城建管理新体制,并在全市率先打响了城市环境综合整治战役和绿化美化、黄土不露天战役,整治区域面积占建城区总面积的38%,绿化、硬化面积20万平方米,实现了市容环境"一年大变样,两年改变城区面貌"的阶段性目标。全面取缔马路市场,在各个街道办事处实行了垃圾袋装化管理,改造了大经路,西三马路等7条街路,对三马路、大经路、永春路周边环境进行了全面治理。坚持长效管理,城市管理正向"四个一样"目标迈进。

三、社会各项事业蓬勃发展,精神文明建设成果显著。

教育事业发展实现了新突破。通过整合教育资源,实施"名校工程",调整学校布局,改善硬件设施,一举改变了我区中小学多、规模小、条件差的面貌,形成了树勋小学、103中学等一批省、市知名学校。我区荣获全国"两基"工作先进区,全省教师教育先进区等近百项先进称号,教育大区、教育强区的形象初步树立起来。科技创新力度不断加大,共组织实施技术进步项目254项,通过了国家科技进步考核验收。社区建设稳步推进,在建"星光计划"和"示范工程"重点项目已达标10处,曙光社区被评为全省首批"创建文明社区工作先进社区"。我区连续6年被评为省级精神文明建设先进区。文化体育事业也健康发展,我区被国家体育总局评为"全国武术之乡"。双拥、双抚工作、城乡社会保障工作、计划生育工作、残疾人工作以及老龄工作等各项事业也取得了新的成绩。并圆满完成了第五次全国人口普查和第二次全国基本单位普查的各项工作。 **(任长春)**

【宽城区】 位于长春市的北部,东、南、西分别与九台市、二道区、南关区、朝阳区和绿园区接壤,北与农安县、德惠市毗邻。区域面积343.93平方公里,总人口40.5万,辖1乡、2镇、9个街道办事处。

宽城区是中共吉林省委、省政府所在地,地理位置优越。长春火车站、长春公路客运中心站、长春电信枢纽中心、长春邮政大楼、长江路电脑科技商品经营开发区均座落在区域内,是长春市的北大门和重要的物资流通集散地。得天独厚的地缘和区位优势,使宽城区的经济近年来持续稳步协调发展。目前全区已初步形成以机械仪表电器、医药化工、粮食深加工、木制品等四大主导行业为主体的工业体系,综合经济实力步入全省城区前列。

2002年是我国"入世"后的第一年。一年来,全区上下紧紧围绕建设"两区"的战略目标,抢抓机遇,负重奋进,经过全区上下的共同努力,实现国内生产总值38.1亿元,同比增长14.6%。

——农村经济全面发展。加快种植业结构调整,扩大订单农业300公顷,新开发无公害蔬菜基地540公顷。依托龙头带动,推进农业产业化经营,初步形成绿色食品加工等5条龙形经济。全区农业增加值实现2.07亿元,增长5.6%。农民人均收入达到3348元,比上年增加248元。积极推行农村税费改革试点工作,农民负担进一步减轻。

——工业经济快速增长。巩固壮大主导行业,培育发展规模经济。围绕主导行业实施品牌战略,新培育名牌产品6个,开发市级以上新产品2个。规模企业由去年年末的23户发展到32户。实现工业增加值20.3亿元,同比增长12.3%。

——第三产业产业发展步伐加快。加大市场开发建设力度,新建大型商厦和室内市场5个。站前商贸中心的辐射作用日益增强,房地产开发、社区服务等新兴行业不断发展壮大。新引进三产项目18个,其中投资额超5000万元的大项目9个。全区第三产业增加值实现14.0亿元,同比增长19.5%。

——长江路开发区发展势头强劲。新引进各类企业152户,现有各类企业1187户。停建多年的长春银座A座基本建成,长春金座购物广场已全面开工续建,新启动的长春银座B和双龙大厦将陆续完工并交付使用。长江路步行街已经落成,初步实现了开发区由普通商业区向科贸新区的形象转变。全年实现销售额40.0亿元、税收6000万元,分别比上年增长100.0%和71.4%。

——招商引资实现新的突破。积极探索招商引资的新形式,变随机招商为有序招商,并积极运作网络招商和展会招商。全年引进内资10.7亿元、外资1850万美元,引进各类项目47个,其中引进内资额超1000万元的大项目20个,外资额超100万美元的大项目3个。招商引资的经验在全市进行了交流。

——民营经济呈现较快发展态势。加大对民营经济的行政推动力和扶持力,引导和鼓励民营企业发展规模经济,并为其参与国有企业改革牵线搭桥。全区民营经济增加值实现25.0亿元,同比增长19.0%。成为拉动全区经济增长的重要力量。

——财政收入继续稳步增长。大力组织财政收入,积极培植涵养税源,加强税源管理,调动方方面面组织收入的积极性。实现财政收入5.3亿元,同比增长21.2%。 **(曹富)**

【朝阳区】 位于长春市西南部,是长春市的政治、经济、文化中心。文教卫生事业比较发达,素有"文化区"之称。辖8个街道办事处,3个镇人民政府,总人口66.8万人。

2002年,全区国内生产总值完成223138万元,比2001年增长22.2%。其中第一产业增加值完成21242万元,比2001年增长13.7%;第二产业增加值完成71911万元,比2001年增长36.2%;第三产业增加值完成129985万元,比2001年增长17%。全口径财政收入完成82715万元。回顾2002年朝阳区的经济工作,主要做了以下几个方面的工作:

一是超前谋划,明确发展思路。2002年年初,按照朝阳区第九次党代会提出的新世纪发展战略。在正确分析形式任务和区情的基础上,从建设"文明、绿色、开放、发达"的现代化文化商贸中心城区目标出发,从率先在全市实现跨越式发展任务出发,从我国加入WTO和加快区域经济发展的现实出发,解放思想,开阔视野,查找差距,超前谋划,确定了符合区情的发展思路。在实际工作中,深入实施"南工、北商、科技带动"发展战略,集中力量发展壮大"汽车零部件生产加工业、都市型农业、商贸流通业、现代服务业、高新技术产业"等五大主导产业。充分发挥人才、科技、教育、文化等资源优势,变资源优势为经济优势。拓展招商引资渠道、转变服务观念,扩大经济总量、增加财政收入。

二是优化结构,提高经济运行质量和效益。按照"一产做精,二产做活,三产做大"的工作思路,2002年朝阳区坚持以第三产业为重点,形成了三次产业相互渗透、协调发展的经济格局。

(一)是突出农业结构调整,推动农业经济发展。2002年,压缩玉米种植面积1464公顷,增加订单农业面积800多公顷,效益达1500多万元。畜牧业发展迅速,专业化、规模化饲养发展较快。科教兴农成果显著,农业实用科学技术推广面达96%,优良品种普及率达到90%以上。农业基础设施得到加强,全年筹集资金183万元,在三镇打抗旱井51眼,投资200万元,在三镇新建153栋温室、大棚。2002年,全区农业总收入完成11748万元,同比增长10.3%,农民人均纯收入达到3344元,同比增长10.1%。

(二)是强化工业带动,加快长春工业园建设步伐。2002年朝阳区把长春科技工业园的建设和发展作为全年乃至今后一段时期的工业经济工作重点。长春工业园是经省政府批准的省级经济开发区,面积5.5平方公里。本着"招商引资,合作开发,滚动发展"的思路。实行封闭管理,在硬件建设上,基本上实现了"五通一平"。园区以汽车配套及汽车零部件加工为主体、以高新技术产业为重点。截止到2002年末,园区已有企业117户,其中年产值1亿元以上的企业11户,5000万元以上的7户。在抓好园区建设的同时,积极抓好项目建设、着力提高工业经济运行质量,提高工业经济整体素质,突出培植"60万吨大豆深加工"等龙头项目。全区新产品开发创产值2050万元。技术改造资金达到15445万元。2002年全区共完成工业产值227013万元,同比增长30.9%;规模以上的工业完成产值81588万元,同比增长33%。

(三)是注重市场建设,拓展社区经济。市场是发展区域经济的重要载体。2002年朝阳区充分依托中心区位优势以构建商业流通中心区为目标,本着"谁投资,谁受益"的原则,大力加强市场建设。2002年又有6处市场开业,建筑面积大18700平方米,总投资4500万元。在社区经济建设方面,充分利用人流、物流集中的特点,以红旗街、建设街、西安大路、解放大路、重庆路为轴线,以辖区内的大型重要商贸骨干企业为支撑,加快了区域"商业流通圈"建设。

三是主动服务,壮大民营经济主体地位。在区域经济发展的实践中,破除限制观念、确立发展观念;破除歧视观念,确立平等观念;破除干预观念,确立服务观念,在全社会形成了有利于民营经济公平竞争、健康发展的社会环境。进一步落实区级和部门领导干部联系重点民营企业制度,发挥"朝阳区个体、民营企业咨询服务中心"作用,建立民营企业"联系卡"开展"四个十"竞赛评比活动,完善同业工会组织,加大民营企业人员培训等措施。加大扶持服务力度,使民营企业在经营规模、产品质量、名优品牌、经济效益,纳税贡献等方面都实现了重大突破。

四是加强措施、推动招商引资工作,按照"大开放、大提高"的思路,采取多种形式招商。采取以"市场换项目、以存量换销量、以资源换资金"的办法,进一步健全了激励机制,加大奖惩力度,形成了"政策围绕项目转、服务围绕税源转"的良好趋势。

在抓好上述工作的同时,进一步深化企业改革,通过规范运作,全区2002年工商企业改制面达到了96.6%。

【二道区】 二道区是长春市六个城区之一,位于长春市区东部,东与九台市、永吉县毗邻、南与双阳区接壤、西靠伊通河与南关区、宽城区隔河相望、北与宽城区及九台市衔接。下辖6街3镇2乡,共有48个社区,40个村,总人口为367801人,幅员面积465.11平方公里。

一、经济实力显著增强

积极调整产业结构,大力发展民营经济,注重提高经济运行质量和效益,推进了全区经济快速发展,经济实力显著增强。2002年全区GDP完成262000万元,同比增长11.25%。其中:第一产业完成16000万元,比2001年减少5.15%;第二产业完成121800万元,同比增长11.33%;第三产业完成124200万元,同比增长13.74%。三次产业比重为:6.1:46.5:47.4。人均GDP为6987元/年,同比增长13.2%。全区个体工商业户达5236户、私营企业已发展到753户,民营经济占全区经济总量的比重达到70%以上。全口径财政收入为42903万元,同比增长33.5%,其中:本级财政收入完成7437万元,同比增长30.7%。

二、教育事业日新月异

"抓住今天的教育,就是抓住了明天的经济"。二道区以长远的战略眼光和独到的发展视角,把教育作为经济发展的基础性动力抓实、抓大、抓好。遐迩闻名的第108中学凭借长春市办学体制改革的东风乘势而上,成为全省一流的学校,现已与日本国日章学园缔结姊妹校,向国际化联合办学迈出坚实的一步。龙头带动促进了全区教育的整体升级。"九五"以来,二道区改制校共筹集资金1.6亿元,投资兴建了16座教学楼,改造了9所薄弱校,建成了23所市级校园文化建设先进校、39所花园式学校。目前,受名牌学校吸引,为子女求学而来二道区购房的家庭日益增多,由此连带的商业网点、餐饮服务业及交通运输业的迅速发展,在很大意义上促进了二道"开发热"。

三、品牌地产驰名全国

"看长春未来、住亚泰花园"。一句广告语道出了二道人对生活的自信和对发展的渴望。吉盛小区、亚泰高层、亚泰桃花苑和杏花苑印证了亚泰集团对二道区城市开发建设倾注的汗水和企业自身的发展的壮大。亚泰桃花苑享有"中国名盘"的美誉。目前亚泰已成为拥有万余名员工、总资产达50亿元的大型股份制企业集团,经营范围已拓展到房地产、建材、医药、证券和商贸服务五大产业。吉林亚泰房地产开发有限公司在第四届中国(深圳)国际住宅与建筑材料科技展览会上,当选"2002年中国房地产名牌企业36强"。并且,世界500强、中国最大的地产开发企业深圳万科公司也来到二道投资10亿元,开发建筑面积36万平方米,建设中档精品住宅3000套,为二道区、长春市乃至吉林省增添了新的光辉,提升了新的形象价值。

四、市场流通加大规模

长春市在城市规划逐步东移的过程中,提出要在环城带建成10个大型专业市场,其中6个在二道区。目前,二道区沿自由大路、中环路至东部陆路口岸的环城市场批发带正在全面兴起。批发带上现已建成了中东建筑材料交易中心、中东天宝装饰材料精品广场、长春酒类仓储批发市场、长春纸张批发市场、万通农产品市场等8大市场。全省唯一对外开放的国家级陆路口岸坐落在区内,国家铁道部将投资5000万元至1亿元人民币用于该口岸的改造扩建,新港建成后,省内出入境商品可不必再费周折而直接在此报关检验。一个以大型生产资料专业批发市场为主体,以物流、仓储为辅助,以生活资料市场为补充,布局科学、门类齐全的市场流通体系初具规模。

五、生态旅游方兴未艾

二道区位于长春市净月潭旅游开发区、九台市卡伦湖风景区的中间地带,青山环抱,碧翠连绵。区内生态旅游资源,在长春市"四大版块"中占有绝对优势。清朝康熙帝北巡时劝说当地猎户从事农业生产的"劝农碑"、大金国完颜娄室墓等多处人文古迹都在区内,历史文化底蕴深厚悠远。近年来,引进民营企业,先后建成了吉业驼鸟园和东北惟一以世界著名微缩景观为文化主题的长春世界风景园。最具有开发价值和发展前景的四家乡九朵莲花山滑雪旅游风景区距市区39公里,最高海拔413米,最高落差213米,环境优美、天然植被完好、水资源丰富,可以建造高级滑雪场,已列入长春市重点项目。区里将以莲花山滑雪场为龙头,以特色旅游为依托,连缀起长春龙湾生态园、吉业鸵鸟园、新光朝族民俗村、麋鹿山庄等景点,构筑起长春新兴的旅游风景线。 (龙长江)

【绿园区】 绿园区,面积286平方公里,2002年底人口53.3万人。她正以日新月异的姿态展现在长春的西部。

一、综合

国民经济持续快速增长。经济总量首次超过40亿元,综合实力明显增强,全年实现国内生产总值40.7亿元,比上年增长20.3%,其中,第一产业增加值3.6亿元,比上年增长7.8%;第二产业增加值21.9亿元,比上年增长21.3%;第三产业增加值15.3亿元,比上年增长22.1%。企业改革取得实质性进展。全年对区属48户企业进行了改革,其中出售7户,兼并1户,股份合作制2户,注销38户。安置职工1800人,活化存量资产5600万元,变现企业资源性资产7650万元。

二、农业

农业和农村经济稳步发展,结构调整步伐加快。全区实现农业总产值61389万元,比上年增长7.6%。

种植业结构不断优化。全年粮食播种面积6075.5公顷,比上年增长0.3%;粮食总产量39591吨,比上年增长12.9%。其中,玉米播种面积3215公顷,总产量21235吨;大豆播种面积915公顷,总产量2130吨;水稻面积1320公顷,总产量9886吨。经济作物面积10公顷,与上年持平。蔬菜播种面积8097公顷,总产量239240吨,其中无公害蔬菜发展到2500公顷,比上年增长了47.0%。葡萄发展到703公顷,比上年增长368.7%。

林业生产有突破性发展。全区完成造林面积229公顷,比上年增长160.2%;完成林业产值18万元。

畜牧业保持良好的发展势头。全年牧业产值33414万元,比上年增长0.7%,占整个农业比重的54.4%。肉类总产量达到35626吨,比上年增长16.7%,禽蛋产量13749吨,比上年增长3.2%。

三、工业、建筑业

工业经济整体素质明显提高。以工业园区建设为载体,依托一汽、长客等大中型企业,进一步培育壮大了汽车及客车零部件加工、生物医药、农副产品深加工和民用防护等主导产业。2002年全区完成工业总产值84.7亿元,比上年增长20.1%,规模以上工业总产值12.4亿元,比上年增长50.0%,完成工业增加值19.0亿元,比上年增长24.9%。建筑业不断发展。全年建筑业完成增加值3.0亿元,比上年增长7.7%。

四、固定资产投资

全区固定资产投资仍然保持较快的增长速度,全年完成固定资产投资总额21.9亿元,比上年增长27.6%,其中,基本建设投资2351万元,更新改造投资6.5亿元。

五、城乡建设、环境保护

城乡面貌明显改观,建设步伐明显加快。新建了锦江路和西新镇的"世纪大街",修建了10条乡村道路。"鸿伯园"完成了5万平方米的开发任务;新立花园试验田完成了前期工作;城西镇雁鸣山庄综合开发完成一期工程。房地产开发面积达到108.4万平方米。以"四湖"为主的旅游开发项目进展顺利,启动了雁鸣湖二期工程,确定了长春西湖、同心湖开发主体。与上海绿地集团签订了合作开发长春同心湖社会服务试点园区协议。

城市绿化水平不断提升,"生态园林区"初具规模。全年新增绿地290公顷,植树80万株,植绿篱4万延米,城市绿化覆盖率达到36%。

六、国内商业、对外贸易

商业发展迅速,消费品市场不断扩大。全年实现社会消费品零售额21.0亿元,比上年增长24.5%。商品物美价廉,市场供销两旺。市场建设步伐明显加快。全年新增商业网点13处,其中,各类市场五处,市场总数已发展到64个。北京华联超市青年路店、省酒类批发市场相继投入运营。全市唯一符合新颁标准的化工油漆批发市场工程已经启动。

对外贸易稳步发展。全年实现出口额9701万美元。

七、招商引资

招商引资成效显著。全年共引进项目83项,其中,新上项目70项,规模项目23项,亿元以上项目8项。年初确定的31个重点项目全面启动建设。全年共引进内资16.95亿元,外资2034万美元。

八、财政、社会保险业

财政收入增长较快。全区全口径收入44888万元,比上年增长23.2%;;留用收入8277万元,比上年增长13.6%。财政支出18485万元,比上年增长24.7%。

社会保险事业持续发展。到2002年底,全区有37205人参加了社会养老保险,有46845人参加了失业保险。

九、科技、教育

全区继续实施"科教兴区"战略。全年科技立项4项,投入资金133万元。连续五年保持国家科技先进区称号。教育事业蓬勃发展。年末全区共有普通中学20所,在校生21423人;小学56所,在校生31253人。学龄前儿童入学率达到100%。

十、文化、卫生和体育

文化事业不断发展。2002年底,全区有文化站9个,文化馆1个,农村文化室21个,图书馆1个,藏书22000册,文艺演出80场次,观众5万人次。

卫生事业不断发展。2002年全区卫生医疗机构发展到132个,其中医院5个,床位198张;全区卫生诊所124个,其中村卫生所44个。卫生技术人员达到333人。社区卫生服务机构逐步完善,已建社区卫生服务站23个。

体育事业充满生机,全民健身运动蓬勃发展。中学生体育达标率98%,小学生体育达标率98.5%。在十四届省运会比赛中,全区获得金牌15枚、银牌13枚、铜牌19枚。

十一、人口与人民生活

2002年末,全区总人口533309人。其中,农业人口92632人。人口出生率6.12‰、死亡率3.12‰、自然增长率3.00‰。人民生活水平不断提高。城市人均可支配收入6900元,比上年增长8.8%,农民人均纯收入3372.6元,比上年增长9.4%。年末从业人员10733人,在岗职工平均货币工资10521元。

【双阳区】 2002年在区委区政府的正确领导下,坚持深化改革,加快经济结构调整,国民经济保持了持续快速稳定健康发展,全年实现国内生产总值达到370191万元,比上年增长11.1%。其中第一产业增加值达到80414万元,第二产业增加值达到124759万元,第三产业增加值达到165018万元,分别比上年增长15.1%、11.3%、17.1%。人均国内生产总值达到9865元,比上年增长12.8%.第一、二、三产业增加值在国内生产总值中的构成比例由2001年的21.7:33.0:45.3转变为2002年的21.7:33.7:44.6。

一、粮食生产获得丰收,产量接近历史最好水平。粮食总产量达到437620吨,同比增长169.9%。农业总产值实现135320万元,比上年增长12.1%。其中:种植业产值达到50517万元,牧业产值达到81097万元。分别比上年增长了61.9%和0.6%。基地规模不断壮大,经济总量大幅增长。全区以鹿、禽、牛、猪、羊为主体的畜牧业基地稳步发展。2002年末,全区鹿存栏94250只,比上年增长17.5%,家禽发展为1343万只,比上年增长了21.8%,黄牛、生猪发展分别达到26.7万头和56.9万头分别比上年增长了19.7%和6.9%。

产业结构逐步优化,形成了结构趋于合理且区域特色鲜明的产业格局。畜牧业产值占农业总产值的比重达到60%。种植业调整取得了新突破。引进开发了优质水稻、优质大豆、特用玉米、蔬菜及各种经济作物新品种。注重发挥本地资源优势。对农业各区实行了区域化布局。以建起鹿、禽、牛、猪、蔬菜五大主导产业基地。

农业产业化经济领域不断拓展,促进了农村资源的合理配置,促进了土地向种田大户相对集中,加快了农村剩余劳动力转移,加快了市场开拓和小城镇建设步伐。

二、工业生产快速增长经济效益进一步提高、我区2002年全口径工业总产值实现322960万元增加值达到107602万元,分别比上年增长了66.5%和17.1%规模以下工业总产值达到229312万元,比上年增长了41.8%,占全区总量的71%,充分发挥了乡镇企业的龙头作用,规模以上工业总产值实现40548万元,比上年增长2%。生产销售衔接良好,产销率达到98%,比上年提高了4个百分点。

我区有采油厂、吉林亚泰水泥厂两大产业。区委区政府充分利用现有资源搞活深加工产品,大力发展以石灰业为主要原料的建材工业。重点抓了重钙、轻钙、白灰、水泥制品等项目的开发与建设。形成了全区年产水泥达到162万吨。白灰5.8万吨,轻钙4120吨,煤炭31万吨等系列产品。把双阳建成长春市最大的建材工业基地。我区是全国梅花鹿之乡充分利用鹿产品系列开发新兴工业,以银瀑啤酒厂为依托,加大农副产品向深加工、精加工高附加值方向发展,加快加大粮食转化能力。

三、基础设施建设力度加大,城市化建设步伐加快,全区列入规划,着手组织实施的项目,二实验教学楼,亚泰水泥2号窑余热发电工程,丫丫矿泉水工程均按期竣工。双阳水库除险加固工程,黑顶水库除险加固工程均按计划进行。奢--新公路,幸福公路均如期竣工,客运站、建筑材料市场即将投入使用。居民小区建设,改善了居民住房条件。2002年末,其他投资,城镇私人建房,农村私人建房,农村集体投资分别完成11713、4680、1160、42160万元分别比上年增长483%、4%、220%和18%。特别是天然气的开发利用,使我区的大气质量达到国家一级标准。排水管道达到19.5公里。污水处理厂日处理污水能力达到2.5万吨,城区的硬件设施达到了一定标准。

四、第三产业发展步伐加快,各项事业取得明显进步。我区2002年第三产业增加值实现了165018万元,比上年增长了9.1%。我区2002年社会消费品零售额为84580万元,同比增长13%,批零贸易餐饮业增加值达到47037万元,同比增长8.4%。电话装机容量达到10万门。移动用户达到34550户,实现了全区无缝覆盖。运输能力大大提高,全区客货运周转量30352万吨公里,同比增长94%。交通运输及邮电通信业实现增加值49061万元,同比增长6.9%。区委区政府在发展第三产业工作中加大发展旅游业。2002年末全区旅游总收入为4140万元,旅游业的发展带动了全区交通运输邮电、批零贸易餐饮业等第三产业全面发展。

尽管2002年我区经济态势总体趋好,但是由于受基础条件、外部环境、科技水平、产业现状、经济因素以及经营者素质等诸多方面的限制。各产业在发展过程中仍存在着一些不容忽视和急待解决的问题:

1、受大环境影响,一些主要农产品流通受阻,农业生产经营中的阶段性卖难问题仍然突出,农村市场活力不足,基地产品规模不够、总量不足。我区除鹿业外,其它产业还没有真正形成气候。产业化龙头企业少,带动力不强,项目开发的层次低,缺乏品牌意识,投入不足,资金短缺问题仍然是效益农业和产业化发展的瓶颈。农民的商品意识还不够强。经营者素质偏低。人才匮乏等方面的问题,都是制约农村经济发展的因素。

2、目前我区经济运行正常,主要指标保持稳定攀升势头。但仍然存在一些问题,部分企业亏损严重,亏损面为27%。其中国有控股企业亏损严重,亏损额达到3057万元。比上年增亏2939万元国有企业随着经济体制的转轨,沉重的历史包袱严重制约了其发展,要壮大国有工业的经济就要加快国有工业企业的改革步伐,对资不抵债、扭亏无望的企业要采取果断措施。

3、受一、二产业的制约,我区第三产业发展也不均衡,尽管占据一定的自然优势,但我区的旅游业还没有形成太大的气候。应大力引进、开发、建设第三产业项目。着力培养旅游、商贸、餐饮、娱乐等服务业,扩大对外影响,提升人气,带动第三产业全面发展。

统计资料

STATISTICS

综　合

GENERAL　SURVEY

第一篇　综　　合

长春位于北半球中纬地带,欧亚大陆东岸的中国东北平原腹地,地处东经124°18′－127°02′,北纬43°05′－45°15′,市中心座落在东经125°19′,北纬43°43′。气候为中温带大陆性季风气候,素有“塞北春城”的美誉。

长春市地域辽阔,土地资源丰富,全境面积20571平方公里,其中市区面积3603平方公里。下辖南关、宽城、二道、朝阳、绿园、双阳六个城区及农安、德惠、九台、榆树四个县(市)。2002年末,全市总人口712.5万人,其中市区人口303.9万人,四县(市)人口408.6万人。

国民经济持续快速增长,综合实力明显增强。全年实现国内生产总值1150亿元,按可比价格计算,比上年增长13.1%。其中,第一产业增加值146.8亿元,比上年增长8.5%;第二产业增加值522.3亿元,增长14.6%;第三产业增加值480.9亿元,增长13.2%。三次产业比重分别为12.8%、45.4%和41.8%。人均国内生产总值达到16300元,比上年增长12.7%。非国有经济快速发展,国有和非国有经济占GDP比重达到40:60。

国民经济主要指标快速增长,各项社会事业健康发展。2002年,全市规模以上工业企业完成产值1202.1亿元,比上年增长30.6%,固定资产投资总额达到320.5亿元,比上年增长12.4%,社会消费品零售总额实现402.2亿元,比上年增长12.2%,进出口总额28.9亿美元,比上年增长22.3%,城乡人民生活质量进一步提高,总体达到小康水平,城市居民人均可支配收入和农民人均纯收入分别达到6900元和3147元。

1－1 行 政 区 划
DIVISIONS OF ADMINISTRATIVE

单位:个

		城 市 Urban area		农 村 Rural area			
		街道办事处 Street agency	社区居民委员会 Residents committees	乡政府 Township government	镇政府 Town government	村民委员会 Village committees	村民小组 Village groups
总　计	**Total**	**55**	**351**	**43**	**75**	**1705**	**15634**
市　区	District	42	287	9	19	321	2713
南关区	Nanguan	9	54	1	2	23	189
宽城区	Kuancheng	9	53	1	2	30	223
朝阳区	Chanyang	8	67	0	3	28	240
二道区	Erdao	6	53	2	3	41	335
绿园区	Luyuan	6	48	0	3	29	242
双阳区	Shuangyang	4	12	4	5	137	1285
县(市)	County	11	36	34	56	1384	12921
九台市	Jiutai	3	10	2	13	310	2771
榆树市	Yushu	4	12	14	16	388	3484
农安县	Nongan	–	4	13	13	378	3798
德惠市	Dehui	4	10	5	14	308	2868

①城市:总计中街道办事处包括净月开发区2个,社区居民委员会包括净月开发区15个,经济开发区10个,高新技术开发区3个。

②农村:总计中镇政府包括旅游开发区1个,村民委员会包括旅游开发区18个,经济开发区11个,高新开发区4个。村民小组包括旅游开发区118个,经济开发区52个,高新开发区29个。

1－2 自 然 概 况
NATURAL CONDITIONS

		单位 Unit	长春市 Changchun	榆树市 Yushu	九台市 Jiutai	农安县 Nongan	德惠市 Dehui
一、土地资源	Land resources						
1.国土面积	Area of territory	平方公里 sq. km	20571	4724	3375	5430	3459
2.耕地面积	Area of cultivated land	公　顷 ha	1093045	290830	157827	290081	211667
二、水利资源	Water resources						
1.地表水资源年径流总量	Surface water volume	亿立方米 100million cu.m	12.9	3.1	2.9	1.3	1.7
2.地下水资源量	Shallow ground water volume	亿立方米 100million cu.m	12.4	2.4	2.2	3.7	2.4
三、林木资源	Forest resources						
1.森林面积	Forest area	万公顷 10000ha	23.2	3.9	6.6	5.1	2.5
2.森林覆盖率	Forest coverage rate	%	14.28	12.50	21.53	11.83	11.48

1－3 1990－2002年长春市社会经济主要指标
MAIN INDICATORS OF SOCIETY AND ECONOMIC

年份 Year	年末总人口(万人) Population (10000person)	#市区 District	从业人员(万人) Employment (10000person)	#职工 Staff and workers	国内生产总值(亿元) Gross domestic product (100million yuan)	#第一产业 Primary industry	#第二产业 Secondary industry	#第三产业 Tertiary industry
1990	637.8	211.0	301.8	129.9	105.4	32.8	47.8	24.8
1991	642.6	213.2	313.4	134.2	112.4	31.5	50.3	30.6
1992	645.7	215.6	323.3	138.9	155.2	34.3	82	38.9
1993	651	218.8	317.5	134.8	220.9	43.8	124.1	53
1994	657.5	223.7	336.4	136.7	326.2	71.6	163	91.6
1995	667.3	270	345	133.9	363	89.2	14.9	124.7
1996	676.8	274.2	346.2	131.9	488.2	108.3	203.2	176.7
1997	683.8	278.8	351.2	128.7	541.2	114.2	224.6	202.4
1998	686.9	282.7	334.6	105.1	609	123.5	255.8	220
1999	691.2	286.6	350.3	102.8	707	126.4	291.6	289.0
2000	699.6	292.8	311.4	96.9	824	120.9	365.0	338.1
2001	705.1	298	327.4	92.7	1003.0	135.9	443.6	423.5
2002	712.5	303.94	329.4	116.9	1150.0	146.8	522.3	480.9

1－3续表1 continued1

单位：亿元 unit：100million yuan

年份 Year	工业总产值 Gross industrial output value	农业总产值 Gross apricultural output value	固定资产投资总额 Investment in fixed assets	#基本建设 Capital construction	#更新改造 Innovation	建筑业总产值 Gross output value of construction
1990	156.7	47.2	20.8	9.8	6.0	11.2
1991	177.7	46.5	25.7	13.6	7	13.4
1992	270.2	52.2	45.1	21.8	9.3	18.2
1993	381.4	60.9	68.9	32.2	13.2	34.2
1994	486.5	68.0	96.1	43.1	15.4	42.7
1995	487.3	144.5	108.7	47.5	21.5	51.4
1996	475.8	172.9	120.6	57.4	23.6	57.8
1997	496.4	176.8	106.0	45.5	20.1	64.1
1998	502.4	198.9	141.7	37.8	17.1	66.6
1999	596.6	200.9	194.4	70.1	35.5	78.1
2000	749.7	106.8	235.2	85	43.8	113.1
2001	954.7	223.9	285.0	105.4	53.0	140.3
2002	1202.1	242.1	320.5	120.3	60.7	162.4

1-3续表2 continued2 单位:亿元 unit:100million yuan

年 份 Year	全市财政收入 Government revenue	#地方财政收入 Local government revenue	地方财政支出 Local government expenditures	金融机构存款余额 Balance of deposits	金融机构贷款余额 Balance of loans
1990	13.1	13.1	10.4	76.2	136.5
1991	15.1	15.1	10.9	98.6	177.8
1992	17.2	17.2	12.6	122.2	209.9
1993	24.9	24.9	18.7	147.4	262.9
1994	30.2	10.2	15.3	199.6	310.0
1995	36.5	12.1	25.7	290.8	385.0
1996	45.0	17.0	29.9	378.9	473.1
1997	49.8	18.5	35.1	542.4	631.8
1998	56.5	21.9	37.7	581.2	744.9
1999	67.4	27.1	48.1	765.7	1034.3
2000	76.0	30.4	51.1	1013.2	1243.8
2001	97.4	36.3	59.0	1158.4	1344.8
2002	110.2	37.8	70.1	1403.6	1492.5

1-3续表3 continued3

年 份 Year	职工工资总额(亿元) Wages (100million yuan)	在岗职工年平均工资(元) Average wage (yuan)	年末储蓄存款余额(亿元) Balance of deposits at year end (100million yuan)	#城镇储蓄 Urban	#农村储蓄 Rural	社会消费品零售总额(亿元) Total value of retail sale	商品零售价格指数(%) Overall retail price index	居民消费品价格总指数(%) Overall consumer price index
1990	23.7	1907	53.5	48.6	4.9	50.4	103.0	103.0
1991	27.7	2107	73.7	67.0	6.7	55.7	109.1	106.2
1992	33.3	2441	91.8	83.8	8.0	64.8	109.2	109.1
1993	40.4	3006	113	102.6	10.4	83.1	117.9	114.7
1994	57.6	4271	165.3	151.7	13.5	101.8	120.5	122.9
1995	66.3	5013	243.2	2253.1	178.0	131.8	114.4	115.9
1996	83.3	6370	331.9	308.0	238.4	171.4	106.1	110.9
1997	90.76	7052	388.6	357.0	31.3	204.5	101.5	104.2
1998	84.57	7869	411.7			237.9	98.3	100.6
1999	90	8618	480.4			268.3	96.4	98.6
2000	95.5	9752	533.7			311.2	97.5	98.8
2001	104.6	11090	608.1	–	–	358.3	100.7	102.3
2002	123.6	12869	713.9	–	–	402.2	98.7	99.7

注:"在岗职工年平均工资"中 1990-1997 年为"职工年平均工资"。

1－3续表4　　continued4

年　份 Year	货物运输量 （万吨） Fright traffic （10000ton）	旅客发送量 （万人次） Passenger traffic （10000 person－time）	邮电业务总量 （1990年不变价格）（万元） Post and telecommunication services（10000 yuan）	函件 （亿件） Letters delivered （100 million）
1990	5019	3741	7400.3	0.7
1991	6118	4016	18567	0.7
1992	5141	4441	26036	0.6
1993	5671	4323	37946	0.6
1994	6450	4657	51561	0.7
1995	7232	4848	53056	0.8
1996	9363	4794	107927	0.7
1997	9397	4023	139600	0.6
1998	9326	4799	200000	0.5
1999	9533	4848.4	284000	0.4
2000	8334	1937	433564.4	0.4
2001	8693	2743	316487.5	0.55
2002	10773	7668	328971.0	0.8

注：从2001年开始，将邮电业务总量改为邮电业务收入。

1－3续表5　　continued 5

年　份 Year	外贸出口商品总额 （亿美元） Exports （100 million）	吸收外资 Funded from foreigh			接待海外旅游者人数 （万人/次）Tourists （10000 person－time）
		签订合同项目（个） Contracts （unit）	签订合同金额 （亿美元） Amount sotcontroact （＄100 million）	实际吸收外资金额（亿美元） Real amount （＄100 million）	
1990	0.29	18	0.07	0.006	2.5
1991	0.53	44	0.16	0.04	3
1992	1.60	202	1.80	0.30	3.9
1993	1.70	295	2.30	0.70	3.4
1994	9.70	215	5.90	0.80	3.1
1995	1.40	323	5.90	1.80	3
1996	1.50	127	3.10	0.70	3.3
1997	5.00	130	2.20	0.70	3.5
1998	3.20	146	2.10	2.90	3.4
1999	6.00	150	5.1	3.3	4.5
2000	7.60	161	5.1	3.6	5.5
2001	9.80	125	4.6	5.1	6.6
2002	12.7	119	4.0	6.3	7.6

1-3续表6 continued 6

年 份 Year	全市科技成果(项) Major achievements in science and technology	高等学校在校学生数(万人) Students in high education(10000persons)	小学在校学生数(万人) Students inprimary Schools(100000persons)	学龄儿童入学率(%) Enrollment rate
1990	249	5.1	68.0	98.65
1991	311	5.1	66.5	98.70
1992	116	5.3	65.2	98.80
1993	74	6.1	65.0	99.60
1994	464	6.7	67.3	100.00
1995	231	7.1	69.0	99.80
1996	427	7.4	72.0	99.89
1997	245	7.7	73.8	99.85
1998	561	8.2	72.8	99.95
1999	522	9.9	69.6	99.86
2000	468	12.9	65.2	99.70
2001	498	15.6	60.0	97.00
2002	615	19.6	55.3	98.97

1-3续表7 continued 7

年 份 Year	卫生机构数(个) Hospitals		医院病床(万张) Beds in hospitals	卫生技术人员(万人) Medical technical personel(10000persons)	
		#医院 Hospitals			#医生 Doctors
1990	889	275	2.1	3.4	1.4
1991	893	274	2.2	3.5	1.4
1992	833	256	2.4	3.6	1.5
1993	827	248	2.4	3.6	1.5
1994	802	274	2.2	3.7	1.5
1995	830	303	2.4	3.8	1.6
1996	399	303	2.3	3.6	1.6
1997	642	304	2.3	3.8	1.6
1998	608	298	2.2	3.7	1.6
1999	672	294	2.4	3.7	1.6
2000	648	285	2.3	3.5	1.6
2001	660	291	2.4	3.6	1.6
2002	1498	298	2.2	3.4	1.4

1-4 1990-2002年平均水平主要指标
PER CAPITA MAIN INDICATORS(1990~2002)

年 份 Year	人均国内生产总值(元) Per capita Gross domestic product (yuan)	人均消费水平(元) Per capita Consumer level (yuan)	职工平均工资(元) Per capita wages (yuan)	城市居民人均可支配收入(元) Per capita Urban resident income (yuan)	农村居民人均纯收入(元) Per capita rural resident (yuan)	每一农业人口占有耕地面积(亩) Per capita Cultivated land (ha)
1990	1652	882	1907	1268.3	759	4.3
1991	1745	901	2107	1415	663.2	4.2
1992	2404	1087	2441	1713	750	4.3
1993	3388	1357	3006	2029	929	4.2
1994	4925	1747	4271	2580	1416	4.3
1995	5415	2085	5013	3305	1841	4.3
1996	7265	2407	6370	3939	2245	4.2
1997	7959	2748	7052	4550	2280	4.2
1998	9062	2946	6722	4750	2520	4.5
1999	10722	3265	7406	5110	2560	4.1
2000	11760	3583	8138	5550	2420	4.0
2001	14274	3962	9130	6339	2785	4.1
2002	16300	4398	10518	6900	3147	4.1

注:"城市居民人均可支配收入"中1990、1991年为"城市居民人均生活费收入"。

1-4续表1 continued 1

年 份 Year	每一农业人口生产粮食(公斤) Per capita grain of rural population (kg)	每一工业职工创造产值(万元) Per capita output value (10000yuan)	每一工业职工实现利税(元) Per capita profits before tax (yuan)	每万人口拥有医疗床位数(张) Bed in hospital Per 10000 population (bed)	城市居民人均居住建筑面积(平方米) Per capita floor space of urban resident (sq.m)	农村居民人均居住面积(平方米) Per capita floor space of rural resident (sq.m)
1990	1600	2.3	2160	35	5.9	14.8
1991	1500	2.4	2160.7	35	6.0	15.1
1992	1500	3.0	3542.4	37	6.3	15.1
1993	1600	5.0	4000.8	38	6.55	15.3
1994	1700	6.6	5302.4	36	6.78	15.1
1995	1800	5.3	5459.2	38	7.23	17.2
1996	1900	7.8	4886.9	36	7.45	20.55
1997	1600	7.6	5283.5	35.2	7.7	18.2
1998	2070	11.7	9809	35	8.24	10.65
1999	1895	18.1	1835.9	34.7	9.1	19.03
2000	1277	21.5	29350	32.8	19.06	18.15
2001	1561.8	27.2	35584	34.0	20.24	18.29
2002	1718.1	36.6	50975.6	31	21.22	18.62

注:从2000年起,城市居民人均居住面积变为城市居民人均居住建筑面积。

1－5　1990－2002 年长春市每天社会经济活动概况
AGGREGATE INDICATORS ON NATIONAL ECONOMIC AND SOCIAL DEVELOPMENT(1990－2002)

单位:万元　　unit: 10000yuan

年份 Year	每天主要经济活动 Aggregate indicators for every day						
	国内生产总值 Gross domestic product	工业总产值 Gross industrial output value	农业总产值 Gross agriculturial output value	社会消费品零售总额 Total retail sales of goods consumer	金融机构现金收入 Cash income of bank	城镇居民储蓄 Urban deposits	乡村储蓄 Rural deposits
1990		4284.0	1293.0	1589.0	5520.9	1330.6	135.5
1991	3078.2	4871.1	1275.3	1792.6	6877.7	1706.3	185.3
1992	4254.1	7402.1	1413	2090.5	9573.8	2294.8	219.2
1993	6052.2	10438.6	1767.1	2276.1	15989.7	2810.2	284.5
1994	8936.6	13328.7	2964.9	2790.2	22308.5	4156.9	370.6
1995	9945.4	53018.1	3959.1	3610.9	29275.7	6172.9	488.8
1996	13375.9	16621.4	4737.6	4694.6	36359.3	8439.4	653.1
1997	14827.4	19098.6	4844.3	5602.4	44053.0	9789.5	857.4
1998	16684.9	19931.4	5448.8	6517.8	55002.7		
1999	19369.9	23561.6	5504.1	7350.7	62871.2		
2000	22575.3	28759.2	2926.8	8526.0	72767.1		
2001	27479.5	34375.3	6134.2	10547.9	83597.9		
2002	31506.8	41095.9	6632.9	11019.2	95234.6		

1－5 续表 1　　continued1

年份 Year	每天主要经济活动 Aggregate indicators for every day						
	地方财政收入(万元) Local government revenue (10000yuan)	旅游外汇收入(万美元) Foreign exchange Earnings from tourism ($10000)	施工住宅面积(平方米) Floor space of building under construction (sq·m)	竣工住宅面积(平方米) Floor space of building completed (sq·m)	公路货运量(万吨) Freight traffic highway of (10000 ton)	铁路货运量(万吨) Freight traffic of railways (10000 ton)	民航货邮发送量(吨) Freight traffic of civil aviation (ton)
1990	360.0	0.4	4998.6	1463.6	11.0	1.6	6.6
1991	415.0	0.7	4646.3	2558.3	15.0	1.8	5.9
1992	471.4	1.1	13746.8	3684.5	12.3	1.7	5.5
1993	681.0	1.4	8194.2	4355.1	15.6	2.7	7.5
1994	827.4	21.5	10085.5	4829.9	14.8	2.9	8.2
1995	332.3	3.9	10794.5	6411	17.9	2.4	8.0
1996	465.1	4.1	9095.9	4849.3	23.3	2.3	8.5
1997	1363.1	4.2	7062.7	4789.8	23.1	2.5	8.5
1998	1547.9	4.1	8497.3	4302.2	23.3	2.2	10.3
1999	1846.6	5.5	10944.2	5977.9	23.5	2.7	11.7
2000	2082.2	6.2	10544.4	6527.9	24.4	2.5	15.7
2001	2668.9	8.4	19112.3	9389.0	23.8	4.5	18.3
2002	2847.0	11.5	18931.5	7772.6	24.7	4.8	24.1

1-5续表2 continued2

年份 Year	主要产品产量 Output of major products								
	钢(吨) Steel (ton)	钢材(吨) Steel products (ton)	发电量(万千瓦小时) Electricity (kwh)	原煤(吨) Coal(ton)	汽车(辆) Vehicles (coach)	铁路客车(辆) Railway passenger coaches (coach)	拖拉机(台) Tractors (coach)	化肥(吨) Chemical fertilizers (ton)	水泥(吨) Cement (ton)
1990	202.1	262.2	148.2	2413.7	191.9	2.6	97.0	36.5	1262.0
1991	239.5	263.8	420.7	2531.7	228.7	2.2	171.6	48.4	1545.7
1992	320.0	270.5	764.8	2480.5	396.7	2.3	148.1	71.0	1757.4
1993	399.6	224.5	989.5	3215.9	481.5	2.4	68.6	45.7	2544.9
1994	287.0	245.3	866.8	3168.2	511	2.8	117.2	38.4	3259.2
1995	346.6	206.8	1677.7	3386.2	557.7	3.0	117.4	42.7	4377.5
1996	161.8	184.7	1730.0	3671.0	634.5	3.2	169.1	46.2	4152.4
1997	228.7	61.1	1649.5	3411.9	604.6	2.9	73.2	55.0	4589.9
1998	55.3	40.7	1498.6	2736.9	641.1	2.0	25.1	13.2	4635.6
1999	76.7	35.8	1542.5	2386.3	753.4	2.1	45.8	3.5	4950.7
2000	127.1	50.1	1859.0	2467.9	883.9	4.3	27.0	20.2	7345.2
2001	115.4	74.5	1912.3	3076.7	1071.2	4.3	36.9	-	8178.1
2002	199.7	114.9	1884.9	3060.3	1443.8	2.9	0.14	-	7835.6

1-5续表3 continued3

年份 Year	主要产品产量 Output of major products							
	电视机(部) TV set (set)	摩托车(辆) Motorcycles (coach)	洗衣机(台) Washing machines (unit)	布(万米) Cloth (10000m)	卷烟(箱) Cigaretees (cases)	酒(吨) Wine (ton)	粮食(吨) Grain (ton)	猪、牛、羊肉(吨) Meat (ton)
1990	475.6	49.6	689.0	14.1	551.5	338.6	17114.7	318.3
1991	282.2	83.6	689.9	12.7	605.6	328.9	15910.9	346.5
1992	160.8	148.0	693.2	9.7	675.3	342.1	16433.7	353.6
1993	110.4	234.1	685.2	7.4	708.6	364.9	17627.2	382.6
1994	107.7	325.1	519.2	10.3	615.6	436.7	18561.0	517
1995	21.2	385.2	49.9	8.3	589.0	467.5	18937.5	741.4
1996	10.3	368.3	54.2	8.1	597.3	586.3	20554.8	1018.7
1997	1078.5	444.5		8.7	616.5	601.7	17787.3	1203.3
1998	4128.2	309.6		5.6	506.8	558.2	22645.9	1415.5
1999	3953.4	287.8		6.8	506.9	615.7	20620.1	1820.5
2000	2392.1	166.5	-	6.8	506.8	1363.1	14407.8	2023.0
2001	1217.1	142.5	123.9	5.7	509.6	651.3	17123.3	2150.3
2002	1147.3	106.8	132.9	5.7	523.3	775.8	19232.8	2300.8

1-5续表 4 continued4

年 份 Year	每天主要服务性活动 Major services					
	生活煤气使用量（万立方米）Gas for living（10000 cu·m）	家庭煤气使用量（吨）Gas for households（ton）	生活用电量（万千瓦小时）Electricity（10000kwh）	生活用水量（万吨）Water（10000ton）	铁路客运人数（万人）Passenger traffic for railway（10000persons）	公路客运人数（万人）Passenger traffic for highway（10000persons）
1990	20.7	29.3	120.1	27.1	5.6	5.7
1991	21.1	29.8	129.8	27.8	5.2	6.40
1992	25.6	27.4	151.5	17.0	5.1	7.0
1993	20.2	51.5	177.9	32.6	6.3	5.5
1994	20.3	19.5	262.3	34.6	6.9	5.8
1995	21.3	19.7	300.7	36.1	6.8	4.3
1996	28.3	27.4	328.8	42.4	5.7	5.2
1997	44.6	44.6	462.8	47.1	5.3	11.5
1998	33.9	30.4	580.1	45.6	5.1	7.9
1999	58.1	29.9	413.8	46.8	5.1	7.9
2000	61.1	28.2	355.1	46.4	5.3	12.6
2001	72.0	27.1	435.6	28.6	7.5	12.8
2002	72.3	27.37	438.4	30.3	7.3	13.5

1-5续表 5 continued5

年 份 Year	每天主要服务性活动 Major services				
	民航旅客人数（人次）Passenger traffic for civil aviation（person time）	公共电汽车客运量（万人次）Pass enger traffic for public buses（10000persons times）	长途电话（万次）Long distance telephone calls（10000times）	报刊杂志（万份）Newspapers and magazines（10000pcs）	接待外国旅游人数（人）Tourists（person）
1990	328.5	41.1	3.6	18.9	44
1991	435.7	87.6	4.9	20.6	82
1992	515	85.7	6.9	23.6	66
1993	616	84.9	10.6	16.5	93.3
1994	750.7	83.2	13.9	10.2	67.2
1995	942.5	92.2	3.8	25.1	67.1
1996	1054.8	102.2	25.6	31	74.2
1997	1021.6	93.3	26.2	34.3	72.8
1998	1052.1	105.1	31.9	48.9	77.2
1999	1147.9	109.3	31.1	42.9	101.0
2000	2539.7	118.2	24.4	46.9	104.9
2001	1495.9	122.3	32.8	19.8	164.3
2002	1674	150.4	30.4	17.8	191.8

1－5续表6 continued6

年份 Year	每天发生的其他活动和事件 Population					
	出生人数（人）Birth（person）	死亡人数（人）Death（person）	迁入人口（人）Emigration（person）	迁出人口（人）Migration（person）	结婚人数（对）Marriod（pair）	离婚人数（对）Divorced（pair）
1990	264.3	94.2	458.5	392.6	170.2	17.6
1991	180.0	85.0	290.0	252.0	152.9	9.0
1992	166.0	87.0	248.0	242.0	149.6	8.6
1993	217.0	92.0	327.0	291.0	148.4	9.1
1994	219.0	97.0	361.0	293.0	155.2	10.6
1995	228.1	89.9	325.9	240.6	159.5	11.4
1996	246.6	94.2	489.6	9398.4	160.5	13.3
1997	192.0	92.4	303.9	225.0	151.2	14.6
1998	141.4	93.4	303.9	225.0	147.6	15.4
1999	140.5	102.1	337.2	287.5	133.0	14.4
2000	197.7	105.8	324.7	238.6	151.4	14.5
2001	140.4	90.2	326.6	233.9	124.3	14.4
2002	142.2	89.2	360.9	254.0	110.9	14.8

1－5续表7 continued 7

年份 Year	每天发生的其他活动和事件 Accident						
	各种交通事故(起) Traffic accident(case)	交通事故死亡人数(人) Deaths（person）	交通事故伤人数(人) Injuries（person）	交通事故造成经济损失(元) Losses(yuan)	职工伤亡事故件数(件) Industrial accident(case)	死亡事故(起) Death accident(case)	重伤事故(起) Sverdly injured(case)
1990	2.4	1.0	1.5	5759.0	0.4	0.1	0.3
1991	2.3	1.0	1.2	5649.8	1.7	0.1	0.2
1992	2.2	1.2	1.1	8304.0	1.8	0.1	0.2
1993	2.7	1.3	1.2	9132.0	0.8	0.1	0.2
1994	2.0	1.4	0.8	7990.3	0.2	0.1	0.1
1995	3.7	1.6	1.4	18075.9	0.2	0.1	0.1
1996	7.8	2.2	2.5	36508.6	0.2	0.1	0.1
1997	6.9	2.0	2.3	30428.4	0.2	0.1	0.1
1998	7.2	2.0	2.4	34784.8	0.1	0.1	0.1
1999	6.3	1.9	2.0	32472.4	0.17	0.1	0.1
2000	4.9	2.0	2.1	42321.0	0.1	0.1	0.1
2001	3.9	1.9	1.7	59520.0	0.15	0.1	0.1
2002	3.3	1.8	1.6	66101.0	0.1	0.1	0.1

1－5续表 8 continued8

年份 Year	每天发生的其他活动和事件 Accident and environment						
	职工工伤死亡人数(人) Death for industrial accident(person)	职工伤亡财务损失(元) Losses(yuan)	工业废水排放量(万吨) Waste water (10000ton)	工业废气排放量(万标立方米) Waste gas (10000cu·m)	火灾起数(起) Fires(case)	火灾损失(元) Losses(yuan)	火化尸体数(具) Cremation death(person)
1990	0.1	2553.4	14.7	10288	3.5	8215.2	86.8
1991	0.1	1821.9	43.4	16423.9	2.9	14295.6	93.5
1992	0.1	2493.2	41.1	16229.5	2.5	7402.4	92
1993	0.1	3843.8	43.8	11102.4	3.2	25680	94.5
1994	0.1	2794.5	43.8	13520.4	3.1	16660.5	94.1
1995	0.1	3095.9	52.6	17236.2	2.7	10702.6	968
1996	0.1	3017.8	11.3	12666.4	3.7	9813.3	103.4
1997	0.1	2586.3	12.7	16133.2	10.2	36775	101.4
1998	0.1	1479.5	10.9	14287.9	10.3	18485.1	103.5
1999	0.1	2909.6	7.9	12216.8	13.5	74470.0	102.2
2000	0.1	3018.1	8.3	11473.5	13.3	16569	103.0
2001	0.18	5326.0	7.6		16.5	49619.4	102
2002	0.1	5943.0	12.2		21.1	21292.7	103

1-6 长春市国民经济主要指标占全省比重
PROPORTION OF CHANGCHUN'ECONOMIC INDICATORS TO JILIN PROVINCE

		全省 Total	长春 Changchun	长春占全省比重(%) Changchun to Jilin province
土地面积(万平方公里)	Land area(10000sq·km)	18.74	2.06	11.0
职工人数(万人)	Staff and worker(10000persons)		116.9	
年末总人口(万人)	Population(10000 persons)	2699.4	712.5	26.4
国内生产总值(亿元)	Gross domestic products(100millon yuan)	2242.9	1150	51.3
#第三产业(亿元)	Tertiary industry(100millon yuan)	822.3	480.9	58.5
全市财政收入(亿元)	Government revenue(100millon yuan)	244.9	110.2	45.0
工业增加值(亿元)	Fright Traffic(100millon yuan)	644.4	360.6	56.0
全社会固定资产投资总额(亿元)	Total investment in fixed assets(100millon yuan)	698.2	320.5	45.9
社会消费品零售总额(亿元)	Total retail sales of consumer goods(100millon yuan)	1008.1	402.2	39.9
进出口商品总额(亿美元)	Total export and import($100millon)	37.4	28.9	77.3
#出口商品总额(亿美元)	Export($100millon)	19.4	12.7	65.5
接待外国旅游人数(万人次)	Tourists(10000person-time)	29.4	7.6	25.9

1-7 按当年价格计算的国内生产总值
GROSS DOMESTIC PRODUCT(AT CURRENT PRICE)

单位:万元　　unit:10000yuan

		绝对值 NUMBER		构成 PROPERATION	
		2002	2001	2002	2001
国内生产总值	**Gross domestic products**	**11501802**	**10030125**	**100.0**	**100.0**
第一产业	Primary industry	1469080	1358902	12.8	13.5
第二产业	Secondary industry	5223521	4436126	45.4	44.2
第三产业	Terinaryindustry	4809201	4235097	41.8	42.2
国(地区)外净要素收入	Net factor income from abroad	27977	134622		
国民生产总值	Cross national product	11529779	10164747		

1－8　国内生产总值构成项目
COMPOSITION OF GROSS DOMESTIC PRODUCT

单位:万元　　unit:10000yuan

	增加值 Added value	劳动者报酬 Wages	生产税净额 Net faxes on production	补贴 Subsidy	固定资产折旧 Depreciation	营业盈余 Operation swrplus
国内生产总值 Gross domestic product	11501802	5610279	1687432	278936	1747224	2456867
第一产业 Primary industry	1469080	1209880	33073		74408	151719
第二产业 Secondary industry	5223521	1697904	1337120	20870	759746	1428751
工业 Industry	4503418	1278971	1242916	20870	698030	1283501
建筑业 Construction	720103	418933	94204		61716	145250
第三产业 Terinary industry	4809201	2702495	317239	258066	913070	876397
农林牧渔服务业 Farming forestry animal husbandry and finshery	14587	10296	1321		1750	1220
地质勘查、水利管理业 Geological prospection and water conservancy	36370	18659	6282		3091	8338
交通运输、仓储及邮电通信业 Transportation storage, Post and telecommunication	778038	346227	61303		248179	122329
交通运输和仓储业 Transportation and storage	493276	280593	40259		135600	36824
邮电通信业 Post and telecommunication services	284762	65634	21044		112579	85505
批发和零售贸易、餐饮业 Wholesale, retail trade and catering	1365129	922015	－36784	253456	140670	339228
批发和零售贸易业 Wholesale, retail trade and catering	1093013	708404	－77926	253456	125512	337023
餐饮业 Food services	272116	213611	41142		15158	2205
金融保险业 Banking and in surance	589576	199461	150297		100289	139529
金融业 Banking	369048	165259	141698		93881	－31790
保险业 Insurance	93791	34202	8599		6408	44582
其他 Others	126737					126737
房地产业 Real estate	457032	40795	71890		249414	94933
房地产管理业 Real estate management	110356	31802	47833		2922	27799
房地产开发与经营业 Real estate agency	103037	8993	24057		2853	67134
城镇居民自有住房 Urban households owned	179744				179744	
农村居民自有住房 Rural households owned	63895				63895	
社会服务业 Social services	514413	289628	50042	4525	36052	138691
卫生、体育和社会福利业 Health care, sports and social welfare	138201	106347	2739		16241	12874
教育、文艺及广播电影电视业 Education, culture, art, film and TV	472509	390750	2871	85	64507	14381
科学研究和综合技术服务业 Scientific research adn polytechical services	114582	94031	5536		12316	2699
国家机关、政党机关和社会团体 Government, party and social organization	247850	214492			33358	
其他行业 Others	80914	69794	1742		7203	2175

1－9 1999－2002年国内生产总值
GROSS DOMESTIC PRODUCT(1999－2002)

单位:万元 unit:10000yuan

	1999		2000	
	绝对额 Number	比上年增长% Indices (per＝100)	绝对额 Number	比上年增长% Indices (per＝100)
国内生产总值 Gross domestic product	7388015	13.0	8609987	13.1
第一产业 Primary industry	1320759	6.9	1230002	－5.1
第二产业 Secondary industry	3047136	13.6	3722972	17.4
工业 Industry	2608069	13.2	3180015	17.5
建筑业 Construction	439067	17.4	542957	16.5
第三产业 Tertiary industry	3020120	15.0	3657013	14.0
农林牧渔服务业 Arming, forestry, animal husbandry and fishery	13407	32.7	13158	－8.5
地质勘查、水利管理业 Geological prospection and water conservancy	25417	13.6	29619	6.7
交通运输、仓储及邮电通信业 Transportation storage, Post and telecommunication	520365	15.6	651983	14.8
交通运输和仓储业 Transportation and storage	383093	10.1	457040	9.3
邮电通信业 Post and telecommunication services	137272	34.4	194943	30.1
批发和零售贸易、餐饮业 Wholesale, retail trade and catering	829933	20.8	1091983	17.5
批发和零售贸易业 Wholesale, retail trade and catering	688284	－	853526	－
餐饮业 Food services	141649		238457	
金融保险业 Banking and in surance	480217	4.4	499967	8.6
金融业 Banking	249066		320595	
保险业 Insurance	－5673		10541	
其他 Other	236824		168831	
房地产业 Real estate	140563	17.0	178002	21.0
房地产管理业 Real estate management	36199		36356	
房地产开发与经营业 Real estate agency	43454		65539	
城镇居民自有住房 Urban households owned	20608		22653	
农村居民自有住房 Rural households owned	40302		53454	
社会服务业 Social services	369000	19.8	409573	8.2
卫生、体育和社会福利业 Health care, sports and social welfare	85879	11.8	103805	13.5
教育、文艺及广播电影电视业 Education, culture, art, film and TV	272817	11.7	336494	18.4
科学研究和综合技术服务业 Scientific research adn polytechical services	69707	10.9	86109	12.9
国家机关、政党机关和社会团体 Government, party and social organization	162845	11.3	195226	9.8
其他行业 Others	49970	10.6	61094	12.3
人均国内生产总值(元) Per capita GDP(yuan)	10722	12.4	12381	12.1

1-9续表1 单位:万元 continued1 unit:10000

	2001		2002	
	绝对额 Number	比上年增长% Indices (per=100)	绝对额 Number	比上年增长% Indices (per=100)
国内生产总值 Gross domestic product	10030125	13.4	11501802	13.1
第一产业 Primary industry	1358902	9.7	1469080	8.5
第二产业 Secondary industry	4436126	14.1	5223521	14.6
工业 Industry	3810023	14.2	4503418	15.0
建筑业 Construction	626103	13.5	720103	12.0
第三产业 Tertiary industry	4235097	14.0	4809201	13.2
农林牧渔服务业 Arming, forestry, animal husbandry and fishery	13261	-1.5	14587	10.3
地质勘查、水利管理业 Geological prospection and water conservancy	30898	2.0	36370	18.1
交通运输、仓储及邮电通信业 Transportation storage, Post and telecommunication	721793	10.0	778038	6.6
交通运输和仓储业 Transportation and storage	503059	8.5	493276	2.4
邮电通信业 Post and telecommunication services	218734	13.6	284762	15.8
批发和零售贸易、餐饮业 Wholesale, retail trade and catering	1223125	11.2	1365129	12.1
批发和零售贸易业 Wholesale, retail trade and catering	971161	-	1093013	-
餐饮业 Food services	251964		272116	-
金融保险业 Banking and in surance	549879	7.9	589576	6.4
金融业 Banking	336739		369048	-
保险业 Insurance	78600		93791	-
其他 Other	134540		126737	-
房地产业 Real estate	307421	60.1	457032	49.8
房地产管理业 Real estate management	72572		110356	-
房地产开发与经营业 Real estate agency	77694		103037	-
城镇居民自有住房 Urban housedholds owned	97819		179744	-
农村居民自有住房 Rural households owned	59336		63895	-
社会服务业 Social services	458211	9.4	514413	12.5
卫生、体育和社会福利业 Health care, sports and social welfare	124058	19.0	138201	15.3
教育、文艺及广播电影电视业 Education, culture, art, film and TV	416311	23.6	472509	10.3
科学研究和综合技术服务业 Scientific research adn polytechical services	100953	14.6	114582	13.8
国家机关、政党机关和社会团体 Government, party and social organization	218949	9.6	247850	13.5
其他行业 Others	70238	12.4	80914	15.5
人均国内生产总值(元) Per capita GDP (yuan)	14274	12.3	16220	12.1

统计资料
STATISTICS

人　口
POPULATION

第二篇　人　　口

2002年，我市人口继续保持稳定增长，年末户籍人口总数为712.5万人。农业人口为412.2万人，非农业人口为300.3万人，分别比上年增长0.96%、0.02%和2.28%。户籍人口出生率、死亡率和自然增长率分别为7.32‰、4.59‰和2.73‰。总人口中，男性362.4万人，女性350.1万人，分别占50.9%和49.1%。

2-1 1991-2002年全市户数与人口
POPULATION AND HOUSEHOLDS(1991-2002)

年份 Year	总户数(户) Households	总人口(人) Population (Person)	按地区分 By region		按性别分 By sex		按农业、非农业分 By agriculture	
			市区 City	县(市) County	男 Male	女 Female	农业 Agriculture	非农业 Non-agriculture
1991	1614678	6426346	2132172	4294174	3285503	3140843	4063959	2362387
1992	1635082	6457351	2156034	4301317	3301260	3156091	4061351	2396000
1993	1670969	6510368	2187716	4322652	3330453	3179915	4042237	2468131
1994	1700389	6574999	2237074	4337925	3360547	3214452	4027014	2547985
1995	1729366	6672912	2699569	3973343	3405570	3267342	4054554	2618358
1996	1774578	6767781	2741731	4026050	3448350	3319431	4099379	2668402
1997	1797299	6837875	2788071	4049804	3479853	3358022	4115644	2722231
1998	1828540	6868673	2826890	4041783	3494777	3373896	4101391	2767282
1999	1887580	6912278	2866357	4045921	3516229	3396049	4100246	2812032
2000	1955634	6996354	2928250	4068104	3557370	343894	4117996	2878358
2001	2005838	7057321	2980185	4077136	3586780	3470541	4120995	2936326
2002	2047139	7125055	3039375	4085680	3624060	3500995	4122300	3002755

2-2 县(市)区户数与人口
POPULATION AND HOUSEHOLDS BY REGION

		总户数(户) Households	总人口(人) Population (Person)	按性别分 By sex		按农业、非农业分 By agriculture	
				男 Male	女 Female	农业 Agriculture	非农业 Non-agriculture
总　计	**Total**	**2047139**	**7125055**	**3624060**	**3500995**	**4122300**	**3002755**
市辖区合计	Total district	908979	3039375	1536740	1502635	755610	2283765
南关区	Nanguan	187367	622519	309735	312784	114558	507961
宽城区	Kuancheng	132234	425198	220113	205085	87263	337935
朝阳区	Chaoyang	191541	706472	358667	347805	73070	633402
二道区	Erdao	120748	376609	188921	187688	96781	279828
绿园区	Luyuan	162715	533309	267355	265954	102502	430807
双阳区	Shuangyang	114374	375268	191949	183319	281436	93832
县(市)合计	Total county	1138160	4085680	2087320	1998360	3366690	718990
九台市	Jiutai	246139	831910	426354	405556	634131	197779
榆树市	Yushu	354099	1223665	626123	597542	1043128	180537
农安县	Nongan	294101	1117286	572546	544740	935944	181342
德惠市	Dehui	243821	912819	462297	450522	753487	159332

2－3 1991－2002年全市人口增减变动
BASIC STATISTICS ON POPULATION CHANGE(1991－2002)

年份 Year	年平均人口 Average population	增加 Increase		减少 Decrease	
		出生 Birth	迁入 Emigration	死亡 Death	迁出 Migration
1991	6402291	65774	105727	30923	91839
1992	6441848	60690	90698	31935	88285
1993	6483859	78892	119131	33521	106218
1994	6542683	79918	131550	35214	106767
1995	6623955	83252	118949	32824	87836
1996	6720346	89655	178698	34376	145431
1997	6802828	70108	110922	33726	82135
1998	6853272	51611	99196	34105	85125
1999	6890472	51275	123089	37263	104941
2000	6954316	72167	118519	38603	87096
2001	7026837.5	51263	119192	32918	85365
2002	7091188	51915	131735	32551	86590

2－4 县(市)区人口增减变动
BASIC STATISTICS ON POPULATION CHANGE BY REGION

		年平均人口 Average population	增加 Increase		减少 Decrease	
			出生 Birth	迁入 Emigration	死亡 Death	迁出 Migration
总计	**Total**	**7091188**	**51915**	**131735**	**32551**	**86590**
市辖区合计	Total district	3009780	22228	97056	15687	43537
南关区	Nanguan	614485.5	4127	23920	3715	7410
宽城区	Kuancheng	424848.5	3115	17710	2610	15800
朝阳区	Chaoyang	693970.5	4565	37308	2985	12938
二道区	Erdao	374281	3144	6213	1837	1769
绿园区	Luyuan	527479.5	4203	11115	2403	4564
双阳区	Shuangyang	374715	3047	790	2137	1056
县(市)合计	Total county	4081408	29687	34679	16864	43053
九台市	Jiutai	830917.5	6564	8918	3590	9897
榆树市	Yushu	1223811	8634	7386	5003	11710
农安县	Nongan	1115060	7648	11474	4647	13239
德惠市	Dehui	911619.5	6841	6901	3624	8207

2-5 主要年份非农业人口增减人数
BASIC STATISTICS ON NON-AGRICULTURAL POPULATION

单位:人　　unit:person

		全市 Total				
		1980	1990	2000	2001	2002
一、年末非农业人口数	**Total**	**1699556**	**2327017**	**2878358**	**2936326**	**3002755**
二、本年增加的非农业人口	**Increase of population**	**99518**	**146356**	**341166**	**185865**	**164675**
1.出生	Birth	20377	28535	31785	22375	22973
2.非农业人口迁入	Emigration	40992	62550	80276	79933	86102
3.农业人口转非农业人口	From agricultural population	32298	22499	25968	23540	32116
①招生	New students	4177	5331	17131	14930	21786
②招工	New workers	15519	404	2064	1207	541
③征用土地	Requisition land		326	972	2800	1637
④随军家属	Relative with army	533	139	130	75	68
⑤科技干部家属	Relative with scientific cadres		71	47	32	
⑥职工居民家属	Relative with staff and workers	5811	1305	4751	3914	3625
⑦落实政策	Implement the policies		4004	9	5	8
⑧煤矿井下工人家属	Relative with miner		764	10	6	
⑨其他	Others	6258	1436	854	571	4451
4.自港、澳、台和国外迁入	From Hongkong, Mocao, Taiwan and foreign		223	53	39	47
5.复员转业	Demobilized soldier	4862	5019	2758	2162	1988
6.刑满释放	Corporal punishment	989	1473	383	370	293
7.自理口粮常住人口	Temporary population		334			
8.其他	Others		34442	199943	57446	21156
三、本年减少的非农业人口	**Decrease of population**	**51013**	**80720**	**274840**	**127897**	**98246**
1.死亡	Death	7496	11156	14924	13354	14409
2.非农业人口迁出	Migration	34682	46460	61063	61283	61557
3.迁往港、澳、台和国外	To Hongkong, Mocao, Taiwan and foreign		881	449	680	268
4.服役	Join the army	6336	3052	1424	1265	1269
5.逮捕	Arrest	635	1691	531	213	136
6.其他	Others	1864	14780	196449	51102	20607

2-5续表1 contiuned1 单位:人 unit:person

		市区 District				
		1980	1990	2000	2001	2002
一、年末非农业人口数	**Total**	**1263652**	**1679207**	**2170084**	**2223170**	**2283765**
二、本年增加的非农业人口	**Increase of population**	**64738**	**83728**	**302607**	**136187**	**134530**
1.出生	Birth	15792	17912	23695	16067	16479
2.非农业人口迁入	Emigration	21670	37014	52917	60632	67956
3.农业人口转非农业人口	From agricultural population	22848	6582	24938	22824	27683
①招生	New students	3321	4488	17005	14858	21726
②招工	New workers	12045	185	2060	1206	541
③征用土地	Requisition land		326	972	2800	1637
④随军家属	Relative with army	483	118	128	75	68
⑤科技干部家属	Relative with scientific cadres					
⑥职工居民家属	Relative with staff and workers	4855	493	4457	3694	3330
⑦落实政策	Implement the policies		946	9	5	8
⑧煤矿井下工人家属	Relative with miner		4	10	6	
⑨其他	Others	2144	22	297	180	373
4.自港、澳、台和国外迁入	From Hongkong, Mocao, Taiwan and foreign		221	52	38	45
5.复员转业	Demobilized soldier	3511	2968	2256	1712	1519
6.刑满释放	Corporal punishment	917	1346	348	309	237
7.自理口粮常住人口	Temporary population		33			
8.其他	Others		17652	198401	34605	20611
三、本年减少的非农业人口	**Decrease of population**	**30211**	**55956**	**245954**	**83101**	**73935**
1.死亡	Death	5860	8686	12671	11429	12177
2.非农业人口迁出	Migration	17351	26788	37098	41556	40853
3.迁往港、澳、台和国外	To Hongkong, Mocao, Taiwan and foreign		876	440	663	247
4.服役	Join the army	5436	1664	1070	891	909
5.逮捕	Arrest	538	1581	484	164	87
6.其他	Others	1026	16361	194191	28398	19662

2-5续表2 contiuned2 单位:人 unit:person

		县(市) County(city)				
		1980	1990	2000	2001	2002
一、年末非农业人口数	**Total**	**435904**	**647747**	**708274**	**713156**	**718990**
二、本年增加的非农业人口	**Increase of population**	**34780**	**62628**	**38559**	**49678**	**30145**
1.出生	Birth	4585	10623	8090	6308	6494
2.非农业人口迁入	Emigration	19322	25536	27359	19301	18146
3.农业人口转非农业人口	From agricultural population	9450	7198	1030	716	4433
①招生	New students	856	84	126	72	60
②招工	New workers	3474	219	4	1	
③征用土地	Requisition land			51		
④随军家属	Relative with army	80	21			
⑤科技干部家属	Relative with scientific cadres		71	47	32	
⑥职工居民家属	Relative with staff and workers	956	812	294	220	295
⑦落实政策	Implement the policies		3058	1		
⑧煤矿井下工人家属	Relative with miner		760			
⑨其他	Others	4114	1414	557	391	4078
4.自港、澳、台和国外迁入	From Hongkong, Mocao, Taiwan and foreign		2	1	1	2
5.复员转业	Demobilized soldier	1351	2051	502	450	469
6.刑满释放	Corporal punishment	72	127	35	61	56
7.自理口粮常住人口	Temporary population		301			
8.其他	Others		16790	1542	22841	545
三、本年减少的非农业人口	**Decrease of population**	**20802**	**24764**	**28886**	**114543**	**24311**
1.死亡	Death	1636	2470	2253	1925	2232
2.非农业人口迁出	Migration	17331	19672	23965	19727	20704
3.迁往港、澳、台和国外	To Hongkong, Mocao, Taiwan and foreign		5	9	17	21
4.服役	Join the army	900	1388	354	374	360
5.逮捕	Arrest	97	110	47	49	49
6.其他	Others	838	1119	2258	22704	945

2-6 1991-2002年全市人口出生率、死亡率、自然增长率
BIRTH RATE,DEATH RATE AND NATURAL GROWTH RATE

年份 Year	出生率(‰) Birth rate	死亡率(‰) Death rate	自然增长率(‰) Natural growth rate
1991	10.27	4.82	5.44
1992	9.42	4.95	4.46
1993	12.16	5.16	6.99
1994	12.21	5.38	6.83
1995	12.56	4.95	7.61
1996	13.34	5.11	8.22
1997	10.30	4.95	5.34
1998	7.53	4.97	2.55
1999	7.44	5.40	2.03
2000	10.38	5.55	4.83
2001	7.3	4.68	2.61
2002	7.32	4.59	2.73

2-7 县(市)区人口出生率、死亡率、自然增长率
BIRTH RATE,DEATH RATE AND NATURAL GROWTH RATE BY REGION

		出生率(‰) Birth rate	死亡率(‰) Death rate	自然增长率(‰) Natural growth rate
全市总计	**Total**	**7.32**	**4.59**	**2.73**
市辖区合计	Total of district	7.39	5.21	2.17
南关区	Nanguan	6.72	6.05	0.67
宽城区	Kuancheng	7.33	6.14	1.19
朝阳区	Chaoyang	6.58	4.3	2.28
二道区	Erdao	8.4	4.91	3.49
绿园区	Luyuan	7.97	4.56	3.41
双阳区	Shuangyang	8.2	5.7	2.5
县(市)合计	Total of county	7.27	4.13	3.14
九台市	Jiutai	7.9	4.32	3.58
榆树市	Yushu	7.06	4.09	2.97
农安县	Nongan	6.86	4.16	2.69
德惠市	Dehui	7.5	3.98	3.53

2-8 1991-2002年镇人口
POPULATION IN TOWNS(1991-2002)

年份 Year	镇数 Towns (个)	总户数 Households (户)	总人口 Population 合计 Total	#非农业人口 Non-agriculture
1991	50	451556	1825360	393605
1992	70	586971	2418220	425368
1993	71	606911	2458906	454812
1994	73	625490	2517378	480921
1995	69	557599	2291863	319459
1996	71	589036	2381214	328492
1997	71	599342	2412099	334127
1998	71	609599	2407593	332771
1999	74	645686	2462254	337720
2000	74	676750	2498310	345006
2001	74	801526	2929795	355492
2002	75	822162	2965038	366485

2-9 县(市)区镇人口
POPULATION IN COUNTY

		镇数 Towns (个)	总户数 Households (户)	总人口 Population 合计 Total	#非农业人口 Non-agriculture
总计	**Total**	**75**	**822162**	**2965038**	**366485**
市辖区合计	Total of district	19	149804	487971	89243
九台市	Jiutai	13	156648	567251	38587
榆树市	Yushu	16	177360	649710	39912
农安县	Nongan	13	198233	708529	164777
德惠市	Dehui	14	140117	551577	33966

统计资料

STATISTICS

单位从业人员与劳动报酬

EMPLOYMENT AND WAGE

第三篇　单位从业人员与劳动报酬

2002 年末，我市城镇单位从业人员继续减少，减幅放缓；单位从业人员劳动报酬平稳增长，在岗职工平均工资仍保持较快增势。

2002 年末，我市城镇单位从业人员 91.9 万人，比上年末减少 1.7 万人，同比下降 1.7%。与去年相比减幅放缓：2001 年末，单位从业人员比上年减少 4.6 万人，同比下降 3.6%。

分登记注册类型看，国有、集体单位从业人员仍在减少，其他单位增加。国有单位从业人员 62.0 万人，同比减少 2.4 万人；集体单位 10.4 万人，同比减少 1.7 万人；其他单位 19.5 万人，同比增加 2.4 万人。

2002 年末我市累计发放城镇单位从业人员劳动报酬 119.6 亿元，比上年同期增长 13.1%。其中，国有单位 83.8 亿元，同比增长 10.5%；集体单位 8.6 亿元，同比下降 0.8%；其他单位 27.3 亿元，同比增长 27.6%。

2002 年，我市在岗职工平均工资 12869 元，同比增长 16.0%。其中，国有单位 13452 元，集体单位 7700 元，其他单位 13963 元；与上年同期比分别增长 16.3%、9.9% 和 14.7%。

3-1 1991-2002年全市职工工资总额
TOTAL WAGE OF STAFF AND WORKERS(1991-2002)

单位:千元 unit:1000 yuan

年份 Year	国有 State owned		集体 Collective owned		其他 Others	
	全市 Total	#市区 District	全市 Total	#市区 District	全市 Total	#市区 District
1991	1989308	1592623	763988	635517	17341	14335
1992	2435835	1978476	839918	698978	54721	47729
1993	3008869	2472131	860001	735876	167421	165027
1994	4472521	3742455	1011722	860025	276867	249663
1995	5220027	4423964	1045689	910067	364802	323990
1996	6569798	5592362	1251084	1086908	507483	451905
1997	7123101	6032678	1294877	1121163	658380	572053
1998	6574523	5616192	1040812	929690	932068	838951
1999	6871783	5828124	912084	824582	1348814	1246909
2000	7375814	6281248	960764	883329	1606900	1500715
2001	7529152	6478360	853190	792029	2074950	1920863
2002	8778127	7497443	883896	811997	2700222	2558936

3-2 1991-2002全市职工平均工资
AVERGE WAGE OF STAFF AND WORKERS (1991-2002)

单位:元 unit:yuan

年份 Year	国有 State owned		集体 Collective owned		其他 Others	
	全市 Total	#市区 District	全市 Total	#市区 District	全市 Total	#市区 District
1991	2259	2379	1792	1865	2147	2241
1992	2652	2836	1963	2064	2993	2949
1993	3266	3561	2299	2370	3551	3570
1994	4966	5196	2977	3088	4839	4818
1995	5478	5941	3474	3600	5305	5242
1996	6844	7498	4547	4717	7027	7079
1997	7472	8151	5076	5313	8382	8358
1998	7205	8119	4452	4883	7436	7646
1999	7866	8835	4345	4893	9009	9240
2000	8526	9807	4814	5576	10220	10438
2001	11569	13270	7005	7307	12177	12888
2002	11100	13341	5215	6345	13066	13682

3－3 全市单位从业人员数

单位:人

		国有
		全市 Total
总　计	**Total**	**619956**
中央单位	Centre unit	172197
省属单位	Provincial unit	113659
市属单位	Unit belong to city	127810
县及县以下单位	Unit below county	206290
(一)农、林、牧、渔业	Farming, forestry, animal, husbandry and fishery	19729
1.农业	Farming	1902
2.林业	Forestry	1290
3.畜牧业	Animal husbandry	3279
4.渔业	Fishery	
5.农、林、牧、渔服务业	Farming, forestry, animal husbandry and fishery services	13256
(二)采掘业	Excavation	5751
(三)制造业	Manufacturing	125444
(四)电力、煤气及水的生产和供应业	Electric power, gas and water production and supply	13363
(五)建筑业	Construction	32220
1.土木工程建筑业	Building construction	27934
2.线路、管道和设备安装业	Pipes, lines and equipment installation	4181
3.装修装饰业	Decoration	105
(六)地质勘查业、水利管理业	Geological prospection and water conservancy	8615
1.地质勘查业	Geological prospection	2950
2.水利管理业	Water conservancy	5665
(七)交通运输、仓储及邮电通信业	Transportation, storage, post and telecommunication	42630
1.铁路运输业	Railway transportation	
2.公路运输业	Highway transportation	5128
3.管道运输业	Pipeline transportation	243
4.航空运输业	Air transportation	2126
5.交通运输辅助业	Transportation subsidiary trades	5815
6.其它交通运输业	Other transportation	70

NUMBER OF STAFF AND WORKERS

unit: person

State owned	集 体 Collective owned		其 他 Others	
#市 区 District	全 市 Total	#市 区 District	全 市 Total	#市 区 District
452901	103785	91235	195160	176328
164440				
107473				
124699				
56289				
5363	19	19	114	144
1044	9	9		
515				
737			114	144
3067	10	10		
5730	15	15	2846	2538
116755	69888	67294	119216	102033
9566	39	39	6907	6621
30673	6851	6782	13842	13825
26493	5893	5827	11771	11754
4106	930	930	1271	1271
74	28	25	800	800
4254	478	20	11	11
2388	126	20		
1866	352		11	11
20148	3792	3788	3202	2640
			72	72
1863	1644	1640	1567	1005
243	433	433	236	236
2126				
2892	124	124	77	77
70				

3-3续表1 continued1

		国有
		全市 Total
7.仓储业	Storage	20264
8.邮电通信业	Post and telecommunication services	8984
(八)批发和零售贸易、餐饮业	Wholesale, retail trade and food services	44035
1.食品、饮料、烟草和家庭用品批发业	Wholesale of food, beverage and tobaccos	25527
2.能源、材料和机械电子设备批发业	Wholesale of energy, material and equipment	6098
3.其他批发业	Wholesale of others	1765
4.零售业	Retail trade	7324
5.商业经纪与代理业	Agencies	622
6.餐饮业	Food services	2699
(九)金融、保险业	Banking and insurance	19029
1.金融业	Banking	17613
2.保险业	Insurance	1416
(十)房地产业	Real estate	5597
1.房地产开发与经营业	Real estate developing	1675
2.房地产管理业	Real estate management	3916
3.房地产代理与经纪业	Real estate agency	6
(十一)社会服务业	Social services	40125
1.公共服务业	Public services	26496
2.居民服务业	Resident services	1089
3.旅馆业	Hotel	6256
4.租赁服务业	Rent	482
5.旅游业	Tourism	434
6.娱乐服务业	Recreation services	75
7.信息、咨询服务业	Information and consultancy services	1454
8.计算机应用服务业	Computer applied and services	143
9.其他社会服务业	Other social services	3696
(十二)卫生、体育和社会福利业	Health care, sports and social welfare	36932
1.卫生	Health care	33474
2.体育	Sports	1489

单位:人 unit:person

State owned	集体 Collective owned		其他 Others	
#市区 District	全市 Total	#市区 District	全市 Total	#市区 District
6235	45	45	94	94
6719	1546	1546	1156	1156
23227	9057	4961	23415	23088
7958	1931	1098	4373	4051
4545	1296	934	2456	2451
1505	879	410	1062	1062
5950	4528	2100	13328	13328
622	46	46	97	97
2647	377	373	2099	2099
15181	3312	275	4589	4589
14306	3312	275	4160	4160
875			429	429
4225	182	171	6932	6932
1293			2939	2939
2926	182	171	3905	3905
6			88	88
35612	5938	5433	11350	11201
22791	2925	2438	2214	2214
883	283	282	24	24
5783	409	392	4063	4063
482	17	17	39	39
434			926	926
75	23	23	639	639
1325	347	347	933	933
143	25	25	1632	1632
3696	1909	1909	880	731
25981	2734	1101	308	308
22777	2507	874		
1489	69	69	91	91

3-3续表2 continued2

		国有
		全市 Total
3.社会福利保障业	Social welfare	1969
(十三)教育、文化艺术及广播电影电视业	Education, culture, art, radio, film and TV	136462
1.教育	Education	120315
#普通高等学校	Higher education	32674
普通中学	Ordinary middle school	29175
小学校	Primary school	42420
2.文化艺术业	Culture and art	10806
3.广播电影电视业	Radio, film and television	5341
(十四)科学研究和综合技术服务业	Scientific research and polytechnical services	25317
1.科学研究业	Scientific research	11200
(1)自然科学研究	Natural scientific research	9703
(2)社会科学研究	Social scientific research	887
(3)其他科学研究	Other scientific research	610
2.综合技术服务业	Polytechnical services	14117
(1)气象	Meteorology	443
(2)地震	Earthquake	127
(3)测绘	Mapping	831
(4)技术监督	Technical supervise	2420
(5)环境保护	Environment	931
(6)技术推广和科技交流服务业	Technical developing and services	439
(7)工程设计业	Engineering designing	8742
(8)其它综合技术服务业	Other polytechnical services	184
(十五)国家机关、政党机关和社会团体	Government, party and social organizations	58147
#国家机关	Government	53363
政党机关	Party agency	3353
(十六)其他行业	Others	6562
#企业管理机构	Enterprise management	3976

单位:人 unit:person

State owned	集 体 Collective owned		其 他 Others	
#市 区 District	全 市 Total	#市 区 District	全 市 Total	#市 区 District
1715	158	158	217	217
87493	444	413	655	655
73634	171	171	575	575
32674				
12512			477	447
15165	37	37		
9910	229	198	80	80
3949	44	44		
23824	518	518	574	574
11174	27	27	152	152
9703	27	27	152	152
887				
584				
12650	491	491	422	422
390				
119				
797				
1533	14	14	56	56
588				
389	64	64	26	26
8650	365	365	193	193
184	48	48	147	147
40057	125	66	3	3
36085	125	66		
2779				
4812	393	340	1166	1166
2678	288	235	928	928

3-4 全市单位从业人员劳动报酬

单位:千元

		国有 全市 Total
总　计	**Total**	**8380767**
中央单位	Centre unit	3752059
省属单位	Provincial unit	1487063
市属单位	Unit belong to city	1503638
县及县以下单位	Unit below county	1638007
(一)农、林、牧、渔业	Farming, forestry, animal, husbandry and fishery	114867
1.农业	Farming	13459
2.林业	Forestry	4770
3.畜牧业	Animal husbandry	15305
4.渔业	Fishery	
5.农、林、牧、渔服务业	Farming, forestry animal husbandry and fishery services	81333
(二)采掘业	Excavation	46482
(三)制造业	Manufacturing	2174245
(四)电力、煤气及水的生产和供应业	Electric power, gas and water production and supply	229108
(五)建筑业	Building construction	314118
1.土木工程建筑业	Construction	240663
2.线路、管道和设备安装业	Pipes, lines and equipment installation	71725
3.装修装饰业	Decoration	1760
(六)地质勘查业、水利管理业	Geological prospection and water conservancy	78667
1.地质勘查业	Geological prospection	31237
2.水利管理业	Water conservancy	47430
(七)交通运输、仓储及邮电通信业	Transportation, storage, post and telecommunication	478291
1.铁路运输业	Railway transportation	
2.公路运输业	Highway transportation	26615
3.管道运输业	Pipeline transportation	4201
4.航空运输业	Air transportation	69567
5.交通运输辅助业	Transportation subsidiary trades	60125
6.其它交通运输业	Other transportation	630

WAGES OF STAFF AND WORKERS EMPLOYED

unit: 1000 yuan

State owned	集体 Collective owned		其他 Others	
#市区 District	全市 Total	#市区 District	全市 Total	#市区 District
7192409	855532	786731	2725493	2585369
3653305				
1419421				
1469040				
650643				
47155	220	220	1114	1114
9722	130	130		
1960				
3900			1114	1114
31573	90	90		
46394	65	65	24838	22933
2126515	596480	581198	1810059	1679565
194744	316	316	120612	117933
298294	57160	56999	155518	155362
225653	44142	43990	137473	137317
71025	12657	12657	11211	11211
1616	361	352	6834	6834
52683	2224		125	125
27937	46			
24746	2178		125	125
336491	26979	26953	64864	62259
			1040	1040
11918	5290	5264	9663	7058
4201	10932	10932	3710	3710
69567				
33759	1154	1154	2227	2227
630				

3-4续表1 continued1

		国 有
		全 市 Total
7.仓储业	Storage	130039
8.邮电通信业	Post and telecommunication services	187114
(八)批发和零售贸易、餐饮业	Wholesale,retail trade and food services	321810
1.食品、饮料、烟草和家庭用品批发业	Wholesale of food,beverage and tobaccos	194334
2.能源、材料和机械电子设备批发业	Wholesale of energy,material and equipment	47495
3.其他批发业	Wholesale of others	12587
4.零售业	Retail trade	47624
5.商业经纪与代理业	Agencies	5798
6.餐饮业	Food services	13972
(九)金融、保险业	Banking and insurance	326216
1.金融业	Banking	306157
2.保险业	Insurance	20059
(十)房地产业	Real estate	60524
1.房地产开发与经营业	Real estate developing	18715
2.房地产管理业	Real estate management	41809
3.房地产代理与经纪业	Real estate agency	
(十一)社会服务业	Social services	444668
1.公共服务业	Public services	294590
2.居民服务业	Resident services	10198
3.旅馆业	Hotel	62931
4.租赁服务业	Rent	5738
5.旅游业	Tourism	7168
6.娱乐服务业	Recreation services	569
7.信息、咨询服务业	Information and consultancy services	19706
8.计算机应用服务业	Computer applied and services	1879
9.其他社会服务业	Other social services	41889
(十二)卫生、体育和社会福利业	Health care,sports and social welfare	518174
1.卫生	Health care	475148

单位:千元 unit:1000yuan

State owned	集 体 Collective owned		其 他 Others	
#市 区 District	全 市 Total	#市 区 District	全 市 Total	#市 区 District
64189	292	292	2095	2095
150227	9311	9311	46129	46129
186252	46800	34506	185754	184429
73079	8866	7330	33752	32432
43856	9829	8165	25014	25099
11171	5870	5100	10364	10364
38590	19485	11174	100100	100100
5798	430	430	1251	1251
13758	2320	2307	15183	15183
277881	29699	2451	61945	61945
261643	29699	2451	54725	54725
16238			7220	7220
50603	1302	1229	93798	93798
16110			44244	44244
34493	1302	1229	48456	48456
			1098	1098
416141	57218	54275	163461	162501
271576	29462	26579	39707	39707
8642	1657	1655	294	294
59996	2976	2738	51220	51220
5738	150	150	972	972
7168			12530	12530
569	150	150	6192	6192
18684	8308	8308	12703	12703
1879	105	105	31252	31252
41889	14590	14590	8591	7631
438798	21636	14301	2131	2131
398101	19692	12357		

3－4续表 2　continued2

		国　有
		全　市 Total
2.体育	Sports	18544
3.社会福利保障业	Social welfare	24482
(十三)教育、文化艺术及广播电影电视业	Education, culture, art, radio, film and TV	1963110
1.教育	Education	1766711
#普通高等学校	Higher education	801032
普通中学	Ordinary middle school	323877
小学校	Primary school	410224
2.文化艺术业	Culture and art	149431
3.广播电影电视业	Radio, film and television	46445
(十四)科学研究和综合技术服务业	Scientific research and polytechnical services	433330
1.科学研究业	Scientific research	218577
(1)自然科学研究	Natural scientific research	196721
(2)社会科学研究	Social scientific research	13583
(3)其他科学研究	Other scientific research	8273
2.综合技术服务业	Polytechnical services	214753
(1)气象	Meteorology	6835
(2)地震	Earthquake	2223
(3)测绘	Mapping	14417
(4)技术监督	Technical supervise	31622
(5)环境保护	Environment	11124
(6)技术推广和科技交流服务业	Technical developing and services	5084
(7)工程设计业	Engineering designing	141046
(8)其它综合技术服务业	Other polytechnical services	2402
(十五)国家机关、政党机关和社会团体	Government, party and social organizations	765828
#国家机关	Government	697674
政党机关	Party agency	47429
(十六)其他行业	Others	111329
#企业管理机构	Enterprise management	69347

单位:千元 unit:1000 yuan

State owned	集 体 Collective owned		其 他 Others	
#市 区 District	全 市 Total	#市 区 District	全 市 Total	#市 区 District
18544	662	662	465	465
22153	1282	1282	1666	1666
1582434	4358	4079	6918	6918
1398872	1131	11331	5713	5713
801032				
192363			4530	4530
198920	514	514		
144921	3227	2948	1205	1205
38641				
421970	5565	5565	8146	8146
218243	553	553	2216	2216
196721	553	553	2216	2216
13583				
7939				
203727	5012	5012	5930	5930
6262				
2098				
14117				
24941	252	252	280	280
8952				
4796	622	622	941	941
140159	3810	3810	2690	2690
2402	328	328	2019	2019
614905	1522	998	50	50
553218	1522	998		
42762				
101149	3988	3576	26160	26160
60789	2806	2394	22930	22930

3－5 全市在岗职工人数

单位:人

		国 有
		全 市 Total
总 计	**Total**	**611019**
中央单位	Centre unit	168617
省属单位	Provincial unit	112068
市属单位	Unit belong to city	125883
县及县以下单位	Unit below county	204451
(一)农、林、牧、渔业	Farming, forestry, animal, husbandry and fishery	19702
1.农业	Farming	1897
2.林业	Forestry	1290
3.畜牧业	Animal husbandry	3279
4.渔业	Fishery	
5.农、林、牧、渔服务业	Farming, forestry, animal husbandry and fishery services	13236
(二)采掘业	Excavation	5751
(三)制造业	Manufacturing	125002
(四)电力、煤气及水的生产和供应业	Electric power, gas and water production and supply	13207
(五)建筑业	Construction	32055
1.土木工程建筑业	Building construction	27912
2.线路、管道和设备安装业	Pipes, lines and equipment installation	4038
3.装修装饰业	Decoration	105
(六)地质勘查业、水利管理业	Geological prospection and water conservancy	8489
1.地质勘查业	Geological prospection	2847
2.水利管理业	Water conservancy	5642
(七)交通运输、仓储及邮电通信业	Transportation, storage, post and telecommunication	40932
1.铁路运输业	Railway transportation	
2.公路运输业	Highway transportation	5128
3.管道运输业	Pipeline transportation	243
4.航空运输业	Air transportation	2126
5.交通运输辅助业	Transportation subsidiary trades	5800
6.其他交通运输业	Other transportation	70

STAFF AND WORKERS EMPLOYED

unit: person

State owned	集 体 Collective owned		其 他 Others	
#市 区 District	全 市 Total	#市 区 District	全 市 Total	#市 区 District
444949	**101923**	**89390**	**191522**	**172711**
161238				
105993				
122772				
54946				
5357	19	19	144	144
1039	9	9		
515				
737			144	144
3066	10	10		
5730	15	15	2845	2537
116324	68332	65740	117064	99902
9410	39	39	6880	6594
30508	6814	6745	13694	13677
26471	5863	5797	11646	11629
3963	923	923	1259	1259
74	28	25	789	789
4145	478	20	10	10
2285	126	20		
1860	325		10	10
18546	3788	3784	3202	2640
			72	72
1863	1644	1640	1567	1005
243	433	433	236	236
2126				
2887	124	124	77	77
70				

3-5续表1 continued1

		国 有
		全 市 Total
7. 仓储业	Storage	20083
8. 邮电通信业	Post and telecommunication services	7482
(八)批发和零售贸易、餐饮业	Wholesale, retail trade and food services	43776
1. 食品、饮料、烟草和家庭用品批发业	Wholesale of food, beverage and tobaccos	25464
2. 能源、材料和机械电子设备批发业	Wholesale of energy, material and equipment	5998
3. 其他批发业	Wholesale of others	1734
4. 零售业	Retail trade	7275
5. 商业经纪与代理业	Agencies	606
6. 餐饮业	Food services	2699
(九)金融、保险业	Banking and insurance	17871
1. 金融业	Banking	16712
2. 保险业	Insurance	1159
(十)房地产业	Real estate	5471
1. 房地产开发与经营业	Real estate developing	1619
2. 房地产管理业	Real estate management	3846
3. 房地产经纪与代理业	Real estate agency	6
(十一)社会服务业	Social services	37738
1. 公共服务业	Public services	25162
2. 居民服务业	Resident services	1089
3. 旅馆业	Hotel	6122
4. 租赁服务业	Rent	476
5. 旅游业	Tourism	430
6. 娱乐服务业	Recreation services	75
7. 信息、咨询服务业	Information and consultancy services	1396
8. 计算机应用服务业	Computer applied and services	139
9. 其他社会服务业	Other social services	2849
(十二)卫生、体育和社会福利业	Health care, sports and social welfare	36571
1. 卫生	Health care	33113

单位:人　unit:person

State owned	集　体 Collective owned		其　他 Others	
#市　区 District	全　市 Total	#市　区 District	全　市 Total	#市　区 District
6054	41	41	94	94
5313	1546	1546	1156	1156
23083	9043	4947	23092	22765
7899	1931	1098	4152	3830
4531	1288	926	2446	2441
1474	879	410	1062	1062
5926	4527	2099	13246	13246
606	46	46	87	87
2647	372	368	2099	2099
14291	3312	275	4511	4511
13428	3312	275	4108	4108
863			403	403
4099	182	171	6667	6667
1237			2866	2866
2856	182	171	3714	3714
6			87	87
33231	5851	5346	10899	10750
21457	2899	2412	2101	2101
883	283	282	24	24
5649	406	389	3943	3943
476	17	17	39	39
430			919	919
75	23	23	639	639
1273	323	323	766	766
139	25	25	1630	1630
2849	1875	1875	838	689
25791	2718	1100	308	308
22587	2491	873		

3－5续表2 continued2

		国有
		全市 Total
2.体育	Sports	1489
3.社会福利保障业	Social welfare	1969
(十三)教育、文化艺术及广播电影电视业	Education, culture, art, radio, film and TV	135858
1.教育	Education	119815
#普通高等学校	Higher education	32551
普通中学	Ordinary middle school	29023
小学校	Primary school	42342
2.文化艺术业	Culture and art	10737
3.广播电影电视业	Radio, film and television	5341
(十四)科学研究和综合技术服务业	Scientific research and polytechnical services	25317
1.科学研究业	Scientific research	11200
(1)自然科学研究	Natural scientific research	9703
(2)社会科学研究	Social scientific research	887
(3)其他科学研究	Other scientific research	610
2.综合技术服务业	Polytechnical services	14117
(1)气象	Meteorology	443
(2)地震	Earthquake	127
(3)测绘	Mapping	831
(4)技术监督	Technical supervise	2420
(5)环境保护	Environment	931
(6)技术推广和科技交流服务业	Technical developing and services	439
(7)工程设计业	Engineering designing	8742
(8)其他综合技术服务业	Other polytechnical services	184
(十五)国家机关、政党机关和社会团体	Government, party and social organizations	58147
#国家机关	Government	53363
政党机关	Party agency	3353
(十六)其他机构	Others	6562
#企业管理机构	Enterprise management	3976

单位:人　unit:person

State owned	集　　体 Collective owned		其　　他 Others	
#市　　区 District	全　　市 Total	#市　　区 District	全　　市 Total	#市　　区 District
1489	69	69	91	91
1715	158	158	217	217
87036	422	391	576	576
73276	167	167	501	501
32551				
12454			419	419
15124	33	33		
9846	211	180	75	75
3914	44	44		
23157	392	392	534	534
11128	27	27	152	152
9670	27	27	152	152
884				
574				
12029	365	365	382	382
388				
119				
794				
1463	14	14	56	56
588				
351	54	54	26	26
8144	249	249	192	192
182	48	48	108	108
39608	125	66	3	3
35646	125	66		
2778				
4633	393	240	1093	1093
2660	288	235	856	856

3-6 全市在岗职工工资总额

单位:千元

		国　有
		全　市 Total
总　计	**Total**	**8317512**
中央单位	Centre unit	3725394
省属单位	Provincial unit	1471438
市属单位	Unit belong to city	1493116
县及县以下单位	Unit below county	1627564
(一)农、林、牧、渔业	Farming, forestry, animal, husbandry and fishery	114730
1.农业	Farming	13459
2.林业	Forestry	4770
3.畜牧业	Animal husbandry	15305
4.渔业	Fishery	
5.农、林、牧、渔服务业	Farming, forestry animal husbandry and fishery services	81196
(二)采掘业	Excavation	46482
(三)制造业	Manufacturing	2170711
(四)电力、煤气及水的生产和供应业	Electric power, gas and water production and supply	228401
(五)建筑业	Building construction	312925
1.土木工程建筑业	Construction	240420
2.线路、管道和设备安装业	Pipes, lines and equipment installation	70745
3.装修装饰业	Decoration	1760
(六)地质勘查业、水利管理业	Geological prospection and water conservancy	76711
1.地质勘查业	Geological prospection	29318
2.水利管理业	Water conservancy	47393
(七)交通运输、仓储及邮电通信业	Transportation, storage, post and telecommunication	468350
1.铁路运输业	Railway transportation	
2.公路运输业	Highway transportation	26615
3.管道运输业	Pipeline transportation	4201
4.航空运输业	Air transportation	69567
5.交通运输辅助业	Transportation subsidiary trades	60062
6.其他交通运输业	Other transportation	630

WAGES OF STAFF AND WORKERS EMPLOYED

unit: 1000 yuan

State owned	集 体 Collective owned		其 他 Others	
#市 区 District	全 市 Total	#市 区 District	全 市 Total	#市 区 District
7134493	**844949**	**776251**	**2632961**	**2492963**
3628561				
1404202				
1458518				
643212				
47145	220	220	1114	1114
9722	130	130		
1960				
3900			1114	1114
31563	90	90		
46394	65	65	24813	22908
2123053	589255	573985	1746989	1616621
194037	316	316	120157	117478
297101	55820	55659	153568	153412
225440	42878	42726	135751	135595
70045	12581	12581	11091	11091
1616	361	352	6726	6726
50739	2224		113	113
26018	46			
24721	2178		113	113
326965	26952	26926	64864	62259
			1040	1040
11918	5290	5264	9663	7058
4201	10932	10932	3710	3710
69567				
35696	1154	1154	2227	2227
630				

3-6续表1 continued1

		国有
		全市 Total
7.仓储业	Storage	127607
8.邮电通信业	Post and telecommunication services	179668
(八)批发和零售贸易、餐饮业	Wholesale, retail trade and food services	320729
1.食品、饮料、烟草和家庭用品批发业	Wholesale of food, beverage and tobaccos	194099
2.能源、材料和机械电子设备批发业	Wholesale of energy, material and equipment	47131
3.其他批发业	Wholesale of others	12502
4.零售业	Retail trade	47262
5.商业经纪与代理业	Agencies	5763
6.餐饮业	Food services	13972
(九)金融、保险业	Banking and insurance	316787
1.金融业	Banking	298127
2.保险业	Insurance	18660
(十)房地产业	Real estate	59182
1.房地产开发与经营业	Real estate developing	17779
2.房地产管理业	Real estate management	41403
3.房地产代理与经纪业	Real estate agency	
(十一)社会服务业	Social services	430843
1.公共服务业	Public services	285237
2.居民服务业	Resident services	10198
3.旅馆业	Hotel	61952
4.租赁服务业	Rent	5718
5.旅游业	Tourism	7109
6.娱乐服务业	Recreation services	569
7.信息、咨询服务业	Information and consultancy services	19045
8.计算机应用服务业	Computer applied and services	1846
9.其他社会服务业	Other social services	39169
(十二)卫生、体育和社会福利业	Health care, sports and social welfare	514285
1.卫生	Health care	471259

单位:千元　1000 yuan

State owned	集　　体 Collective owned		其　　他 Others	
#市　　区 District	全　　市 Total	#市　　区 District	全　　市 Total	#市　　区 District
61757	265	265	2095	2095
143196	9311	9311	46129	46129
185625	46722	34428	182479	181154
72872	8866	7330	31423	30103
43756	9772	8108	25043	25038
11086	5870	5100	10364	10364
38390	19478	11167	99307	99307
5763	430	430	1159	1159
13758	2306	2293	15183	15183
269896	29699	2451	61489	61489
253728	29699	2451	54433	54433
16168			7056	7056
49261	1302	1229	91970	91970
15174			43190	43190
34087	1302	1229	47687	47687
			1093	1093
402352	56691	53748	145300	144340
262223	29281	26398	36931	36931
8642	1657	1655	294	294
59017	2790	2732	38361	38361
5718	150	150	972	972
7109			12504	12504
569	150	150	6192	6192
18059	8211	8211	10553	10553
1846	105	105	31232	31232
39169	14347	14347	8261	7301
436345	21531	14287	2131	2131
395648	19587	12343		

3-6续表2 continued2

		国有
		全市 Total
2.体育	Sports	18544
3.社会福利保障业	Social welfare	24482
(十三)教育、文化艺术及广播电影电视业	Education, culture, art, radio, film and TV	1956776
1.教育	Education	1761122
#普通高等学校	Higher education	799243
普通中学	Ordinary middle school	322705
小学校	Primary school	409324
2.文化艺术业	Culture and art	149431
3.广播电影电视业	Radio, film and television	46223
(十四)科学研究和综合技术服务业	Scientific research and polytechnical services	428614
1.科学研究业	Scientific research	218087
(1)自然科学研究	Natural scientific research	196358
(2)社会科学研究	Social scientific research	13556
(3)其他科学研究	Other scientific research	8173
2.综合技术服务业	Polytechnical services	210527
(1)气象	Meteorology	6824
(2)地震	Earthquake	2223
(3)测绘	Mapping	14401
(4)技术监督	Technical supervise	31026
(5)环境保护	Environment	11124
(6)技术推广和科技交流服务业	Technical developing and services	4762
(7)工程设计业	Engineering designing	137779
(8)其他综合技术服务业	Other polytechnical services	2388
(十五)国家机关、政党机关和社会团体	Government, party and social organizations	762617
#国家机关	Government	694546
政党机关	Party agency	47419
(十六)其他行业	Others	109369
#企业管理机构	Enterprise management	68867

单位:千元　unit:1000 yuan

State owned	集　　体 Collective owned		其　　他 Others	
#市　　区 District	全　　市 Total	#市　　区 District	全　　市 Total	#市　　区 District
18544	662	662	465	465
22153	1282	1282	1666	1666
1576686	4302	4023	5630	5630
1393845	1131	1131	4447	4447
799243				
191579			3406	3406
198147	514	514		
144422	3171	2892	1183	1183
38419				
417281	4340	4340	7701	7701
217753	553	553	2216	2216
196358	553	553	2216	2216
13556				
7839				
199528	3787	3787	5485	5485
6251				
2098				
14101				
24372	252	252	280	280
8952				
4474	562	562	941	941
136892	2645	2645	2670	2670
2388	328	328	1594	1594
612211	1522	998	50	50
550599	1522	998		
42756				
99402	3988	3576	24593	24593
60522	2806	2394	21855	21855

3－7 全市在岗职工平均工资

单位:元

		国 有
		全 市 Total
总 计	**Total**	**13452**
中央单位	Centre unit	21537
省属单位	Provincial unit	13304
市属单位	Unit belong to city	11619
县及县以下单位	Unit below county	7893
(一)农、林、牧、渔业	Farming, forestry, animal husbandry and fishery	5849
(二)采掘业	Excavation	8096
(三)制造业	Manufacturing	16692
(四)电力、煤气及水的生产和供应业	Electric power, gas and water production and supply	17332
(五)建筑业	Construction	9002
(六)地质勘查业、水利管理业	Geological prospection and water conservancy	9084
(七)交通运输业、仓储及邮电通信业	Transportation, storage, post and telecommunication	11447
(八)批发和零售贸易、餐饮业	Wholesale, retail trade and food services	7409
(九)金融、保险业	Banking and insurance	17599
(十)房地产业	Real estate	11131
(十一)社会服务业	cial services	11133
(十二)卫生、体育和社会福利业	Health care, sports and social welfare	14117
(十三)教育、文化艺术及广播电影电视业	Education, culture, art, radio, film and TV	14460
(十四)科学研究和综合技术服务业	Scientific research and polytechnical services	17314
(十五)国家机关、政党机关和社会团体	Government, party and social organization	13342
(十六)其他行业	Others	16533

AVERAGE WAGE OF STAFF AND WORKERS EMPLOYED

unit:yuan

State owned	集 体 Collective owned		其 他 Others	
#市区 District	全 市 Total	#市区 District	全 市 Total	#市区 District
15840	**7700**	**7988**	**13963**	**14647**
21918				
13429				
11629				
11723				
8760	11579	11579	7736	7736
8111	4333	4333	9023	9354
17514	7745	7808	15364	16669
20691	8103	8103	17600	17966
9445	7915	7971	10751	10753
12306	4653		11300	11300
17675	7441	7442	20150	23432
8111	5117	6843	7764	7816
18782	9198	10086	13414	13414
12477	7154	7187	13981	13981
11767	9806	10191	13699	13802
16990	7684	12906	8042	8042
18289	10622	10757	12266	12266
17930	11730	11730	13876	13876
15640	12274	15121	16667	16667
20191	10148	10518	22835	22835

3－8 1991－2002年全市职工人数
NUMBER OF STAFF AND WORKERS(1991－2002)

单位:人 unit:person

年份 Year	国有 State owned		集体 Collective owned		其他 Others	
	全市 Total	#市区 District	全市 Total	#市区 District	全市 Total	#市区 District
1991	895105	675007	437087	347024	9353	7656
1992	930376	701544	436387	346452	22011	19593
1993	917552	690799	379703	314004	50863	49939
1994	958917	714394	349364	284027	58723	52466
1995	958517	745656	308646	255899	72238	64645
1996	962465	743764	281711	233661	74548	66011
1997	961009	736223	258096	210327	80160	69112
1998	910218	686610	234146	190138	125229	109538
1999	884816	659924	213597	168667	148712	134277
2000	866880	636210	200355	156562	156691	143264
2001	808387	586552	182329	139287	193220	169853
2002	781499	555012	160367	119412	217059	196817

统计资料
STATISTICS

固定资产投资
INVESTMENT IN FIXED ASSETS

第四篇 固定资产投资

2002年,我市全社会固定资产投资完成320.5亿元,比上年增长12.4%。其中:基本建设投资完成120.3亿元,比上年增长14.1%;更新改造投资完成60.7亿元,比上年增长14.7%;其他投资完成7.5亿元,比上年增长9.3%;房地产开发投资完成60.8亿元,比上年增长25.3%;城镇私人建房投资完成10.0亿元,比上年增长15.1%;农村私人建房投资完成5.5亿元,比上年增长3.7%;农村固定资产投资完成55.7亿元,比上年下降2.8%。2002年我市固定资产投资主要呈现以下几个特点:

1. 三次产业投资全面增长,投资结构继续改善。2002年,我市四大种类投资(基本建设、更新改造、其他投资、房地产开发投资)共完成投资249.4亿元,其中:用于第一产业的投资为4016万元,比上年增长18.1%,所占比重为0.2%,与上年持平;用于第二产业的投资为80.4亿元,比上年增长5.4%,所占比重为32.3%,比上年下降了3.4个百分点;用于第三产业的投资为168.5亿元,比上年增长22.9%,所占比重为67.6%,比上年上升了3.5个百分点。第二产业投资的增加主要来自于制造业的投资,2002年制造业投资达72.2亿元,比上年增加8亿元。第三产业投资所占比重继续上升的动力,主要是基础设施建设和房地产业投资规模的扩大。

2. 国有经济投资所占比重继续下降,非国有经济已成为投资的主要力量。随着国家鼓励民间投资各项政策的逐步落实和招商引资力度的加大,我市非国有经济和民间投资迅速增长。2002年我市四大种类投资中国有经济投资完成118.7亿元,比上年增长9.1%,所占比重为47.6%;比上年下降了3.3个百分点;非国有经济投资完成130.7亿元,增长24.4%,增速比国有经济高15.3个百分点,所占比重由上年的49.1%上升到52.4%,上升了3.3个百分点。其中,民间投资完成104.2亿元,占总投资的41.8%。

3. 房地产开发投资快速增长,商品房销售日渐兴旺。2002年,我市房地产开发完成投资60.8亿元,比上年增长25.3%,增幅分别比基本建设、更新改造高11.2个和10.6个百分点。其中,住宅投资41.2亿元,同上年(40.8亿元)基本持平。商品房施工面积达701.0万平方米,比上年增长5.1%,其中,住宅施工面积501.4万平方米,比上年减少63.4万平方米。实际销售商品房200.4万平方米,比上年增长46.4%,商品房销售额为48.7亿元,比上年增长54.6%。

4. 重点建设项目进展顺利,龙头企业投资支撑作用明显。在四大种类投资的523家上报单位中,本年完成投资亿元以上的有59家,所占比重为11.3%,完成投资153.6亿元,占四大种类投资完成额的61.6%。长余高速公路、华禹光谷、长春龙家堡机场、吉林德大三期工程、一汽—大众宝来A4等重大项目的投资建设有力地推动了我市投资增长。

5. 融资渠道进一步拓宽,自筹资金已成为投资资金的主要来源。今年我市四大种类投资资金来源合计273.0亿元,比上年增长15.9%。其中:上年末结余资金17.8亿元,本年资金来源小计255.2亿元。在本年资金来源中,国家预算内资金8.4亿元,比上年下降43.6%,所占比重为3.1%,比上年下降3.2个百分点;国内贷款35.4亿元,比上年增长2.6%,所占比重为13.0%,比上年下降1.7个百分点;利用外资2.6亿元,比上年下降38.0%,所占比重为0.9%,比上年下降0.9个百分点;自筹资金178.8亿元,比上年增长35.5%,所占比重为65.5%,比上年提高9.5个百分点;其他资金来源29.8亿元,比上年下降6.1%,所占比重为10.9%,比上年下降2.6个百分点。以上数字说明我市国有投资资金逐步淡化,自筹资金已成为投资资金来源的主要渠道,吸引外资能力急需加强。

6. 投资效益有所提高,新增生产能力作用显现。2002年,我市投资贡献率为24.1%,拉动GDP增长3.5个百分点。基本建设和更新改造项目建成投产191个,投产率为36.0%。新增固定资产123.8亿元,固定资产交付使用率为68.4%,比上年提高8.2个百分点。竣工房屋面积264.9万平方米,比上年增长7.7%,房屋面积竣工率为41.5%,与上年持平。随着投资项目的建成投产和投资效益的提高,长春市总体功能得以进一步加强。2002年全市新增电话交换机容量达5.8万门;全年新建各类市场39个;新增城市道路长度42.6公里,面积63.9万平方米;新增排水管道长度48.9公里。

4－1　1991－2002年全社会固定资产投资总额
TOTAL OF INVESTMENT IN FIXED ASSETS(1991～2002)

单位:万元　　unit:10 000 yuan

年 份 Year	固定资产投资总额 Total	基本建设 Captial construction	更新改造 Innovation	其他投资 Others	城镇集体 Urban collective	房地产投资 Real estate	农村集体 Rural collective	城镇私人建房 Urban private	农村私人建房 Rural private
1991	290749	136076	69898	12890	6970	29299	14352	9271	18963
1992	450808	218042	92600	18756	13013	52877	28345	17016	23172
1993	687673	322454	131894	24978	12725	109568	53052	20680	25047
1994	961008	430701	154463	29646	18908	230840	63305	26215	25838
1995	1086570	474862	215382	38785	19591	226138	76430	26035	28938
1996	1205555	573973	236484	38160	17861	192506	101995	32001	30436
1997	1060320	454696	200814	33009	14249	139689	160878	38482	32752
1998	1416535	507416	254283	61878	18697	161594	336181	59228	35955
1999	1944338	701282	354519	39754	27804	215955	494290	63317	39221
2000	2352422	850330	437508	56032	11850	303296	584810	74460	45986
2001	2850446	1054118	529811	69078	4050	485481	572943	86464	52551
2002	3204576	1202562	607447	75480	23105	608399	556648	99532	54508

4－2　全社会固定资产投资完成额
TOTAL OF INVESTMENT IN FIXED ASSETS

单位:万元　　unit:10 000 yuan

		合计 Total	基本建设 Captial construction	更新改造 Innovation	其他投资 Others	房地产开发 Real estate developing	农村集体 Rural collective	城镇私人建房 Urban private	农村私人建房 Rural private
总　计	Total	**3204576**	**1202562**	**607447**	**75480**	**608399**	**556648**	**99532**	**54508**
一、按隶属关系分	Grouped by adminstrative relationship								
1.中央	Centre	561297	255811	284263		21223			
2.省	Province	214951	162898	37130		14923			
3.地区	Prefecture	819898	615037	101513	15494	87854			
4.县	County	93588	53696	30954	1743	7195			
5.其他	Others	1514842	115120	153587	58243	477204	556648	99532	54508

4－3 主要年份全社会固定资产投资总额

单位:万元

		1990
总　　计	**Total**	**208156**
一、按隶属关系分	Grouped by administrative relationship	195775
1.中央	Centre	93089
2.省	Province	36465
3.地区	Prefecture	58927
4.县	County	7294
5.其他	Other	
二、三大投资种类合计	Total of three kind of investments	169206
(一)按种类分组	Grouped by type	
1.基本建设	Capital construction	97715
2.更新改造	Innovation	60391
3.其他投资	Others	11100
(二)按行业分组	Grouped sector	
1.农、林、牧、渔业	Farming, forestry, animal husbandry and fisbery	10888
2.采掘业	Excavation	1613
3.制造业	Manufacturing	79592
4.电力、煤气及水的生产供应业	Production and supply of electric power, gas and water	25948
5.建筑业	Construction	1028
6.地质勘查业、水利管理业	Geological prospecting and water conservancy	888
7.交通运输、仓储及邮电通信业	Transportation, storage, post and telecommunication	4308
8.批发和零售贸易、餐饮业	Wholesale, retial trade and catering services	11548
9.金融、保险业	Banking and insurance	3075
10.房地产业	Real estate	2281
11.社会服务业	Social services	391
12.卫生、体育和社会福利业	Health care, sports and social welfare	2377
13.教育、文化艺术及广播电影电视业	Edueation, cutare, art, radio, film and TV	15186
14.科学研究和综合技术服务业	Scientific research and polytechnical service	1505
15.国家机关、政党机关和社会团体	Government, party and social organization	8126
16.其他行业	Other	452

注:按隶属关系分组中,不含农村私人建房,农村集体建房,城镇私建房。

TOTAL INVESTMENT IN FIXED ASSETS

unit:10 000 yuan

2000	2001	2002
2352422	**2850446**	**3204576**
1647166	2138488	2493888
386741	545632	561297
168268	180900	214951
789565	827109	819898
70939	100204	93588
231653	484643	804154
1343870	1653007	1885489
850330	1054118	1202562
437508	529811	607447
56032	69078	75480
29221	3400	4016
6741	4737	
459955	641649	722006
112728	96441	62109
11971	21029	20561
6271	21011	22846
168371	181020	292548
97440	98134	162557
8298	12942	12719
4899	3700	41540
229869	242025	179401
3669	26886	22019
127994	231533	191312
11494	14410	18942
59184	53443	131813
5765	647	1100

Note:Total ivestment grouped by administrative relationship excluded raral individual house,collective house and urban individual house

4－4 全市固定资产投资完成额

单位:万元

		本年完成投资 Investment completed	
		全 市 Total	#市 区 District
总　　计	**Total**	**1885489**	**1706840**
一、按构成分	Grouped by use of funds		
1.建筑工程	Construction	1219879	1113292
2.安装工程	Installation	72308	53496
3.设备工器具购置	Purchase of equipment and instrument	472589	428726
4.其他费用	Others	120713	111326
二、按建设性质分	Grouped by type of construction		
1.新建	New construction	676775	624328
2.扩建	Expansion	848546	774009
3.改建	Reconstruction	210198	179138
4.单纯建造生活设施	Dwelling	49394	37013
5.迁建	Remove construction	25465	17524
6.恢复	Renew construction		
7.单纯购置	Purchase of building	75111	74828
三、按行业分	Grouped by sector		
1.农、林、牧、渔业	Farminy, forestry, animal husbandry and fishery	4016	3716
2.采掘业	Excavation		
3.制造业	Manufacturing	722006	618642
4.电力、煤气及水的生产和供应业	Production and supply of teletric power, gas and water	62109	46874
5.建筑业	Construction	20561	9490
6.地质勘查业、水利管理业	Geological prospecting and water conservancy	22846	13441
7.交通运输、仓储及邮电通信业	Transportation, storage, post and telecommunication	292548	276042
8.批发和零售贸易、餐饮业	Wholesale, retail trade and cateriny services	162557	161977
9.金融、保险业	Banking and insurance	12719	10700
10.房地产业	Real estate	41540	41540
11.社会服务业	Social services	179401	176763
12.卫生、体育和社会福利业	Health care, sports and social welfare	22019	20277
13.教育、文化艺术及广播电影电视业	Education, culture, art, film and TV	191312	182731
14.科学研究和综合技术服务业	Scientific research and polytechnical services	18942	18942
15.国家机关、政党机关和社会团体	Government, party and social organization	131813	124605
16.其他行业	Others	1100	1100

TOTAL OF INVESTMENT IN FIXED ASSETS

unit:10 000 yuan

基本建设 Capital construction		更新改造 Innovation		其他投资 Others	
全 市 Total	#市 区 District	全 市 Total	#市 区 District	全 市 Total	#市 区 District
1202562	**1114244**	**607447**	**517881**	**75480**	**74715**
926592	858193	226410	188794	66877	66305
19837	16255	51656	36426	815	815
168275	159285	297171	262491	7143	6950
87858	80511	32210	30170	645	645
487034	453499	160719	141879	29022	28950
426390	403344	381902	330411	40254	40254
166317	148102	37870	25525	6011	5511
49394	37013				
1141		24324	17524		
72286	72286	2632	2542	193	
2016	1716	2000	2000		
124652	107322	538917	453076	58437	58244
43300	31700	18809	15174		
20561	9490				
22846	13441				
258908	242492	32739	32649	901	901
145683	145603	3374	3374	13500	13000
12719	10700				
34540	34540	7000	7000		
176259	173621	2342	2342	800	800
21947	20277			72	
191149	182568	163	163		
16839	16839	2103	2103		
130043	122835			1770	1770
1100	1100				

4－5 全社会房屋施工竣工面积及价值
FLOOR SPACE AND VALUE OF BUILDING COMPLETED

		合 计 Total	其中:住宅 In which: building
施工房屋面积 (平方米) Floor space of building under construction (sq·m)	合 计 Total	13652897	5758932
	基 建 Capital construction	4965463	7373135
	更 改 Innovation	1421228	8000
	其 他 Others	255790	
	房地产开发 Developing	7010416	5013617
竣工房屋面积 (平方米) Floor space of building completed (sq·m)	合 计 Total	6142730	3070904
	基 建 Capital construction	1665991	339921
	更 改 Innovation	983277	
	其 他 Others	133980	
	房地产开发 Developing	3359482	2730983
竣工房屋价值 (万元) Value of building completed (10000 yuan)	合 计 Total	768447	360670
	基 建 Capital construction	231484	37135
	更 改 Innovation	71303	
	其 他 Others	27322	
	房地产开发 Developing	438338	323535

4－6　城镇、工矿区和农村私人建房
BUILDING CONSTRUCTION BY INDIVIDUALS

		本年竣工房屋面积(平方米) Floor space of building completed (sq·m)		本年竣工房屋价值(万元) Value of building completed (10000 yuan)		建房户数 Households with building construction
		合计 Total	#住宅 House	合计 Total	#住宅 House	
一、城镇、工矿区私人建房	Urban area	1171679	985851	99532	93772	9983
其中:农业户建房	In which: peasant households	221816	157093	10397	7842	1767
1.市	City	581333	581333	69760	69760	5055
2.县城	County	417409	277701	21902	18218	3559
其中:农业户建房	In which: peasant housholds	58206	39603	2994	2515	502
3.镇	Towns	172937	126817	7870	5794	1369
其中:农业户建房	In which: peasant households	163610	117490	7403	5327	1265
二、农村私人建房	Rural area			54508		

4－7　房地产开发投资完成情况
REAL ESTATE DEVELOPMENT

		本年完成投资(万元) Investment of completed (10000 yuan)		比重(%) Proporation (%)	
		全市 Total	#市区 District	全市 Total	#市区 District
总计	**Total**	**608399**	**603154**	**100**	**100**
其中:商品房建设投资额	In which: commercial houses	509910	505115	83.8	83.7
土地开发投资额	Land developing	29734	29584	4.9	4.9
一、按构成分	Grouped by use of funds				
建筑工程	Construction	482729	478381	79.3	79.3
安装工程	Installation	22550	22103	3.7	3.7
设备工器具购置	Purchase of equipment and instruments	10809	10809	1.8	1.8
其他费用	Others	92311	91861	15.2	15.2
二、按工程用途分	Grouped by use of construction				
住宅	House	411693	408248	67.7	67.7
其中:别墅、高档公寓	In which: villa	55635	55635	9.1	9.2
经济适用房	Ordinary house	114871	112511	18.9	18.7
办公楼	Office building	14621	14211	2.4	2.4
商业营业用房	Business operating building	134574	133384	22.1	22.1
其他	Other	47511	47311	7.8	7.8
三、本年新增固定资产	Newly fixed assets	496117	490872		

4－8 房地产施工、竣工房屋面积
FLOOR SPACE UNDER CONSTRUCTION AND COMPLETED

单位:平方米 unit:sq·m

		施工面积 Floor space under construction		竣工面积 Floor space of building completed	
		全市 Total	#市区 District	全市 Total	#市区 District
房屋建筑面积合计	Floorspace of building construction	**7010416**	**6936554**	**3359482**	**3285620**
按用途分	Groped by use				
1.住宅	House	5013617	4958834	2730983	2676200
其中:别墅、高档公寓	In which: villa	126522	126522	104625	104625
安居工程	Ordinary house	1452937	1415117	856473	818653
2.办公楼	Office building	147871	142271	66299	60699
3.商业营业用房	Business operating building	1580487	1569650	470619	459782
4.其他	Others	268441	265799	91581	88939

4－9 商品房屋销售与出租情况
REAL ESTATE DEVELOPMENT AND MANAGEMENT

单位:平方米,万元 unit:sq·m, 10000yuan

		实际销售面积 Floor space of sale	预售面积 Expect sale	空置面积 Empty	出租面积 Rent	销售额 (万元)
合计	**Total**	**2003550**	**219758**	**2643287**		**487058**
1.住宅	House	1732139	118666	2146436		360073
其中:别墅、高档公寓	In which: villa	115030		216490		46530
经济适用房	Ordinary building	486700		569774		76553
其中:个人	In which: individual	1646461				340473
2.办公楼	Office building	27477		79525		7145
3.商业营业用房	Business operating building	229672	97961	341960		116572
4.其他	Others	14262	3131	75366		3268

统计资料

STATISTICS

能源消费与库存

CONSUMPTION AND STORAGE OF ENERGY

5-1 工业企业能源购进、消费及库存(2002)
ENERGY BALANCE SHEET(2002)

能源名称		计量单位 unit	年初库存 Stock	购进实物量 Material	购进金额（万元） Amount (10000yuan)	消费合计 Total	工业生产消费 Productive	用于原材料 Raw materials	非工业生产消费 Non productive	合计中：车辆用油 Vehicles	年末库存 Stock
原煤	Coal	吨 ton	959421	8223417	189428.1	8597124	8393321	20810	203803		857963
洗精煤	Fine coal washing	吨 ton		554523	19799	554523	554523				
其他洗煤	Other coal washing	吨 ton	2105	22807	723	23987	23817	4220	170		3259
型煤	Model coal	吨 ton	6	2921	80.4	2909	2165		744		17
焦炭	Coke	吨 ton	424	56570	3466.5	53554	53554				3398
焦炉煤气	Coal gas	万立方米 10000cu.m		9	15.3	6000	6000				
其他煤气	Other gas	万立方米 10000cu.m		414	88.8	414	396		18		
天然气	Natural gas	万立方米 10000cu.m		15058	16356.5	10316	9117		1199		
原油	Crude oil	吨 ton	1341	224606	35633.9	222111	222111				3687
汽油	Gasline	吨 ton	600	10409	3355.1	10684	9084		1600	2446	307
煤油	Kerosene	吨 ton	23	532	188.4	476	451		25		59
柴油	Diesel oil	吨 ton	1562	17903	5229.5	17530	16458		1072	1648	1876
燃料油	Fuel oil	吨 ton	906	1199	331.8	1383	1383				492
炼厂干气	Coking gas	吨 ton				5051	5051				
其他石油制品	Other oil products	吨 ton		10	2	10	10				
热力	Heat	百万千焦 kilo-joule		1611049	5884.1	12255171	7163773		5091398		
电力	Electricity	万千瓦时 kwh		270009	117640	302805	282004		20801		
能源合计	Total ofenergy	吨标准煤 SCE	672573	7868934	684835.4	8997281	8105140	105032	892141	5830	622984
取水总量	Water	立方米 cu.m	17060304								
自来水	Tapwater	立方米 cu.m	10853188								
自来水	Tapwater	千元 1000yuan	38191								
重复用水	Repeat water	立方米 cu.m	5580772								
地下地表水	Under ground water	立方米 cu.m	6567941								
地下地表水	Under ground water	千元 1000yuan	9965								

5-2 主要能源按工业行业分组消费量

		原 煤(吨) Coal (ton)	洗精煤(吨) Fine coal washing (ton)	其他洗煤(吨) Other coal washing (ton)
总 计	**Total**	**8597124**	**554523**	**23987**
煤炭采选业	Coal mining and dressing	3965		
石油和天然气开采业	Petroleum and natural gas extraction			
黑色金属矿采选业	Ferrous metals mining and dressing			
有色金属矿采选业	Mining and dressing of nonferrous matels			
非金属矿采选业	Nonmetal minerals mining and dressing			
其他矿采选业	Other minerals mining and dressing			
木材及竹材采运业	Logging and transport of wood and bamboo			
食品加工业	Food processing	58766	70000	
食品制造业	Food production	46781		
饮料制造业	Beverage Production	45562		
烟草制造业	Tobacco Processing			
纺织业	Textile industry	11693		
服装及纤维制品	Garments and other fiber products	2082		
皮革、羽绒及其制品制造业	Leather, furs, down and related products			
木材加工及竹、藤、棕、草制品业	Timber, bamboo, cane palm fiber & straw products	4700		
家具制造业	Furniture maunfacturing			
造纸及纸制品业	Paper making and paper products			
印刷业记录媒介	Printing medium reproduction	360		
文教体育用品制造业	Cultural, educational and sports articles			
石油加工及炼焦业	Petroleum processing and coking	2397		
化学原料及化学制品制造业	Raw chemical materials and products	11748		380
医药制造业	Medical and pharmaceutical products	51590		
化学纤维制造业	Chemical fiber			
橡胶制品业	Rubber products	36921		
塑料制品业	Plastic products	7060		
非金属矿物制品	Nonmeter mineral products	1049992		4390
黑色金属冶炼及压延加工业	Smelting of ferrous metals	2540		
有色金属冶炼及压延加工业	Smelting and pressing of nonferrous metals	6725		
金属制品业	Metal products	1255		
普通机械制造业	Ordinary machinery	49955	400	
专用设备制造业	Equipment for special purposes	4600		
交通运输设备制造业	Transportation equipment	1059312		19217
武器弹药制造业	Weapon and ammunition			
电气机械及器材制造业	Electric equipment	63		
电子及通信设备制造业	Electronic and telecommuncation equipment			
仪器仪表及文化办公用机械制造业	Instruments, maters cultural and office machinery	49096		
其他制造业	Other manfacturing industry	350		
电力蒸气及热水的生产和供应业	Production and supply of electric power, steam and hot water	6025012		
煤气生产供应业	Production and supply of gas	48661	484123	
自来水生产供应业	Production and supply of tap water	15938		

TOTAL ENERGY CONSUMPTION BY SECTOR

型　煤（吨）Model (ton)	焦　炭（吨）Coke (ton)	其他焦化产品（吨）Other coke (ton)	焦炉煤气（万立方米）Coal gas (10000cu·m)	高炉煤气（万立方米）Coal gas (10000cu·m)	其他煤气（万立方米）Other gas (10000cu·m)	天然气（万立方米）Natura gas (10000cu·m)	原　油（吨）Crude oil (ton)
2909	**53554**		**6000**		**414**	**10316**	**222111**
						641	
30							
							222018
					360	48	
	40						
						91	
	1560		8				
382	368					38	
1965	51586		1		54	8051	81
						6	
						111	
532							
			5991			1330	
							12

5-2续表1

		原　油(吨) Crude oil (ton)	汽　油(吨) Gasline (ton)	煤　油(吨) Kero sene (ton)	柴　油(吨) Diesel oil (ton)
总　计	**Total**		**10684**	**476**	**17530**
煤炭采选业	Coal mining and dressing		83		73
石油天然气开采业	Petroleum and natural gas extraction				
黑色金属矿采选业	Ferrows metals mining and dressing				
有色金属矿采选业	Mining and dressing of nonferrous matels				
非金属矿采选业	Nonmetal minerals mining and dressing				
其他矿采选业	Other minerals mining and dressing				
木材及竹材采运业	Logging and transport of wood and bamboo				
食品加工业	Food processing		401		267
食品制造业	Food production		29		25
饮料制造业	Beverage Production		112		54
烟草加工业	Tobacco Processing		53	84	84
纺织业	Textile industry		23		
服装及纤维制品业	Garments and other fiber products		87		90
皮革、羽绒及其制品制造业	Leather, furs, down and related products				
木材加工及竹藤棕草制造业	Timber, bamboo, cane, palm and straw products		58		
家具制造业	Furniture maun facturing				
造纸及纸制品业	Paper making and paper products				
印刷业记录媒介	Printing medium reproduction		74		
文教体育用品制造业	Cultural, educational and sports artides				
石油加工及炼焦业	Petroleum processing and coking		158		
化学原料及制品	Raw chemical materials and products		211		100
医药制造业	Medical and pharmaceutical products		48		241
化学纤维制造业	Chemical fiber				
橡胶制品业	Rubber products		228		89
塑料制品业	Plastic products		79		13
非金属矿物制品业	Nonmeter mineral products		621		1802
黑色金属冶炼业	Smelting and pressing of ferrous metals		45		35
有色金属加工业	Smelting and pressing of nonferrous metals		5		
金属制品业	Metal products		51		62
普通机械制造业	Ordinary machinery		460		6
专用设备制造业	Equipment for special purposes		17		392
交通运输设备制造业	Transportation equipment		6535	322	8026
武器弹药制造业	Weapon and ammunition				
电气机械及器材制造业	Electric equipment and machinery		45		401
电子及通信设备制造业	Electronic and telecommunication equipmant		9		
仪器仪表及文化办公用机械制造业	Instruments, maters cultural and office machinery		38	60	
其他制造业	Other manufacturing industry		65		
电力蒸气及热水的生产和供应业	Production and supply of electric power, steam and hot water		243		5331
煤气生产供应业	Production and supply of gas		450		349
自来水生产供应	Production and supply of tap water		456		90

continued1

燃料油（吨）Fuel oil（ton）	液化石油气（吨）Liquefied oil（ton）	炼厂干气（吨）Coking gas（ton）	其他石油制品（吨）Other oil（ton）	热力（百万千焦）Heat（1millon KJ）	电力（万千瓦时）Electricity（10000 Kwh）	其他燃料（吨标准煤）Other fuel（SCE）
1383		**5051**	**10**	**12255171**	**302805**	
					907	
					14595	
					1294	
					6847	
					1071	
					1750	
					252	
					2048	
					94	
		5051			1983	
					716	
				26883	844	
					2578	
			10		538	
					52731	
					1205	
					12	
					510	
				114886	2395	
					350	
189				12095268	114294	
				13675	569	
				4459	1023	
					2829	
					8	
1194					67629	
					2796	
					20937	

统计资料

STATISTICS

财　政

GOVERNMENT FINANCE

第六篇　财　　政

2002年，全市经济快速发展，财政收入稳步增长。

一、财政收入稳步增长，全面超额完成预算任务

2002年，我市克服前所未有的政策性减收因素影响，采取积极措施，全市一般预算全口径财政收入完成110.2亿元，为预算的102.5%，比上年增长13.1%。其中，上划中央“两税”收入完成52.4亿元，增长8.6%；上划省收入完成14.9亿元，增长15.2%；留用收入37.8亿元，增长14.7%。分级次看，市本级收入完成53.2亿元，增长6.1%；各城区及开发区收入完成48.0亿元，增长8.2%，县(市)收入完成9.0亿元，增长23.1%。

二、财政支出结构进一步改善，有力地支持了全市经济与各项事业的发展

2002年，地方财政支出70.1亿元，比上年增长18.8%。其中基建、挖潜、支农、城市维护等生产建设性支出完成20.5亿元，比上年增长14.1%；各部门事业费、行政管理费等工资性支出完成34.6亿元，增长15.4%；离退休、抚恤和社会福利救济、社会保障补助支出15.0亿元，比上年增长35.8%，保障了16万余人次下岗职工和155万余人次低保对象的基本生活。在保工资、保稳定、保机构正常运转的前提下，加大基本建设的财政投资力度。全年共拨付3.8亿元，支持了59个基本建设项目；拨付2.4亿元，重点支持了“三路三桥”、“三北”工程和五条标准化街路建设工程，加强城市基础设施建设，提高了城市承载能力；为确保城市正常供水，及时拨付0.6亿元“引松工程”引水运行费用。

尽管我市财政收入增长较快，但由于上划中央和省共享收入所占份额较大，地方留用收入所占比重偏低，所占比重仅占一般预算全口径财政收入的39.0%。

6-1 全市一般预算全口径财政收入
GOVERNMENT REVENUE BY REGION

单位:万元 unit:10000 yuan

		2002	同比增长(%)
全市收入总计	Total	**1102138**	**13.1**
1.市单列企业及市级固定收入	Income of enterprises of city level	532256	6.1
2.区 合 计	Total	480123	20.3
南 关 区	Nanguan	54550	27.8
宽 城 区	Kuancheng	52998	20.4
朝 阳 区	Chaoyang	78786	5.4
二 道 区	Erdao	41647	29.6
绿 园 区	Luyuan	43984	20.7
双 阳 区	Shuangyang	16453	37.1
经济开发区	Economic and technical developing area	80478	17.3
高新开发区	High-techical area	78718	17.6
净月开发区	Jingyue area	24802	41.8
汽贸城开发区	Vehiceles trade city developing area	7707	92.3
3.县(市)合计	Total of city and county	89759	22.3
榆 树 市	Yushu	16805	23.9
农 安 县	Nongan	25044	12.4
德 惠 市	Dehui	27095	18.7
九 台 市	Jiutai	20815	41.5

6－2 全市地方财政留用收入及财政支出

单位:万元

		2002	同比增减(%)
投入合计	Total	**378217**	**14.7**
一、工商税收	Industrial and commercial tax	218143	18.0
增值税	Value added tax	55737	13.0
营业税	Business tax	55658	19.6
外投企业所得税	Income tax of foreign funds	15626	50.2
个人所得税	Income tax of individual	22633	28.0
城市维护建设税	Tax on city maintenance and construction	29866	3.9
房产税	Tax on real estates	24794	24.4
印花税	Stamp tax	6428	47.5
城镇土地使用税	Tax on use of urban land	1238	－8.8
车船税	Tax on vehiciles ad ships	1254	20.1
其他各税	Others	4909	－10.3
二、企业所得税	Income tax of enterprises	43626	－5.7
集体企业所得税	Income tax of collective owned	5270	－33.1
股份制企业所得税	Income tax of share holding	27214	－17.8
私营企业所得税	Income tax of private enterprises	2261	103.7
其他企业所得税	Others	8881	112.5
三、企业所得税退税	Drawback		
四、国有企业计划亏损补贴	Subsidies enterprises	－4977	－11.3
五、农业税	Agriculture tax	20188	69.2
六、农业特产税	Tax on special agricultural products	704	－1.8
七、耕地占用税	Tax on use of land	10411	9.7
八、契税	Contract tax	16149	31.8
九、罚没行政性收费收入	Penalty	46688	17.3
十、专项收入	Special income	22616	12.6
排污费收入	Sewage treatment	4998	32.5
城市水资源费收入	Urban water resources	106	
教育费附加收入	Extra－charge for education	17512	8.4
十一、其他收入	Others	4669	－57.0

FINAL STATEMENT OF GOVERNMENT REVENUE AND EXPENDITURE

unit:10000yuan

		2002	同比增减（%）
支出合计	Total	**700655**	**18.8**
一、基本建设支出	Expenditure for capital construction	69324	14.0
二、企业挖潜改造资金	Innovation funds of enterprise	9923	-35.0
三、科技三项费	Science and technology promotion funds	8690	14.2
四、支援农村生产支出	Supporting agricultural production	7060	-1.8
五、农业综合开发支出	Agricultural polydeveloping	5669	104.7
六、农林水利气象等部门的事业费	Agricn ltural operation	17897	24.4
七、工业交通等部门的事业费	Operating expenses of industrial department	7207	48.7
八、流通部门事业费	Operating expenses of comerce	1471	39.8
九、文体广播事业费	Expenses of culture sports and radio	13551	16.0
十、教育事业费	Expenses of education	112216	16.7
十一、科学事业费	Expenses of science	1436	6.7
十二、卫生事业费	Expenses of health care	33457	30.5
十三、税务等部门的事业费	Expenses of tax department	29405	-5.7
十四、抚恤和社会福利救济	Pension and relief	25343	72.7
十五、行政事业单位离退休经费	Expenses retired	64561	18.7
十六、社会保障补助支出	Social welfare	60105	45.1
十七、行政管理费	Adminstration expenses	73663	14.5
十八、公检法司支出	Sucriey, procuratory and court	55575	13.2
十九、城市维护费	City maintainamne	47578	26.3
二十、价格补贴支出	Price subsidies	2526	25.3
廿一、专项支出	Special expenditurse	21921	5.6
排污费支出	Sewage treatment	5714	28.5
城市水资源费支出	Urban water resources	107	-34.0
教育附加支出	Extra-charge for education	15996	-0.3
矿产资源补偿费支出	Subsidies for mining	104	
廿二、其他各类支出	Others	32077	25.5
廿三、总预备费	Prepare expenses		

统计资料
STATISTICS

物　价
PRICE

第七篇　物　　价

长春市2002年居民消费价格总水平下降0.3%，零售价格总水平下降1.3%。一部分国家、省及市属的价格管理项目上涨幅度较大，但消费品下降趋势仍占主流。尽管中期、后期有小幅反弹，但总的看，仍未摆脱价格下降态势。

受省、市调价影响，市内各托幼园所收费价格从年初开始继续上涨，影响托幼费上涨9.7%。

2002年1月，市政府全面上调城市民用房房租价格。此次调价，成套住宅、非成套住宅和简易住宅房租价格均按不同档次、标准重新定价。其中成套住宅房租价格平均上涨26.1%。

国家统调教材价格在2月份上调18.2%。

7月份，个别公园门票提价幅度高达1倍。

2月份，液化石油气价格上涨38%，煤炭价格在年初上涨1%后，入冬11月再度上涨13.7%。

金饰品价格年均上涨7%。

2002年，长春市市场价格总体回升的阻力依然较大。全年统计，计入消费价指数的商品及服务项目品种有41.9%呈下降态势。其中：

食品降价1.2%，烟酒及用品降价0.9%，衣着降价1.6%，家庭设备用品及维修服务降价0.8%，医疗保健和个人用品降价3.4%，交通和通讯降价1.6%，建房及装修材料降价2.6%。

7-1 长春市1999-2000年居民消费价格类指数
CONSUMER PRICE INDICES BY CATEGORY (1999-2000)

		1999	2000
居民消费价格总指数	General consumer price index	98.6	98.8
食品类	Food	94.2	93.8
粮食	Grain	93.4	89.5
油脂类	Oil and fat	89.0	86.9
肉禽及其制品	Meat and poultry	85.6	94.0
蛋类	Eggs	99.8	74.8
水产品类	Aquatic products	90.7	101.3
菜类	Vegetables	100.8	101.7
调味品	Seasoning	100.7	95.1
糖类	Sugar	86.3	100.5
烟草类	Tobacco	97.8	97.9
酒和饮料	Liquor	95.8	96.2
干鲜瓜果	Fresh and dried fruits	94.8	86.9
糕点类	Cake	99.1	101.3
奶及奶制品	Milk and its products	99.2	98.8
其他食品	Other food and proessing	93.1	95.7
饮食业	Catering trade	96.7	100.2
衣着类	Garments	100.5	99.3
服装	Clothing	100.7	99.1
衣着材料	Textiles	99.3	97.7
鞋袜帽及其他衣着	Shoes and hats	101.1	100.9
家庭设备及用品类	Household facilites	97.6	98.8
耐用消费品	Durable consumer goods	96.5	98.2
室内装饰品	Interior decorations	96.9	100.3
床上用品	Bed daily articles	100.5	102.8
家庭日用杂品类	Daily articles	96.7	96.2
其他日用品	Other daily articles	98.9	99.3
医疗保健类	Medicine and medical services	100.0	98.8
交通和通信工具类	Transportation and telecommunication	90.0	81.5
娱乐教育文化用品类	Recreation education and culture	99.7	98.1
文娱用耐用消费品类	Recreation durable goods	95.2	95.3
教材及参考书	Teaching material and reference book	108.8	102.0
文化娱乐用品	Cultural goods	102.1	100.3
居住类	Residence	103.3	106.3
住房	Housing	114.3	103.9
水、电、燃料	Water electricity and fuel	100.4	108.0
服务项目类	Services	108.7	112.7
电信费	Telecommunication	102.1	100.4
邮　费	Postage	136.5	107.7
交通费	Transportation	111.0	117.4
洗理美容费	Haircut and bathing, improve looks fees	101.6	100.8
文娱费	Cultural and recreation	101.8	115.2
学杂保育费	Tuition and miscellaneous, nursing tees	113.7	118.5
修理及其他服务费	Repair and other services fees	100.0	100.0
医疗保健服务费	Medicine and medical services fees	100.0	100.0

7－2 长春市2001－2002年居民消费价格类指数
CONSUMER PRICE INDICES BY CATEGORY (2001—2002)

		2001	2002
居民消费价格总指数	General consumer price index	102.3	99.7
一、食品	Food	101.1	98.8
粮食	Grain	103.9	98.8
淀粉及薯类	Tubers	88.1	99.9
干豆类及豆制品	Soybeans and products	97.6	98.9
油脂类	Oil and fat	90.2	98.6
肉禽及其制品	Meat and poultry	110.3	100.6
蛋类	Eggs	86.5	95.0
水产品类	Aquatic products	100.1	98.0
菜类	Vegetables	99.5	93.4
调味品	Flavouring	99.0	100.2
糖类	Sugar	102.5	98.9
茶及饮料	Tea and beverages	101.7	100.0
干鲜瓜果	Fresh and dried fruits	91.5	101.7
糕点饼干面包	Cake	97.2	99.3
奶及奶制品	Milk and its products	100.9	100.1
在外用膳食品	Catering	107.9	100.4
其他食品及食品加工服务	Other food and proessing	100.4	98.3
二、烟酒及用品	Tobacco and liquor	98.4	99.1
烟草	Tobacco	99.6	99.8
酒	Liquor	97.1	98.3
吸烟饮酒用品	Drinking set	97.5	100.0
三、衣着	Garments	100.5	98.4
服装	Clothing	100.3	98.4
衣着材料	Textiles	101.0	101.5
鞋袜帽	Shoes and hats	100.8	98.1
衣着加工服务	Clothing processing fee	100.0	100.0
四、家庭设备用品及维修服务	Household facilites	99.6	99.2
耐用消费品	Durable consumer goods	98.1	97.5
室内装饰品	Interior decorations	99.9	100.0
床上用品	Bed daily articles	104.9	100.4
家庭日用杂品类	Daidy articles	100.7	101.5
家庭服务及加工维修服务	Service	100.0	99.6
五、医疗保健和个人用品	Service	100.9	96.6
医疗保健类	Medicine and medical services	101.0	95.6
个人用品及服务	Service	100.6	99.8
六、交通和通讯	Transportation and telecommunication	99.4	98.4
交通	Transportation	100.2	98.6
通信	Telecommunication	98.6	98.3
七、娱乐教育文化用品及服务	Recreation education and culture	99.7	100.9
文娱用耐用消费品及服务	Recreation durable goods	97.1	94.1
教育	Education	100.0	102.8
文化娱乐用品	Cultural goods	101.1	100.5
旅游及外出	Tourism	100.2	98.8
八、居住	Residence	115.7	106.3
建房及装修材料	Bulding material	101.6	97.4
租房	Rent private house	122.3	112.5
自有住房	Housing	100.0	92.5
水、电、燃料	Water electricity and fuel	121.2	108.2

7-3 长春市1999-2002年商品零售价格分类指数
RETAIL PRICE INDICES BY CATEGORY (1999-2002)

(以上年同期为100)
(preceding year=100)

		1999	2000	2001	2002
商品零售价格指数	Retail price indices	96.4	97.5	100.7	98.7
食品类	Food	93.4	94.0	102.0	97.1
粮食	Grain	93.3	89.5	111.2	94.0
油脂类	Oil and fat	85.8	89.5	92.3	94.4
肉禽蛋	Meat poultry and eggs	88.2	90.4	106.4	97.6
水产品	Aquatic products	91.4	101.2	98.9	99.6
鲜菜	Fresh veget ables	101.2	100.2	100.0	95.4
干菜	Dried vegetables	96.0	109.4	100.5	99.1
鲜果	Fresh fruits	95.3	86.0	93.4	97.4
干果	Dried fruits	93.2	88.8	93.2	97.0
其他食品	Other food	96.0	97.7	100.3	98.5
饮食业	Catering trade	96.8	100.0	101.1	100.0
饮料烟酒类	Beverage, tobacco and liquor	96.6	97.1	100.2	99.5
服装鞋帽类	Clothing, shoes and hats	100.2	99.9	100.1	99.7
纺织品类	Textiles	99.5	98.7	98.1	100.3
中西药品类	Traditional chinese and western medicines	101.4	100.2	100.5	94.0
化妆品类	Cosmetics	98.7	106.3	98.1	99.4
书报杂志类	Newspapers and magazines	104.0	100.8	100.9	97.6
文化体育用品类	Cultural, sports goods	99.8	99.3	99.8	100.0
日用品类	Daily articles	98.4	97.4	99.7	99.9
家用电器类	Household appliances	93.8	95.9	97.7	98.5
首饰类	Jewelry	94.1	88.8	93.8	106.0
燃料类	Fuels	101.5	115.6	102.9	109.0
建筑装潢材料类	Decoration meterials	106.0	103.8	100.6	99.2
机电产品类	Mechanical and electric products	90.7	92.8	99.0	97.2

7-4 长春市零售价格类指数(2002)
RETAIL PRICE INDICES BY CATEGORY(2002)

类别及名称	Item	指数 Index
商品零售价格总指数	General index	98.7
一、食品类	Food	97.1
1.粮食	Grain	94.0
(1)细粮	Fine grain	94.0
(2)粗粮	Coarse grain	94.0
2.油脂类	Oil and fats	94.4
3.肉禽蛋	Meat, poultry and eggs	97.6
4.水产品	Aqnatic products	99.6
5.鲜菜	Fresh vegetable	95.4
6.干菜	Dried vegetable	99.1
7.鲜果	Fresh fruit	97.4
8.干果	Dried fruit	97.0
9.其他食品类	Other food	98.5
(1)调味品	Seasoning	97.2
(2)食糖	Sugar	92.7
(3)糖果	Sweet	101.3
(4)糕点	Cake	98.1
(5)奶及奶制品	Milk and its products	100.8
(6)罐头	Tinned	99.6
10.饮食业	Beverage	100.0
(1)主食	Staple food	100.0
(2)炒菜	Fried dishes	100.0
(3)地方小吃	Snack	99.9
二、饮料、烟酒类	Beverage, tobacco and liquor	99.5
1.饮料	Drink	98.2
2.烟酒	Tobacco and liquor	100.0
三、服装、鞋帽类	Garments shoes and hats	99.7
1.服装	Garments	99.6

7-4续表1 continued1

类别及名称	Item	指数 Index
2.鞋	Shoes	99.9
3.其他衣着	Other clothing	100.0
四、纺织品类	Textiles	100.3
1.棉布	Cotton cloth	100.0
2.棉花化纤混纺布	Blend cloth	100.0
3.化纤布	Chemical fiber cloth	100.0
4.呢绒	Woollen fibric	100.0
5.绸缎	Silk	100.0
6.其他纺织品	Other cloth	100.9
五、中、西药品类	Medicine	94.0
1.中药	Chinese medicine	102.1
2.西药	Wester medicine	87.4
3.医疗用品	Medical appliance	100.3
六、化妆品类	Cosmtics	99.4
七、书报、杂志类	Newspaper and magazines	97.6
八、文化体育用品类	Culture sports goods	100.0
1.文化用品	Culture	100.0
2.体育用品	Sports	100.0
九、日用品	Daily articles	99.9
1.一般日用品	Ordinarg daily articles	99.8
2.家具类	Funiture	100.0
3.日用杂品	Daily articles	100.2
十、家用电器类	Household apoliances	98.5
十一、首饰类	Jewelry	106.0
十二、燃料类	Fuels	109.0
十三、建筑装潢材料类	Decoraion meterials	99.2
十四、机电产品类	Mechanical and electric products	97.2

统计资料

STATISTICS

人民生活

PEOPLE'S LIVELIHOOD

第八篇　人民生活

据长春市城调队调查，2002 年，我市城市居民人均可支配收入 6963 元，同期比增长 9.8%；居民人均消费支出 6147 元，同期比增长 9.9%。消费支出呈现"六升二降"特征。"六升"按增幅大小依次为，娱乐文教服务增长 36.5%，交通通迅增长 31.9%，医疗保健增长 15.7%，居住支出增长 12.0%，食品支出增长 9.1%，衣着支出增长 4.0%；"二降"按降幅高低为杂项商品及服务、家庭设备用品及服务分别下降 38.3%和 23.7%，教育、通讯、医疗、旅游、保险等消费热点，同期比分别增长 44.4%、18.3%、15.7%、21%、80%，消费结构的一个显著特点是，娱乐文教服务支出已是仅次于食品的第二大消费，其所占比重为 15%，比上年提高了 2.9 个百分点。

据对 600 户农村住户抽样调查显示：2002 年，我市农民收入增加，生活质量进一步得到改善。2002 年，我市农民人均纯收入为 3147 元，比上年增长 13%。收入增长的同时，农民生活消费支出增加。2002 年我市农民生活消费支出为 1539.18 元，比上年增长 5.5%。

2002 年农民生活消费出现以下特点：

1. 食品消费质量不断提高

2002 年，我市平均每一农民消费蔬菜及菜制品 217.71 公斤，比上年增长 74.8%；消费豆类制品 23.10 公斤，增长 63.5%；消费肉禽及制品 14.35 公斤，比上年增长 1 倍。

2. 文化生活不断丰富

农村居民在文化教育及娱乐方面也有提高。2002 年，我市农民人均文化教育及娱乐用品支出为 39.79 元，比上年增长 16.2%；文化教育及娱乐服务支出为 135.97 元，比上年增长 8.3%。

3. 家庭生活装备不断增强

截止 2002 年末，我市每百户农民家庭拥有彩电 62 台，比上年增长 10.7%；电冰箱 9 台，与上年持平；洗衣机 64 台，比上年增长 1.6%；电风扇 23 台，增长 15%；摩托车 28 辆，增长 12%；电话机 30 部，比上年增长 15.4%；移动电话 11 部，比上年增长 1.2 倍。

4. 居住条件不断改善

2002 年末，人均居住面积 18.62 平方米，比上年增长 1.8%，平均每户新建(购)住房面积达 2.72平方米，比上年增长 34%。

8-1 城市住户基本情况
BASIC STATISTICS ON URBAN HOUSEHOLDS

		单　位 Unit	数　量 Number
一、家庭人口数	Household size	人/户　person	3.06
1.就业人口数	Number of person employed	人/户　person	1.73
(1)国有经济单位职工人数	Staff and worker in state owned	人/户　person	1.00
(2)城镇集体经济单位职工人数	Staff and worker in collective owned	人/户　person	0.22
(3)其他各种经济类型单位职工人数	Staff and worker in other owned	人/户　person	0.11
(4)离退休再就业人员数	Reemployed retirees	人/户　person	0.08
(5)其他就业人员数	Other employees	人/户　person	0.15
2.离退休人数	Person retired	人/户　person	0.44
3.其他有收入者人数	Other earning people	人/户　person	0.01
二、家庭总收入	Household income	元/人月 yuan/ person month	612.23
其中:可支配收入	Disposable income	元/人月 yuan person month	580.28
(一)工薪收入	Wages	元/人月 yuan/ person month	433.39
1.工资及补贴收入	Wages	元/人月 yuan person month	422.76
2.其他劳动收入	Others	元/人月 yuan/ person month	10.63
(二)经营净收入	Business income	元/人月 yuan/ person month	27.25
(三)财产性收入	Property income	元/人月 yuan/ person month	7.42
(四)转移性收入	Transfer income	元/人月 yuan/ person month	144.16
三、出售财物收入	Sell property	元/人月 yuan/ person month	0.04
四、借贷收入	Borrow and Lendincome	元/人月 yuan/ person month	182.55
五、家庭总支出	Household experditure	元/人月 yuan/ person month	654.08
(一)消费支出	Consumption	元/人月 yuan/ person month	512.29
(二)购房与建房支出	Building expenditure	元/人月 yuan/ person month	49.43
(三)转移性支出	Transfer expenditure	元/人月 yuan/ person month	65.59
(四)财产性支出	Property expenditure	元/人月 yuan/ person month	0.00
(五)社会保障支出	Social security expenditure	元/人月 yuan/ person month	26.76
六、借贷支出	Borrow and lend expenditure	元/人月 yuan/ person month	132.19
消费支出	Consumption	元/人月 yuan/ person month	512.29
一、食品	Food	元/人月 yuan/ person month	202.22
(一)粮油类	Grain	/人月 person month	28.62
1.粮食、数量	Grain	千克/人月 kg/person month	7.19
金额	Amount	元/人月 yuan/ person month	17.41
(1)大米、数量	Rice	千克/人月 kg/person month	4.34
金额	Amount	元/人月 yuan/ person month	8.72
(2)面粉、数量	Flour	千克/人月 kg/person month	1.51
金额	Amount	元/人月 yuan/person month	3.66
(3)其他粮食、数量	Other grain	千克/人月 kg/person month	0.25
金额	Amount	元/人月 yuan/person month	0.51

8-1续表1 continued1

		单 位 Unit	数 量 Number
(4)粮食制品、数量	Grain products	千克/人月 kg/person month	1.10
金额	Amount	元/人月 yuan/person month	4.52
2. 淀粉及薯类、数量	Tubers	千克/人月 kg/person month	1.77
金额	Amount	元/人月 yuan/ person month	2.30
3. 干豆类及豆制品	Soybeans products	/人月 /person month	3.13
4. 油脂类、数量	Oil and fats	千克/人月 kg/person month	0.94
金额	Amount	元/人月 yuan/ person month	5.78
(1)食用植物油、数量	Vegetable oil	千克/人月 kg/person month	0.93
金额	Amount	元/人月 yuan/ person month	5.73
(2)食用动物油、数量	Fats	千克/人月 kg/person month	0.01
金额	Amount	元/人月 yuan/ person month	0.05
(二)肉禽蛋水产品类	Meat, poultry and aquatic	/人月 /person month	54.19
1. 肉类、数量	Meat	千克/人月 kg/person month	2.27
金额	Amount	元/人月 yuan/ person month	28.32
(1)猪肉、数量	Pork	千克/人月 kg/person month	1.36
金额	Amount	元/人月 yuan/person month	14.11
(2)牛肉、数量	Beef	千克/人月 kg/person month	0.39
金额	Amount	元/人月 yuan/ person month	5.48
(3)羊肉、数量	Mutton	千克/人月 kg/person month	0.18
金额	Amount	元/人月 yuan/ person month	2.74
(4)其他肉、数量	Others	千克/人月 kg/person month	0.05
金额	Amounts	元/人月 yuan/ person month	0.67
(5)肉制品、数量	Meat products	千克/人月 kg/person month	0.29
金额	Amount	元/人月 yuan/ person month	5.33
2. 禽类、数量	Poultry	千克/人月 kg/person month	0.53
金额	Amount	元/人月 yuan/ person month	5.48
(1)鸡、数量	Chicken	千克/人月 kg/person month	0.42
金额	Amount	元/人月 yuan/ person month	3.99
(2)鸭、数量	Duck	千克/人月 kg/person month	0.02
金额	Amount	元/人月 yuan/ person month	0.26
(3)其他禽类、数量	Other poultry	千克/人月 kg/person month	0.03
金额	Amount	元/人月 yuan/ person month	0.38
(4)禽制品、数量	Poultry products	千克/人月 kg/person month	0.05
金额	Amount	元/人月 yuan/ person month	0.86
3. 蛋类、数量	Eggs	千克/人月 kg/person month	1.32
金额	Amount	元/人月 yuan/ person month	6.38
(1)鲜蛋、数量	Eggs	千克/人月 kg/person month	1.26
金额	Amount	元/人月 yuan/ person month	5.82
(2)蛋制品、数量	Eggs products	千克/人月 kg/person month	0.06
金额	Amount	元/人月 yuan/ person month	0.55

8-1续表2 continued2

		单 位 Unit	数 量 Number
4. 水产品类	Aquatic	千克/人月 kg/person month	14.01
(1)鱼、数量	Fish	千克/人月 kg/person month	1.15
金额	Amount	元/人月 yuan/ person month	9.67
(2)虾、数量	Shrimp	千克/人月 kg/person month	0.09
金额	Amount	元/人月 yuan/ person month	2.53
(3)其他水产品、数量	Others	千克/人月 kg/person month	0.12
金额	Amount	元/人月 yuan/ person month	1.50
(4)水产制品	Aquatic products	千克/人月 kg/person month	0.30
(三)蔬菜类	Vegetable	/人月 /person month	24.89
1. 鲜菜、数量	Vegetable	千克/人月 kg/person month	14.40
金额	Amount	元/人月 yuan/ person month	22.04
2. 干菜、数量	Dried vegetable	千克/人月 kg/person month	0.08
金额	Amount	元/人月 yuan/ person month	1.79
3. 菜制品	Vegetable products	/人月 /person month	1.07
(四)调味品	Seasoning	/人月 /person month	4.15
(五)糖烟酒饮料类	Sugar, tobacco, liquor	/人月 /person month	27.26
1. 糖类	Suagar	/人月 /person month	4.46
2. 烟草类	Tobacco	/人月 /person month	9.26
3. 烟类、数量	Tobacco	千克/人月 kg/person month	1.73
金额	Amount	元/人月 yuan/ person month	7.24
(1)白酒、数量	Liquor	千克/人月 kg/person month	0.34
金额	Amount	元/人月 yuan/ person month	2.42
(2)果酒、数量	Wine	千克/人月 kg/person month	0.09
金额	Amount	元/人月 yuan/ person month	0.63
(3)啤酒、数量	Beer	千克/人月 kg/person month	1.27
金额	Amount	元/人月 yuan/ person month	3.99
(4)其他酒、数量	Others	千克/人月 kg/person month	0.02
金额	Amount	元/人月 yuan/ person month	0.20
4. 饮料	Beverage	/人月 /person month	6.29
(1)碳酸饮料、数量	Drink	千克/人月 kg/person month	0.26
金额	Amount	元/人月 yuan/ person month	1.23
(2)果蔬饮料、数量	Vegetable drink	千克/人月 kg/person month	0.15
金额	Amount	元/人月 yuan/ person month	0.82
(3)瓶装饮用水、数量	Water bottled	千克/人月 kg/person month	0.30
金额	Amount	元/人月 yuan/ person month	0.86
(4)茶叶、数量	Tea	千克/人月 kg/person month	0.01
金额	Amount	元/人月 yuan/ person month	1.08
(5)咖啡可可粉、数量	Coffee	千克/人月 kg/person month	0.00
金额	Amount	元/人月 yuan/ person month	0.29
(6)其他饮料	Others	/人月 /person month	2.02

8-1续表3 continued3

		单　位 Unit	数　量 Number
(六)干鲜瓜果类	Dried and fresh fruits	/人月 /person month	25.06
1. 鲜果、数量	Fresh fruits	千克/人月 kg/person month	5.44
金额	Amount	元/人月 yuan/ person month	17.29
2. 鲜瓜、数量	Melon	千克/人月 kg/person month	2.23
金额	Amount	元/人月 yuan/ person month	3.77
3. 干果、数量	Dried fruits	千克/人月 kg/person month	0.48
金额	Amount	元/人月 yuan/ person month	3.12
4. 瓜果制品、数量	Fruit's products	千克/人月 kg/person month	0.06
金额	Amount	元/人月 yuan/ person month	0.43
5. 坚果及果仁、数量	Nut	千克/人月 kg/person month	0.02
金额	Amount	元/人月 yuan/ person month	0.44
(七)糕点、奶及奶制品	Cake and milk products	/人月 /person month	15.11
1. 糕点、数量	Cake	千克/人月 kg/person month	0.33
金额	Amount	元/人月 yuan/ person month	0.37
2. 奶及奶制品	Milk and its products	/人月 /person month	11.74
(1)鲜乳品、数量	Milk	千克/人月 kg/person month	2.10
金额	Amount	元/人月 yuan/ person month	6.56
(2)奶粉、数量	Milk powder	千克/人月 kg/person month	0.05
金额	Amount	元/人月 yuan/ person month	1.17
(3)酸奶、数量	Sour milk	千克/人月 kg/person month	0.08
金额	Amount	元/人月 yuan/ person month	0.65
(4)其他奶制品	Others	/人月 /person month	3.37
(八)其他食品	Others	/人月 /person month	5.30
其中:半成品	Semi-finished products	/人月 /person month	3.74
(九)饮食服务	Catering services	/人月 /person month	17.64
1. 食品加工服务费	Food prossing	/人月 /person month	0.27
2. 在外饮食	Catering services	/人月 /person month	17.37
(1)购自食堂	From cornteen	/人月 /person month	5.29
(2)购自饮食业	From catering services	/人月 /person month	12.08
(3)在亲友家搭伙支出	With relative	/人月 /person month	0.00
非食品类	Non-food	/人月 /person month	310.07
二、衣着	Garment	-/人月 /person month	54.08
(一)服装、数量	Garment	件/人月 piecel/person month	0.56
金额	Amount	元/人月 yuan/ person month	37.52
1. 男士服装、数量	Man clothing	件/人月 piecel/person month	0.17
金额	Amount	件/人月 piecel/person month	15.00
2. 女士服装、数量	Women clothing	件/人月 piecel/person month	0.29
金额	Amount	件/人月 piecel/person month	18.98
3. 童装、数量	Children's wear	件/人月 piecel/person month	0.10
金额	Amount	件/人月 piecel/person month	3.54
(二)衣着材料	Cloth material	-/人月 /person month	0.48

8-1续表4 continued4

		单　位 Unit	数　量 Number
(三)鞋类、数量	Shoes	双/人月 pair/person month	0.20
金额	Amount	元/人月 yuan/ person month	13.80
(四)其他衣着用品	Other clothing	-/人月/person month	2.06
(五)衣着加工服务费	Prossing serivce	-/人月/person month	0.22
三、家庭设备用品及服务	Household facilities and artide	-/人月/person month	19.38
(一)耐用消费品	Durable consumer goods	-/人月/person month	6.86
1.家具	Amounts	-/人月/person month	2.22
(1)成套家具	Completes sets of furniture	-/人月/person month	0.27
(2)其他家具	Other furniture	-/人月/person month	1.95
2.家庭设备	Household facilities	-/人月/person month	4.64
(1)洗衣机、数量	Washing machine	台/万户 unit/10000h	3.59
金额	Amount	元/人月 yuan/ person month	0.38
(2)电风扇、数量	Fan	台/万户 unit/10000h	0.98
金额	Amount	元/人月 yuan/ person month	0.03
(3)电冰箱、数量	Fridge	台/万户 unit/10000h	3.59
金额	Amount	元/人月 yuan/ person month	0.90
(4)冰柜、数量	Freezer	台/万户 unit/10000h	0.00
金额	Amount	元/人月 yuan/ person month	0.00
(5)微波炉、数量	Oven	台/万户 unit/10000h	10.12
金额	Amount	元/人月 yuan/ person month	0.64
(6)空调器、数量	Air conditioner	台/万户 unit/10000h	0.98
金额	Amount	元/人月 yuan/person month	0.45
(7)电炊具、数量	Electric cooking	台/万户 unit/10000h	22.53
金额	Amount	元/人月 yuan/ person month	0.39
(8)淋浴热水器、数量	Shower	台/万户 unit/10000h	6.20
金额	Amount	元/人月 yuan/ person month	0.37
(9)排油烟机、数量	Smoke absorber	台/万户 unit/10000h	6.20
金额	Amount	元/人月 yuan/ person month	0.22
(10)吸尘器、数量	Dust catcher	台/万户 unit/10000h	3.59
金额	Amount	元/人月 yuan/ person month	0.16
(11)消毒碗柜、数量	Sterilized cupboard	台/万户 unit/10000h	2.61
金额	Amount	元/人月 yuan/ person month	0.32
(12)洗碗机、数量	Washing bowl machine	台/万户 unit/10000h	0.00
金额	Amount	元/人月 yuan/ person month	0.00
(13)饮水机、数量	Drink machine	台/万户 unit/10000h	5.55
金额	Amount	元/人月 yuan/ person month	0.29
(14)取暖器、数量	Warm machine	台/万户 unit/10000h	1.96
金额	Amount	元/人月 yuan/ person month	0.02
(15)其他	Other	-人/万户 person/10000h	0.46

8-1续表5 continued5

		单 位 Unit	数 量 Number
(二)室内装饰品	Interior decoration	-/人月/ person month	1.29
1.纺织装饰品	Texticles	-/人月/ person month	0.51
2.装饰灯具	Lamp	-/人月/ person month	0.50
3.其他装饰品	Other	-/人月/ person month	0.29
(三)床上用品	Bed arficles	-/人月/person month	2.66
(四)家庭日用杂品	Daily use articles	-/人月/person month	8.22
1.厨、餐、茶具	Food tea articles	-/人月/person month	0.59
2.家用工具	House hold articles	-/人月/person month	0.01
3.家居清洁用品	Cleuring articles	-/人月/person month	3.32
4.其他日用杂品	Others	-/人月/person month	4.30
(五)家具材料	Furniture materials	-/人月/person month	0.09
(六)家庭服务	Services	-/人月/person month	0.26
1.家政服务	Services	-/人月/person month	0.10
2.加工维修服务费	Repair	-/人月/person month	0.16
四、医疗保健	Health care	-/人月/person month	40.31
(一)医疗器具	Medical appliance	-/人月/person month	0.01
(二)保健器具	Health care appliance	-/人月/person month	0.07
(三)药品费	Medicine expense	-/人月/person month	24.02
(四)滋补保健品	Nourishing medicine	-/人月/person month	2.61
(五)医疗费	Health care service	-/人月/person month	13.59
(六)其他	Others	-/人月/person month	0.01
五、交通和通讯	Transportation and telecommuniction	-/人月/person month	49.45
(一)交通	Transportation	-/人月/person month	21.79
1.家庭交通工具	Household use	-/人月/person month	0.73
(1)摩托车、数量	Motorcyle	辆/万户 unit/10000h	0.98
金额	Amount	元/人月 yuan/ person month	0.39
(2)自行车、数量	Bicycle	辆/万户 unit/10000h	16.33
金额	Amount	元/人月 yuan/ person month	0.34
(3)助力车、数量	Vehicle	辆/万户 unit/10000h	0.00
金额	Amount	元/人月 yuan/ person month	0.00
(4)家用汽车、数量	Venicle	辆/万户 unit/10000h	0.00
金额	Amount	元/人月 yuan/ person month	0.00
(5)其他交通工具	Others	-/人月/person month	0.00
2.车辆用燃料及零配件	Fuel and parts	-/人月/person month	0.73
(1)燃料	Fuel	-/人月/person month	0.67
(2)零配件	Parts	-/人月/person month	0.05
(3)其他	Others	-/人月/person month	0.01
3.交通工具服务支出	Traffic service	-/人月/person month	0.55
(1)维修费	Service	-/人月/person month	0.34

8-1续表6 continued6

		单 位 Unit	数 量 Number
(2)车辆使用税费	Tax and expenses	-/人月/person month	0.02
(3)其它车辆使用费用	Other vehicle expenses	-/人月/person month	0.19
4.交通费	Traflic	-/人月/person month	19.78
(1)飞机	Airoplane	-/人月/person month	1.21
(2)火车	Railway	-/人月/person month	3.51
(3)长途汽车	Long disstance highway	-/人月/person month	0.94
(4)市内公共交通	Bus	-/人月/person month	7.46
(5)出租汽车费	Texi	-/人月/person month	6.63
(6)其他交通费用	Others	-/人月/person month	0.02
(二)通信	Telecommunication	-/人月/person month	27.66
1.通信工具	Mean of fere communication	-/人月/person month	2.89
(1)电话机、数量	Telephone	部/万户 set/10000h	14.37
金额	Amount	元/人月 yuan/ person month	0.18
(2)移动电话、数量	Mobile phone	部/万户 set/10000h	18.29
金额	Amount	元/人月 yuan/ person month	2.68
(3)寻呼机、数量	Bp	部/万户 set/10000h	0.00
金额	Amount	元/人月 yuan/ person month	0.02
(4)传真机、数量	Fax	部/万户 set/10000h	0.00
金额	Amount	元/人月 yuan/ person month	0.00
(5)其他通信工具	Others	-/人月/person month	0.00
2.通信服务	Service	-/人月/person month	24.77
(1)电信费	Telecommunication	-/人月/person month	24.70
(2)邮费	Postage	-/人月/person month	0.04
(3)其他	Others	-/人月/person month	0.04
六、教育文化娱乐服务	Education, recreation	-/人月/person month	76.96
(一)文化娱乐用品	Recreational articles	-/人月/person month	14.49
1.彩色电视机、数量	Colour TV set	台/万户 unit/10000h	5.55
金额	Amount	元/人月 yuan/ person month	1.46
2.影碟机、数量	Video disc player	台/万户 unit/10000h	3.59
金额	Amount	元/人月 yuan/ person month	0.22
3.录放像机、数量	Video recorder	台/万户 unit/10000h	0.00
金额	Amount	元/人月 yuan/ person month	0.00
4.家用电脑	Computer	台/人月 unit/ person month	3.36
(1)整机电脑、数量	Computer	台/万户 unit/10000h	5.55
金额	Amount	元/人月 yuan/ person month	3.14
(2)计算机外部设备	Parts	/人月/person month	0.21
(3)各种零配件及耗材	Parts	/人月/person month	0.01
5.组合音响、数量	Hi-Fi stereo component systern	台/万户 unit/10000h	0.00
金额	Amount	元/人月 yuan/ person month	0.00

8-1续表7 continued7

		单　位 Unit	数　量 Number
6. 录音机、数量	Tape recoder	台/万户 unit/10000h	8.16
金额	Amount	元/人月 yuan/ person month	0.12
7. 摄像机、数量	Pick up camera	架/万户 unit/10000h	0.98
金额	Amount	元/人月 yuan/ person month	0.45
8. 照相机、数量	Camera	架/万户 unit/10000h	1.96
金额	Amount	元/人月 yuan/ person month	0.25
9. 钢琴、数量	Piano	架/万户 unit/10000h	0.00
金额	Amount	元/人月 yuan/ person month	0.00
10. 其他中高档乐器、数量	Musical instrument	件/万户 piece/10000h	1.96
金额	Amount	元/人月 yuan/ person month	0.47
11. 健身器材、数量	Sports apparatus	件/人月 piece/person month	0.00
金额	Amount	元/人月 yuan/ person month	0.65
12. 电子辞典、数量	Electronic dictionary	部/人月 unit/person month	0.00
金额	Amount	元/人月 yuan/ person month	0.18
13. 音像制品及软件	Audiovisual products and software	-/人月/person month	1.46
14. 体育用品	Sport apparatus	-/人月/person month	0.00
15. 书报杂志	Newspaper and magaizers	-/人月/person month	3.20
16. 纸张文具	Paper articales	-/人月/person month	0.49
17. 其他文娱用品	Others	-/人月/person month	2.18
(二)文化娱乐服务	Services	-/人月/person month	8.78
1. 参观游览	Tourism	-/人月/person month	1.66
2. 健身活动	Sports	-/人月/person month	0.34
3. 团体旅游	Group tourism	-/人月/person month	3.06
4. 其它文娱活动	Other activities	-/人月/person month	3.55
5. 文娱用品修理服务费	Services	-/人月/person month	0.17
(三)教育	Education	-/人月/person month	53.70
1. 教材	Teaching material	-/人月/person month	5.87
(1)课本及参考书	Textbook	-/人月/person month	4.56
(2)教育软件	Teaching software	-/人月/person month	1.28
(3)其他教材	Others	-/人月/person month	0.03
2. 教育费用	Teaching expenses	-/人月/person month	47.83
七、居住	Residehce	-/人月/person month	52.84
(一)住房	House	-/人月/person month	17.73
1. 租赁房房租	Rent	-/人月/person month	5.54
2. 自有房租折算	Rent discount	-/人月/person month	0.00
3. 住房装潢支出	Decoration expenses	-/人月/person month	10.12
4. 维修用建筑材料	Buileling material	-/人月/person month	2.04
5. 其他	Others	-/人月/person month	0.03
(二)水电燃料及其他	Wather, fuel and others	-/人月/person month	33.23

8-1续表8 continued8

		单 位 Unit	数 量 Number
1. 水、数量	Water	吨/人月 ton/person month	1.77
金额	Amount	元/人月 yuan/person month	4.42
2. 电、数量	Electricty	度/人月 kwh/person month	34.74
金额	Amount	元/人月 yuan/person month	13.89
3. 燃料	Fuel	人月/person month	11.55
(1)煤炭、数量	Coal	千克/人月 kg/person month	2.33
金额	Amount	元/人月 yuan/ person month	0.61
(2)液化石油气、数量	Liqufied gas	千克/人月 kg/person month	0.10
金额	Amount	元/人月 yuan/ person month	0.23
(3)管道煤气、数量	Pipe gas	立方米/人月 cu·m/person month	7.14
金额	Amount	元/人月 yuan/ person month	10.72
(4)其他燃料	Other fuel	-/人月/person month	0.00
4. 其他	Others	-/人月/person month	3.36
(三)居住服务费	Services	/人月/person month	1.88
1. 物业管理费	Real estale management	/人月/person month	1.83
2. 维修服务费	Maintain service	/人月/person month	0.05
3. 其它	Others	/人月/person month	0.00
八、杂项商品和服务	Daily consumer goods and service	-/人月 person month	17.05
(一)杂项商品	Daily consumer goods	-/人月/person month	8.03
1. 金银珠宝饰品	Jewlry	-/人月/person month	0.07
2. 手表、数量	Watch	只/人月 piece/person month	0.00
金额	Amount	元/人月 yuan/ person month	0.15
3. 理发美容用具	Haircut andimprove look goods	-/人月/person month	0.02
4. 化妆品	Cosmetics	-/人月/person month	3.85
5. 其他杂品	Others	-/人月/person month	3.94
(二)服务	Services	-/人月/person month	9.01
1. 旅馆住宿费	Hotal	-/人月/person month	0.14
2. 理发洗澡费	Haircut and bathing	-/人月/person month	6.84
3. 美容费	Improve looks	-/人月/person month	0.76
4. 其他服务	Others	-/人月/person month	1.27

8－2 农村人口状况

(农村住户抽样调查资料)

		单 位 Unit	合 计 Total
调查户数	Households surveyed	户 household	600
一、常住人口	Permanent residents	人 person	2299
二、整半劳动力	Able bodied and semi able bodied laborers	人 person	1603
1.6岁及以下	Children before school age	人 person	93
2.7－15岁	7－15 years old	人 person	304
3.16－60岁	16－60 years old	人 person	1730
4.61岁及以上	61 years old and over	人 person	172
三、劳动力是本地乡镇企业职工的人数	Laborers work in local enterprises	人 person	15
四、常住人口中外出从业过的劳动力人数	Laborers outflow	人 person	105
五、劳动力文化程度	Educational level for laborer		
1.不识字或识字很少	Illiterate and semi－illiterate	人 person	45
2.小学程度	Primary school	人 person	501
3.初中程度	Junior secondary school	人 person	902
4.高中程度	Senior secondary school	人 person	120
5.中专	Special secondary school	人 person	24
6.大专及以上	College and higher level	人 person	11

BASIC STATISTICS ON RURAL POPULATION

(Data are obtained from the sample survey on rural households)

榆树市 Yu shu	农安县 Nongan	德惠市 Dehui	九台市 Jiutai	双阳区 Shuangyang	城　区 District
100	100	100	100	100	100
424	407	424	352	364	328
322	279	283	234	243	242
22	14	19	10	15	13
50	56	61	39	55	43
316	300	306	284	269	255
36	37	38	19	25	17
	2	3	–	3	7
7	16	34	–	38	10
16	13	–	3	7	6
142	98	94	46	71	50
142	143	170	168	142	137
14	21	11	16	18	40
7	2	8	–	2	5
1	2	–	1	3	4

8－3 农村生产性固定资产及土地经营、耕地流转情况

		单 位 Unit	合 计 Total
一、期末生产性固定资产原值	Productive fixed assets in original	元 yuan	3296020
1.农业	Agriculture	元 yuan	3043670
#房屋及建筑物	Buildings	元 yuan	499902
役畜及产品畜	Draught animals	元 yuan	1458956
大中型铁木农具	Wood and iron farm tools	元 yuan	84550
农林牧渔机械	Machinery of FFAF	元 yuan	955240
2.工业	Industry	元 yuan	26400
#房屋及建筑物	Buildings	元 yuan	5000
生产设备	Equipment of production	元 yuan	21000
3.建筑业	Construction	元 yuan	
4.交通运输业	Transportation	元 yuan	174300
5.批发和零售贸易餐饮业	Wholesales, retail trade and catering serices	元 yuan	3000
6.社会服务业	Social services	元 yuan	
7.文教卫生业	Educotion, culture and health care	元 yuan	3750
8.其他	Others	元 yuan	40900
二、期末主要生产性固定资产数量	Number of productive fixed assets		
1.房屋及建筑物	Building	平方米 sq.m	8401
2.汽车	Trucks	辆 unit	4
3.大中型拖拉机	Large and middle tractors	台 unit	15
4.小型和手扶拖拉机	Mini－tractors	台 unit	106
5.机动脱粒机	Motorized threshing machines	台 unit	32
6.收割机	Harvester	台 unit	2
7.农用动力机械	Agricultural machinery	台 unit	57
8.胶轮大车	Cart with rubber tires	辆 unit	121
9.水泵	Pump	台 unit	171
10.役畜	Draught	头 head	327
11.产品畜	Commodity animals	头 head	428
三、土地经营情况	Cultivated land		
1.耕地面积	Area of cultivated land	亩 ha	11812.76
#自留地面积	Family plot	亩 ha	58.88
2.山地面积	Mountains	亩 ha	40
3.园地面积	Garden plot	亩 ha	17.70
4.牧草地面积	Grass land	亩 ha	
5.养殖水面面积	Cultivateable water area	亩 ha	
四、耕地流转情况	Change of cultivated land		
1.年初经营耕地面积	Area of cultivated land at beginning of year	亩 ha	7870.15
2.年内转入耕地面积	In creasing of cultivated land	亩 ha	473.27
3.年内转出耕地面积	Decreasing of cultivated land	亩 ha	252.59
4.年末经营耕地面积	Area of cultivated land at end of year	亩 ha	8090.83

PRODUCTIVE FIXED ASSETS, LAND, MOUNTAIN AND WATER AREA

榆树市 Yu shu	农安县 Nongan	德惠市 Dehui	九台市 Jiutai	双阳区 Shuangyang	城　区 District
741120	385750	544170	190400	956780	477800
741120	375750	509520	186000	926480	304800
90500	30100	38500	14002	222800	104000
340550	117900	256800	149006	496000	98700
37600	6000	1000		7850	32100
263470	221550	212520	11000	199700	47000
		13000	400	1000	12000
		5000			
		8000		1000	12000
	7000			17300	150000
				3000	
	3000	750			
		20900		9000	11000
1074	610	595		3864	2258
				2	2
4	3	3		2	3
34	21	19	3	26	3
8	4	12	2	5	1
				2	
12	9	16		12	8
24	39	31		14	13
18	42	28		68	15
54	59	71	86	24	33
267	5	13	3	126	14
2599.09	1960.95	1817.84	2585.50	1958.48	890.90
			44	14.68	0.20
					40
					17.70
2435.29	1850.85	1199.46		1965.35	419.20
233.43	110.10			113.24	16.50
69.63		31.35		138.61	13
2599.09	1960.95	1168.11		1939.98	422.70

8－4 农村住房情况

(农村住户抽样调查资料)

		单 位 Unit	合 计 Total
一、期末住房情况	House		
(一)住房面积	Floor space of house	平方米 sq·m	42803
其中:租用住房面积	Floor space of house rented	平方米 sq·m	
(二)住房价值	Value of house	元 yuan	12425800
(三)住房类型	Type of building		
1.楼房面积	Floor space of building	平方米 sq·m	274
2.砖瓦平房面积	Floor space of brick and wood structure	平方米 sq·m	31429
3.其它	Others	平方米 sq·m	10560
(四)住房结构	Structure of building		
1.钢筋混凝土结构面积	Reinforced concrete structurs	平方米 sq·m	1212
2.砖木结构面积	Brick and wood structure	平方米 sq·m	31462
3.其它	Others	平方米 sq·m	10217
二、期内新建(购)住房情况	New house		
(一)新建(购)住房面积	Floor space of new house	平方米 sq·m	1632
(二)新建(购)住房价值	Value of new house	元 yuan	574100
(三)新建(购)住房类型	Type of new house		
1.楼房面积	Floor space of building	平方米 sq·m	
2.砖瓦平房面积	Floor space of brick and wood structure	平方米 sq·m	1398
3.其它	Others	平方米 sq·m	
(四)新建(购)住房结构	Structure of new house		
1.钢筋混凝土结构面积	Reinforced concrete structure	平方米 sq.m	322
2.砖木结构面积	Brick and wood structure	平方米 sq.m	1410
3.其他	Others	平方米 sq.m	

8－5 主要农作物产量

单位:公斤

		合 计 Total
(一)粮食总产量	Grain	5343590
其中:1.小麦	Wheat	130
2.水稻	Rice	698900
3.玉米	Corn	4227430
4.大豆	Soybeans	274585
5.薯类	Tubers	106365
(二)棉花产量	Cotton	
(三)油料作物产量	Beans	5080
(四)糖料作物产量	Beetroots	260
(五)蔬菜产量	Vegetable	1209854
(六)水果产量	Frits	3225

BASIC STATISTICS ON RURAL HOUSE

(Data are obtained from the sample surveys on rural households)

榆树市 Yushu	农安县 Nongan	德惠市 Dehui	九台市 Jiutai	双阳区 Shuangyang	城　区 District
7068	7944	6920	6799	6014	8058
2151000	1831000	2167200	1848000	1667600	2761000
		60			214
3830	6399	6617	4339	4477	5767
3238	1545	659	2835	1537	746
	248			108	856
3830	6399	6802	4339	4335	5757
3208	1297	707	2691	1513	801
550	336	84		192	470
284100	83000	36000		70000	101000
650	336	84		192	136
				108	214
650	336	84		84	256

YIELD OF MAJOR AGRICULTURAL PRODUCTS

unit: kg

榆树市 Yushu	农安县 Nongan	德惠市 Dehui	九台市 Jiutai	双阳区 Shuangyang	城　区 District
1053600	756435	743134	1227880	1031520	531021
130					
193520		219180	1500	279200	5500
728050	661300	484950	1106700	737850	508580
77275	59535	17105	111250	6570	2850
22075	33250	21469	8430	7650	13491
680	4300	100			
	260				
189606	405220	134583	213801	59712	206932
		1150	1345	595	135

8－6 农村粮食收、支、存情况
BASIC STATISTIC ON RURAL GRAIN

(农村住户抽样调查资料)

单位:公斤 (Data are obtained from the sample surveys on rural households) unit:kg

		合 计 Total	榆树市 Yushu	农安县 Nongan	德惠市 Dehui	九台市 Jiutai	双阳区 Shuangyang	城 区 District
一、年初粮食结存	Grain at year bugining	3837782	665165	1214450	1011090	300000	647077	
二、年内粮食收入合计	Revenue of grain	5784205	1134789	847408	823927	1285755	1093355	598971
1.生产	Revenue of individual	5343590	1053600	756435	743134	1227880	1031520	531021
2.购入	Purchase	440585	81159	90973	80793	57875	61835	67950
3.其他粮食收入	Others	30	30					
三、年内粮食支出合计	Expenditure for grain	3289300	483148	820647	580126	467336	598470	339573
1.主食用粮	Major grain	420029	44997	97291	79844	64536	80141	53220
2.其他生活用粮	Other living grain	–	–	–	–	–	–	–
3.出售	Sale	2306429	306595	550552	406713	372630	422006	247933
4.种籽	Seeds	47042	9382	9286	6607	9003	7672	5092
5.饲料	Forage	515800	122174	163518	86962	21167	88651	33328
6.借出	Lend				–	–	–	–
7.归还借粮	Payable grain				–	–	–	–
四、年末粮食结存	Grain at year end	5347711	1429636	1516660	1021600	815960	290246	273609
#口粮	Food grain	1035259	75130	24680	34090	633410	126569	141380
饲料	Forage	726817	180300	50430	18610	182550	163677	131250
种籽	Seeds	7149	6170					979

8－7 农村出售产品情况
BASIC STATISTICS ON RURAL PRODUCTS

（农村住户抽样调查资料） Data are obtained from the sample surveys on rural households

	单 位 Unit	合 计 Total	榆树市 Yushu	农安县 Nongan	德惠市 Dehui	九台市 Jiutai	双阳区 Shuangyang	城 区 District
1.粮食 Grain	公斤 kg	2306429	306595	550552	406713	372630	422006	247933
金额 Amount	元 yuan	1925606	305196	449541	378772	251890	352053	188154
＃稻谷 Rice	公斤 kg	284551	72539		105153	1500	103794	1565
金额 Amount	元 yuan	337235	82863		135208	2440	114064	2660
玉米 Corn	公斤 kg	1918892	184318	527970	293834	361000	306643	245127
金额 Amount	元 yuan	1422516	147116	406987	234310	230400	220556	183147
2.油料 Beans	公斤 kg	4505	675	3757	73			
金额 Amount	元 yuan	10894	2735	8028	131			
3.糖料 Beetroots	公斤 kg	260		260				
金额 Amount	元 yuan	101		101				
4.烟叶 Tobacco	公斤 kg	450	450					
金额 Amount	元 yuan	1300	1300					
5.蔬菜 Vegetable	公斤 kg	447404	51987	234895	24475	5641	597	129809
金额 Amount	元 yuan	260731	27960	82323	23830	6804	531	119283
6.果用瓜	公斤 kg							
金额 Amount	元 yuan							
7.水果 Fruits	公斤 kg	1515			620	895		
金额 Amount	元 yuan	1925			538	1387		
8.木材 Timber	立方米 m^3	4.7					4.70	
金额 Amount	元 yuan	1340					1340	
9.出售牧业产品 Sale meat	－							
肉猪 Hogs	头 head	1058	389	493	148	2	9	17
金额 Amount	元 yuan	521124	223192	262869	21083	2687	7104	4189
肉牛 Cattle	头 head	159	139		14		3	3
金额 Amount	元 yuan	404447	361756		30791		5900	6000
菜羊 Goats	只 head	69	46	16	5		2	
金额 Amount	元 yuan	22550	13250	5300	3550		450	
家禽 Poultry	只 head	2957	512	1384	87	16	862	96
金额 Amount	元 yuan	47092	8727	26763	1241	280	9265	816
10. 猪肉 Pork	公斤 kg	1107	793	90	50		174	
金额 Amount	元 yuan	10236	7353	500	450		1933	
11.蛋类 Eggs	公斤 kg	9175	187	409	179	71	1712	6617
金额 Amount	元 yuan	41635	1216	2961	1264	560	9954	25680
12.羊毛 Wool	公斤 kg							
金额 Amount	元 yuan							

8-8 农村总收入和纯收入
GROSS AND NET INCOME OF RURAL HOUSEHOLDS

(农村住户抽样调查资料)

Data are obtained from the sample surveys on rural households

单位:元 unit:yuan

	合计 Total	榆树市 Yushu	农安县 Nongan	德惠市 Dehui	九台市 Jiutai	双阳区 Shuang Yang	城区 District
一、全年总收入 Gross income	10084821	2231008	1768018	1758704	1585972	1553917	1187202
(一)工资性收入 Basic income	1231864	215128	196550	180195	168908	187173	283910
1.在非企业组织中劳动得到的报酬 From collective organization	394962	63208	23100	18587	103502	57946	128619
2.在本地企业劳动得到的报酬 From local enterprises	183455	21203	10810	5715	23831	30424	91472
#在本地乡镇企业劳动得到的 From township enterprises	62249		10810	4815	18831	18304	9489
从第一产业得到的 From primary industry	55291		5810	4115	18831	13120	13415
从第二产业得到的 From secondary industry	21667	15203		1600		4364	500
从第三产业得到的 From tertiary industry	106497	6000	5000		5000	12940	77557
3.常住人口外出从业得到的 From others	411326	32100	94024	144613	41550	67217	31822
从第一产业得到的 From primary industry	42357		5000	27560	180	5277	4340
从第二产业得到的 From secondary industry	82285	4600	12000	6050	29813	13440	16382
从第三产业得到的 From tertiary industry	286684	27500	77024	111003	11557	48500	11100
4.其他 Others	242121	98617	68616	11280	25	31586	31997
(二)家庭经营收入 Income from households business	8613627	1977765	1554979	1494589	1416234	1324754	845306
1.农业收入 Farming	5668917	1094130	798099	1076537	1209342	893565	597244
种植业收入 Grain	5175184	1006278	792231	752641	1165606	874296	584132
2.林业收入 Forestery	6993		7			1986	5000
3.牧业收入 Animal husbandry	2620873	849235	737321	362049	196498	381944	93826

8-8续表1 continued1 单位:元 unit:yuan

	合 计 Total	榆树市 Yushu	农安县 Nongan	德惠市 Dehui	九台市 Jiutai	双阳区 Shuang Yang	城 区 District
4.渔业收入 Fishery	6915						6915
5.工业收入 Industry	44038	22500	2448	13505		3731	1854
6.建筑业收入 Construction	66989			24651	580	22398	19360
7.交通运输和邮电业收入 Transportation,post and telecommunication	87188	150	7761	3251		2045	73981
8.批发和零售贸易餐饮业收入 Commerce and catering	9731	7500		2091			140
9.社会服务业收入 Social services	12811			5480		31	7300
10.文教卫生业收入 Eduction culture and health care	9750	3000	6750				
11.其他家庭经营收入 Others	79422	1250	2593	7025	9814	19054	39686
(三)转移性收入 Transfer income	171735	31877	16489	41581	830	41632	39326
1.农村外部亲友赠送收入 Gift	2420			2420			
2.调查补贴 Subsidy for servey	40856	7425	8000	7305		10786	7340
3.救灾款 Pension	1596					474	1122
4.保险年金 Reward							
5.其他 Others	9916	47	2689	994		2372	3814
(四)财产性收入 Property income	67595	6238		42339		358	18660
1.利息 Interest							
2.租金 Dividend Rent	15240			10160			5080
3.红利 Dividend							
4.土地征用补偿 Subsidy for use of land	13573					103	13470
5.其他财产收入 Others	38782	6238		32179		255	110
二、全年纯收入 Net income	7235422	1406020	1321760	1344819	1180336	1034332	948155
三、全年人均纯收入 Per capita net income	3147.20	3316.08	3247.57	3171.74	3353.23	2841.57	2890.72

8－9 农村总支出
GROSS EXPENDITURES OF RURAL HOUSEHOLDS

单位:元 （农村住户抽样调查资料） unit:yuan

		合 计 Total	榆树市 Yushu	农安县 Nongan	德惠市 Dehui	九台市 Jiutai	双阳区 Shuangyang	城 区 District
全年总支出	**Gross expenditures**	**6752541**	**1649505**	**996759**	**1090692**	**1026738**	**1206998**	**781849**
一、家庭经营费用支出	Expenses of household business	2201556	672649	351849	310150	347195	359839	159874
1.种植业生产支出	Farming	1364120	261882	207252	239028	326554	227242	102162
2.林业生产支出	Forestry	2089	58	471	16		1544	
3.牧业生产支出	Animal husbandry	779996	406373	140445	63554	17332	110800	41492
4.渔业生产支出	Fishery	1940	570		120			1250
5.工业生产支出	Industry	5138	101		583		4454	
6.建筑业生产支出	Construction	3608			690			2918
7.交通运输和邮电业支出	Transportation, post and telecommunication	16735	1400	1055	5075		1127	8078
8.文教卫生业支出	Eduction culture and health care	1513		1510	3			
9.批发和零售贸易、餐饮业支出	Wholesale, retail trade and catering							
10.社会服务业支出	Social services	3069			437	152		2480
11.其他家庭经营支出	Others	10618	274	781	244	3157	4698	1464
二、购置生产性固定资产支出	Expenditures for purchasing fixed assets	207389	74535	34126	38961	200	40807	18760
三、生产性固定资产折旧	Wood and iron farm tools	219723	49405	25716	36276	12692	63784	31850
四、缴纳生产税	Taxes	270399	59113	54693	50774	44401	55150	6268
第一产业税金	Primary indusery taxes	269779	59113	54693	50774	44171	55150	5878

8-9续表1 continued1

单位:元 unit:yuan

		合 计 Total	榆树市 Yushu	农安县 Nongan	德惠市 Dehui	九台市 Jiutai	双阳区 Shuangyang	城 区 District
第二产业税金	Secondary industry taxes	620				230		390
第三产业税金	Tertiary industry taxes							
五、村提留	Draw down in village	6736	3093	200		826	834	1783
乡统筹	Overall plan of township	5648	5648					
六、生活消费支出	Living experditure	3538571	728258	505392	611838	584585	599751	508747
(一)食品	Food	1684502	242316	282588	252508	415210	255708	236172
1.主食	Staple food	511800	47626	115570	92026	101273	84823	70482
2.副食	Non-staple food	854850	136902	115435	102427	281512	110296	108278
3.其他食品	Other food	258113	50900	40575	45366	28951	45039	47282
4.在外饮食	Catering	52521	6203	9364	11817	2378	13073	9686
(二)衣着	Garments	211253	38022	23382	42012	26974	35983	44880
(三)居住	Residence	590298	218326	42091	95927	69039	110759	54156
1.住房、装饰	House	18778	5937		231	169	12345	96

8－9续表2 continued2

单位:元 unit: yuan

		合计 Total	榆树市 Yushu	农安县 Nongan	德惠市 Dehui	九台市 Jiutai	双阳区 Shuangyang	城区 District
(四)家庭设备、用品及服务	Articles and services of houschold	119949	13413	16294	25340	18596	25126	21180
(五)医疗保健	Health care	203698	44820	29799	64327	10943	29537	24272
(六)交通和通讯	Transportation and telecommunication	242829	70048	18872	43878	14973	43098	51960
(七)文教娱乐用品及服务	Educaton, cultural and recreation services	404064	88144	79352	64753	21514	84917	65384
(八)其他商品和服务消费	Other goods and services	81978	13169	13014	23093	7336	14623	10743
七、转移性支出	Transfer expenditure	488476	99440	46849	78209	49339	133919	80720
1. 寄给和带给在外人口	Send outside others	4690			150	540	4000	
2. 赠送亲友	Send to relatives	459942	97240	46733	77937	48729	119889	69414
#赠送农村外部亲友	Send to rural relatives	16885	6250	100	1515	110	6100	2810
3. 缴纳保险费	Insurace Premium	1417	100	116	120		95	986
4. 缴纳罚款	Forfeit	800	800					
5. 其他	Others	21627	1300		2	70	9935	10320

8-10 主要年份平均每百户农民家庭年末耐用消费品拥有量
NUMBER OF DURABLE CONSUMER GOODS OWNED PER 100 RURAL HOUSEHOLDS AT YEAR END

		1999	2000	2001	2002
自行车(辆)	Bicycle	117	108	103	108
缝纫机(架)	Sewing machine	76			
手表(只)	Watch	130			
收录机(台)	Record	33	20	20	32
黑白电视机(台)	TV set	62	51	51	47
彩色电视机(台)	Colour TV set	42	49	56	62
电风扇(台)	Electric fan	15	19	20	23
电冰箱(台)	Refrigerator	7	7	9	9
洗衣机(台)	Washing machine	58	63	63	64
录放像机(台)	Video-recorder	1	11	3	3
照相机(架)	Camera	1	10		2
空调机(件)	Air conditioner	1			

8－11 农村住户食品消费情况

(农村住户抽样调查资料)

CONSUMPTION OF MAJOR FOOD IN RURAL HOUSEHOLDS

Data are obtained from the sample surveys on rural households

单位:公斤 unit: kg

		合计 Total	榆树市 Yushu	农安县 Nongan	德惠市 Dehui	九台市 Jiutai	双阳区 Shuangyang	城区 District
一、谷物和薯类	Grain	376006	40294	91153	75740	36582	79686	52551
#小麦	Wheat	39009	5228	12726	5344	6305	2690	6716
稻谷	Rice	189914	11844	27189	30235	18580	70661	31405
玉米	Corn	78374	16294	30645	24619	1219	1707	3890
薯类	Tubers	62391	6477	17540	14935	8970	4364	10105
二、消费豆类及豆制品	Beans	53101	7626	6765	4867	29042	2212	2589
三、消费蔬菜及菜制品	Vegetables	500526	63946	96587	33422	211622	55507	39442
1.根茎块花类	Root vegetable	42579	6006	16996	2122	1096	13217	3142
2.菜瓜类	Cucumber	83062	10055	10603	2500	46529	9653	3722
3.茄果类	Tomato	85308	9925	12016	4525	41919	10283	6640
4.白菜类	Cabbage	178670	30223	50672	18213	45234	17132	17196
5.绿叶菜类	Celery	54870	7529	3104	4597	34488	3080	2072
6.其他鲜菜	Other vegetable	55936	176	3221	1493	42330	2107	6609
7.干菜类	Dried vegetable	202	31	8	13	25	17	108
8.菜制品	Vegetable products	117	1		10	32	59	15
四、消费调味品	Condiments	11761	2545	3800	3420		1814	179
五、消费油脂类	Oil and fat	16378	3297	3057	2306	2325	2105	3288
1.植物油	Beaning oil	15724	3164	2917	2141	2288	1984	3230
2.动物油	Fat	654	133	140	165	37	121	58
六、消费肉禽及制品	Meat and its product	32986	4248	3359	5011	13031	3538	3799
1.猪肉	Pork	26047	3046	2780	4177	10755	2702	2587

8-11 续表 1　continued1　　单位:公斤　unit:kg

		合计 Total	榆树市 Yushu	农安县 Nongan	德惠市 Dehui	九台市 Jiutai	双阳区 Shuangyang	城区 District
2. 牛肉	Beef	1268	61	31	52	835	103	186
3. 羊肉	Mutton	114	19	5	13	3	23	51
4. 家禽	Poultry	4650	940	397	533	1367	608	805
5. 肉禽制品	Meat and poultry	628	61	77	204	71	71	144
七、消费鲜蛋及蛋制品	Eggs and its poducts	10224	2046	1373	1610	1906	1778	1511
八、消费鲜奶及奶制品	Milk and products	580	36	11	32	90	24	387
九、消费水产品	Aquatic	5623	1032	1178	1219	501	704	989
1. 鱼类	Fish	5271	960	1118	1197	476	570	950
2. 虾、贝、蟹类	Shrimps and shellfish	55	21		8	1	11	14
3. 藻类	Marine alga	72	39		3		29	1
4. 其他水产品	Other aquatic	225	12	60	11	24	94	24
十、消费食糖	Sugar	1626	324	247	395	299	175	186
十一、消费糖果	Sweet	386	89	59	63	110	43	22
十二、消费酒和饮料	Drink and liqnor	33897	7045	6099	7070	3104	4603	5976
1. 白酒	Liqnoy	10408	2442	2485	1449	1213	1490	1329
2. 啤酒	Beer	13752	3402	2184	2446	844	1546	3330
3. 果酒	Wine	27			1	18	3	5
4. 不含酒精类饮料	Other liquor	8628	1189	1429	2171	1026	1550	1263
十二、消费糕点	Cake	1495	299	239	193	220	354	190
十四、消费水果及水果制品	Fruits and its products	40628	6850	7615	8221	3786	6581	7575
十五、消费坚果及果仁制品	Nuts and its products	718		178	60	111	29	340

8－12 农村现金收、支、存

单位:元　　　　(农村住户抽样调查资料)

		合 计 Total
一、年内现金收入合计	Total income	6157602
(一)工资性收入	Wages	1231840
1.在非企业组织中劳动得到的收入	From Non－enterprises	394938
2.在本地企业中劳动得到的收入	From enterprises	183455
3.常住人口外出从业得到的收入	From outside	411326
4.其他	Others	242121
(二)家庭经营现金收入	Income from household business	4692670
1.出售产品的现金	Sale products	4367267
2.工业加工费现金收入	Processing	38856
3.建筑业现金收入	Construction	66989
4.交通运输、邮电业收入	Transportation	87188
5.批发和零售贸易、餐饮业收入	Wholesale retail trade and catering	9731
6.社会服务业收入	Social service	12811
7.文教卫生业收入	Education, culture and health care	9750
8.其他家庭经营现金收入	Others	63861
(二)转移性收入	Transfer income	171735
(三)财产性收入	Property income	61357
(四)非收入所得	Non income	1513939
二、年内现金支出合计	Total of expenditures	5796585
(一)生产费用现金	Expenses of production	2134879
1.家庭经营费用现金支出	Household business	1927490

BASIC CONDITIONS OF RURAL HOUSEHOLDS

Data are obtained from the sample surveys on rural households　　unit: yuan

榆树市 Yushu	农安县 Nongan	德惠市 Dehui	九台市 Jiutai	双阳区 Shuangyang	城　区 District
1283013	1410419	1052923	565015	921950	924282
215104	196550	180195	168908	187173	283910
63184	23100	18587	103502	57946	128619
21203	10810	5715	23831	30424	91472
32100	94024	144613	41550	67217	31822
98617	68616	11280	25	31586	31997
1036032	1197380	788808	395277	692787	582386
1002752	1176218	737103	387168	625988	438038
22500	2423	9668		2411	1854
		24651	580	22398	19360
150	7761	3251		2045	73981
7500		2091			140
		5480		31	7300
3000	6750				
	2228	6564	7529	19054	28486
31877	16489	41581	830	41632	39326
		42339		358	18660
531574	136270	225882	7506	497661	115046
1527899	835242	929371	696757	1053405	753911
680072	302820	267996	347395	361580	175016
605537	268694	229035	347195	320773	156256

8－12 续表 1　continued1

		合　计 Total
2.购置生产性固定资产现金支出	Purchased fixed assets	207389
(二)缴纳生产税	Taxes of production	270399
(三)村提留	Draw down in village	6736
(四)乡统筹	Overall plan of township	5648
(五)其他各项收费	Others	12011
(六)生活消费现金支出	Living expenditure	2856681
1.食品	Food	1088224
2.衣着	Clothing	211253
3.居住	Residence	504686
4.家庭设备、用品及服务	Articles and services of household	119949
5.医疗保健	Health care	203698
6.交通和通讯	Transportation and telecommunication	242829
7.文教娱乐用品及服务	Education culture goods and services	404064
8.其他商品和服务	Other goods and serices	81978
(七)转移性支出	Transfer expenditure	488476
(八)财产性支出	Property in come	21755
三、非消费性现金支出	Non consumer expenditure	893842
四、年末手存现金	Cash in hand at year end	3141695
五、年末存款金额	Deposits	3393892

单位:元　unit: yuan

榆树市 Yushu	农安县 Nongan	德惠市 Dehui	九台市 Jiutai	双阳区 Shuangyang	城　区 District
74535	34126	38961	200	40807	18760
59113	54693	50774	44401	55150	6268
3093	200		826	834	1783
5648					
5595			192	1342	4882
673764	427030	531632	254604	485224	484427
188974	207954	197462	128965	153017	211852
38022	23382	42012	26974	35983	44880
217174	38363	70767	25303	98923	54156
13413	16294	25340	18596	25126	21180
44820	29799	64327	10943	29537	24272
70048	18872	43878	14973	43098	51960
88144	79352	64753	21514	84917	65384
13169	13014	23093	7336	14623	10743
99440	46849	78209	49339	133919	80720
1174	3650	760		15356	815
80896	148814	141773	16165	372681	133513
511974	736118	424038	267011	457278	745276
511974	826118	529082	267011	514431	745276

8－13　农村购买商品情况

单位:元　　　　(农村住户抽样调查资料)

		合　计 Total	榆树市 Yushu
一、购买食品	Purchage food	1027881	181970
1.粮食(原粮)	Grain	61974	15941
2.食用植物油	Beaning oil	85846	17661
3.动物油	Fat	2635	594
4.蔬菜	Vegetables	67409	10345
5.豆制品	Bean' products	24546	7049
6.猪肉	Pork	129102	28365
7.牛肉	Beef	5425	713
8.羊肉	Mutton	1511	251
9.家禽	Poultry	21344	2910
10.鲜蛋	Eggs	18370	2126
11.淡水鱼类	Fish	22172	5722
12.淡水虾贝蟹类	Shrimps and shellfish	74	13
13.海水鱼类	Freezed fish	12082	747
14.海水虾贝蟹类	Shrimps and shellfish	451	172
15.海水藻类	Marine alga	249	136
16.食糖	Sugar	6688	1305
17.糕点	Cake	8789	1556
18.糖果	Sweet	2389	559
19.卷烟	Cigarette	75602	17256
20.酒	Liquor	63648	15042
21.茶叶	Tea	1147	46
22.水果	Fruits	56845	9619
23.鲜奶	Milk	1137	5
24.奶制品	Milk products	2233	447

BASIC STATISTICS ON RURAL PURCHASE GOODS

Data are obtained from the sample surveys on rural households unit:yuan

农安县 Nongan	德惠市 Dehui	九台市 Jiutai	双阳区 Shuangyang	城 区 District
196856	184649	125415	137362	201629
16211	13570	2236	6058	7958
14242	11985	12981	11290	17687
502	343	166	742	288
9717	11466	8906	11197	15778
1959	2341	3069	4769	5359
18992	22571	11975	21807	25392
373	574	574	1060	2131
80	194	54	295	637
3372	2236	2454	4637	5735
1655	3090	3195	3351	4953
6516	1529	3427	2755	2223
	13	15	23	10
10	6155	121	1040	4009
	56		92	131
	8		99	6
991	1669	1281	632	810
1431	1149	1249	2139	1265
367	405	636	265	157
11129	13599	6454	13924	13240
11659	9679	6110	8908	12250
232	84	243	215	327
9384	11736	5858	9912	10336
8		81	22	1021
132	228	946	268	212

8-13续表1

		合 计 Total	榆树市 Yushu
22.罐头	Tins	86	10
二、购买衣着和床上用品	Clothing and Bed articles	218785	39087
1.棉布	Cotton	3406	513
2.棉布服装	Cotton cloth	8721	587
3.化纤布	Chemical fiber cloth	2946	559
4.化纤布服装	Chemical fiber clothing	69332	20941
5.毛料	Woollen	465	
6.毛料服装	Woollen clothing	447	205
7.皮料	Furs		
8.皮料服装	Fur garments	582	
9.鞋帽类金额	Shoes and hats	72163	10406
10.床上用品金额	Ded articles	7941	1185
三、购买文体用品	Culture, sports goods	91470	16928
1.影碟机	Video disc player	9455	1310
2.音像制品	Video recorder	309	29
3.彩色电视机	Colour TV set	37770	7290
4.收录机	Recorder	584	145
5.照相机	Camera	120	
6.家用计算机	Computer	120	
7.文具纸张	Paper and others	7480	633
四、购买建筑材料	Building material	298043	170609
1.水泥	Cement	44594	18875
2.木材	Timber	29182	22300
3.钢材	Steel	18842	13122

continued1

农安县 Nongan	德惠市 Dehui	九台市 Jiutai	双阳区 Shuangyang	城 区 District
		12	52	12
23600	43621	28663	38613	45201
884	398	476	112	1023
30	2677	1724	1300	2403
639	605	117	187	839
12099	12371	932	12908	10081
	200	72	138	55
	1919	818	514	1014
		582		
7173	13745	9342	13286	18211
222	1626	1746	2713	449
15038	15064	2059	20262	22119
2240	2080		2370	1455
60	35		150	35
2700	7030		10060	10690
60	178	110	91	
				120
				120
1504	1286	1269	1640	1148
16265	41163	1648	46481	21877
2398	8490	274	10971	3586
1405	577		2930	1970
864	11	162	3933	750

8－13续表2 单位:元

		合 计 Total	榆树市 Yushu
4.水泥预制件	Cement products	1216	1066
5.玻璃	Glass	506	386
6.砖瓦	Brick	117040	61824
7.沙石	Sand	17429	10576
五、购买生活用燃料	Fuel	35728	3195
#煤	Coal	21320	2660
六、购买日用品	Daily cosumer goods	245968	64761
1.购买卫生纸	Toilet paper	5319	516
2.购买洗涤及卫生用品	Detergent	20129	2482
3.购买护肤、化妆用品	Cosmetics	3729	702
4.购买日用金属制品	Daily metal products	2962	
5.购买日用塑料制品	Daily plastic products	3172	51
6.购买日用橡胶制品	Rubber products	633	
7.购买日用陶瓷制品	Pottery products	1344	109
8.购买日用玻璃制品	Glass products	960	
9.购买其它日用百货	Daily articles	8297	430
10.购买其它日用杂品	Daily articles	30614	5037
11.购买日用小五金	Small hardware	11341	1623
12.购买住房装饰用品	Room decorations	1659	830
13.购买住房装饰装修材料	Bulding material	4329	3907
14.购买洗衣机	Washing machine	4200	700
15.购买电风扇	Electric fan	810	70
16.购买电冰箱	Refrigerator	4400	
17.购买空调机	Air conditioner		

continued2　unit:yuan

农安县 Nongan	德惠市 Dehui	九台市 Jiutai	双阳区 Shuangyang	城　区 District
			25	125
28		42	50	
6910	22957	1114	14936	9299
491	480	31	2770	3081
1733	8844	2637	5527	13792
1395	7920		300	9045
23232	39878	21883	46852	49362
409	669	1687	773	1265
4045	3809	1656	3295	4842
420	677	585	784	561
	935	793	246	988
37	684	1009	446	945
	170	124	157	182
	496	595	48	96
	213	392	51	304
3265	308	429	2826	1039
4673	8172	5834	3720	3178
2323	3417	2603	1043	332
	191		638	
	40	169	177	36
			1370	2130
	60		605	75
			2450	1950

8-13续表3 单位:元

		合 计 Total	榆树市 Yushu
19.购买吸尘器	Dust catcher		
20.购买抽油烟机	Smoke absorber		
21.购买热水器	Shower		
22.购买微波炉	Oven		
23.购买家具	Furniture	6246	630
24.购买家具用材料	Appliances	1876	
25.购买自行车	Bicycle	8532	1340
26.购买摩托车	Motorcycle	76740	37140
27.购买电话	Tele phone	2306	235
28.购买手机	Mobile tele phone	20994	4730
29.购买寻呼机	Pager		
七、购买药品及医疗用品	Medicine and medchical articles	112982	33509
八、购买生产资料	Products matericals	1699911	387459
1.化肥	Chemical fertilizer	550955	112485
2.农药	Agricurltural medicine	64325	11225
3.农用薄膜	Plastic	17198	2909
4.生产用燃料	Diesel oil	111227	25852
5.生产用种籽	Coal	208242	44239
6.生产用饲料	Forage	208342	58551
7.小型和手扶拖拉机	Mini and walking tractors	37800	9500
8.机动脱粒机	Motorized threshing machine	2370	2370
9.胶轮大车	Carts with rubber tires	1180	
10.水泵	Pumps	12208	978
11.役畜	Draught animals	46850	8000
12.产品畜	Commodity animals	49400	25000

continued3 unit:yuan

农安县 Nongan	德惠市 Dehui	九台市 Jiutai	双阳区 Shuangyang	城 区 District
142	604	240	4560	70
	117			1759
1250	1290	1222	1235	2195
	14150		12300	13150
320	783		491	477
1640	500	1180	2654	10290
16712	16934	10869	22020	12938
289625	236175	319669	311976	155007
92602	84744	121945	92864	46315
8746	8875	10304	17301	7874
2800	4543	346	1822	4778
26931	21453		28216	8775
44381	29568	45557	27837	16660
41487	16593	23292	40684	27735
	11400		5000	11900
780			400	
3645	3165		3890	530
4700	22450	200	11500	
9100			9300	6000

8－14　农村主要耐用物品拥有量

（农村住户抽样调查资料）

		单　位 Unit	合　计 Total
1. 自行车	Bicycle	辆　unit	649
2. 空调机	Air conditioner	台　unit	
3. 抽油烟机	Smoke absorber	台　unit	5
4. 微波炉	Oven	台　unit	1
5. 热水器	Shower	台　unit	6
6. 电风扇	Electricf	台　unit	135
7. 洗衣机	Washing machine	台　unit	386
8. 电冰箱	Refrigerator	台　unit	54
9. 摩托车	Motorcycle	辆　coach	170
10. 汽车(生活用)	Automobile	辆　coach	3
11. 电话机	Telephone	部　sub	182
12. 移动电话	Mobile telephone	部　sub	67
13. 寻呼机	Pager	台　unit	25
14. 组合音响	Hi－Fi stereo component system	台　unit	42
15. 家用计算机	Computer	台　unit	2
16. 影碟机	Video disc player	台　unit	101
17. 黑白电视机	TV set	台　unit	282
18. 彩色电视机	Colour TV set	台　unit	372
19. 收录机	Recorder	台　unit	192
20. 照相机	Camera	架　unit	13
21. 吸尘器	Dust catching	台　unit	

NUMBER OF DURABLE CONSUMER GOODS OWNED RURAL HOUSEHOLDS

(Data are obtained from the sample surveys on rural households)

榆树市 Yushu	农安县 Nongan	德惠市 Dehui	九台市 Jiutai	双阳区 Shuangyang	城 区 District
112	99	90	97	84	167
	1	1			3
					1
	1				5
4	31	16	9	34	41
63	65	40	50	85	83
2	6	6	5	9	26
31	28	28	3	41	39
	2	1			
29	32	22	1	46	52
14	7	8		17	21
1	3	2		3	16
9	7	2	2	11	11
	1				1
24	18	7	3	22	27
41	46	47	65	50	33
80	61	56	19	74	82
37	12	11	100	15	17
1	1	5		1	5

8－15 主要年份农民家庭生活基本情况
BASIC CONDITIONS OF RURAL HOUSEHOLDS

		1999	2000	2001	2002
调查户数(户)	Households surveyed	600	600	600	600
平均每户人口(人)	Residents per household	3.91	3.92	3.85	3.83
平均每户劳动力(人)	Laborers per household	2.64	2.72	2.68	2.67
＃务工劳动力	Laborers				
平均每一劳动力赡养人口(人)	Persons supported by a laborer	1.48	1.44	1.44	1.43
平均每人年总收入(元)	Per capita annual income(yuan)	3453.64	3432.49	3787.66	4386.61
平均每人年纯收入(元)	Per capita annual net income(yuan)	2560.29	2568.02	2785.01	3147.20
按年纯收入分组的户数构成(％)	Percentage of households by net income(％)				
平均每一劳动力年纯收入(元)	Net income for a laborer(yuan)	3790.33	3704.63	4004.32	4513.68
平均每人年总支出(元)	Per capita annual expenditure(yuan)	2241.49	2424.98	2723.24	2937.16
人均年生活消费支出(元)	Per capita living expenditures(yuan)	1337.25	1342.89	1458.50	1539.18
1.食品	Food	649.82	645.13	661.70	732.71
＃主食	Staple food	247.28	281.70	262.08	222.62
副食	Nonstaple food	263.38	231.05	267.91	371.84
2.衣着	Garments	102.15	86.85	90.13	91.89
3.生活用品及其他	Daily consumer goods	59.21	48.20	52.36	52.17
4.燃料	Fuel	90.25	85.78	19.14	15.54
5.住房	House	90.25	85.78	144.34	159.11
6.文化、生活服务支出	Expenditure for culture living services	128.71	130.45	159.83	175.76
二、人均年家庭经营支出和纳税(元)	Taxes and expenditures (yuan)	671.21	610.39	763.82	957.61
＃牧业生产费用	Costs for animal husbandry	180.76	138.56	201.79	339.28
农业生产费用	Costs for farming	462.98	453.31	536.05	598.89
三、人均年购置生产性固定资产(元)	Per capita purchase fixed assets(yuan)	53.16	89.84	143.79	90.21
四、人均年上交集体的承包任务(元)	Per capita payments to collective	39.11			
五、人均年其他非借贷性支出(元)	Per capita other expenditures	38.15	175.54	220.37	212.47
平均每户年内新建房屋面积(平方米)	Rooms of new buildig per household	0.07	0.09	2.03	2.72
平均每户年末居住房屋面积(平方米)	Rooms of living per household	74.36	71.09	70.46	71.34
平均每人年末居住房屋面积(平方米)	Area of living per household	19.03	18.15	18.29	18.62

注：从2001年"平均每户年内新建(年末居住)房屋间数(间)"改为"平均每户年内新建(年末居住)房屋面积(平方米)"

统计资料

STATISTICS

城市建设

GENERAL SURVEY OF CITY

9-1 长春市城区用气情况
BASIC STATISTICS ON GAS IN CITY

		单位 Unit	2001	2002
一、人工煤气	Gas			
生产能力	Production capcity of coal gas	万立方米/日 10000cu·m·day	60	60
储气能力	Storeroom capcity	万立方米、吨 10000cu·m·ton	25	25
供气管道长度	Length of gas pipeline(km)	公里 km	1610	1623
供气总量	Total gas supply(10000cu·m)	万立方米、吨 10000cu·m·ton	11481	11568
其中:家庭用量	Households(10000cu·m)	万立方米、吨 10000cu·m·ton	7728	7825
用气户数	Households with access to gas	户 Household	360564	360595
其中:家庭用户	Households	户 Household	358602	358624
用气人口	Population	万人 10000	120.8	122.8
二、天然气	Natural gas			
储气能力	Storeroom capcity	万立方米、吨 10000cu·m·ton	10	10
供气管道长度	Length of gas supply	公里 km	598	604
供气总量	Total gas supply	万立方米、吨 10000cu·m·ton	14817	14826
其中:家庭用量	Households	万立方米、吨 10000cu·m·ton	2165	2168
用户总数	Households with accoss to gas	户 Household	125149	125189
用气人口	Population	万人 10000	43.5	44.5
三、液化石油气	Liquefied Petroleum gas			
储气能力	Storeroom capcity	万立方米、吨 10000cu·m·ton	4087	4087
供气管道长度	Length of gas pipeline	万立方米、吨 10000cu·m·ton	35	37
供气总量	Total gas supply	万立方米、吨 10000cu·m·ton	38762	39840
其中:家庭用量	Howseholds	万立方米、吨 10000cu·m·ton	12874	13125
用气户数	Howseholds	户 Household	199940	200146
用气人口	Population	万人 10000	54.26	71.02
四、燃气普及率	Percentoge of population with sccess to gas	%	73.34	78.41

9－2 市政设施情况
BASIC STATISTICS ON MONICIPAL ENGINEEING

		单 位 unit		2001	2002
道路长度	Length of paved roads	公里	km	1085	1127.6
道路面积	Area of paved roads	万平方米	10000sq·m	1595.6	1659.5
桥梁数	Bridges	座	set	46	92
路灯盏数	Street lights	盏	unit	37724	39539
排水管道长度	Lengtn of pipeline water discharged	公里	km	1809	1857.9
污水排放量	Volume of waste water discharged	万立方米	10000cu·m	21900	22320
污水处理厂座数	Number of factory for waste water discharged	座	set	3	3
污水处理厂污水处理能力	Capacity of wasted water discharged	万立方米/日	10000cu·m/day	41.5	56.5
污水处理总量	Volume of waste water treatment	万立方米	10000cu·m	9539	16120

9－3 园林绿化情况
BASIC STATISTICS ON PARKS,GARDENS AND GREEN AREAS

		单位 unit	2001	2002
绿化覆盖面积	Total area of green land	公顷 ha	6358	6575.4
其中:建成区	Finished area	公顷 ha	6358	6575.4
园林绿地面积	Total area of parks and gardens	公顷 ha	5537	5732.3
其中:建成区	Finished area	公顷 ha	5537	5732.3
公共绿地面积	Public green areas	公顷 ha	1600	1667.2
公园个数	Parks	个 unit	12	12
公园面积	Area of parks	公顷 ha	539.56	539.56

9－4 集中供热情况
BASIC STATISTICS ON HEATING IN CITY

		单位 unit	2001	2002
供热能力(热水)	Heating capacity (water)	兆瓦 1 billion kw	3567	3638
供热能力(蒸气)	Heating capacity (steam)	吨/小时 ton/hour	1244	1258
供热总量(热水)	Volume supplied(water)	万吉焦 10000gigajoules	2227	2220
供热总量(蒸气)	Volume supplied(steam)	万吉焦 10000gigajoules	888	892
管道长度(热水)	Lengtn of pipeline(water)	公 里 km	995	1017
管道长度(蒸气)	Lengtn of pipeline (steam)	公 里 km	81	81
供热面积	Heated area	万平方米 10000sq·m	4000.3	4025.4

9－5 城区自来水供应情况
BASIC STATISTICS ON TAP WATER SUPPLY

		单 位 unit	2001	2002
年底自来水生产能力	Production capacity of tap water	万立方米/日 10000cu·m/day	107.6	115.6
年末供水管道长度	Length of water supply pipeline	公里 km	1184	1242.4
供水总量	Volume of water supply	万立方米 10000 cu·m	27361	30299
生产运营用水	For productive use	万立方米 10000 cu·m	4442	5668
居民家庭用水	For residential use	万立方米 10000 cu·m	10451	1065
售水量	Volume of sale	万立方米 10000 cu·m	20312	18981
用水户数	House holds with access to tap water	户 Household	5517451	657420
其中:家庭用户	Households	户 Household	537451	637700
用水人口	Population with access to tapwater	万人 10000persons	202.6	230.2
人均日生活用水量	Per capita comsumption of tapwater	升 liter	214.61	199.04

9－6 公共交通情况
BASIC STATISTICS ON PUBLIC TRANSPORTATION

		单位 unit	2001	2002
一、公共汽车	Buses			
运营车数	Buses operating	辆 unit	3024	3255
公共汽车	Buses	辆 unit	3024	3255
标准运营车数	Buses numbered	标台 unit	2578	3255
运营线路网长度	Length of road	公里 km	1106	739
客运总量	Passengers	万人次 10000person－times	54216	54898.2
公共汽车	Buses	万人次 10000person－times	54216	54898.2
其中:小公共汽车	Small buses	万人次 10000person－times	31118	13009
从业人数	Employment	人 person	9804	9873
二、出租汽车	Taxi			
出租车数量	Number of taxi	辆 unit	12537	12575
从业人数	Employment	人 person	18082	18159
三、轨道交通	Orbital transport			
运营车数	Trolley operating	辆 unit	40	25
轻轨	Light trolley	辆 unit	20	10
有轨电车	Trolley	辆 unit	20	15
标准运营车数	Trolley numbered	标台 unit	3	60
运营线路网长度	Length of road	公里 km	22	36
客运总量	Passengers	万人次 10000person－time	1334.7	1052.71
轻轨	Litht trolley	万人次 10000person－time	8	70.21

9－7 主要年份市区房屋情况
BASIC STATISTICS ON BUILDING CONSTRUCTION AND HOUSING

		1990	1999	2000	2001	2002
实有房屋建筑面积(万平方米)	Floor space of building (10000sq·m)	3637.1	6665	7180	7663.9	8169.5
#私房(万平方米)	Privat building (10000sq·m)	193.8	1571	2094	2426	2861.1
实有住宅建筑面积(万平方米)	Floor space of housing (10000sq·m)	1911.8	3846	4181	4500.4	4839.8
#私房(万平方米)	Private housing (10000sq·m)	188.5	1504	2007	2319.7	2724.8
实有住宅使用面积(万平方米)	Use space of housing (10000sq·m)	1414.7	2884.3	3119.8	3375	3484.7
人均住房建筑面积(平方米/人)	Percapita living level (sq·m/person)	5.89	9.1	※19.06	※20.24	※21.22

注:※符号的数据表示人均住房建筑面积,上列历史年份均为人均居住面积。从2000年起,人均住房面积不再使用"居住面积"统计,改为人均住房"建筑面积"统计。

9－8 主要年份全市供电情况
BASIC STATISTICS ON SUPPLY ELECTRICITY

		1990	1999	2000	2001	2002
年底发电设备容量总计(千瓦)	Total of power station production(kw)	327850	597600	647600	678600	681600
年底供电设备容量(千伏安)	Total available for supply(1000kwva)	1716120	6336798	7270582	8074118	8934946
全年供电量(万千瓦小时)	Annual supply electricity(10000kwh)	297407	606177	647939	648079	665744
#自供(万千瓦小时)	By power station (10000kwh)	24954	25923	22537	25944	37116
网供(万千瓦小时)	From electicity net (10000kwh)	272453	580254	625402	622135	628628
全年用电量(万千瓦小时)	Total electricity consumption(10000kwh)	306243	671093	711779	725705	784384
#工业用电(万千瓦小时)	Industry(10000kwh)	184923	413254	461131	422861	443147
农业用电(万千瓦小时)	Agriculture (10000kwh)	14082	10461	13698	17253	16873
城乡人民生活用电(万千瓦小时)	Residential consumption(10000kwh)	48939	151049	129600	159446	160290
送配电线路长度(公里)	Length of electrici wire (km)	3456	18030	20561	20833	21621
#输电线路(公里)	Electric wire (km)	1265	25612	2642.9	3142.9	3145.35
配电线路(公里)	Distribution line (km)	2191	15469	17918	17690	18475

9－9 主要年份“三废”排放、处理及综合利用情况
DISCHATGE AND TREAMENT OF WASTE WATER, GAS AND SOLID WASTES

		1990	1999	2000	2001	2002
一、工业废水排放总量(万吨)	Volume ofwaste water discharged(10000ton)	4346	3522.07	3049	3772.21	4296.6
排放达标量(万吨)	Volume of discharges upto standard (10000ton)	2099	2621.36	1083	2516.47	3974.21
二、废气排放总量(万标立方米)	Volume of waste gas discharged(10000cu·m)	3755102	4459147	4259052	6107985	5617488
燃烧过程中废气排放量(万标立方米)	Volume of wastegas in the burning(10000cu·m)	2151310	3072465	3059508	4054777	4389908
生产工艺过程中废气排放量(万标立方米)	Volume of waste gas from the process of production(10000cu·m)	1603792	1386682	1199544	2053205	1227580
三、工业粉尘排放量(万吨)	Volume of dust emission(10000ton)		3.1	2.9	2.6	1
四、工业固体废物产生、排放及处理利用	Volume of solid waste producod discharged and treatod					
1.工业固体废物产生量(万吨)	Volume of solid waste produced (10000ton)	115	148.35	148.75	185.7	159.63
2.工业固体废物处置量(万吨)	Volume of solidwaste treated(10000ton)	2	1.31	6.67	4.65	0.6
3.工业固体废物综合利用量(万吨)	Volume of solidwaste utilitzed(10000ton)	67	146.57	179.65	192.46	163.91
4.工业固体废物排放量(万吨)	Volume of solid waste discharged(10000ton)	7	0.11			
五、工业锅炉(台/蒸吨)	Industry boiler(unit/ton)	1031/5753	1055/7058	991/7900.9	759/7512.1	673/7853.4
烟尘排放达标的(台/蒸吨)	Upto stardared (unit/ton)	687/5280	923/6389	991/7900.9	740/7182.1	665/7821.9
六、工业炉窑(座)	Industry furnace(unit)	425	393	347	325	226
烟尘排放达标的(座)	Upto stardard(unit)	139	289	347	317	220
七、其他	Others					
1.“三废”综合利用产品产值(万元)	Output value of products from"three waste"(10000yuan)	874	20297.4	127227.4	26563.1	2816.7
2.工业用新鲜水量(万吨)	Volume of waste wster recovered(10000ton)	7207	5714.71	5411.88	6224.2	6008.64
3.全年耗煤量(万吨)	Total coat corsumption(10000ton)	313	505.73	486.99	460.82	741.93
4.汇总企业数(个)	Number of enterpries statistic	275	299	275	231	164
5.企业专职环保工作人员(个)	Staff and workers of environmental protection	1342	644	622	552	451

统计资料

STATISTICS

农　业

AGRICULTURE

第十篇 农 业

2002年我市农业经济以结构调整为主线,积极推进农业产业化经营,促进农业由传统向现代,由数量型向效益型的转变。全年实现农林牧渔业增加值146.9亿元,增长8.1%,其中,种植业增加值73.3亿元,增长7.7%,畜牧业增加值72.5亿元,增长8.5%。

种植业结构调整卓有成效。随着粮食供需关系的变化,为提高农业比较效益,增加农民收入,长春市以大成、高榕公司等农业产业化企业为龙头,以订单农业为手段,以基地建设为载体,不断加大了种植结构的调整力度,2002年,在全市110.9万公顷农作物播种面积中,粮食作物面积91.5万公顷,比上年下降2.2%,经济作物(油料、麻类、甜菜、烟叶、药材、蔬菜瓜类)17.6万公顷,增长5.2%. 全市优质玉米、水稻、大豆面积达36.3万公顷,占粮食作物面积的41.5%. 落实订单面积62.5万公顷,占全市农作物总播种面积的50.6%。

畜牧业快速发展,已撑起农业经济的半壁江山。随着皓月肉牛、德大肉鸡、东旭肉猪、广泽乳业等畜牧业龙头企业加工和带动能力的进一步增强,粮食转化增值能力不断提高,主要畜产品产量也全面增长,2002年全市肉类总产量136.6万吨,禽蛋32.8万吨,奶类产量5.3万吨,分别增长13.6%、4.9%和13%。

10－1 1990－2002年农林牧渔业总产值(现价)
GROSS OUTPUT VALUE OF AGRICULTURE (1990－2002)

单位:亿元 unit:100million yuan

年份 Year	农林牧渔业总产值 Total	农业产值 Farming	林业产值 Forestry	牧业产值 Animal husbandry	渔业产值 Fishery
1990	47.2	34.7	0.3	11.8	0.4
1991	46.5	32.5	0.3	13.3	0.4
1992	52.2	36.9	0.3	14.6	0.4
1993	64.5	46.1	0.3	17.6	0.5
1994	108.2	71.9	0.5	35.2	0.6
1995	144.5	89	0.7	53.7	1.1
1996	172.9	99.3	0.5	71.9	1.2
1997	176.8	94	0.7	80.8	1.3
1998	198.9	108.2	0.6	88.6	1.5
1999	200.9	92.9	0.5	105.8	1.7
2000	197.6	83.8	1.0	111.7	1.1
2001	223.9	108.0	0.5	114.4	1.0
2002	242.1	115.9	0.6	124.8	0.8

10－2 1990－2002年农作物播种面积
TOTAL SOWN AREAS OF FARM CROPS (1990－2002)

单位:公顷 unit:ha

年份 Year	农作物总播种面积 Total sown area	粮食作物 Grain crops		经济作物 Industrial crops		其他作物 Other crops	
		播种面积 Area	占总播种面积% Percentage	播种面积 Area	占总播种面积% Percentage	播种面积 Area	占总播种面积% Percentage
1990	1117600	992200	88.8	41667	3.7	83733	7.5
1991	1117924	996342	89.1	40796	3.6	80786	7.3
1992	1121033	978510	87.3	42761	3.8	99762	8.9
1993	1120226	969586	86.6	43151	3.9	107489	9.5
1994	1115798	969219	86.9	36343	3.3	110236	9.8
1995	1120203	977304	87.2	31446	2.8	111453	10
1996	1124429	979061	87.1	32938	2.9	112430	10
1997	1122817	986045	87.8	27594	2.5	109178	9.7
1998	1122996	984485	87.7	21828	1.9	116683	10.4
1999	1121587	965869	86.1	26567	2.3	129151	11.6
2000	1121046	951131	84.8	38134	3.4	131781	11.8
2001	1114286	935373	84.0	42796	3.8	136117	12.2
2002	1109100	914514	82.5	41467	3.7	153119	13.8

注:经济作物包括:油料、麻类、甜菜、烟叶、药材。其他作物包括:蔬菜和其他农作物。
Note: Industrial crop: Oil－bearing, fiber, beetrtoots, tobacco, medicinal materials. Other crop: Vegetable and other farm crops

10－3 农村基本情况及农业生产条件

		单位 Unit	全市 Total
一、农村基层组织情况	Rural grassroots units		
1.乡(镇)政府	Township governments	个 unit	118
#镇政府	Town governnments	个 unit	75
2.村民委员会	Villagers' committees	个 unit	1705
二、农村社会基础设施	Rural social condition		
1.自来水受益村	Village for tapwattr	个 unit	215
2.通汽车村	Villages opening traffic	个 unit	1591
3.通电话村	Villages with telephone	个 unit	1645
三、农村人口、劳动力资源及主要行业分布	Number of rural laborers		
(一)乡(镇)村户数	Number of rural households	户 household	1087817
(二)乡(镇)村人口	Population of rural	人 person	4309199
(三)劳动年龄人口数	Population of rural laborers	人 person	2023960
劳动年龄内丧失劳动能力的人数	Presons who loss work cpacity	人 person	
(四)不足或超过劳动年龄而参加劳动的人数	Child labourer and old men working	人 person	133428
(五)乡村实有劳动力(乡村从业人员)	Rural labourer	人 person	1719966
#男劳动力	Male labourer	人 person	1074533
女劳动力	Female labourer	人 person	791558
1.农林牧渔业劳动力	Labourer in agriculture	人 person	1365777
2.工业劳动力	Labourer in industry	人 person	79593

BASIC CONDITIONS OF RURAL GRASSROOTS UNITS

市辖区 District		榆树市 Yushu	农安县 Nongan	九台市 Jiutai	德惠市 Dehui
合计 Total	#双阳区 Shuanhgang				
28	9	30	26	15	19
19	5	16	13	13	14
321	137	388	378	310	308
68	15	84	27	27	9
320	136	380	291	302	298
320	136	375	358	294	298
211908	70842	280823	229438	174000	191648
797045	283333	1093229	965311	652094	801520
411488	149741	464878	482632	302304	362658
24480	7552	46512	21389	24057	16990
372391	125149	391535	398264	266239	331564
208960	74189	248275	246855	165871	204572
163431	59328	188330	172798	123071	143982
239755	102768	278448	321868	238256	287450
35718	7062	13245	14777	5786	10067

10－4 农作物播种面积
TOTAL SOWN AREAS OF FARM CROPS

单位:公顷 unit:ha

		全 市 Total	市辖区 District		榆树市 Yushu	农安县 Nongan	九台市 Jiutai	德惠市 Dehui
			合 计 Total	＃双阳区 Shuangyang				
总播种面积	Sownarea	1109100	146508	70242	291025	297065	159889	214613
一、粮食作	Grain crops	914514	110846	61975	264832	228138	134753	175945
(一)谷物	Cereal	708882	91400	50723	194485	108439	108439	136742
1.稻谷	Rice	116762	16567	11107	36649	18132	18132	39879
＃水稻	Rice	116762	16567	11107	36649	18132	18132	39879
2.小麦	Wheat	5214	53		1014	3315	133	699
3.玉米	Corn	555129	71402	38275	146461	158610	88065	90591
4.谷子	Millet	4479	415	13	472	2473	430	689
5.高粱	Sorghum	21625	1622	606	9681	6387	1260	2675
6.其它谷物	Others	5673	1341	722	208	1496	419	2209
(二)豆类	Beans	161144	17492	9597	59748	31039	20403	32462
1.大豆	Soybean	135786	17274	9595	49376	24743	14135	30258
2.杂豆	Beans	25358	218	2	10372	6296	6268	2204
(三)薯类	Tubers	44488	1954	1655	10599	19283	5911	6741
＃马铃薯	Potato	43542	1893	1596	10599	18665	5856	6529
二、油料作物	Oilbearing crops	30625	1753	1691	3622	19695	194	5361
1.花生果	Peanuts	3680	6	1	20	3527	53	74
2.芝麻	Sesame	3916	11	10	716	2410	7	772
3.葵花籽	Sunflower	16350	17	12	279	13549	44	2461
4.线麻籽	Line fiber seed	2600	135	111	1842		26	597
5.蓖麻子	Castor bean	109			5	102		2
6.苏子	Perillaseed	3966	1584	1557	756	107	64	1455
三、麻类作物	Fiber cropps	216	29	21	163			24
1.线麻	Line fiber	208	21	21	163			24
2.亚麻	Flax							
3.青麻	Green fiber	8	8					
四、甜菜	Beetroots	2872	40		60	2750	22	
五、烟叶	Tobacco	6789			918	3895	1295	681
1.烤烟叶	Fluecured tobacco	1408			862			546
2.晒烟	Tobacco	5381			56	3895	1295	135
六、药材	Crude drugs	965	411	259	302	78	166	8
七、蔬菜、瓜类	Vegetable and melon	134884	31525	5926	19572	37611	15815	30361
1.蔬菜	Vegetable	113219	27996	4521	17754	29855	13127	24487
2.瓜类	Melon	21665	3529	1405	1818	7756	2688	5874
(1)西瓜	Watermelon	10160	1188	624	850	4149	1005	2968
(2)甜瓜	Muskmelon	11309	2223	781	968	3607	1681	2830
八、其它农作物	Other crop	18235	1904	370	1556	4898	7644	2233
1.青饲料	Forage	771	470	61	203	29	69	
2.其它	Others	17454	1424	309	1353	4869	7575	2233

10－5 农作物总产量
YIELD OF MAJOR FARM CROPS

单位:吨　　　　unit:ton

		全 市 Total	市辖区 District 合 计 Total	市辖区 District #双阳区 Shuangyang	榆树市 Yushu	农安县 Nongan	九台市 Jiutan	德惠市 Dehui
一、粮食作物	Grain	7020160	740382	437614	1976337	2027000	928132	1348309
(一)谷物	Cereal	6248433	682580	403383	1723865	1764315	860240	1217433
1.稻谷	Rice	993066	123769	87036	308216	49206	134514	377361
#水稻	Rice	993066	123769	87036	308216	49206	134514	377361
2.小麦	Wheat	15030	143		2528	10277	364	1718
3.玉米	Corn	5066227	544870	310725	1337929	1657079	716429	809920
4.谷子	Willet	17583	1333	31	2054	10263	1492	2441
5.高粱	Sorghum	133576	7200	2721	72165	32254	6160	15797
6.其它谷物	Others	22951	5265	2870	973	5236	1281	10196
(二)豆类	Beans	441665	41210	23023	171968	93564	45915	89008
1.大豆	Soybean	368218	40762	22932	144804	63095	34707	84850
2.杂豆	Beans	73447	448	91	27164	30469	11208	4158
(三)薯类	Tubers	330062	16592	11208	80504	169121	21977	41868
#马铃薯	Potato	319249	16208	10852	80504	159987	21819	40731
二、油料作物	Oil beaning crop	54230	2830	2788	6575	37620	656	6549
1.花生果	Peanuts	9978	3	1	48	9369	397	161
2.芝麻	Sesame	4948	24	24	962	2829	7	1126
3.葵花籽	Sunflower	29018	24	22	452	25070	81	3391
4.线麻籽	Line frber seeds	5111	250	222	3887		51	923
5.蓖麻子	Castor seeds	217			10	204		3
6.苏子	Perillaseeds	4946	2529	2519	1204	148	120	945
三、麻类作物	Fiber crops	452	54	42	343			55
1.线麻	Linefiber	440	42	42	343			55
2.亚麻	Flax							
3.青麻	Green fiber	12	12					
四、甜菜	Beetroots	116453	400		2292	113040	721	
五、烟叶	Tobacco	25259			1923	17738	4419	1179
1.烤烟叶	Flue cured	2774			1824			950
2.晒烟	Tobacco	22485			99	17738	4419	229
六、蔬菜、瓜类	Vegetable and melon	3428628	824236	113352	790944	715409	227837	870202
1.蔬菜	Vegetable	2906391	740809	72395	740103	536831	194398	694250
2.瓜果类	Melon	522237	83427	40957	50841	178578	33439	175952
(1)西瓜	Watermelon	286904	35484	19224	31368	107208	12959	99885
(2)甜瓜	Muskmelon	169658	46503	21733	19473	7137	20478	76067

10－6 农作物单位面积产量
YIELD OF MAJOR FARM CROPS PER HECTARE

单位:公斤/公顷 unit:kg/ha

		全 市 Totat	市辖区 District		榆树市 Yushu	农安县 Nongan	九台市 Jiutan	德惠市 Dehui
			合 计 Total	#双阳区 Shuangyang				
一、粮食作物	Grain	7676	6679	7061	7463	8885	6888	7663
(一)谷物	Cereal	8814	7468	7953	8864	9922	7933	8903
1.稻谷	Rice	8505	7471	7836	8410	8890	7419	9463
#水稻	Rice	8505	7471	7836	8410	8890	7419	9463
2.小麦	Wheat	2883	2698		2493	3100	2737	2458
3.玉米	Corn	9126	7631	8118	9135	10448	8135	8940
4.谷子	Willet	3926	3212	2385	4352	4150	3470	3543
5.高粱	Sorghum	6177	4439	4490	7454	5050	4889	5905
6.其它谷物	Others	4046	3926	3975	4678	3500	3057	4616
(二)豆类	Beans	2741	2356	2399	2878	3014	2250	2742
1.大豆	Soybean	2712	2360	2390	2933	2550	2455	2804
2.杂豆	Beans	4171	1586	500	4580	4800	1428	1956
(三)薯类	Tubers	7419	8491	6772	7595	8770	3718	6211
#马铃薯	Potato	7332	8562	6799	7595	8571	3726	6238
二、油料作物	Oil beaning crop	1771	1614	1649	1815	1910	3381	1222
1.花生果	Peanuts	2711	500	1000	2400	2656	7491	2176
2.芝麻	Sesame	1264	2182	2400	1344	1174	1000	1459
3.葵花籽	Sunflower	1775	1412	1833	1620	1850	1841	1378
4.线麻籽	Linefrber seeds	1966	1852	2000	2110		1962	1546
5.蓖麻子	Castor seeds	1991			2000	2000		1500
6.苏子	Perillaseeds	1247	1597	1618	1593	1383	1875	649
三、麻类作物	Fiber crops	2093	1862	2000	2104			2292
1.线麻	Line fiber	2115	2000	2000	2104			2292
2.亚麻	Flax							
3.青麻	Green fiber	1500	1500					
四、甜菜	Beetroots	40548	10000		38200	41105	32773	
五、烟叶	Tobacco	3721			2095	4554	3412	1731
1.烤烟叶	Flue cured	1970			2116			1740
2.晒烟	Tobacco	4179			1768	4554	3412	1696
六、蔬菜、瓜类	Vegetable and melon	25419	26145	19128	40412	19021	14406	28662
1.蔬菜	Vegetable	25671	26461	16013	41687	17981	14809	28352
2.瓜类	Melon	24105	23640	29151	27965	23024	12440	29954
(1)西瓜	Watermelon	28239	29869	30808	36904	25839	12895	33654
(2)甜瓜	Muskmelon	15002	20919	27827	20117	1979	12182	26879

10－7 林 业 生 产 情 况
BASIC STATISTICS ON FOPESTRY

	单位 Unit	全 市 Total	市辖区 District		榆树市 Yushu	农安县 Nongan	九台市 Jiutan	德惠市 Dehui
			合 计 Total	#双阳区 Shuangyang				
1.当年造林面积 Areas of afforestation	公顷 ha	9571	3046	2050	900	3000	1575	1050
(1)用材林面积 Commercial forest	公顷 ha	1076	476	353			200	400
(2)经济林面积 Economic forest	公顷 ha	284	234	120			50	
(3)防护林面积 Shelter forest	公顷 ha	7884	2009	1577	900	3000	1325	650
2.迹地更新面积 Areas of renewly cutover	公顷 ha	287	254	246			33	
3.封山育林面积 Areas of closing hillsides to facilitate afforeststion	公顷 ha							
4.零星(四旁)植树 Odd pieces of planting	万株 10000trees	115	13			2	100	
5.育苗面积 Areas of grow seedlings	公顷 ha	1690	950	410	40	400	200	100
#本年新育 Newly grow seedlings	公顷 ha	1017	417	277	40	300	180	80
6.幼林抚育作业面积 Areas of young trees	公顷 ha	19377	4177	2039		3200	6000	6000
7.成林抚育面积 Areas of forcstery	公顷 ha	4649	3089	1100	450	1000	50	60
8.低产林改造面积 Areas of renew sparse woods	公顷 ha							
9.抚育改造出材量 Volume of renew timber	万立方米 10000cu·m	4.91	1.66	0.7	0.5	1.15	0.95	0.65
10.村及村以下竹木采伐量 Volume of cut	万立方米 10000cu·m	2.4	0.7	0.3	0.2	0.8	0.2	0.5

10－8畜牧业主要产品生产情况

		单位 Unit	全市 Total
一、当年出栏肉猪	Shanghtered faittend hogs	头 head	6839486
1.交售国家	Sale to state	头 head	－
2.集市出售	Sale to market	头 head	6070537
3.自宰自食	For themselve	头 head	768949
二、当年出售和自宰的肉用牛	Ssle cattle and buffaloes	头 head	1453990
1.交售国家	Sale to state	头 head	15132
2.集市出售	Sale to market	头 head	1305389
3.自宰自食	For themselve	头 head	133469
三、当年出售和自宰的肉用羊	Sale sheep and coats	只 head	422516
1.集市出售	Sale to market	只 head	400836
2.自宰自食	For themselve	只 head	21680
四、当年出售和自宰的肉用驴	Sale donkeys	头 head	13980
五、当年出售和自宰的肉用骡	Sale mules	头 head	17821
六、当年出售和自宰的肉用马	Sale horses	匹 head	43973
七、当年出栏家禽	Shanghtered poultry	千只/1000head	224721
八、当年出栏兔	Shanghtered cats	只 head	489926
九、当年肉类总产量	Total meat	吨 ton	1366210
1.猪肉产量	Pork	吨 ton	651671
2.牛肉产量	Beek	吨 ton	207715
3.羊肉产量	Mutton	吨 ton	6434
4.驴肉产量	Meat of donkeys	吨 ton	1082
5.骡肉产量	Meat of mules	吨 ton	1914
6.马肉产量	Meat of horses	吨 ton	5218
7.禽肉产量	Meat of poultry	吨 ton	490283
8.兔肉产量	Meat of cats	吨 ton	974
9.其他产量	Ohter	吨 ton	919
十、奶类产量	Milk	吨 ton	53397
#出售量	Sales	吨 ton	52486
1.羊奶产量	Milk of goat	吨 ton	126
2.牛奶产量	Milk of cottle	吨 ton	53271
十一、绵羊毛产量	Sheep wood	公斤 kg	1855877
其中:细羊毛	Fine wool	公斤 kg	970439
半细羊毛	Semi－fine wool	公斤 kg	844188
十二、蜂蜜产量	Hloney	吨 ton	210
十三、禽蛋产量	Eggs	吨 ton	328054
十四、鹿茸产量	Pilose antler	公斤 kg	80835

BASIC STATISTICS ON ANIMAL HUSBANDRY

市辖区 District		榆树市 Yushu	农安县 Nongan	九台市 Jiutai	德惠市 Dehui
合计 Total	#双阳区 Shuangyang				
927426	336821	1916311	1986065	691879	1317805
–					
785905	237203	1651768	1841808	620377	1170679
141521	99618	264543	144257	71502	147126
218963	112888	441172	341266	132217	320372
15000		132			
203825	112888	312075	337272	132217	320000
138		128965	3994		372
16283	5340	44683	273912	16494	71144
16155	5340	25719	273912	16494	68556
128		18964			2588
407		2406	8736	473	1958
720		5185	8347	551	3018
1925		14208	17006	925	9909
28700	7476	19880	74783	10012	91346
97489		20490	346443	1488	24016
167530	63381	283866	391280	96320	427214
83076	30306	175477	178746	62269	152103
31881	18057	65424	51193	14544	44673
297	66	728	4109	247	1053
35		195	699	34	119
82		617	845	66	304
212		2237	1701	111	957
50831	14952	39147	153305	19046	227954
200		41	682		51
916	–	–	–	3	–
41166	62	1424	3601	847	6359
41066	62	1306	3267	847	6000
50			11		65
41116	62	1424	3590	847	6294
62550	39900	85300	1303096	117931	287000
600		2200	770853	16786	180000
20700		83100	532243	101145	107000
33	19	11	117	20	29
130815	35800	69209	41938	29358	56734
80100	63335		345		390

10－9主要牲畜年末存栏情况

		单位 Unit	全市 Total
一、大牲畜总头数	Large animals	头 head	2165114
#能繁殖母畜	Daw	头 head	
当年生仔畜	Young animals	头 head	
从事农事劳役的	Forced animals	头 head	807380
1.牛	Cattle	头 head	1890096
(1)黄牛	Yellow ox	头 head	1869159
(2)奶牛	Cows	头 head	20937
2.马	Horses	匹 head	172564
3.驴	Donkeys	头 head	34160
4.骡	Mules	头 head	68294
二、猪	Hogs	头 head	3288429
#能繁殖的母猪	Sows	头 head	376487
全年累计产仔猪	Young hogs	头 head	4801212
三、羊	Sheep and coats	只 head	645508
#能繁殖的母羊	Female sheep and coats	只 head	351081
当年产羊羔	Young sheep and coats	只 head	270415
1.山羊	Goats	只 head	89333
#奶山羊	Milk coats	只 head	25708
2.绵羊	Sheep	只 head	556175
#细毛羊及改良羊	Sheep	只 head	285840
半细毛羊及改良羊	Sheep	只 head	231434
四、鹿	Deers	只 head	117489
#能繁殖的母鹿	Female deers	只 head	14341
当年生仔鹿	Young deers	只 head	8970
五、年末养蜂箱数	Bee	箱 case	6151
六、家禽	Poultry	千只 1000head	80275
1.鸡	Chicken	千只 1000head	70716
#蛋鸡	Eggs	千只 1000head	37612
2.鸭	Duck	千只 1000head	4293
3.鹅	Goose	千只 1000head	5266
七、家兔	Cats	只 head	193298

NUMBER OF LIVESTOCK

市辖区 District		榆树市 Yushu	农安县 Nongan	九台市 Jiutai	德惠市 Dehui
合计 Total	#双阳区 Shuangyang				
264990	165561	529423	590461	243455	536785
140951	99331	248729	195406	108291	114003
238167	154522	463631	485715	221686	480897
223071	154504	460930	484552	221526	479080
15096	18	2701	1163	160	1817
14532	5608	46233	63915	10554	37330
3487	1162	5555	19245	2243	3630
8804	4269	14004	21586	8972	14928
468154	232669	824284	915196	458435	622360
49569	21776	124223	87912	30573	84210
455307	195984	1536696	1038655	456589	1313965
37707	13309	67360	403680	34923	101838
23194	10954	36782	230138	21245	39722
13069	3053	38797	163308	11470	43771
8277	3464	31519	11054	13481	25002
500			329		24879
29430	9845	35841	392626	21442	76836
4178		442	226424	3052	51744
8045		13705	166202	18390	25092
115410	94250		779		1300
13316	8869		390		635
8089	6212		254		627
927	472	291	3632	526	775
14183	5954	13650	22400	11020	19022
12342	4635	10525	20681	9904	17264
8930	3855	9750	4151	3545	11236
791	539	1374	864	382	882
1050	780	1751	855	734	876
18296		610	143424	5061	25907

10－10 水 果 生 产 情 况
BASIC STATISTICS ON FRUITS

		单位 Unit	全市 Total	市辖区 District		榆树市 Yushu	农安县 Nongan	九台市 Jiutai	德惠市 Dehui
				合计 Total	＃双阳区 Shuangyang				
一、年末实有面积	Area of fruit trees	公顷 ha	15912	2910	1472	2014	1702	1992	7294
1.梨	Pear	公顷 ha	2184	1107	1004	608	19	322	128
2.苹果	Apple	公顷 ha	1332	51	13	302	12	822	145
3.葡萄	Grops	公顷 ha	2790	820	54	355	960	57	598
4.山楂	Haw	公顷 ha	145	18	1	8	4	115	
5.其它	Other	公顷 ha	9461	914	400	741	707	676	6423
二、水果产量	Output of fruits	吨 ton	1093045	142640	70161	290830	290081	157827	211667
1.梨	Pear	吨 ton	5724	2147		721	1135	1498	223
2.苹果	Apple	吨 ton	2232	50				2182	
3.葡萄	Grops	吨 ton	179	138				41	
4.山楂	Haw	吨 ton	1090	140	70	290	289	159	211
5.其它	Others	吨 ton	1083820	140165	70091	289819	288657	153947	211233

10－11 渔 业 生 产 情 况
BASIC STATISTICS ON FISHERY

		单位 Unit	全市 Total	市辖区 District		榆树市 Yushu	农安县 Nongan	九台市 Jiutai	德惠市 Dehui
				合计 Total	＃双阳区 Shuangyang				
一、水产品产量	Output of aquatic	吨 ton	16082	3396	1520	1656	3850	3270	3910
＃国营	State owned	吨 ton	3148	785	140	229	1900	177	57
1.养殖产量	Artificially cultured	吨 ton	13991	3396	1520	750	3200	3137	3508
2.捕捞产量	Naturally grown	吨 ton	2091			906	650	133	402
二、养殖面积	Areas of artificially	公顷 ha	17231	5486	1213	2629	5027	2121	1968
＃国营	State owned	公顷 ha	11576	4101	530	1980	4595	766	134

10－12 农林牧渔业总产值(90年不变价格)
GROSS OUTPUT VALUE OF AGRICULTURE(at1990price)

单位:万元 unit:10000yuan

		全市 Total	市辖区 Distict		榆树市 Yushu	农安县 Nongan	九台市 Jiutai	德惠市 Dehui
			合计 Total	#双阳区 Shuangyang				
农林牧渔业总产值	Total	1403707	247128	97264	328841	354169	128919	344650
一、农业产值	Farming	561390	72226	26820	156121	144476	63134	125433
(一)种植业	Farming	555757	72226	26820	150657	144476	62984	125414
1.主产品产值	Major products	535725	71292	26653	144987	139375	57894	122177
(1)粮食作物	Grain	372315	38267	23041	109907	101246	47152	78743
谷物	Cereal	306243	32750	19240	89064	79418	41767	63244
豆类	Beans	47431	4572	2535	16257	12335	4135	10132
薯类	Tubers	18641	945	633	4586	9493	1250	2367
(2)油料	Oilbean	6689	379	378	452	4960	88	810
(3)麻类	Fiber crop	91	8	8	69		3	11
(4)糖类	Sugar	1882	20		35	1728	11	88
(5)烟叶	Tobacco	6012			578	4082	1011	341
(6)药材	Crudedrug	5501	40		5227	34	198	2
(7)蔬菜、(含菜用瓜)	vegetables melon	97169	26940	2063	24362	16468	7554	21845
(8)水果(含果用瓜)	Tea,mulberry,fruits	45162	5281	1793	3886	10809	1852	23334
(9)其它种植业	Others	904	357	3	471	48	25	3
#饲料作物	Forage	38	24	3	10	1	3	
2.副产品产值	Subsidy products	20032	934	167	5670	5101	5090	3237
(1)粮食作物副产品	Grain subsidy	19781	924	165	5652	4949	5048	3208
(2)其它作物副产品	Other subsidy products	251	10	2	18	152	42	29
(二)其它农业	Other farming	5633			5464		150	19
1.采集野生植物	Gathering fruits	5585			5435		150	

10－12 续表 1continued1　　单位:万元　unit:10000 yuan

		全　市 Total	市辖区 District 合　计 Total	市辖区 District ＃双阳区 Shuangyang	榆树市 Yushu	农安县 Nongan	九台市 Jiutai	德惠市 Dehui
2.家庭兼营工业	Household handcraft industry	48			29			19
二、林业产值	Forestry	4525	1860	1039	228	1100	703	634
(一)营林	Forest	2196	837	446	138	582	275	364
(二)林产品	Forest products							
(三)村及村以下竹木采伐	Cut wood	2329	1023	593	90	518	428	270
三、牧业产值	Animal husbandry	831142	171184	68775	171912	207188	63611	217247
(一)牲畜	Animals	425950	59517	21503	121707	118173	41725	84828
1.大牲畜繁殖、增长、增重	Large animals raising	36517	5821	3633	10378	9887	4344	6087
其中:牛	Cattle	23766	4301	3115	7319	5401	3313	3432
2.猪	Hogs	288837	39978	10812	80062	81396	30378	57023
3.羊	Sheep and coats	4148	183	41	417	2750	145	653
(二)家禽的饲养	Pourltry	223192	23090	10020	19045	67256	8292	105509
(三)活的畜禽产品	Living animals and poultry	177475	85068	34350	30982	21252	13585	26588
(四)捕猎	Hunting	–						
(五)其它动物饲养	Other animal raising	4525	3509	2902	178	507	9	322
四、渔业产值	Fishery	6650	1858	630	580	1405	1471	1336
淡水产品	Aquatic	6650	1858	630	580	1405	1471	1336
＃养殖	Artificially cultured	5786	1617	630	262	1268	1441	1198

10－13　农林牧渔业总产值(现价)
GROSS OUTPUT VALUE OF AGRICULTURE (at current price)

单位:万元　　unit:10000 yuan

		全市 Total	市辖区 District 合计 Total	#双阳区 Shuangyang	榆树市 Yushu	农安县 Nongan	九台市 Jiutai	德惠市 Dehui
农林牧渔业总产值	Total	2420479	362593	135320	610701	631110	250236	565839
一、农业产值	Farming	1159380	136152	50517	332633	304661	148960	236974
(一)种植业	Farming	1153783	136152	50517	327194	304661	148810	236966
1.主产品产值	Major products	1094771	133607	50306	313069	288778	131385	227932
(1)粮食作物	Grain	830302	75468	41032	268657	228918	102786	154473
谷物	Cereal	678534	64176	34289	223731	170812	91178	128637
豆类	Beans	75073	7424	4140	26410	18569	6543	16127
薯类	Tubers	76695	3868	2603	18516	39537	5065	9709
(2)油料	Oil bean	11847	1195	1190	1063	7850	153	1586
(3)麻类	Fiber crop	137	13	13	103		4	17
(4)糖类	Sugar	2833	30		53	2600	17	133
(5)烟叶	Tobacco	20371			1131	14822	3681	737
(6)药材	Crude drug	3525	40		3251	34	198	2
(7)蔬菜(含菜用瓜)	Vegetables and melon	161589	44282	3117	31558	24420	19520	41809
(8)水果(含果用瓜)	Tea mulberry fruits	63073	12227	4951	6586	10087	5001	29172
(9)其它种植业	Crops	1094	352	3	667	47	25	3
#饲料作物	Forage	38	24	3	10	1	3	
2.副产品产值	Subsidy products	59012	2545	211	14125	15883	17425	9034
(1)粮食作物副产品	Grain subsidy	58823	2541	210	14112	15747	17410	9013
(2)其它作物副产品	Other subsidy products	189	4	1	13	136	15	21
(二)其它农业	Other farming	5597			5439		150	8
1.采集野生植物	Gathering fruits	5585			5435		150	

10－13 续表 1continued1

单位:万元 unit:10000 yuan

		全 市 Total	市辖区 District 合 计 Total	#双阳区 Shuangyang	榆树市 Yushu	农安县 Nongan	九台市 Jiutai	德惠市 Dehui
2.家庭兼营工业	Household handcraft industry	12			4			8
二、林业产值	Forestry	6242	3729	2960	218	1039	653	603
(一)营林	Forest	2196	837	446	138	582	275	364
(二)林产品	Forest products	2150	2150	2150				
(三)村及村以下竹木采伐	Cut wood	1896	742	364	80	457	378	239
三、牧业产值	Animal husbandry	1247691	220696	81097	277183	323898	99127	326787
(一)大牲畜	Animals	753373	106373	40158	217400	206009	73824	149767
1.大牲畜繁殖、增长、增重	Large animals raising	70555	11984	7922	20747	17801	8945	11078
其中:牛	Cattle	56123	10158	7356	17283	12754	7824	8104
2.猪	Pigs	484226	67022	18125	134221	136458	50927	95598
3.羊	Sheep and coats	5425	259	58	645	3403	216	902
(二)家禽的饲养	Pourltry	311324	31741	13405	24932	95497	10922	148232
(三)活的畜禽产品	Living animals and poultry	178286	79036	24632	34665	21757	14372	28456
(四)捕猎	Hunting							
(五)其它动物饲养	Other animal raising	4708	3546	2902	186	635	9	332
四、渔业产值	Fishery	6650	1858	630	580	1405	1471	1336
淡水产品	Aquatic	6650	1858	630	580	1405	1471	1336
#养殖	Aquiculture	5786	1617	630	504	1222	1279	1164

10-14 农林牧渔业增加值(现价)
ADDED VALUE OF AGRICULTURE (at current price)

单位:万元　　unit:10000 yuan

		全 市 Total	市辖区 District		榆树市 Yushu	农安县 Nongan	九台市 Jiutai	德惠市 Dehui
			合 计 Total	#双阳区 Shuangyang				
一、农林牧渔业总产值	Gross output value of agriculture	2420479	362593	135320	610701	631110	250236	565839
二、中间消耗	Imtermediate comsumer	951439	134388	54906	234943	257942	98498	225668
1.农业	Farming	426657	54430	27353	127612	122245	57071	65299
2.林业	Forsetry	1150	761	604	75	61	127	126
3.牧业	Animal husbandry	522468	78737	26816	107117	135502	41103	160009
4.渔业	Fishery	1160	457	133	139	133	197	234
在中间消耗中:	In intermediate consumer							
1.中间物质消耗	Material consumer	874903	126980	51386	187423	240147	96984	223369
2.对非物质生产部门的劳务支出	Services	76532	7405	3520	47520	17794	1514	2299
三、农林牧渔业增加值	Added value of agriculture	1469040	228205	80414	375758	373168	151738	340171
1.农业	Farming	732723	81722	23164	205021	182416	91889	171675
#种植业	Planting	727194	81722	23164	199636	182416	91750	171670
2.林业	Forestry	5092	2968	2356	143	978	526	477
3.牧业	Animal husbandry	725223	141959	54281	170066	188396	58024	166778
4.渔业	Fishery	6006	1559	613	528	1379	1299	1241

统计资料

STATISTICS

工　业

INDUSTRY

第十一篇　工　　业

2002年,全市工业经济运行保持了良好发展态势。主要情况和特点如下:

1、工业生产快速增长,产销衔接水平进一步提高。全年完成全口径工业总产值1565亿元,比上年增长25.1%;完成全口径工业增加值450.3亿元,比上年增长15%,全口径工业增加值占全市GDP的比重由上年37.9%上升到39.2%,提高了1.3个百分点。规模以上工业企业完成工业总产值1202亿元,比上年增长30.6%;完成工业增加值306.6亿元,比上年增长26%。在15个副省级城市中,我市完成工业总产值居第八位,在东北四市中居第二位,工业总产值增幅由年初的第四位跃居第一位,分别高哈尔滨、大连、沈阳16.3、15.1和13.3个百分点。主要产品产量:汽车52.7万辆,增长35.1%,其中轿车22.6万辆,增长45.7%;子午线轮胎28.3万条,增长51.8%;液晶显示器33.5万块,增长45.2%;房间空气调解器5.4万台,增长72.7%;灯泡1940.7万支,增长17.9%;淀粉52.1万吨,增长37.4%。全市规模以上工业产品销售率为98.2%,比上年提高1.29个百分点,年内各月累计产销率均在98%以上。在15个副省级城市中,我市工业产品销售率居第八位,在东北四市中居第一位,分别高于哈尔滨、大连、沈阳1.1、0.1和0.2个百分点。我市主要工业产品销售率:汽车为97.3%,其中轿车为98.4%;彩色电视机为116.5%、摩托车为109%、程控交换机为100.1%、水泥为100.3%、工业锅炉为143.4%、内燃机为95.6%、啤酒为99.9%、饮料为97.7%、卷烟为92.3%。

2、整体经济效益进一步提高,实现利润突破80亿元。全市规模以上工业经济效益综合指数为177.2%,比上年提高23.6个百分点,在15个副省级城市中居第一位,比哈尔滨、大连、沈阳分别高88、59.2和81个百分点,在七项经济效益指标中,全员劳动生产率达108893元/人(年),比上年增长25.9%,在15个副省级城市中居第一位。从绝对指标看,实现产品销售收入1196.7亿元,比上年增长29.7%;实现利税167.2亿元,比上年增长32.8%;实现利润80.6亿元,比上年增长37.3%;亏损企业亏损额为13.1亿元,比上年上升61%;亏损面(按企业个数计算)为31.6%,比上年提高5.1个百分点。

3、四大重点行业进一步壮大,结构调整取得进展。全市汽车及零部件、食品、生物医药和光电子信息四大主导产业共完成工业总产值1055.3亿元,比上年增长34.2%,高全市平均水平3.8个百分点,拉动全市增长30.5个百分点,占全市工业总产值的比重由上年的83.7%上升到87.7%,提高4个百分点。其中汽车及零部件工业完成总产值914.2亿元,比上年增长39.9%,占全市工业总产值的比重为76%;食品工业完成产值99亿元,比上年增长32%,占全市工业总产值的比重为8.2%;生物医药工业完成产值15.2亿元,比上年增长18.7%,占全市工业总产值的比重为1.3%;光电子信息工业完成产值26.9亿元,比上年下降20.4%,占全市工业总产值的比重为2.2%。

4、重点企业拉动作用进一步加大。全市30户重点企业完成产值1007.4亿元,比上年增长32.6%,占全市产值比重为83.8%。产值超亿元的企业达69户,比上年多9户,完成产值1092.2亿元,比上年增长33.4%。全市30户重点企业实现利润77.7亿元,比上年增长41%,占全市利润额的96.3%,比上年提高2.5个百分点。盈利超千万元的企业达48户,比上年增加7户,实现利润89.1亿元,比上年增长45.6%,占全市利润额的105.5%。

11－1 主要年份主要工业产品产量
OUTPUT OF MAJOR INDUSTRIAL PRODUCTS

产 品 名 称	Item	1998	1999	2000	2001	2002
钢(吨)	Steel(ton)	20189	28191	46388	42122	72876
钢材(吨)	Steel products(ton)	14863	13084	19743	27207	41939
其中:普通小型钢材(吨)	Ordinary rolled－steel small(ton)	6339	1192	3304	11819	33733
铜(吨)	Copper(ton)	1418	1235	734	2100	1783
黄金(千克)	Gold(kg)	74	99	115	87	89
原煤(吨)	Coal(ton)	999265	870615	900791	1122593	1116940
煤气(万立方米)	Gas(10000cu·m)	21082	19707	20279	17215	17314
焦炭(吨)	Coke(ton)	400796	327675	353513	339935	346583
发电量(万千瓦小时)	Electricity(10000kwh)	546607	562764	678553	698271	687687
工业锅炉(蒸吨)	Industrial boiler(steam ton)	1128	2019	2318	2098	1174
电弧炉(台)	Arc furnace(unit)	92	31	22	24	21
微型电子计算机(部)	Computer(set)	10226	3466	4304	3225	276
电动工具(台)	Electric tool(unit)	147126	11497	107440	83316	107198
电力变压器(千伏安)	Transformer(kva)	433000	1358715	1645642	1368295	1495420
高中压阀门(吨)	High－mudium press valve(ton)	1704	462	623	330	236
钢芯铝绞线(吨)	Aluminium wire with steel wick(ton)	379	1331	2051	646	614
彩色电视机(部)	Colour TVset(set)	1506806	1442442	873106	444247	418775
汽车(辆)	Vehicles(coach)	234376	274904	322609	390834	527937
其中:载重汽车(辆)	Trucks(coach)	144647	154601	150269	169394	205167
轿车(辆)	Cars(coach)	81051	97958	125370	155381	226439
客车(辆)	Buses(coach)	678	22345	46970	66059	96331
摩托车(辆)	Motor bicycles(coach)	113066	105402	60769	52194	39154
新造铁路客车(辆)	New railway passenger (coach)	733	758	1585	1555	1051
金属切削机床(台)	Metal cutting machine(unit)	126	－	138	311	198
工业泵(台)	Pump(unit)	1966	6785	1346	1087	694
电话机(部)	Telephone(set)	106540	64024	120069	38889	64653
电子元件(万只)	Electronic elements(10000)	3413	645	1861	1709	1811
内燃机生产量(万千瓦)	Interal combustion engines(100kw)	1964	1788	1949	2319	3376
大中型拖拉机(台)	Large－mudium tractors(unit)	33	38	62	65	10
小型拖拉机(台)	Mini tractors(unit)	9109	16680	9777	13484	43
灯泡(万只)	Lamp(10000)	4189	3626	2578	1646	1941
合成氨(吨)	Synthetic Aammonia(ton)	6674	1950	10098	－	－
化肥(折100%)(吨)	Chenical fertilizer(ton)	4822	1272	7366	－	－
石油液化气(吨)	Tiquified gas(ton)	6962	8259	12278	12639	20780
硫酸(吨)	Sulfuric acid(ton)	4841	3478	4728	3914	2111
塑料制品(吨)	Plastic products(ton)	8798	6732	7887	8659	8343
其中:农用薄膜(吨)	Agricultural plastic(ton)	4876	4321	4615	5113	4447
轻质碳酸钙(吨)	Calcium carbohate(ton)	5259	9476	8700	7900	6500
油漆(吨)	Paint(ton)	5840	2456	5928	5535	5477
轮胎外胎(条)	Tires(cover)	84868	313286	510446	619457	670576
胶鞋(万双)	Rubber! shoes(10000)	112	113	100	103	73
汽油(吨)	Gasiline(ton)	70661	59607	60276	68046	77021
人造板(立方米)	Fiber board(cu·m)	33416	35358	11127	28856	30730
墙地砖(立方米)	Wll－earth bricks(cu·m)	18018	46514	800000	88000	－
红砖(万块)	Brick(10000)	10069	8758	10328	24954	21453
水泥(万吨)	Coment(10000ton)	169	181	268	269	286

11－2 全市工业企业主要经济指标(一)

单位:万元

		企业单位数(个) Enterprises	亏损企业 Making loss enterprises	工业总产值(不变价格) Gross industrial output value (constant price)
总　　计	**Total**	**570**	**153**	**12357167**
一、按登记注册类型分组:	Grouped by tpye registered			
内资企业	Domestic funds	479	129	7813056
国有企业	State owned	143	72	5865395
中央企业	Centre enterprises	19	12	5572496
地方企业	Local enterprises	124	60	292899
省属企业	Provincial enterprises	19	9	45272
地区属企业	Prefectural enterprises	64	33	148553
县属企业	County enterprises	40	18	98682
其他属企业	Others	1		392
集体企业	Collective owned	130	12	451432
省属企业	Provincial enterprises	3	1	3692
地区属企业	Prefectural enterprises	12	4	24194
县属企业	County enterprises	7		5396
街道属企业	Street enterprises	10		21064
镇属企业	Town enterprises	25		83930
乡属企业	Town ship enterprises	13		108668
村委会办企业	Village enterprises	28		60940
其他属企业	Others	32	7	143547
股份合作企业	Share holding cooperative	29	9	111338
联营企业	Joint ownership	4	2	23231
集体联营企业	Collective owned	1		2244
国有与集体联营企业	State－collective joint	2	2	12887
其他营联企业	Others	1		8100
有限责任公司	Limited company	70	22	654770
国有独资公司	State owned	32	13	452350
其他有限责任公司	Others	38	9	202419
股份有限公司	Share holding	35	7	554149
私营企业	Private	68	5	152741
私营独资企业	Solely Owned	22	1	31663
私营合伙企业	Privat partnership	1		916
私营有限责任公司	Limited company	40	4	110657
私营股份有限公司	Private	5		9505
港、澳、台商投资企业	Funded from Hongkong, Macao and Taiwan	23	7	506186
合资经营企业(港或澳、台资)	Joint Ventare	19	6	489588
合作经营企业(港或澳、台资)	Cooperative	1		891
港澳台商独资企业	Solely owned	1		12800
港澳台商投资股份有限公司	Funded from Hongkong, Macao and Taiwan	2	1	2907
外商投资企业	Foreign funded	68	17	4037925
中外合资经营企业	Joint Venture	53	14	3990055
中外合作经营企业	Cooperative	4		25619
外资企业	Solely owned	9	3	20542
外商投资股份有限公司	Share holding	2		1709
二、按经济组织类型分组	Grouped by ownership			
独资企业	Solely owned enterprises	305	88	6381832
国有企业	State owned	143	72	5865395

MAIN ECONOMIC INDICATORS OF INDUSTRIAL ENTERPRISES(Ⅰ)

unit:10000yuan

工业总产值（当年价格）Gross industrial output value (current price)	新产品产值 New product	工业销售产值（当年价格）Sale revenue (current)	出口交货值 Export	工业中间投入合计 Intermediate Consumer	工业增加值（当年价）Added value (current)	资产合计 Total assets	流动资产小计 Circulating funds	短期投资 Short-term investment	应收收款净额 Account receiveable
12024684	**3070485**	**11807995**	**197269**	**9375170**	**3187310**	**13700667**	**6132727**	**7359**	**1397712**
7583715	168911	7427273	105977	5874100	1991152	10812460	4487397	7299	930402
5739242	72084	5643871	69600	4521554	1427522	7621895	3170709	805	562585
5357147	46944	5268470	64298	4243647	1309328	6617531	2858022	686	470786
382096	25140	375401	5302	277908	118194	1004364	312687	119	91799
46530	2762	43219	210	34144	15214	124992	58483		21406
199615	21950	195580	5091	147384	60993	788941	210235	119	53302
135599	428	136261		96123	41881	89962	43707		16954
351		341		256	106	469	262		137
461616	207	453917	4335	337599	137944	312053	179529	1612	86350
3355		2624		2419	1160	5834	4608		607
23088		22198	1472	16037	7873	29140	13693		4140
5566		4770		3856	2037	20160	14624		10326
20435		20404		13869	7650	12788	9563		4198
86821		82183	285	56287	32429	33412	18058	656	7980
108668		107894		76321	33231	40465	14964	757	3839
60964		61055	2579	42664	19408	51766	24711	200	9901
152719	207	152789		126145	34155	118488	79308		45360
113445	27763	113318	10256	81269	36769	126911	75491	750	30206
19740	6246	17290		11721	8396	3485	2248	16	351
2244		2244		1495	776	1069	190		48
9396	6246	7486		5690	3754	1696	1547		277
8100		7560		4536	3866	720	510	16	26
510119	38870	495869	14786	387064	143173	1537509	556323	3203	106319
274046	35689	268177	14749	216531	63810	1149938	421753	2	61659
236073	3181	227692	37	170534	79363	387572	134570	3201	44660
570787	23687	549663	4208	418601	181146	1014413	411871	538	120557
168767	55	153347	2792	116291	56202	196194	91226	375	24035
33032	55	32184	740	22076	11700	37433	15544	155	3231
916		819		641	284	581	234		6
124971		111214	2052	85896	41894	150678	70866	220	20176
9848		9129		7679	2325	7502	4582		622
510713		466616		331919	184599	311144	129149		37121
493782		449252		319757	178449	274556	109190		30026
891		993		683	329	2246	709		354
12800		12800		8814	5028	6006	4660		1737
3241		3570		2665	738	28336	14590		5004
3930255	2901574	3914107	91292	3169151	1011559	2577063	1516182	60	430189
3882354	2897199	3866543	77298	3135977	995373	2494002	1480266	60	415993
25619	4375	24910	8004	17881	8221	48522	15852		8734
20573		20945	4394	13989	7561	33679	19769		5284
1709		1709	1596	1305	405	861	295		178
6267263	72346	6163716	79069	4904031	1589808	8011066	3390211	2572	659186
5739242	72084	5643871	69600	4521554	1427522	7621895	3170709	805	562585

11－2续表1

单位:万元

		企业单位数(个) Enterprises	亏损企业 Making loss enterprises	工业总产值(不变价格) Gross industrial output value (constant price)
集体企业	Collective owned	130	12	451432
私营独资企业	Private solely owned	22	1	31663
港澳台商独资经营企业	Funded from Hongkong, Macao and Taiwan	1		12800
外资企业	Foreign funded	9	3	20542
合作、合伙企业	Cooperation and partnership	39	11	161996
股份合作企业	Cooperative	29	9	111338
集体联营企业	Collective joint	1		2244
国有与集体联营企业	State－collective joint	2	2	12887
其他联营企业	Others	1		8100
私营合伙企业	Privat partnership	1		916
港或澳、台资合作经营企业	Funded from Hongkong Macao and Taiwan	1		891
中外合作经营企业	Cooperative	4		25619
股份有限公司	Share holding	44	8	568270
股份有限公司(内资)	Share holding (domestic)	35	7	554149
私营股份有限公司	Private	5		9505
港澳台商投资股份有限公司	Funded from Hongkong, Macao and Taiwan	2	1	2907
外商投资股份有限公司	Foreign funded	2		1709
有限责任公司	Limited company	182	46	5245070
国有独资公司	State owned	32	13	452350
私营有限责任公司	Limited company	40	4	110657
港澳台合资经营企业	Funded from Hongkong, Macao and taiwan	19	6	489588
中外合资经营企业	Joint venture	53	14	3990055
其他有限责任公司	Others	38	9	202419
三、按隶属关系分组	Grouped by administrative			
中央企业	Centre enterprises	23	14	5609926
省属企业	Provincial enterprises	29	12	461882
地区属企业	Prefectural enterprises	175	67	1647872
县属企业	County enterprises	92	33	208319
街道属企业	Street enterprises	18	2	34975
镇属企业	Town enterprises	32		120912
乡属企业	Town ship enterprises	23		141142
村委会办企业	Village enterprises	39		102049
其他属企业	Others	139	25	4030089
在总计中:亏损企业	Making loss enterprises	153	153	542840
在总计中:国有控股企业	State share holding	247	107	10433043
其中:大中型企业	Large and medium enterprises	108	46	10089487
在总计中:农村工业	Rural industry	62		243191
在总计中:轻工业	Light industry	241	77	1851405
以农产品为原料	Raw material for agricultural products	168	55	1405983
以非农产品为原料	Raw material for non agricultural products	73	22	445422
重工业	Heavy industry	329	76	10505762
采掘工业	Excavation	11	3	18061
原料工业	Raw material industry	64	16	276657
加工工业	Processing industry	254	57	10211044
在总计中:大中型企业	Large and mudium enterprises	139	53	11030392
其中:国有大中型企业	State owned	50	31	5697219

continued 1

unit:10000yuan

工业总产值（当年价格）Gross industrial output value (current price)	新产品产值 New product	工业销售产值（当年价格）Sale revenue (current)	出口交货值 Export	工业中间投入合计 Intermediate Consumer	工业增加值（当年价）Added value (current)	资产合计 Total assets	流动资产小计 Circulating funds	短期投资 Short-term investment	应收收款净额 Account receiveable
461616	207	453917	4335	337599	137944	312053	179529	1612	86350
33032	55	32184	740	22076	11700	37433	15544	155	3231
12800		12800		8814	5082	6006	4660		1737
20573		20945	4394	13989	7561	33679	19769		5284
160611	38383	157329	18261	112195	53999	181744	94534	766	39650
113445	27763	113318	10256	81269	36769	126911	75491	750	30206
2244		2244		1495	776	1069	190		48
9396	6246	7486		5690	3754	1696	1547		277
8100		7560		4536	3866	720	510	16	26
916		819		641	284	581	234		6
891		993		683	329	2246	709		354
25619	4375	24910	8004	17881	8221	48522	15852		8734
585584	23687	564072	5804	430250	184614	1051112	431338	538	126360
570787	23687	549663	4208	418601	181146	1014413	411871	538	120557
9848		9129		7679	2325	7502	4582		622
3241		3570		2665	738	28336	14590		5004
1709		1709	1596	1305	405	861	295		178
5011226	2936069	4922878	94135	3928695	1358889	4456745	2216645	3483	572514
274046	35689	268177	14749	216531	63810	1149938	421753	2	61659
124971		111214	2052	85896	41894	150678	70866	220	20176
493782		449252		319757	178449	274556	109190		30026
3882354	2897199	3866543	77298	3135977	995373	2494002	1480226	60	415993
236073	3181	227692	37	170534	79363	387572	134570	3201	44660
5396603	46944	5306949	64298	4270841	1323947	6690988	2893029	886	482963
408785	17315	401984	58850	351778	61580	743961	305890	60	66285
1542525	112927	1441484	48794	1085193	506098	2881665	1034989	364	253913
265531	8103	252182	167	185413	88733	332257	150424		54707
34703		34628		23502	12452	42384	21089		6049
123883		117716	285	81796	45031	47020	23629	671	10221
141142		138151	361	98744	43706	59662	27887	1457	5917
102094		101674	4013	71523	32026	116115	57240	200	19843
4009418	2885196	4013228	20501	3206380	1073737	2786614	1618552	3721	497814
642874	61035	598837	24790	510642	155721	2469629	965774	132	244017
10037097	3053950	9864215	102191	7878216	2631691	11722409	5198078	2250	1077368
9696685	3030076	9540132	98893	7638518	2519187	11148480	4933531	1854	1000159
243236		239825	4374	170267	75732	175777	85127	1657	25759
1661981	52338	1564399	74231	1196945	497494	2081737	849717	1224	202835
1353438	34800	1271786	70291	977966	395039	1350605	635430	967	132643
308543	17538	292613	3940	218979	102455	731132	214286	257	70192
10362703	3018147	10243596	123038	8178225	2689816	11618931	5283011	6135	1194877
26650		26585		17251	11088	48049	9133	89	3454
496465	10147	490813	7579	375893	158015	1516939	391100	779	139760
9839587	3008001	9726198	115460	7785082	2520713	10053943	4882778	5267	1051663
10685556	3032397	10511854	166225	8410682	2768091	12149559	5365611	1984	1119214
5565387	58371	5472020	69600	4400646	1370021	7310307	3031446	709	524647

11－2续表2

单位:万元

		企业单位数(个) Enterprises	亏损企业 Making loss enterprises	工业总产值(不变价格) Gross industrial output value (constant price)
其中:大型企业	Large enterprises	68	27	10130940
中型企业	Mudium enterprises	71	26	899452
小型企业	Small enterprises	431	100	1326774
B、采掘业	Mining and quarrying	11	3	18061
煤炭采选业	Coal mining and dressing	7	2	5049
石油和天然气开采业	Petroleum and natural gas extraction	1	1	1064
有色金属矿采选业	Non－ferrous metals mining and dressing	1		1050
非金属矿采选业	Non－metal minerals mining and dressing	2		10899
C、制造业	Manufacturing	534	139	12194736
食品加工业	Food processing	46	14	517801
食品制造业	Food manufacturing	22	5	463373
饮料制造业	Beverage manufacturing	19	8	97511
烟草加工业	Tobacco processing	1		48917
纺织业	Textile industry	7	3	34721
服装及其他纤维制品制造业	Garments and other fiber products	16	5	24218
皮革、毛皮、羽绒及其制品业	Leather, furs, down and related products	2		234
木材加工及竹、藤、棕、草制品业	Timber, bamboo, cane, palm and straw products	14	7	25442
家具制造业	Furniture manufacturing	3		5306
造纸及纸制品业	Paper making and paper products	4	1	13707
印刷业、记录媒介的复制	Printing and record medium reproduction	19	6	16514
石油加工及炼焦业	Petroleum processing and coking	4	1	14103
化学原料及化学制品制造业	Raw chemical material and chemical products	22	3	51074
医药制造业	Medical and pharmacutical products	41	12	273039
橡胶制品业	Rubber products	6	2	49972
塑料制品业	Plastic products	21	3	55667
非金属矿物制品业	Nonmetal mineral products	38	11	103336
黑色金属冶炼及压延加工业	Smelting and pressing of ferrous metals	8	2	29975
有色金属冶炼及压延加工业	Smelting and pressing of non ferrous metals	3		4532
金属制品业	Metal products	21	5	28526
普通机械制造业	Ordinary machinery	36	12	81939
专用设备制造业	Special purpose equipment	21	6	45267
交通运输设备制造业	Transport equipment	113	16	9739387
电气机械及器材制造业	Electric equipmert and machinery	15	6	88544
电子及通信设备制造业	Electronic and telecommunication equipment	17	5	324236
仪器仪表及文化、办公用机械制造业	Instruments, meters, culturae and office	11	4	54299
其他制造业	Other manufacturing	4	2	3124
D、电力、燃汽及水的生产和供应业	Production and supply of electric power, steam and hot water	25	11	144342
电力、蒸汽、热水的生产和供应业	Production and supply of electric power, steam and hot water	14	4	94875
煤气生产和供应业	Production and supply of gas	4	2	33516
自来水的生产和供应业	Production and supply of tap water	7	5	15951

continued 2　　　　unit:10000yuan

工业总产值（当年价格）Gross industrial output value (current price)	新产品产值 New product	工业销售产值（当年价格）Sale revenue (current)	出口交货值 Export	工业中间投入合计 Intermediate Consumer	工业增加值（当年价）Added value (current)	资产合计 Total assets	流动资产小计 Circulating funds	短期投资 Short－term investment	应收收款净额 Account receiveable
9722793	2981479	9621849	149883	7764699	2428052	11161389	4938949	1024	1003456
962762	50918	890005	16341	645983	340039	988169	426662	960	115758
1339129	38088	1296142	31044	964488	419219	1551109	767116	5375	278498
26650		26585		17251	11088	48049	9133	89	3454
13638		14301		9526	5267	35161	7442	4	3119
1064		1064		888	303	11054	620		124
1050		1050		735	315	503	263		
10899		10171		6102	5203	1331	807	85	211
11666877	3064985	11454573	197269	9109034	3065439	12228776	5844013	7270	1276708
529746		516596	54967	436596	95464	467831	204805	566	43923
460818	6246	417987		292185	169326	153897	64067	55	17026
99284		95905		69489	35718	133304	49291	170	9553
68600	4318	68281		35862	36996	112782	76555		10928
35384	8146	33005	8844	30982	4506	111589	62037		3421
24855	207	25315	4612	19869	5623	44081	25491	1	6031
245		142		191	61	1437	655		118
23795	4592	23647	7386	18812	5789	51127	19166		4045
5306		5146		4452	876	10390	7837		470
15811		14617	285	9940	6023	5032	2407		1216
19298	1249	18249		13089	7303	34520	13614		4117
44424		45542	1159	34122	11068	15152	8783		2951
54295		51754	361	41042	16323	151723	73183	62	27873
152899	18271	118376	257	105192	55337	352958	172596	175	52087
45745		44654		33698	13191	77165	52816		11666
54999		54527	37	39378	17558	65918	31033	293	14985
146030		140276	5814	105932	50014	302826	96683	200	25313
40301		40089		25645	15231	63321	27870	779	7273
4532	55	4270		3285	1661	2660	1779		1448
32998	137	29704		23529	10924	47968	25415	42	10990
80057	6488	78855	1219	63739	19766	288350	165103	336	41097
44199	2236	41130	555	32234	13352	125241	62361		12610
9410941	2960922	9333755	91262	7477701	2381038	8694576	4212001	4556	862967
82473	8766	77267	585	59780	26367	1111456	63831		23521
138561	27653	125958	17348	94462	49247	663556	269795	35	65545
48126	15699	46216	1137	35545	15657	132987	51080		14726
3157		3312	1443	2284	1019	6931	3761		810
331157	5501	326837		248885	110783	1423843	279582		117550
212876	5501	212910		170382	65480	869355	178666		70013
56984		52909		40461	18785	237843	69584		30398
61296		61019		38042	26518	316644	31332		17138

11－3　全市工业企业主要经济指标（二）

单位:万元

		存　货 Inventorg	产成品 Produts	流动资产年平均余额 Annual average balance of circulating
总　　计	**Total**	**1894701**	**563681**	**6209173**
一、按登记注册类型分组:	Grouped by tpye registered			
内资企业	Domestic funds	1383093	445554	4851927
国有企业	State owned	1027593	303752	3539576
中央企业	Centre enterprises	946159	263600	3219221
地方企业	Local enterprises	81434	40152	320355
省属企业	Provincial enterprises	20018	10820	57333
地区属企业	Prefectural enterprises	47759	24730	219095
县属企业	County enterprises	13570	4537	43665
其他属企业	Others	87	65	262
集体企业	Collective owned	46963	25471	173635
省属企业	Provincial enterprises	1570	1387	4322
地区属企业	Prefectural enterprises	4896	2314	13177
县属企业	County enterprises	2375	1432	14780
街道属企业	Street enterprises	2178	790	9230
镇属企业	Town enterprises	3758	2628	16287
乡属企业	Town ship enterprises	5370	2952	12732
村委会办企业	Village enterprises	8329	3470	23650
其他属企业	Others	18488	10507	79457
股份合作企业	Share holding cooperative	15849	7084	69046
联营企业	Joint ownership	1693	1356	1944
集体联营企业	Collective owned	36	25	190
国有与集体联营企业	State－collective joint	1188	862	1254
其他营联企业	Others	469	469	500
有限责任公司	Limited company	161356	63678	582661
国有独资公司	State owned	127811	53439	450032
其他有限责任公司	Others	33545	10239	132629
股份有限公司	Share holding	103305	31346	394270
私营企业	Private	26333	12868	90795
私营独资企业	Solely Owned	4331	2180	15897
私营合伙企业	Privat partnership	22	22	193
私营有限责任公司	Limited company	18748	8168	72579
私营股份有限公司	Private	3233	2497	2127
港、澳、台商投资企业	Funded from Hongkong, Macao and Taiwan	54004	28960	123487
合资经营企业(港或澳、台资)	Joint Ventare	50549	26472	104831
合作经营企业(港或澳、台资)	Cooperative	355		1006
港澳台商独资企业	Solely owned	1298	1227	3059
港澳台商投资股份有限公司	Share holeling	1801	1261	14591
外商投资企业	Foreign funded	457604	89167	1233759
中外合资经营企业	Joint Venture	449592	86260	1190424
中外合作经营企业	Cooperative	825	183	17634
外资企业	Solely owned	7106	2716	17221
外商投资股份有限公司	Share holding	82		480
二、按经济组织类型分组	Grouped by ownership			
独资企业	Solely owned enterprises	1087292	335345	3749388
国有企业	State owned	1027593	303752	3539576

MAIN ECONOMIC INDICATORS OF INDUSTRIAL ENTERPRISES (Ⅱ)

unit:10000yuan

长期投资 Long-term investment	固定资产小计 Fired assets	固定资产原价 Original value of fixed assets	生产经营用 Operating	累计折旧 Depreciation	本年折旧 Depreciation in this year	固定资产净值 Net value of fixed assets	固定资产净值年平均余额 Annual average balance	无形及递延资产小计 Intangible and deferred	无形资产 Intangible
1688597	**4880205**	**6778758**	**5787213**	**2544759**	**393874**	**4234000**	**4262689**	**359270**	**265976**
1639209	3781528	5060650	4108782	1838756	264937	3221894	3253723	303057	216786
1342115	2435532	3512975	2750451	1425331	207332	2087644	2054348	154118	93784
1327609	1828436	2711694	2017701	1198716	146546	1512978	1516798	114294	74210
14506	607096	801281	732750	226615	60786	574666	537551	39824	19574
427	62214	83619	70785	22026	4111	61593	62906	1045	62
13787	501867	658538	608003	186617	54997	471921	433329	35899	17258
293	42808	58793	53630	17847	1669	40946	41109	2881	2284
	207	331	331	125	10	207	207		
5655	116049	147949	131175	41621	7791	106328	99431	7449	6680
	976	2128	1414	1152	130	976	1005	251	251
2252	11035	13304	11754	5719	720	7586	6998	988	959
	5029	7401	7053	2374	274	5027	5091	35	13
	2579	3796	3626	1218	297	2579	2221	545	539
582	13123	19585	15424	7308	1376	12278	12074	1594	1402
1133	23587	27768	27384	4319	714	23449	25552	634	326
714	23186	28856	25972	6650	1474	22206	20976	2826	2706
975	36535	45111	38547	12881	2807	32229	25514	577	485
4758	40517	61880	48369	22110	2811	39770	40771	3203	3166
	1206	1486	1402	280	96	1206	1191	31	20
	870	887	807	17	2	870	887	9	
	145	149	145	4	4	145	141	4	1
	191	450	450	259	90	191	164	19	19
201328	675908	752551	617408	147245	23394	605306	582040	96015	79166
196915	454363	479433	421216	91909	12909	387524	387913	72315	59648
4413	221545	273117	196193	55336	10485	217782	194127	23700	19517
82830	427566	488974	473950	188799	20099	300174	365143	30426	23253
2522	84750	94837	86027	13370	3415	81467	110799	11814	10719
15	20078	22316	17276	2456	697	19860	19359	240	
	347	347	347			347	347		
2507	61461	68743	66292	10349	2557	58395	88659	11524	10669
	2865	3430	2112	565	160	2865	2434	50	50
6742	153957	186682	169270	34209	4190	152473	153972	7589	6152
545	148425	179516	162765	32052	3694	147464	149081	6845	5408
	1320	2229	2229	909	188	1320	1320	216	216
	408	408	408	32	29	376	230		
6197	3805	4529	3868	1216	279	3313	3341	528	528
42647	944720	1531427	1509161	671794	124746	859633	854995	48624	43038
42647	907839	1484863	1467855	662077	120768	822785	819167	43177	37705
	28842	32763	28385	3955	3103	28808	28198	3828	3756
	7641	13254	12377	5613	838	7641	7389	1585	1543
	399	548	545	149	37	399	242	34	34
1347786	2579708	3696902	2911686	1475053	216688	2221849	2180757	163392	102007
1342115	2435532	3512975	2750451	1425331	207332	2087644	2054348	154118	93784

11-3 续表1

单位:万元

		存 货 Inventorg	产成品 Produts	流动资产年平均余额 Annual average balance of circulating
集体企业	Collective owned	46963	25471	173635
私营独资企业	Solely Owned	4331	2180	15897
港澳台商独资经营企业	Funded from Hongkong, Macao and Taiwan	1298	1227	3059
外资企业	Solely owned	7106	2716	17221
合作、合伙企业	Cooperation and partnership	18744	8645	89822
股份合作企业	Cooperative	15849	7084	69046
集体联营企业	Collective owned	36	25	190
国有与集体联营企业	State-collective joint	1188	862	1254
其他联营企业	Other joint	469	469	500
私营合伙企业	Privat partnership	22	22	193
港或澳、台资合作经营企业	Funded from Hongkong, Macao and Taiwan	355		1006
中外合作经营企业	Cooperative	825	183	17634
股份有限公司	Share holding	108420	35104	411468
股份有限公司(内资)	Share holding (domestic)	103305	31346	394270
私营股份有限公司	Private	3233	2497	2127
港澳台商投资股份有限公司	Funded from Hongkong, Macao and Taiwan	1801	1261	14591
外商投资股份有限公司	Share holding	82		480
有限责任公司	Limited company	680245	184587	1958494
国有独资公司	State owned	127811	53439	450032
私营有限责任公司	Limited company	18748	8168	72579
港澳台合资经营企业	Funded from Hongkong, Macao and taiwan	50549	26472	104831
中外合资经营企业	Joint Venture	449592	86268	1198424
其他有限责任公司	Others	33545	10239	132629
三、按隶属关系分组	Grouped by administrative			
中央企业	Centre enterprises	959464	268622	3254086
省属企业	Provincial enterprises	84771	25002	315225
地区属企业	Prefectural enterprises	325038	152950	1036011
县属企业	County enterprises	48887	16015	146500
街道属企业	Street enterprises	3072	889	21038
镇属企业	Town enterprises	6134	3832	21428
乡属企业	Town ship enterprises	9795	6319	23705
村委会办企业	Village enterprises	13885	5512	59169
其他属企业	Others	443655	84540	1332012
在总计中:亏损企业	Making loss enterprises	363193	87025	1040537
在总计中:国有控股企业	State share holding	1626520	455615	5305873
其中:大中型企业	Large and medium enterprises	1543063	416370	5046757
在总计中:农村工业	Rural industry	23680	11832	82874
在总计中:轻工业	Light industry	307801	137876	878224
以农产品为原料	Raw material for agricultural products	240114	102417	634482
以非产农产品为原料	Raw material for non agricultural products	67688	35458	243742
重工业	Heavy industry	1586900	425805	5330949
采掘工业	Excavation	2584	1558	9749
原料工业	Raw material industry	65617	14219	406297
加工工业	Processing industry	1518700	410028	4914903
在总计中:大中型企业	Large and mudium enterprises	1673755	458096	5461597
其中:国有大中型企业	State owned	988267	285241	3402047

continued 1

unit:10000yuan

长期投资 Long－term investment	固定资定小计 Fired assets	固定资产原价 Original value of fixed assets	生产经营用 Operating	累计折旧 Depreciation	本年折旧 Depreciation in this year	固定资产净值 Net value of fixed assets	固定资产净值年平均余额 Annual average balance	无形及递延资产小计 Intangible and deferred	无形资产 Intangible
5655	116049	147949	131175	41621	7791	106328	99431	7449	6680
15	20078	22316	17276	2456	697	19860	19359	240	
	408	408	408	32	29	376	230		
	7641	13254	12377	5613	838	7641	7389	1585	1543
4758	72231	98704	80731	27254	6197	71450	71827	7279	7158
4758	40517	61880	48369	22110	2811	39770	40771	3203	3166
	870	887	807	17	2	870	887	9	
	145	149	145	4	4	145	141	4	1
	191	450	450	259	90	191	164	19	19
	347	347	347			347	347		
	1320	2229	2229	909	188	1320	1320	216	216
	28842	32763	28385	3955	3103	28808	28198	3828	3756
89027	434635	497480	480476	190729	20575	306751	371160	31038	23864
82830	427566	488974	473950	188799	20099	300174	365143	30426	23253
	2865	3430	2112	565	160	2865	2434	50	50
6197	3805	4529	3868	1216	279	3313	3341	528	528
	339	548	545	149	37	399	242	34	34
247027	1793631	2485673	2314320	851723	150413	1633950	1638946	157562	132947
196915	454363	479433	421216	91909	12909	387524	387913	72315	59648
2507	61461	68743	66292	10349	2557	58395	88659	11524	10699
545	148425	179516	1662765	32052	3694	147464	149081	6845	5408
42647	907839	1484863	1467855	662077	120768	822785	819167	43177	37705
4413	221545	273117	196193	55336	10485	217782	194127	23700	19517
1328519	1865403	2766371	2067025	1217681	148502	1548690	1540660	114470	74386
68328	330567	399934	371364	91425	14119	308508	301886	36139	32312
178311	1427944	1741687	1537101	455535	1003801	1286152	1295102	148936	113444
541	144502	183211	164984	46373	5777	136839	139866	17756	13094
101	18024	20454	15713	2457	787	17997	17128	849	590
582	21118	29109	23200	8947	2094	30163	20028	1612	1421
1133	29752	36065	34649	6451	1147	29614	31946	713	396
2349	48720	58652	54187	11035	2252	47617	75584	3735	2902
108733	994176	1543277	1518991	704855	118815	838421	840492	35060	27432
137796	1225908	1501426	1302722	418457	85694	1082969	1045418	97395	75420
1623915	4020781	5692557	4764947	2182389	340725	3510168	3527809	291580	210294
1617070	3785298	5394641	4501606	2103257	329277	3291385	3310589	243971	178304
3482	78472	94716	88836	17486	3399	77230	107529	4448	3298
51237	1043855	1301224	1155761	371108	81110	930116	910300	85033	70130
21997	600869	721471	597695	218427	25250	503044	538364	56637	42671
29240	442986	579753	558066	152681	55860	427072	371936	28396	27459
1637360	3836350	5477534	4631453	2173650	312764	3303884	3352389	274236	195847
872	37258	42361	37646	6122	1090	36239	33659	786	448
136695	932458	1287291	1141462	434666	64095	852626	837887	40060	25881
1499793	2866634	4147882	3452346	1732863	247579	2415019	2480843	233390	169517
1654219	4253350	5996675	5094248	2361217	358832	3635459	3647695	281264	210528
1338097	2307638	3354895	2613510	1385090	201760	1969804	1937315	128814	79943

11－3 续表2

单位:万元

		存 货 Inventorg	产成品 Produts	流动资产年平均余额 Annual average balance of circulating
其中:大型企业	Large enterprises	1517544	397056	5037886
中型企业	Mudium enterprises	156212	61040	423711
小型企业	Small enterprises	220946	105585	747576
B、采掘业	Mining and qnarrying	2584	1558	9749
煤炭采选业	Coal mining and dressing	1660	1118	8209
石油和天然气开采业	Petroleum and natural gas extraction	312	99	627
有色金属矿采选业	Non－ferrous metals mining and dressing	101	81	153
非金属矿采选业	Non－metal minerals mining and dressing	511	260	761
C、制造业	Manfacturing	1869584	561797	5898012
食品加工业	Food processing	69577	20382	214439
食品制造业	Food manufacturing	31622	17737	63159
饮料制造业	Beverage manufacturing	15453	3645	45294
烟草加工业	Tobacco processing	26252	2400	73131
纺织业	Textile industry	29609	20067	65893
服装及其他纤维制品制造业	Garments and other fiber products	12499	6866	21498
皮革、毛皮、羽绒及其制品业	Leather, furs, down and related products	460	431	621
木材加工及竹、藤、棕、草制品业	Timber, bamboo, cane, palm and straw products	10526	5839	19108
家具制造业	Furniture manufacturing	4947	3021	7448
造纸及纸制品业	Paper making and paper products	643	432	2278
印刷业、记录媒介的复制	Printing and record medium reproduction	4975	2829	13103
石油加工及炼焦业	Petroleum processing and coking	4449	993	8599
化学原料及化学制品制造业	Raw chemical material and chemical products	14527	5538	71851
医药制造业	Medical and pharmacutical products	55705	33459	171218
橡胶制品业	Rubber products	8101	6338	41272
塑料制品业	Plastic products	6653	2837	31799
非金属矿物制品业	Nonmetal mineral products	30760	13137	94579
黑色金属冶炼及压延加工业	Smelting and pressing of ferrous metals	11962	6624	27143
有色金属冶炼及压延加工业	Smelting and pressing of non ferrous metals	248	63	1926
金属制品业	Metal products	8201	5052	22713
普通机械制造业	Ordinary machinery	100437	22409	161237
专用设备制造业	Special purpose equipment	25940	8675	61492
交通运输设备制造业	Transport equipment	1298494	336374	4294377
电气机械及器材制造业	Electric equipmert and machinery	19665	9235	61653
电子及通信设备制造业	Electronic and telecommunication equipment	63954	19344	271123
仪器仪表及文化、办公用机械制造业	Instruments, meters, culturae and office	13217	7758	46982
其他制造业	Other manufacturing	709	312	4087
D、电力、蒸汽、热水的生产和供应业	Production and supply of electric power, steam and hot water	22533	327	301412
电力、燃气及水的生产和供应业	Production and supply of electric power, steam and hot water	13633	42	19477
煤气生产和供应业	Production and supply of gas	8192	284	70672
自来水的生产和供应业	Production and supply of tap water	708		35963

continued 2

unit:10000yuan

长期投资 Long－term investment	固定资定小计 Fived assets	固定资产原价 Original value of fixed assets	生产经营用 Operating	累计折旧 Depreciation	本年折旧 Depreciation in this year	固定资产净值 Net value of fixed assets	固定资产净值年平均余额 Annual average balance	无形及递延资产小计 Intangible and deferred	无形资产 Intangible
1643980	3766126	5392897	4563409	2177535	335132	3215362	3234501	235474	170034
10240	487224	603779	530840	183682	23701	420097	413194	45790	40494
34378	626855	782083	692965	183542	35041	598541	614995	78005	55448
872	37258	42361	37646	6122	1090	36239	33659	786	448
872	26254	29492	25741	4257	674	25236	22559	593	353
	10434	11536	10623	1102	100	10434	10429		
	239	343	291	103	18	239	247		
	331	990	990	659	297	331	425	193	96
1579510	3840086	5354340	4432641	2083510	292757	3270830	3384372	338411	248735
8379	232816	262106	250493	78659	11551	183447	203019	18108	14742
215	86679	105897	93930	19802	1341	86094	86866	2880	1828
128	66576	91533	82794	25099	3145	66434	67848	7649	4144
33	35893	49784	43611	19436	1930	30347	30617	301	193
507	48873	52424	23410	13801	1429	38623	34383	171	171
391	16704	18102	14674	4272	517	13830	13325	1382	1366
	782	818	818	36	5	782	557		
	12272	29619	21169	22212	866	7407	21713	5045	278
50	2480	3432	3432	1911	240	1520	1640	22	7
	2033	4108	4062	2076	211	2032	3017	593	590
467	18317	25496	25596	7944	831	17553	18930	772	509
	6000	13562	13227	7562	193	6000	6044	369	359
26060	43751	55532	51389	12812	1887	42720	44107	5441	4288
13451	126766	132593	88913	38196	5304	94396	94216	24838	23684
50	22525	16200	15981	7487	565	8713	9236	1774	1774
117	30721	41457	34384	10911	2533	30546	30896	2037	1856
5287	180775	235380	153759	57654	9650	177726	177722	19162	18661
360	25042	31910	20289	9643	591	22267	24002	10012	278
10	849	1163	961	314	70	849	725	23	20
2227	17083	22573	20639	5579	1068	16994	14937	2970	2805
3297	108067	127924	77699	45921	2927	82004	83003	7567	5319
2547	46252	60875	56091	15218	2465	45657	46632	11007	10831
1424424	2384096	3600535	2997419	1603934	232510	1996601	1994132	168723	113052
24	39223	52458	50201	13632	2692	38826	38199	5651	5506
79131	220631	228775	205496	34143	4301	194632	272489	39067	33640
12275	63189	87489	82876	24352	3742	63137	64178	1539	1526
80	1694	2597	2597	903	194	1694	1939	1309	1309
108215	1002862	1382057	1316926	455127	100027	926930	844658	20073	16793
87834	583086	848206	803172	327177	47292	521029	502798	6659	3486
18195	140441	163697	154182	35875	7169	127823	129612	9623	9588
2186	279335	370153	359573	92075	45566	278079	212249	3791	3719

11－4 全市工业企业主要经济指标(三)

单位:万元

		负债合计 Liabilities	流动负债 小计 Liquid liabilities	长期负债 小计 Long－term liabilities
总　　计	**Total**	**8501465**	**6755195**	**1743048**
一、按登记注册类型分组:	Grouped by tpye registered			
内资企业	Domestic funds	7216155	5603256	1610460
国有企业	State owned	5473847	4068858	1404677
中央企业	Centre enterprises	4787354	3529807	1257546
地方企业	Local enterprises	686494	539051	147132
省属企业	Provincial enterprises	96050	75786	20263
地区属企业	Prefectural enterprises	509383	395548	113645
县属企业	County enterprises	80736	67697	12917
其他属企业	Others	326	20	306
集体企业	Collective owned	182933	166048	15478
省属企业	Provincial enterprises	1790	1760	30
地区属企业	Prefectural enterprises	16662	13561	3031
县属企业	County enterprises	9096	9082	14
街道属企业	Street enterprises	5006	4917	89
镇属企业	Town enterprises	17323	15600	1723
乡属企业	Town ship enterprises	13910	11845	2066
村委会办企业	Village enterprises	28485	25775	2709
其他属企业	Others	90661	83508	5816
股份合作企业	Share holding cooperative	86096	71020	15075
联营企业	Joint ownership	1900	1732	168
集体联营企业	Collective owned	182	30	152
国有与集体联营企业	State－collective joint	1675	1675	
其他营联企业	Others	43	27	16
有限责任公司	Limited company	900711	772509	128197
国有独资公司	State owned	692314	590454	101854
其他有限责任公司	Others	208398	182054	26343
股份有限公司	Share holding	474737	442956	31781
私营企业	Private	95932	80134	15083
私营独资企业	Solely Owned	23164	22480	684
私营合伙企业	Privat partnership	299	299	
私营有限责任公司	Limited company	66736	52466	13554
私营股份有限公司	Private	5734	4889	845
港、澳、台商投资企业	Funded from Hongkong,Macao and Taiwan	219098	170824	47491
合资经营企业(港或澳、台资)	Joint Ventare	197612	150428	46401
合作经营企业(港或澳、台资)	Cooperative	1459	369	1090
港澳台商独资企业	Solely owned	1124	1124	
港澳台商投资股份有限公司	Funded from Hongkong,Macao and Taiwan	18903	18903	
外商投资企业	Foreign funded	1066212	981115	85097
中外合资经营企业	Joint Venture	1037974	953871	84103
中外合作经营企业	Cooperative	12386	12386	
外资企业	Solely owned	15264	14270	994
外商投资股份有限公司	Share holding	588	588	
二、按经济组织类型分组	Grouped by ownership			
独资企业	Solely owned enterprises	5696332	4272780	1421833
国有企业	State owned	5473847	4068858	1404677

MAIN ECONOMIC INDICATORS OF INDUSTRIAL ENTERPRISES (Ⅲ)

unit: 10000yuan

所有者权益合计 Creditors' equity	实收资本 Capital hold	国家资本 State owned	集体资本 Collective owned	法人资本 Legperson capital	个人资本 Private funds	港澳台资本 Funded from Hongkong, Macao and Taiwan	外商资本 Foreign funds	产品销售收入 Sale revenue	产品销售成本 Cost of sales
5199203	**2542551**	**1578717**	**99552**	**318156**	**172520**	**32686**	**340920**	**12006124**	**9778924**
3596305	1784441	1281045	88032	242744	170650	1610	360	7585725	6487486
2148048	1111736	1038124	1584	17348	54681			5843309	5031546
1830177	825214	762426	825	7300	54663			5479049	4717566
317871	286521	275697	759	10048	18			364260	313981
28943	15898	15898						48931	41147
279558	251679	240873	759	10048				186290	157712
9227	18865	18847			18			128936	115057
143	79	79						104	65
129120	72721	24	70399	702	1597			396437	339434
4044	2572		2572					2808	1903
12478	5512	24	4344	10	1134			19528	14655
11064	3414		3414					4717	3263
7782	4988		4988					20739	17304
16089	12036		11031	642	363			77078	67634
26555	19048		18898	50	100			50184	44923
23281	15463		15463					61049	53065
27827	9689		9689					160334	136687
40816	21654	101	10684	2887	7981			118549	100609
1585	1657		299	948	410			13769	12795
887	887		39	848				1650	1600
21	100			100				4559	4391
678	670		260		410			7560	6804
636798	331103	209301	717	110221	10863			429926	347568
457624	202736	202736						196892	173336
179174	128367	6565	717	110221	10863			233034	174232
539676	198462	33496	4349	109338	49309	1610	360	640756	535246
100262	47109			1300	45809			142980	120287
14269	7164			1300	5846			25230	20105
282	280				280			325	288
83943	38233				38233			107887	91608
1768	1451				1451			9537	8286
92046	56781	8101	1507	20185	1565	25423		443331	314783
76944	48905	7351	1507	18120	165	21762		427447	302603
787	1500	750				750		1073	771
4881	1000					1000		11393	8430
9433	5376			2056	1400	1911		3418	2987
1510852	701329	289572	10012	55227	304	5653	340560	3977068	2976656
1456027	646695	289572	9866	48237	57	5653	293310	3937483	2952065
36136	35185		147	6990			28048	17298	9216
18415	19016				248		19016	20607	13980
273	433						186	1681	1396
2314734	1211619	1038147	71983	19349	62124	1000	19016	6296977	5413495
2148048	1111736	1038124	1584	17348	54681			5843309	5031546

11－4续表1

单位:万元

		负债合计 Liabilities	流动负债小计 Liquid liabilities	长期负债小计 Long－term liabilities
集体企业	Collective owned	182933	166048	15478
私营独资企业	Solely Owned	23164	22480	684
港澳台商独资经营企业	Funded from Hongkong, Macao and Taiwan	1124	1124	
外资企业	Solely owned	15264	14270	994
合作、合伙企业	Cooperation and partnership	102139	85806	16333
股份合作企业	Cooperative	86096	71020	15075
集体联营企业	Collective owned	182	30	152
国有与集体联营企业	State－collective joint	1675	1675	
其他联营企业	Other joint	43	27	16
私营合伙企业	Privat Partnership	299	299	
港或澳、台资合作经营企业	Funded from Hongkong, Macao and Taiwan	1459	369	1090
中外合作经营企业	Cooperative	12386	12386	
股份有限公司	Share holding	499961	467335	32626
股份有限公司(内资)	Share holding (domestic)	474737	442956	31781
私营股份有限公司	Private	5734	4889	845
港澳台商投资股份有限公司	Funded from Hongkong, Macao and Taiwan	18903	18903	
外商投资股份有限公司	Share holding	588	588	
有限责任公司	Limited company	2203033	1929274	272255
国有独资公司	State owned	692314	590454	101854
私营有限责任公司	Limited company	66736	52466	13554
港澳台合资经营企业	Funded from Hongkong, Macao and taiwan	197612	150428	46401
中外合资经营企业	Joint Venture	1037974	953871	84103
其他有限责任公司	Others	208398	182054	26343
三、按隶属关系分组	Grouped by administrative			
中央企业	Centre enterprises	4810330	3552695	1257634
省属企业	Provincial enterprises	406016	360024	45986
地区属企业	Prefectural enterprises	1712136	1397996	312382
县属企业	County enterprises	251913	222245	29546
街道属企业	Street enterprises	29914	28118	1795
镇属企业	Town enterprises	24498	19340	5158
乡属企业	Town ship enterprises	23569	19851	3718
村委会办企业	Village enterprises	53089	43799	9289
其他属企业	Others	1190001	111125	77539
在总计中:亏损企业	Making loss enterprises	1715749	1397303	317453
在总计中:国有控股企业	State share holding	7442736	5772940	1668695
其中:大中型企业	Large and medium enterprises	7027393	5410250	1616254
在总计中:农村工业	Rural industry	76658	63651	13007
在总计中:轻工业	Light industry	1315217	1104583	210492
以农产品为原料	Raw material for agricultural products	983354	846312	136901
以非产农产品为原料	Raw material for non agricultural products	331862	258271	73591
重工业	Heavy industry	7186248	5650612	1532556
采掘工业	Excavation	30226	22955	7271
原料工业	Raw material industry	1092050	680058	411992
加工工业	Processing industry	6063972	4947600	1113293
在总计中:大中型企业	Large and mudium enterprises	7568725	5932772	1635064
其中:国有大中型企业	State owned	5219645	3850100	1369444

continued 1 unit:10000yuan

所有者权益合计 Creditors' equity	实收资本 Capital hold	国家资本 State owned	集体资本 Collectine owned	法人资本 Legperson capital	个人资本 Private funds	港澳台资本 Funded from Hongkong, Macao and Taiwan	外商资本 Foreign funds	产品销售收入 Sale revenwe	产品销售成本 Cost of sales
129120	72721	24	70399	702	1597			396437	339434
14269	7146			1300	5846			25230	20105
4881	1000					1000		11393	8430
18415	19016						19016	20607	13980
79605	60276	851	11130	10825	8671	750	28048	151013	123679
40816	21654	101	10684	2887	7981			118549	100609
887	887		39	848				1650	1600
21	100			100				4559	4391
678	670		260		410			7560	6804
282	280				280			325	288
787	1500	750				750		1073	771
36136	35185		147	6990			28048	17298	9216
551151	205721	33496	4349	111403	52407	3521	546	655392	547907
539676	198462	33496	4349	109338	49309	1610	360	640756	535246
1768	1451				1451			9537	8286
9433	5376			2065	1400	1911		3418	2978
273	433				248		186	1681	1396
2253713	1064935	5036223	12090	176579	49318	27415	293310	4902743	3693844
457624	202736	202736						196892	173336
83943	38233				38233			107887	91608
76944	48905	7351	1507	18120	165	21762		427447	302603
1456027	646695	289572	9866	48237	57	5653	293310	3937483	2952065
179174	128367	6565	717	110221	10863			233034	174232
1880658	864589	797106	1069	7735	58274		405	5514754	4745962
337945	94819	44563	3159	19844	693	3015	23544	388321	334871
1169530	839380	465811	18061	201061	29868	15263	109316	1355866	1032494
80345	77212	24131	5715	18743	12282	7910	8431	243578	201992
12470	10209	447	4988	200	4060	514		30670	24653
22523	15663		12968	1346	1349			112523	100582
36093	25353	130	20222	2155	2506	319	20	79413	70815
63027	28075		17450	739	9793		94	99718	85153
1596613	587252	246529	15920	66334	53694	5665	199110	4181262	3182403
753880	611497	516313	5053	44355	8864	4533	32380	605400	544490
4279673	2045984	1536906	11928	201331	90703	9181	195935	10072435	8153454
4121087	1872849	1416315	8474	175305	86425	7988	178343	9773031	7902847
99120	53428	130	37672	2894	12299	319	114	179149	155968
766520	607506	303418	32405	92195	57254	23375	98858	1507365	1173473
367251	321521	117691	19952	74868	40459	17607	50944	1257088	978952
399270	285985	185727	12453	17327	16796	5768	47914	250269	194521
4432683	1935045	1275299	67147	225961	115265	9311	242062	10498767	8605451
17823	13352	9167	770	3014	401			27171	19053
424889	301828	132611	5350	133363	25467		5037	695315	586780
3989971	1619865	1133521	61027	89584	89397	9311	237025	9776282	7999619
4580834	2084813	1448956	24282	228630	107180	17085	258380	1081332	8787162
2090662	1051974	979237	825	17249	54663			5685490	4891487

11－4续表2 单位:万元

		负债合计 Liabilities	流动负债 小计 Liquid liabilities	长期负债 小计 Long－term liabilities
其中:大型企业	Large enterprises	6795501	5350636	1444764
中型企业	Mudium enterprises	773224	582135	190300
小型企业	Small enterprises	932740	822423	107984
B、采掘业	Minging and quarring	30226	22955	7271
煤炭采选业	Coal mining and dressing	21523	14277	7246
石油和天然气开采业	Petroleum and natural gas extraction	8451	8451	
有色金属矿采选业	Non－ferrous metals mining and dressing	190	190	
非金属矿采选业	Non－metal minerals mining and dressing	63	37	25
C、制造业	Mannfac turing	7539245	6223095	1312928
食品加工业	Food processing	322173	301710	20443
食品制造业	Food manufacturing	126550	92543	33885
饮料制造业	Beverage manufacturing	107241	101182	6060
烟草加工业	Tobacco processing	124919	107119	17800
纺织业	Textile industry	65329	51898	13430
服装及其他纤维制品制造业	Garments and other fiber products	28382	26325	2056
皮革、毛皮、羽绒及其制品业	Leather, furs, down and related products	634	630	4
木材加工及竹、藤、棕、草制品业	Timber, bamboo, cane, palm and straw products	37594	29976	7618
家具制造业	Furniture manufacturing	11112	11037	75
造纸及纸制品业	Paper making and paper products	3753	3538	215
印刷业、记录媒介的复制	Printing and record medium reproduction	25269	18609	6660
石油加工及炼焦业	Petroleum processing and coking	9318	9318	5834
化学原料及化学制品制造业	Raw chemical material and chemical products	72313	51688	20625
医药制造业	Medical and pharmacutical products	203739	167381	36359
橡胶制品业	Rubber products	53434	29522	23912
塑料制品业	Plastic products	32460	25708	6752
非金属矿物制品业	Nonmetal mineral products	170452	141664	28788
黑色金属冶炼及压延加工业	Smelting and pressing of ferrous metals	66581	56663	9919
有色金属冶炼及压延加工业	Smelting and pressing of non ferrous metals	1244	1244	
金属制品业	Metal products	35501	34708	783
普通机械制造业	Ordinary machinery	165161	148097	16965
专用设备制造业	Special purpose equipment	93989	90841	2363
交通运输设备制造业	Transport equipment	5322216	4319944	1000093
电气机械及器材制造业	Electric equipmert and machinery	73698	65720	7973
电子及通信设备制造业	Electronic and telecommunication equipment	303349	281921	21428
仪器仪表及文化办公用机械制造业	Instruments, meters, culturae and office	79502	52065	27437
其他制造业	Other manufacturing	3333	2046	1287
D、电力、蒸汽、热水的生产和供应业	Production and supply of electric power, steam and hot water	931993	509144	422849
电力、蒸汽、热水的生产和供应业	Production and supply of electric power, steam and hot water	718298	360648	357650
煤气生产和供应业	Production and supply of gas	130693	113296	17397
自来水的生产和供应业	Production and supply of tap water	83003	35200	47803

continued2 unit: 10000yuan

所有者权益合计 Creditors' equity	实收资本 Capital hold	国家资本 State owned	集体资本 Collective owned	法人资本 Legperson capital	个人资本 Private funds	港澳台资本 Funded from Hongkong, Macao and Taiwan	外商资本 Foreign funds	产品销售收入 Sale revenue	产品销售成本 Cost of sales
4365889	1858000	1338275	2795	197995	95240	7123	216573	9943463	8140560
214945	226813	110681	21488	30635	11940	9962	42107	869859	646602
618369	457738	129761	75270	89527	65339	15601	82240	1192801	991763
17823	13352	9167	770	3014	401			27171	19053
13639	9255	9167			88			15112	9381
2603	2534			2534				838	726
313	313				313			1050	966
1268	1250		770	480				10171	7980
4689531	2155968	1319562	98782	238673	152345	32686	313920	11441930	9293021
145658	92388	16912	5866	27330	14700	379	27201	529535	470376
27347	33174	2998	4922	18667	1067	5500	20	405729	299184
26063	37703	8369	1509	3714	2375	7487	14249	91740	67033
－12137	13807	13087						68227	31126
46260	48204	47404			800			31271	27664
15700	6895	3896	902	633	708		757	25927	22296
803	194		134		60			158	103
13533	18440	660	44	4233	1270	556	11677	23892	19312
－722	1604		920		102	582		4570	4002
1279	397		345	52				12931	11361
9251	7000	3593	459	270	2498	180		17075	12816
5834	6694	4621	1046		248		780	44149	37757
79411	21982	5493	5876	848	3218		6547	52119	37076
149218	103956	36206	7934	27585	24315	7632	285	98390	46107
23731	27085	23144	256	2835	756		94	32225	27061
33457	21875	4406	4026	1077	5933	1704	4730	51664	42088
132374	94948	16825	6887	61645	3022		6569	137272	100348
－3261	7681	4995	2506		180			27294	25010
1417	801		321	280	200			4264	3761
12467	7432	1382	3689	100	1650		610	30326	25979
123188	53308	36358	3967	2265	2516		8203	78798	64701
31252	33406	16967	584	6543	5358		3954	41780	34500
3372359	1354355	992562	36571	30170	77094	8364	209593	9415183	7712093
37758	27724	15861	1889	1070	1800		7104	71470	56638
360207	112112	48265	3096	47093	2297	302	11060	98654	79962
53485	20995	14838	4273	1626	180		79	43957	31977
3599	1809		759	640			410	3334	2690
491850	373231	249989		76469	19773		27000	537023	466851
151057	111228	60639		46989	3600			427344	384244
107151	96557	55904		24480	16173			52663	39113
233641	165446	133446		5000			27000	57016	43494

11-5 全市工业企业主要经济指标(四)

单位:万元

		产品销售费用 Cost of sales	广告费 Advertisement	产品销售税金及附加 Coles tax and extra charge
总　　计	**Total**	**300094**	**52676**	**264189**
一、按登记注册类型分组:	Grouped by tpye registered			
内资企业	Domestic funds	182583	10796	87966
国有企业	State owned	137732	8412	70149
中央企业	Centre enterprises	124855	8176	64390
地方企业	Local enterprises	12877	236	5759
省属企业	Provincial enterprises	1182	11	303
地区属企业	Prefectural enterprises	9633	217	1243
县属企业	County enterprises	2051	8	4213
其他属企业	Others	11		
集体企业	Collective owned	6752	106	3363
省属企业	Provincial enterprises	180	37	22
地区属企业	Prefectural enterprises	536	19	95
县属企业	County enterprises	134	3	56
街道属企业	Street enterprises	144		118
镇属企业	Town enterprises	1037	5	1843
乡属企业	Town ship enterprises	1862	29	247
村委会办企业	Village enterprises	616	2	155
其他属企业	Others	2244	11	827
股份合作企业	Share holding cooperative	2412	12	817
联营企业	Joint ownership	269		636
集体联营企业	Collective owned	13		27
国有与集体联营企业	State-collective joint	105		4
其他营联企业	Others	151		605
有限责任公司	Limited company	19554	989	6324
国有独资公司	State owned	7996	918	3532
其他有限责任公司	Others	11558	71	2792
股份有限公司	Share holding	10885	964	5455
私营企业	Private	4979	312	1221
私营独资企业	Solely Owned	1847	7	380
私营合伙企业	Privat partnership			
私营有限责任公司	Limited company	2978	305	697
私营股份有限公司	Private	154		145
港、澳、台商投资企业	Funded from Hongkong, Macao and Taiwan	9336	528	3348
合资经营企业(港或澳、台资)	Joint Ventare	9320	527	3345
合作经营企业(港或澳、台资)	Cooperative			
港澳台商独资企业	Solely owned	3		2
港澳台商投资股份有限公司	Funded from Hongkong, Macao and Taiwan	13	2	1
外商投资企业	Foreign funded	108175	41351	172875
中外合资经营企业	Joint Venture	106179	41331	172725
中外合作经营企业	Cooperative	1050		4
外资企业	Solely owned	915	20	147
外商投资股份有限公司	Share holding	32		
二、按经济组织类型分组	Grouped by ownership			
独资企业	Solely owned enterprises	147248	8546	74041
国有企业	State owned	137732	8412	70149

MAIN ECONOMIC INDICATORS OF INDUSTRIAL ENTERPRISES (Ⅳ)

unit: 10000yuan

产品销售利润 Sales profit	其他业务利润 Other profits	管理费用 Cost of management	税金 Taxes	财产保险费 Property insurance	劳动待业保险费 Employment insurance	养老医疗保险费 Life insurance	办公费 Administrative expense	研究开发费 Cost of R&D	职工教育费 Education
1662916	190959	1112914	16317	7096	31582	86832	16431	227329	4973
827690	148985	932186	9787	5000	28655	75857	12263	226579	4454
603882	112508	776538	6486	3752	15994	65918	7673	223876	3388
572238	110187	727963	5343	3442	10976	57777	5620	223634	3126
31644	2321	48575	1143	310	5018	8142	2053	242	262
6300	-89	6212	204	90	605	732	113	122	42
17702	1996	35315	771	165	3771	6899	1245	119	177
7614	415	7028	167	55	642	511	695		43
27		21							
46888	1627	24705	724	184	1748	1332	1490	507	365
703	19	355	12	12	5	49	11	20	3
4242	48	1507	63	3	58	72	114		4
1265	15	538	7	3	2	18	17		3
3173		1165	11	9		100	40	204	7
6565	4	1447	44	14	34	127	115		4
3152	185	844	46	5	3	15	52	15	1
7214	21	2479	353	24	49	39	166	36	46
20575	1335	16370	188	114	1598	912	976	232	299
14711	508	9843	197	137	634	1375	231	216	39
68	64	310	27	5	1	27	11		2
10	64	35	27	5	1		1		
58		199				27	10		2
		76							
56480	30748	72386	1431	646	5561	5033	1404	881	281
12028	5335	51713	974	270	3750	3925	751	775	113
44452	25413	20673	457	376	1811	1108	654	106	168
89169	3421	40686	718	239	4707	2069	883	790	348
16492	109	7719	203	37	11	103	570	309	31
2899	132	1284	55	2	2	56	127		4
37		37	1	1			4		1
12605	-26	5668	148	34	9	35	427	302	26
952	3	731				12	12	7	1
115865	253	11063	439	162	112	548	1641	171	118
112179	258	10118	430	160	67	540	1571	161	114
302	-5	231			39		10		3
2958		461			5		56	10	
426	1	254	10	2	1	8	5		2
719361	41720	169664	6091	1935	2815	10427	2528	579	401
706514	41632	165653	6059	1860	2775	10343	2355	564	384
7028		1895	5	72	38	22	52	15	12
5566	20	2037	24	1	3	62	115		5
254	68	79	3	2			7		
662193	114287	805024	7289	3939	17751	67369	9461	224393	3762
603882	112508	776538	6468	3752	15994	65918	7673	223876	3388

11－5续表1

单位:万元

		产品销售费用 Cost of sales	广告费 Advertisement	产品销售税金及附加 Coles tax and extra charge
集体企业	Collective owned	6752	106	3363
私营独资企业	Solely Owned	1847	7	380
港澳台商独资经营企业	Funded from Hongkong, Macao and Taiwan	3		2
外资企业	Solely owned	915	20	147
合作、合伙企业	Cooperation and partnership	3732	12	1457
股份合作企业	Cooperative	2412	12	817
集体联营企业	Collective owned	13		27
国有与集体联营企业	State－collective joint	105		4
其他联营企业	Other joint	151		605
私营合伙企业	Privat partnership			
港或澳、台资合作经营企业	Funded from Hongkong, Macao and Taiwan			
中外合作经营企业	Cooperative	1050		4
股份有限公司	Share holding	11084	966	5601
股份有限公司(内资)	Share holding (domestic)	10885	964	5455
私营股份有限公司	Private	154		145
港澳台商投资股份有限公司	Funded from Hongkong, Macao and Taiwan	13	2	1
外商投资股份有限公司	Share holding	32		
有限责任公司	Limited company	138030	43152	183091
国有独资公司	State owned	7996	918	3532
私营有限责任公司	Limited company	2978	305	697
港澳台合资经营企业	Funded from Hongkong, Macao and taiwan	9320	527	3345
中外合资经营企业	Joint Venture	106179	41331	172725
其他有限责任公司	Others	11558	71	2792
三、按隶属关系分组	Grouped by administrative			
中央企业	Centre enterprises	126608	8178	64608
省属企业	Provincial enterprises	13142	298	638
地区属企业	Prefectural enterprises	48666	3785	8302
县属企业	County enterprises	8892	754	11647
街道属企业	Street enterprises	1086	2	279
镇属企业	Town enterprises	1313	5	2573
乡属企业	Town ship enterprises	2020	33	353
村委会办企业	Village enterprises	1527	2	476
其他属企业	Others	96841	39619	175314
在总计中:亏损企业	Making loss enterprises	27754	1100	9273
在总计中:国有控股企业	State share holding	254616	49416	251384
其中:大中型企业	Large and medium enterprises	243487	49084	249990
在总计中:农村工业	Rural industry	3547	35	829
在总计中:轻工业	Light industry	60737	6662	38079
以农产品为原料	Raw material for agricultural products	45130	5802	35585
以非产农产品为原料	Raw material for non agricultural products	15608	861	2494
重工业	Heavy industry	239357	46013	226110
采掘工业	Excavation	830	1	984
原料工业	Raw material industry	11281	19	9204
加工工业	Processing industry	227246	45994	215922
在总计中:大中型企业	Large and mudium enterprises	266766	52115	255561
其中:国有大中型企业	State owned	133891	8202	69205

continued1　　unit: 10000yuan

产品销售利润 Sales profit	其他业务利润 Other profits	管理费用 Cost of management	税金 Taxes	财产保险费 Property insurance	劳动待业保险费 Employment insurance	养老医疗保险费 Life insurance	办公费 Administrative expense	研究开发费 Cost of R&D	职工教育费 Education
46888	1627	24705	724	184	1748	1332	1490	507	365
2899	132	1284	55	2	2	56	127		4
2958		461			5		56	10	
5566	20	2037	24	1	3	62	115		5
22145	567	12315	230	215	711	1423	307	232	56
14711	508	9843	197	137	634	1375	231	216	39
10	64	35	27	5	1		1		
58		199				27	10		2
		76							
37		37	1	1			4		1
302	−5	231			39		10		3
7028		1895	5	72	38	22	52	15	12
90800	3493	41750	731	243	4707	2089	907	796	350
89169	3421	40686	718	239	4707	2069	883	790	348
952	3	731				12	12	7	1
426	1	254	10	2	1	8	5		2
254	68	79	3	2			7		
887777	72612	253825	8067	2699	8413	15951	5757	1908	805
12028	5335	51713	974	270	3750	3925	751	775	113
12605	−26	5668	148	34	9	35	427	302	26
112179	258	10118	430	160	67	540	1571	161	114
706514	41632	165653	6059	1860	2775	10343	2355	564	384
44452	25413	20673	457	376	1811	1108	654	106	168
577575	110535	732383	5424	3467	11408	58764	5697	223746	3186
39670	37	22045	290	107	620	911	252	186	55
266405	35641	136841	3513	1372	9013	15285	5505	1558	648
21049	583	17035	392	95	772	1358	1237	171	96
4653		2286	15	13	1	108	85	205	7
8056	4	1649	44	14	34	127	122		4
6243	432	1351	105	21	4	15	53	15	1
12562	207	4400	368	31	56	39	220	41	51
726704	43520	194923	6166	1975	9675	10224	3262	1407	925
23883	6506	121705	2487	870	12616	10314	2234	1354	696
1412982	186245	1006390	14069	6246	23912	83623	11709	225872	3870
1376707	183199	971886	13325	5641	22317	79793	9036	225327	3716
18805	639	5751	473	52	60	54	273	56	51
235067	3729	110283	2339	1117	7685	6790	4368	2024	522
197421	2631	62557	1299	671	4212	3120	3037	1079	417
37646	1098	47726	1040	446	3473	3671	1331	945	105
1427849	187230	1002631	13978	5979	23897	80042	12063	225305	4451
6303	37	4056	1	54	861	551	150		29
88051	30850	35552	644	337	1392	4414	661	14	236
1333495	156344	963022	13332	95588	21643	75077	11252	225291	4186
1503833	185382	1019188	14077	5962	26614	80857	10669	225847	4233
590907	110395	760288	6199	3640	14907	63121	6190	223840	3329

11-5续表2　　单位:万元

		产品销售费用 Cost of sales	广告费 Advertisement	产品销售税金及附加 Coles tax and extra charge
其中:大型企业	Large enterprises	241799	47573	222390
中型企业	Mudium enterprises	24968	4542	33172
小型企业	Small enterprises	33328	561	8628
B、采掘业	Mining and quarring	830	1	984
煤炭采选业	Coal mining and dressing	627	1	153
石油和天然气开采业	Petroleum and natural gas extraction			17
有色金属矿采选业	Non-ferrous metals mining and dressing			1
非金属矿采选业	Non-metal minerals mining and dressing	203		814
C、制造业	Mannfecturing	293516	52675	259548
食品加工业	Food processing	13969	345	1948
食品制造业	Food manufacturing	4682	12	235
饮料制造业	Beverage manufacturing	9193	2343	7018
烟草加工业	Tobacco processing	3232	1657	25635
纺织业	Textile industry	294		14
服装及其他纤维制品制造业	Garments and other fiber products	414	3	68
皮革、毛皮、羽绒及其制品业	Leather, furs, down and related products	3		1
木材加工及竹、藤、棕、草制品业	Timber, bamboo, cane, palm and straw products	1662	8	177
家具制造业	Furniture manufacturing	144		13
造纸及纸制品业	Paper making and paper products	98		34
印刷业、记录媒介的复制	Printing and record medium reproduction	423		148
石油加工及炼焦业	Petroleum processing and coking			3803
化学原料及化学制品制造业	Raw chemical material and chemical products	2743	23	656
医药制造业	Medical and pharmacutical products	18267	1761	676
橡胶制品业	Rubber products	797		2101
塑料制品业	Plastic products	1216		276
非金属矿物制品业	Nonmetal mineral products	6546	17	2018
黑色金属冶炼及压延加工业	Smelting and pressing of ferrous metals	271	4	87
有色金属冶炼及压延加工业	Smelting and pressing of non ferrous metals	56	5	14
金属制品业	Metal products	744	14	697
普通机械制造业	Ordinary machinery	2064	17	351
专用设备制造业	Special purpose equipment	1411	95	237
交通运输设备制造业	Transport equipment	218611	46366	212405
电气机械及器材制造业	Electric equipmert and machinery	1980		259
电子及通信设备制造业	Electronic and telecommunication equipment	2940	3	231
仪器仪表及文化办公用机械制造业	Instruments, meters, culturae and office	1527	3	442
其他制造业	Other manufacturing	230		3
D、电力、蒸汽、热水的生产和供应业	Production and supply of electric power, steam and hot water	5748		3657
电力、蒸汽、热水的生产和供应业	Production and supply of electric power, steam and hot water	233		2783
煤气生产和供应业	Production and supply of gas	2911		579
自来水的生产和供应业	Production and supply of tap water	2603		295

continued2

unit: 10000yuan

产品销售利润 Sales profit	其他业务利润 Other profits	管理费用 Cost of management	税金 Taxes	财产保险费 Property insurance	劳动待业保险费 Employment insurance	养老医疗保险费 Life insurance	办公费 Administrative expense	研究开发费 Cost of R&D	职工教育费 Education
1338715	183866	970583	12700	5239	21874	77774	7859	224944	3864
165118	1517	48605	1377	723	4740	3082	2810	904	369
159083	5576	93727	2240	1135	4969	5975	5763	1482	740
6303	37	4056	1	54	861	551	150		29
4951	37	3700	1	54	861	551	97		29
95		178					53		
84		78					1		
1174		102							
1595845	185325	1079334	15668	6867	28092	80970	15577	227325	4781
43242	1312	17892	161	40	78	662	731	280	111
101628	239	5146	342	49	302	458	1303	76	108
8496	535	5047	115	137	95	871	293	11	36
8234	－19	7987	173	289	1822		61	197	57
3299	83	3149	88	6	1051	161	91	12	8
3149	44	2871	45	9	464	69	55	36	20
51	47	71	3			14			
2742	68	2279	90	24	92	27	122		3
411	183	260	10	14	1		10		
1437		335	4			68	10		
3688	192	2390	52	21	127	501	60		11
2589	341	2622	50	3	292	63	11		20
11643	－105	4377	140	85	113	262	83	61	16
33340	91	24923	349	136	415	622	956	601	90
2266	201	2244	88	50	220	57	113	10	4
8084	28	3172	105	60	165	82	117	40	17
28360	25227	11565	412	256	460	1133	296	3	56
1926	22	2023	63	1	144	125	27		8
434	13	165	11				10		
2906	147	2942	47	46	152	295	84	1	12
11682	81	11161	279	65	1279	1037	390	58	75
5632	97	5448	283	34	178	297	211	109	55
1272074	154968	930213	11890	5412	19721	73035	9014	225086	3924
12593	334	5513	229	59	139	173	311	436	31
15520	486	15119	454	29	256	264	877	93	98
10012	714	10085	173	44	527	693	322	216	21
410	－5	337	11	3		4	20		1
60768	5597	29524	647	175	2629	5311	704	4	163
40084	4665	8265	243	33	343	1220	245		53
10060	791	11549	156	69	136	2125	194	4	104
10623	142	9710	248	73	2150	1966	264		6

11－6 全市工业企业主要经济指标(五)

单位:万元

		财务费用 Financial expenses	利息支出 Interest expenditure	营业利润 Business profits
总　　计	**Total**	**128372**	**110915**	**612589**
一、按登记注册类型分组:	Grouped by tpye registered			
内资企业	Domestic funds	90242	83243	－45753
国有企业	State owned	65685	65921	－125833
中央企业	Centre enterprises	51850	53432	－97388
地方企业	Local enterprises	13835	12489	－28444
省属企业	Provincial enterprises	1736	1728	－1736
地区属企业	Prefectural enterprises	10358	9029	－25975
县属企业	County enterprises	1740	1732	－738
其他属企业	Others	1	1	5
集体企业	Collective owned	2785	1751	21025
省属企业	Provincial enterprises	56	56	310
地区属企业	Prefectural enterprises	375	350	2409
县属企业	County enterprises	3	3	738
街道属企业	Street enterprises	120	31	1888
镇属企业	Town enterprises	255	158	4866
乡属企业	Town ship enterprises	656	324	1837
村委会办企业	Village enterprises	563	400	4192
其他属企业	Others	756	430	4785
股份合作企业	Share holding cooperative	2198	2197	3178
联营企业	Joint ownership	113	69	－290
集体联营企业	Collective owned	26	20	13
国有与集体联营企业	State－collective joint	47	47	－188
其他营联企业	Others	40	2	－115
有限责任公司	Limited company	13787	9866	1055
国有独资公司	State owned	9537	6304	－43887
其他有限责任公司	Others	4250	3562	44942
股份有限公司	Share holding	3984	2351	47920
私营企业	Private	1690	1088	7192
私营独资企业	Solely owned	329	239	1418
私营合伙企业	Privat partnership			
私营有限责任公司	Limited company	1313	801	5598
私营股份有限公司	Private	48	48	176
港、澳、台商投资企业	Funded from Hongkong, Macao and Taiwan	5699	5582	99356
合资经营企业(港或澳、台资)	Joint Ventare	5669	5588	96650
合作经营企业(港或澳、台资)	Cooperative	25		41
港澳台商独资企业	Solely owned	6	－6	2492
港澳台商投资股份有限公司	Funded from Hongkong, Macao and Taiwan	－1	－1	173
外商投资企业	Foreign funded	32431	22089	558986
中外合资经营企业	Joint Venture	32409	22101	550004
中外合作经营企业	Cooperative	67	67	5066
外资企业	Solely owned	－126	－139	3675
外商投资股份有限公司	Share holding	2	1	241
二、按经济组织类型分组	Grouped by ownership			
独资企业	Solely owned enterprises	68678	67767	－97222
国有企业	State owned	65685	65921	－125833

MAIN ECONOMIC INDICATORS OF INDUSTRIAL ENTERPRISES (Ⅴ)

unit: 10000yuan

投资收益 Dividend	补贴收入 Subsidy	利润总额 After-tax profits	应交所得税 Income tax payable	应付利润 Profits payable	亏损企业亏损总额 Total loss of loss-making enterprises	利税总额 Pre-tax profits	上交税金 Taxable income	本年应付工资总额 Wages	主营业务应付工资总额 Wage of business
303688	**20870**	**804644**	**74868**	**558783**	**129241**	**1606629**	**801985**	**497011**	**490756**
303425	19763	140389	24757	22432	122112	509891	369502	423814	418125
301594	13685	86081	5356	13265	68997	366064	279983	300342	296972
300825	8857	110461	4018	12769	36825	370679	260218	259068	257012
769	4827	-24379	1338	496	32171	-4614	19765	41274	39960
402	729	-202	242	427	1501	2928	3130	6703	6349
367	3750	-22721	1043	33	26956	-12716	10005	28134	27485
	348	-1461	53	36	3715	5157	6619	6413	6102
		5				16	11	24	24
187	9	21708	3130	2002	1287	38998	17290	28819	27422
		260			5	507	246	331	331
-3		2528	84	440	326	3445	917	1170	1109
		552	64			936	384	673	610
		2049	630	727		3252	1203	1201	1187
47	9	4556	472	166		8294	3738	2744	2709
		1963	64	87		3093	1131	1591	1575
28		4563	650	777		5827	1263	2296	2246
115		5237	1166	-196	957	13646	8408	18814	17656
36	-76	2389	2016	866	1100	7799	5410	9223	9197
		-37	2	70	184	977	1013	294	294
		72	2	70		126	54	26	26
		-184			184	-132	52	237	237
		76				983	907	31	31
-345	2588	-22800	3176	4329	48088	3642	26442	36762	36402
-399	52	-42845	300	14	45286	-33019	9827	23614	23400
54	2536	20045	2876	4316	2801	36660	16616	13148	13002
1940	3160	46124	9971	713	2123	80540	34416	41770	41765
13	403	6924	1106	1188	333	11872	4948	6604	6074
21		1249	169	368	19	2372	1123	1370	1247
						10	10	43	39
-8	403	5587	898	758	314	9103	3515	4987	4643
		87	40	62		388	301	204	118
		42652	410	264	1397	51804	9152	5484	5367
		39956	410	260	1303	47726	7770	4970	4911
		40		4		160	120	99	99
		2492				3590	1098	261	261
		164			94	328	164	154	96
264	1103	621604	49701	536087	5733	1044934	423330	67713	67263
-338	1093	612586	49378	529726	5446	1034306	421721	64275	63884
602		5101	140	4122		5587	486	1860	1821
	7	3673	183	2239	287	4797	1124	1498	1478
	3	244				244		81	81
301801	13701	115204	8838	17873	70590	415821	300617	332290	327407
301594	13685	86081	5356	13265	68997	366064	279983	300342	296972

11-6续表1

单位:万元

		财务费用 Financial expenses	利息支出 Interest expenditure	营业利润 Business profits
集体企业	Collective owned	2785	1751	21025
私营独资企业	Solely Owned	329	239	1418
港澳台商独资经营企业	Funded from Hongkong, Macao and Taiwan	6	-6	2492
外资企业	Solely owned	-126	-139	3675
合作、合伙企业	Cooperation and partnership	2402	2332	7995
股份合作企业	Cooperative	2198	2197	3178
集体联营企业	Collective owned	26	20	13
国有与集体联营企业	State-collective joint	47	47	-188
其他联营企业	Other joint	40	2	-115
私营合伙企业	Partnership			
港或澳、台资合作经营企业	Funded from Hongkong, Macao and Taiwan	25		41
中外合作经营企业	Cooperative	67	67	5066
股份有限公司	Share holding	4033	2399	48510
股份有限公司(内资)	Share holding (domestic)	3984	2351	47920
私营股份有限公司	Private	48	48	176
港澳台商投资股份有限公司	Funded from Hongkong, Macao and Taiwan	-1	-1	173
外商投资股份有限公司	Share holding	2	1	241
有限责任公司	Limited company	53258	38416	653306
国有独资公司	State owned	9537	6304	-43887
私营有限责任公司	Limited company	1313	801	5598
港澳台合资经营企业	Funded from Hongkong, Macao and Taiwan	5669	5588	96650
中外合资经营企业	Joint Venture	32489	22161	550004
其他有限责任公司	Others	4250	3562	44942
三、按隶属关系分组	Grouped by administrative			
中央企业	Centre enterprises	52496	54076	-96769
省属企业	Provincial enterprises	12634	10130	5027
地区属企业	Prefectural enterprises	31583	28321	133622
县属企业	County enterprises	5340	5168	-743
街道属企业	Street enterprises	150	57	2217
镇属企业	Town enterprises	327	192	6083
乡属企业	Town ship enterprises	1027	680	4297
村委会办企业	Village enterprises	1085	685	7284
其他属企业	Others	23729	11606	551571
在总计中:亏损企业	Making loss enterprises	35155	30602	-126470
在总计中:国有控股企业	State share holding	108620	95476	484217
其中:大中型企业	Large and medium enterprises	103658	90941	484362
在总计中:农村工业	Rural industry	2113	1365	11581
在总计中:轻工业	Light industry	26854	25071	101659
以农产品为原料	Raw material for agricultural products	20176	18931	117319
以非产农产品为原料	Raw material for non agricultural products	6678	6140	-15660
重工业	Heavy industry	101518	85844	510930
采掘工业	Excavation	845	787	1439
原料工业	Raw material industry	26602	23634	56747
加工工业	Processing industry	74072	61424	452744
在总计中:大中型企业	Large and mudium enterprises	116418	101582	553609
其中:国有大中型企业	State owned	62918	63436	-121904

continued1 unit：10000yuan

投资收益 Dividend	补贴收入 Subsidy	利润总额 After－tax profits	应交所得税 Income tax payable	应付利润 Profits payable	亏损企业亏损总额 Total loss of loss－making enterprises	利税总额 Pre－tax profits	上交税金 Taxable income	本年应付工资总额 Wages	主营业务应付工资总额 Wage of business
187	9	21708	3130	2002	1287	38998	17290	28819	27422
21		1249	169	368	19	2372	1123	1370	1274
		2492				3590	1098	261	261
	7	3673	183	2239	287	4797	1124	1498	1478
638	－76	7493	2158	5062	1284	14532	7040	11517	11449
36	－76	2389	2016	866	1100	7799	5410	9223	9197
		72	2	70		126	54	26	26
		－184			184	－132	52	237	237
		76				983	907	31	31
						10	10	43	39
		40		4		160	120	99	99
602		5101	140	4122		5587	486	1860	1821
1940	3163	46619	10011	775	2217	81499	34880	42209	42060
1940	3160	46124	9971	713	2123	80450	34416	41770	41765
		87	40	62		388	301	204	118
		164			94	328	164	154	96
	3	244				244		81	81
－691	4083	635328	53862	535073	55150	1094777	459448	110994	109839
－399	52	－48245	300	14	45286	－33019	9872	23614	23400
－8	403	5587	898	758	314	9103	3515	4987	4643
		39956	410	260	1303	47726	7770	4970	4911
－338	1093	612586	49378	529726	5446	1034306	421721	64275	63884
54	2536	20045	2876	4316	2801	36660	16616	13148	13002
300883	8857	111101	4270	12853	38577	373893	262793	263255	261199
148	1791	4749	2980	11272	12058	9960	5211	21449	20966
－189	9014	59062	7744	11343	67096	116130	57067	85540	84339
271	749	－1805	579	440	8816	18456	20261	14390	13962
		2374	668	987	275	3905	1531	1670	1615
68	9	5986	1037	663		11502	5517	3297	3257
		4527	381	476		6187	1660	2230	2214
172	5	8024	1166	1251		9955	1931	4033	3892
2335	445	610627	56045	519498	2421	1056641	446014	101149	99313
－3297	5442	－129241	103	－1492	129241	－96480	32762	75025	72191
301601	16178	676199	55855	514343	122909	1400393	724194	392357	
301587	15112	675749	53605	512926	103970	1386760	711011	366628	363633
172	5	12550	1547	1727		16142	3591	6262	6106
－290	5460	49157	7747	19578	50311	119694	70537	67810	65775
216	5262	61992	5237	15635	15234	117143	55151	48914	47528
－506	199	－12835	2510	3943	35077	2550	15335	18896	18247
303978	15410	755487	67122	539204	78931	1486935	731448	429201	424980
	170	1164	59	118	225	3837	2637	4703	4652
613	5769	9438	2797	1319	34523	56083	46645	49383	49128
303366	9471	744886	64266	537767	44183	1427015	682130	375115	371201
302814	19340	745199	63708	536037	105487	1493977	748779	417639	414598
301583	12889	88892	4842	12910	61234	363377	274485	283741	281159

11-6 续表2 单位:万元

		财务费用 Financial expenses	利息支出 Interest expenditure	营业利润 Business profits
其中:大型企业	Large enterprises	96840	82971	455158
中型企业	Mudium enterprises	19578	18612	98451
小型企业	Small enterprises	11953	9332	58980
B、采掘业	Mining and quarring	845	787	1439
煤炭采选业	Coal mining and dressing	789	785	499
石油和天然气开采业	Petroleum and natural gas extraction			-83
有色金属矿采选业	Non-ferrous metals mining and dressing			6
非金属矿采选业	Non-metal minerals mining and dressing	56	2	1017
C、制造业	Manufacturing	104888	89879	596948
食品加工业	Food processing	10590	9849	16072
食品制造业	Food manufacturing	3296	3274	93425
饮料制造业	Beverage manufacturing	1812	1653	2172
烟草加工业	Tobacco processing	-135	-135	363
纺织业	Textile industry	1680	1679	-1446
服装及其他纤维制品制造业	Garments and other fiber products	345	291	-23
皮革、毛皮、羽绒及其制品业	Leather, furs, down and related products	20	20	6
木材加工及竹、藤、棕、草制品业	Timber, bamboo, cane, palm and straw products	379	178	152
家具制造业	Furniture manufacturing	366	359	-33
造纸及纸制品业	Paper making and paper products	29	29	1073
印刷业、记录媒介的复制	Printing and record medium reproduction	328	322	1161
石油加工及炼焦业	Petroleum processing and coking	191	188	118
化学原料及化学制品制造业	Raw chemical material and chemical products	1464	1220	5698
医药制造业	Medical and pharmacutical products	3428	2962	5080
橡胶制品业	Rubber products	691	691	-469
塑料制品业	Plastic products	738	708	4202
非金属矿物制品业	Nonmetal mineral products	5684	5475	36338
黑色金属冶炼及压延加工业	Smelting and pressing of ferrous metals	444	406	-519
有色金属冶炼及压延加工业	Smelting and pressing of non ferrous metals	73	22	209
金属制品业	Metal products	388	181	-276
普通机械制造业	Ordinary machinery	3499	3474	-2898
专用设备制造业	Special purpose equipment	2177	1127	-1896
交通运输设备制造业	Transport equipment	62410	53998	434419
电气机械及器材制造业	Electric equipmert and machinery	796	746	6619
电子及通信设备制造业	Electronic and telecommunication equipment	3103	579	-2216
仪器仪表及文化办公用机械制造业	Instruments, meters, culturae and office	1095	588	-454
其他制造业	Other manufacturing	4	6	72
D、电力、蒸汽、热水的生产和供应业	Production and supply of electric power, steam and hot water	22639	20249	14202
电力、蒸汽、热水的生产和供应业	Production and supply of electric power, steam and hot water	17389	14999	19096
煤气生产和供应业	Production and supply of gas	3095	3095	-3793
自来水的生产和供应业	Production and supply of tap water	2155	2155	-1100

continued2 unit: 10000yuan

投资收益 Dividend	补贴收入 Subsidy	利润总额 After-tax profits	应交所得税 Income tax payable	应付利润 Profits payable	亏损企业亏损总额 Total loss of loss-making enterprises	利税总额 Pre-tax profits	上交税金 Taxable income	本年应付工资总额 Wages	主营业务应付工资总额 Wage of business
302527	15606	703621	60605	529675	80037	1395969	692348	382761	380469
286	3735	41578	3103	6363	25450	98009	56431	34879	34130
875	1530	59445	11161	22745	23755	112651	53206	79372	76157
	170	1164	59	118	225	3837	2673	4703	4652
	170	241	59	118	124	1549	1308	4538	4487
		-101			101	44	145	97	97
		6				7	1	8	8
		1017				2237	1220	61	61
303514	17498	813895	72816	554895	92362	1581039	767144	446413	440451
-338	4519	16347	3135	11748	6268	20610	4262	18088	18061
	5	36671	36	27	579	37600	929	3602	3602
21	50	2056	36	2993	3679	14997	12942	4351	4345
		273	203			30166	29893	4397	4397
-45	122	-652	19	35	736	-534	118	3926	3833
25	285	477	115	69	702	1181	704	3353	3235
		7	2			14	8	39	39
	6	-439	181	40	1103	544	983	2618	2587
		198				234	36	422	422
		469			95	655	186	251	251
	1	1015	262	191	598	2257	1242	2492	2316
	3	253	17	58		4822	4569	1434	1434
484		5630	4715	673	257	9356	3726	3803	3705
815	276	4075	2302	907	8185	12382	8306	9953	8984
144		-320	45	67	1033	2924	3244	1889	1850
		5608	608	678	236	7821	2213	1838	1586
27	2704	13627	236	852	3355	25560	11934	9206	9172
		-57	119	135	575	606	662	1418	1239
		204	50	61		633	429	103	103
		-149	49		725	2003	2152	2678	2644
454	311	-1289	678	388	5334	2511	3800	9809	8520
1	25	-1290	136	137	3016	334	1624	4953	4670
300974	9026	729379	61604	534390	38650	1389582	660203	336808	334575
10	30	6545	1178	386	1508	10479	3934	2370	2348
109	22	-4986	798	421	14591	394	5380	9827	9820
824	71	230	535	640	1097	3747	3518	6450	6396
11	43	12			40	162	150	338	318
174	3203	-10414	1994	3769	36655	21753	32168	45896	45653
	80	-6265	331	293	18832	19530	25768	31713	31687
170	3000	-2782	1662		12868	59	2841	6299	6299
4	123	-1367		3476	4955	2192	3559	7883	7667

11－7 全市工业企业主要经济指标(六)
MAIN ECONOMIC INDICATORS OF INDUSTRIAL ENTERPRISES (Ⅵ)

单位:万元 unit:10000yuan

		本年应付福利费总额 Total welfare	主营业务应付福利费总额 Welfare in business	本年应交增值税 Value added tax payable	本年进项税额 Tax credit in this year	本年销项税额 Add value tax in this year	全部从业人员年平均人数(人) Employees
总计	**Total**	**109674**	**108501**	**537796**	**1483892**	**2339638**	**328572**
一、按登记注册类型分组:	Grouped by tpye registered						
内资企业	Domestic funds	56460	55706	281537	1378175	1655358	290873
国有企业	State owned	41285	40907	209834	1218102	1417345	169358
中央企业	Centre enterprises	35414	35226	195828	1186878	1371585	121503
地方企业	Local enterprises	5871	5681	14006	31225	45761	47855
省属企业	Provincial enterprises	850	803	2828	5051	7164	9429
地区属企业	Prefectural enterprises	4114	4025	8762	13504	23790	28966
县属企业	County enterprises	905	851	2405	12663	14789	9430
其他属企业	Others	2	2	11	7	18	30
集体企业	Collective owned	4075	3877	13927	41318	69672	27632
省属企业	Provincial enterprises	69	69	224	123	346	476
地区属企业	Prefectural enterprises	150	138	822	1908	2370	1851
县属企业	County enterprises	59	50	328	237	561	1261
街道属企业	Street enterprises	151	149	1085	2334	3318	1185
镇属企业	Town enterprises	257	251	1895	4379	6298	3948
乡属企业	Town ship enterprises	191	188	884	5459	6339	2207
村委会办企业	Village enterprises	259	254	1108	7020	8050	3037
其他属企业	Others	2941	2779	7581	19860	42391	13667
股份合作企业	Share holding cooperative	995	984	4593	7251	11237	8400
联营企业	Joint ownership	37	37	378	833	1211	641
集体联营企业	Collective owned			27		27	60
国有与集体联营企业	State－collective joint	33	33	48	733	781	530
其他营联企业	Others	4	4	302	100	402	51
有限责任公司	Limited company	2913	2819	20118	46853	66709	46233
国有独资公司	State owned	1159	1087	6295	26026	32484	32878
其他有限责任公司	Others	1753	1733	13823	20827	34224	13355
股份有限公司	Share holding	6249	6249	28960	57951	80434	25816
私营企业	Private	906	833	3727	5867	8750	12793
私营独资企业	Solely Owned	148	134	743	1324	2076	2538
私营合伙企业	Partnership			9		9	60
私营有限责任公司	Limited company	729	683	2819	4032	5998	9577
私营股份有限公司	Private	29	16	156	511	667	618

11－7续表1 continued1

单位:万元 unit:10000yuan

		本年应付福利费总额 Total welfare	主营业务应付福利费总额 Welfare in business	本年应交增值税 Value added tax payable	本年进项税额 Tax credit in this year	本年销项税额 Add value tax in this year	全部从业人员年平均人数(人) Employees
港、澳、台商投资企业	Funded from Hongkong, Macao and Taiwan	637	636	5804	5722	11169	4666
合资经营企业(港或澳、台资)	Joint Venture	587	586	4425	3832	7906	4276
合作经营企业(港或澳、台资)	Cooperative	14	14	120	74	188	100
港澳台商独资企业	Solely owned	37	37	1096	1394	2490	130
港澳台商投资股份有限公司	Funded from Hongkong, Macao and Taiwan			163	422	585	160
外商投资企业	Foreign funded	52577	52159	250455	99994	673112	33033
中外合资经营企业	Joint Venture	52270	51858	248996	97251	669237	30316
中外合作经营企业	Cooperative	168	162	482	726	1208	1496
外资企业	Solely owned	131	131	977	1834	2621	1141
外商投资股份有限公司	Share holding	8	8		184	46	80
二、按经济组织类型分组	Grouped by ownership						
独资企业	Solely owned enterprises	45675	45085	226576	1263973	1494204	200799
国有企业	State owned	41285	40907	209834	1218102	1417345	169358
集体企业	Collective owned	4075	3877	13927	41318	69672	27632
私营独资企业	Solely Owned	148	134	743	1324	2076	2538
港澳台商独资经营企业	Funded from Hongkong, Macao and Taiwan	37	37	1096	1394	2490	130
外资企业	Solely owned	131	131	977	1834	2621	1141
合作、合伙企业	Cooperation and partnership	1213	1197	5583	8884	13854	10697
股份合作企业	Cooperative	995	984	4593	7251	11237	8400
集体联营企业	Collective owned			27		27	60
国有与集体联营企业	State－collective joint	33	33	48	733	781	530
其他联营企业	Other joint	4	4	302	100	402	51
私营合伙企业	Partnership			9		9	60
港或澳、台资合作经营企业	Funded from Hongkong, Macao and Taiwan	14	14	120	74	188	100
中外合作经营企业	Cooperative	168	162	482	726	1208	1496
股份有限公司	Share holding	6287	6273	29279	59068	81732	26674
股份有限公司(内资)	Share holding (domestic)	6249	6249	28960	57951	80434	25816
私营股份有限公司	Private	29	16	156	511	667	618
港澳台商投资股份有限公司	Funded from Hongkong, Macao and Taiwan			163	422	585	160
外商投资股份有限公司	Share holding	8	8		184	46	80
有限责任公司	Limited company	56499	55946	276358	151967	749848	90402
国有独资公司	State owned	1159	1087	6295	26026	32484	32878
私营有限责任公司	Limited company	729	683	2819	4032	5998	9577

11－7 续表 2 continued2 单位：万元 unit：10000yuan

		本年应付福利费总额 Total welfare	主营业务应付福利费总额 Welfare in business	本年应交增值税 Value added tax payable	本年进项税额 Tax credit in this year	本年销项税额 Add value tax in this year	全部从业人员年平均人数(人) Employees
港澳台合资经营企业	Funded from Hongkong, Macao and Taiwan	587	586	4425	3832	7906	4276
中外合资经营企业	Joint Venture	52270	51858	248996	97251	669237	30316
其他有限责任公司	Others	1753	1733	13823	20827	34224	13355
三、按隶属关系分组	Grouped by administrative						
中央企业	Centre enterprises	35990	35803	198185	1192644	1376707	125306
省属企业	Provincial enterprises	1702	1276	4573	32233	29234	26127
地区属企业	Prefectural enterprises	8899	8696	48766	86179	130016	86652
县属企业	County enterprises	1974	1895	8615	20274	28567	22126
街道属企业	Street enterprises	201	197	1252	2673	3830	1927
镇属企业	Town enterprises	312	305	2944	5899	8494	4835
乡属企业	Town ship enterprises	222	220	1307	6835	8127	3141
村委会办企业	Village enterprises	506	487	1455	9125	10501	5027
其他属企业	Others	59869	59624	270699	128030	744163	53431
在总计中：亏损企业	Making loss enterprises	9665	9342	23489	69031	93219	81602
在总计中：国有控股企业	State share holding	95853	95358	472809	1310968	2098796	236066
其中：大中型企业	Large and medium enterprises	92197	91836	461021	1283168	2058913	203046
在总计中：农村工业	Rural industry	727	707	2762	15960	18627	8168
在总计中：轻工业	Light industry	5814	5187	32458	85906	109404	75563
以农产品为原料	Raw material for agricultural products	3269	2755	19567	62009	72414	57329
以非产农产品为原料	Raw material for non agricultural products	2545	2433	12891	23897	36990	18234
重工业	Heavy industry	103860	103314	505338	1397986	2230235	253009
采掘工业	Excavation	928	920	1689	935	2555	4952
原料工业	Raw material industry	6017	5981	37442	40153	76676	31669
加工工业	Processing industry	96915	96413	466208	1356898	2151004	216388
在总计中：大中型企业	Large and mudium enterprises	98252	97526	493218	1376898	2175039	239731
其中：国有大中型企业	State owned	38789	38529	205281	1205264	1399535	146414
其中：大型企业	Large enterprises	93721	93094	469958	1335040	2111551	205251
中型企业	Mudium enterprises	4531	4432	23259	41857	63488	34480
小型企业	Small enterprises	11422	10975	44578	106994	164600	88841
B、采掘业	Minging and quarring	928	920	1689	935	2555	4952
煤炭采选业	Coal mining and dressing	912	904	1145	735	1948	4611
石油和天然气开采业	Petroleum and natural gas extraction	8	8	128			135
有色金属矿采选业	Non－ferrous metals mining and dressing						105

11－7续表 3 continued3　　单位：万元 unit：10000yuan

		本年应付福利费总额 Total welfare	主营业务应付福利费总额 Welfare in business	本年应交增值税 Value added tax payable	本年进项税额 Tax credit in this year	本年销项税额 Add value tax in this year	全部从业人员年平均人数(人) Employees
非金属矿采选业	Non－metal minerals mining and dressing	8	8	407	200	607	101
C、制造业	Manufe turing	102510	101396	507596	1463093	2289075	298066
食品加工业	Food processing	1210	848	2314	34473	29903	22281
食品制造业	Food manufacturing	382	382	693	1654	2284	5489
饮料制造业	Beverage manufacturing	562	561	5923	8401	14301	5847
烟草加工业	Tobacco processing	531	531	4258	7229	11598	1497
纺织业	Textile industry	－1150	－1157	104	5122	5268	5988
服装及其他纤维制品制造业	Garments and other fiber products	474	462	637	1924	2228	4891
皮革、毛皮、羽绒及其制品业	Leather, furs, down and related products	8	8	7	19	26	108
木材加工及竹、藤、棕、草制品业	Timber, bamboo, cane, palm and straw products	248	245	806	1746	2157	3322
家具制造业	Furniture manufacturing	18	18	23	254	265	548
造纸及纸制品业	Paper making and paper products	25	25	152	453	530	682
印刷业、记录媒介的复制	Printing and record medium reproduction	329	305	1094	1098	2179	3182
石油加工及炼焦业	Petroleum processing and coking	211	211	766	7160	7520	1433
化学原料及化学制品制造业	Raw chemical material and chemical products	475	471	3069	3865	6252	3619
医药制造业	Medical and pharmacutical products	1196	1087	7630	3603	9243	8593
橡胶制品业	Rubber products	73	57	1143	3256	4382	2591
塑料制品业	Plastic products	156	134	1938	5966	7935	2089
非金属矿物制品业	Nonmetal mineral products	715	708	9916	8378	18441	11178
黑色金属冶炼及压延加工业	Smelting and pressing of ferrous metals	177	152	575	3306	4018	2193
有色金属冶炼及压延加工业	Smelting and pressing of non ferrous metals	8	8	414	231	546	142
金属制品业	Metal products	316	312	1455	2164	3934	3116
普通机械制造业	Ordinary machinery	1158	1043	3449	9596	12702	13421
专用设备制造业	Special purpose equipment	636	595	1387	3238	4598	10932
交通运输设备制造业	Transport equipment	92718	92396	447798	1331157	2110970	163662
电气机械及器材制造业	Electric equipmert and machinery	280	248	3675	7832	11466	3385
电子及通信设备制造业	Electronic and telecommunication equipment	866	865	5148	8621	12198	9556
仪器仪表及文化办公用机械制造业	Instruments, meters, culturae and office	870	862	3076	2089	3800	7969
其他制造业	Other manufacturing	22	22	147	261	331	352
D、电力、蒸汽、热水的生产和供应业	Production and supply of electric power, steam and hot water	6236	6186	28511	19864	48009	25554
电力、蒸汽、热水的生产和供应业	Production and supply of electric power, steam and hot water	4073	4069	22985	15469	37994	15007
煤气生产和供应业	Production and supply of gas	938	938	2262	4365	6721	5338
自来水的生产和供应业	Production and supply of tap water	1225	1178	3264	30	3294	5209

11－8 国有及国有控股工业企业主要经济指标(一)

单位:万元

		企业单位数(个) Enterprises	亏损企业 Making loss enterprises	工业总产值(不变价格) Gross industrial output value (constant price)
总　　计	**Total**	**247**	**107**	**10433043**
在总计中:亏损企业	Making loss enterprises	107	107	487783
在总计中:国有控股企业	State share holding	247	107	10433043
其中:大中型企业	Large and medium enterprises	108	46	10089487
在总计中:农村工业	Rural industry	2		7211
在总计中:轻工业	Light industry	105	52	1073939
以农产品为原料	Raw material for agricultural products	73	37	722040
以非产农产品为原料	Raw material for non agricultural products	32	15	351899
重工业	Heavy industry	142	55	9359104
采掘工业	Excavation	7	2	5049
原料工业	Raw material industry	38	14	192847
加工工业	Processing industry	97	39	9161208
在总计中:大中型企业	Large and mudium enterprises	108	46	10089487
其中:国有大中型企业	State owned	50	31	5697219
其中:大型企业	Large enterprises	59	26	9407271
中型企业	Mudium enterprises	49	20	682217
小型企业	Small enterprises	139	61	343556
煤炭采选业	Coal mining and dressing	7	2	5049
食品加工业	Food processing	19	12	15223
食品制造业	Food manufacturing	11	3	432901
饮料制造业	Beverage manufacturing	8	6	18223
烟草加工业	Tobacco processing	1		48917
纺织业	Textile industry	6	3	29629
服装及其他纤维制品制造业	Garments and other fiber products	4	1	11732
木材加工及竹、藤、棕、草制品业	Timber, bamboo, cane, palm and straw products	3	2	7197
印刷业、记录媒介的复制	Printing and record medium reproduction	10	5	7662
石油加工及炼焦业	Petroleum processing and coking	3	1	12944
化学原料及化学制品制造业	Raw chemical material and chemical products	10	3	28160
医药制造	Medical and pharmacutical products	23	9	220405
橡胶制品业	Rubber products	2	2	37790
塑料制品业	Plastic products	3	1	15974
非金属矿物制品业	Nonmetal mineral products	17	6	54991
黑色金属冶炼及压延加工业	Smelting and pressing of ferrous metals	4	2	22209
金属制品业	Metal products	5	3	3408
普通机械制造业	Ordinary machinery	17	10	48338
专用设备制造业	Special purpose equipment	8	2	16180
交通运输设备制造业	Transport equipment	37	10	8915213
电气机械及器材制造业	Electric equipmert and machinery	8	6	65282
电子及通信设备制造业	Electronic and telecommunication equipment	9	4	268692
仪器仪表及文化办公用机械制造业	Instruments, meters, culture and office	8	3	43664
其他制造业	Other manufacturing	1		393
电力、蒸汽、热水的生产和供应业	Producti on and supply of electric power, steam and hot water	13	4	61507
煤气生产和供应业	Production and supply of gas	4	2	33516
自来水的生产和供应业	Production and supply of tap water	6	5	7845

MAIN ECONOMIC INDICATORS OF INDUSTRIAL ENTERPRISES OF STATE OWNED(Ⅰ)

unit:10000yuan

工业总产值（当年价格） Gross industrial output value (current price)	新产品产值 New products	工业销售产值（当年价格） Sale revenue (current)	出口交货值 Export	工业中间投入合计 Intermediate consumer	工业增加值（当年价） Added value (current)	资产合计 Total assets	流动资产小计 Circulating funds	短期投资 Short－term investment	应收收款净额 Account receivable
10037097	**3053950**	**9864215**	**102191**	**7878216**	**2631691**	**11722409**	**5198078**	**2250**	**1077368**
583497	60828	542113	21020	464969	139435	2287896	875688	27	219559
10037097	3053950	9864215	102191	7878216	2631691	11722409	5198078	2250	1077368
9696685	3030076	9540132	98893	7638518	2519187	11148480	4933531	1854	1000159
7211		6790		4745	2466	6671	5384	1000	1216
880774	49095	811118	12099	579881	320915	1253964	494254	266	121845
662513	33671	598118	9602	424896	248629	696764	349461	266	78583
218262	15424	213000	2497	154985	72286	557200	144793		43263
9156323	3004854	9053097	90092	7298335	2310776	10468445	4703824	1985	955523
13638		14301		9526	5267	35161	7442	4	3119
363394	5501	359947		275887	113806	1294922	336306	714	116899
8779291	2999354	8678849	90092	7012923	2191703	9138362	4360076	1267	835505
9696685	3030076	9540132	98893	7638518	2519187	11148480	4933531	1854	1000159
5565387	58371	5472020	69600	4400646	1370021	7310307	3031446	709	524647
8964568	2981479	8855542	94500	7149274	2259680	10470297	4646826	964	921573
732116	48597	684590	4394	489244	259508	678183	286705	890	78586
340413	23874	324083	3298	239698	112504	573929	264547	396	77210
13638		14301		9526	5267	35161	7442	4	3119
21245		21819		16200	5230	72026	41978	91	13595
429237	6246	384391		267720	161728	128778	52574		15767
21792		20669		14047	9859	53471	14201		2029
68600	4318	68281		35862	36996	112782	76555		10928
30292	8146	27954	8844	27285	3057	107985	58815		1843
12559		12546		9956	2922	18166	9873		3095
6747		6579	758	4912	2267	23444	6340		2133
10341	328	9757		6875	4189	23662	9350		2433
43266		44838		33307	10725	14579	8589		2810
30870		30439		25159	8073	134323	62219		23177
103844	16157	77214		69274	38615	214025	111620	175	33896
33563		33197		24664	9839	74172	51051		10755
15749		17332		11194	5409	21536	10695		7433
92847		89448	12	69037	31929	231667	58381		10246
32536		32641		20499	12372	55031	24372	714	6137
3019	137	2401		2206	988	7849	4482		1441
46390	6488	45947	1219	39096	9159	247042	142630	300	32309
15219	2056	13672	388	11802	4162	79974	37895		6629
8582442	2952555	8506405	81826	6864828	2133881	8063074	3847353	967	714596
59041	8766	54481	585	44229	18028	89866	48770		19213
83759	27553	76608	8454	62451	23317	574630	222735		41570
38078	15699	36058	105	27414	13016	124071	44816		11783
426		414		343	123	1656	835		446
131426	5501	131459		106935	38240	694751	149566		57613
56984		52909		40461	18785	237843	69584		30398
53190		52912		32935	23519	280848	25360		11975

11－9　国有及国有控股工业企业主要经济指标(二)

单位:万元

		存　货 Inventory	产成品 Products	流动资产年平均余额 Annual average balance of circulating
总　　计	**Total**	**1626520**	**455615**	**5305873**
在总计中:亏损企业	Making loss enterprises	332589	70325	954957
在总计中:国有控股企业	State share holding	1626520	455615	5305873
其中:大中型企业	Large and medium enterprises	1543063	416370	5046757
在总计中:农村工业	Rural industry	1400	1290	3046
在总计中:轻工业	Light industry	182519	85142	525359
以农产品为原料	Raw material for agricultural products	130784	59090	349135
以非产农产品为原料	Raw material for non agricultural products	51735	26052	176224
重工业	Heavy industry	1444001	370474	4780514
采掘工业	Excavation	1660	1118	8209
原料工业	Raw material industry	51063	9738	352522
加工工业	Processing industry	1391278	359618	4419784
在总计中:大中型企业	Large and mudium enterprises	1543063	416370	5046757
其中:国有大中型企业	State owned	988267	285241	3402047
其中:大型企业	Large enterprises	1434415	373434	4762758
中型企业	Mudium enterprises	108648	42937	283999
小型企业	Small enterprises	83457	39245	259116
煤炭采选业	Coal mining and dressing	1660	1118	8209
食品加工业	Food processing	5310	971	44067
食品制造业	Food manufacturing	26994	14881	52246
饮料制造业	Beverage manufacturing	4944	919	13253
烟草加工业	Tobacco processing	26252	2400	73131
纺织业	Textile industry	29414	20050	62671
服装及其他纤维制品制造业	Garments and other fiber products	3852	1466	9012
木材加工及竹、藤、棕、草制品业	Timber, bamboo, cane, palm and straw products	3634	1822	6252
印刷业、记录媒介的复制	Printing and record medium reproduction	3744	2556	8974
石油加工及炼焦业	Petroleum processing and coking	4396	993	8405
化学原料及化学制品制造业	Raw chemical material and chemical products	9951	3196	62104
医药制造	Medical and pharmacutical products	40174	23170	112006
橡胶制品业	Rubber products	7597	5916	39609
塑料制品业	Plastic products	1519	119	11266
非金属矿物制品业	Nonmetal mineral products	21377	7029	59597
黑色金属冶炼及压延加工业	Smelting and pressing of ferrous metals	9970	5841	23720
金属制品业	Metal products	1613	1283	4402
普通机械制造业	Ordinary machinery	92418	19399	140172
专用设备制造业	Special purpose equipment	16753	5394	36402
交通运输设备制造业	Transport equipment	1211087	304356	3948289
电气机械及器材制造业	Electric equipmert and machinery	17441	8464	46883
电子及通信设备制造业	Electronic and telecommunication equipment	56774	16269	228375
仪器仪表及文化办公用机械制造业	Instruments, meters, culture and office	12150	7546	40701
其他制造业	Other manufacturing	199	131	1208
电力、蒸汽、热水的生产和供应业	Production and supply of electric power, steam and hot water	8433	42	164177
煤气生产和供应业	Production and supply of gas	8192	284	70672
自来水的生产和供应业	Production and supply of tap water	672		30072

MAIN ECONOMIC INDICATORS OF INDVSTRIAL ENTERPRISES OF STATE OWNED(Ⅱ)

unit:10000yuan

长期投资 Long－term investment	固定资产小计 Total fixed assets	固定资产原价 Original value of fixed assets		累计折旧 Depreciation		固定资产净值 Net value of fixed assets	固定资产净值年平均余额 Annual average balance	无形及递延资产小计 Intangible and deferred	
			生产经营用 Operating		本年折旧 Depreciation in this year				无形资产 Intangible
1623915	**4020781**	**5692557**	**4764947**	**2182389**	**340725**	**3510168**	**3527809**	**291580**	**210294**
128235	1158367	1411343	1228630	391283	82191	1020061	982962	93650	71811
1623915	4020781	5692557	4764947	2182389	340725	3510168	3527809	291580	210294
1617070	3785298	5394641	4501606	2103257	329277	3291385	3310589	243971	178304
	1135	1360	1000	225	37	1135	1135	152	152
35655	663913	854866	742579	246458	59721	608407	565475	42388	31710
7932	300547	364501	266629	107969	9794	256532	269237	25207	14963
27723	363366	490365	475950	138489	49927	351876	296238	17181	16748
1588260	3356868	4837691	4022368	1935931	281004	2901760	2962334	249191	178583
872	26254	29492	25741	4257	674	25236	22559	593	353
116860	787138	1072870	930020	323020	52331	749850	730675	38310	24480
1470528	2543476	3735328	3066607	1608654	227999	2126675	2209101	210288	153750
1617070	3785298	5394641	4501606	2103257	329277	3291385	3310589	243971	178304
1338097	2307638	3354895	2613510	1385090	201760	1969804	1937315	128814	79943
1613789	3430495	4907820	4085440	1960209	310035	2947611	2972428	218721	158202
3281	354803	486821	416166	143048	19242	343773	338161	25250	20102
6845	235483	297915	263342	79132	11448	218783	217221	47609	31990
872	26254	29492	25741	4257	674	25236	22559	593	353
591	26926	34812	31739	9914	1767	24898	25259	2531	2468
215	74496	87693	76332	13612	662	74081	75473	1468	438
128	33276	37180	33806	4034	303	33146	33472	5002	1598
33	35893	49784	43611	19436	1930	30347	30617	301	193
507	48506	52011	23105	13754	1398	38257	34016	156	156
391	6723	8386	6399	1867	254	6520	6443	1179	1174
	2770	15967	8392	18062	346	－2095	12307	4851	92
467	12747	18926	16901	6944	499	11983	13467	496	496
	5654	13125	12790	7470	163	5654	5859	336	325
26047	37924	48478	44665	11585	1469	36893	38262	4937	3784
7149	80272	83705	48205	29378	3600	54327	52831	11847	10693
50	21308	14352	14352	6857	472	7495	8016	1763	1763
	8581	14054	12677	5473	932	8581	8562	259	259
4286	150721	194669	119120	45409	7720	149260	148186	18096	17942
35	20758	26102	14544	8119	308	17983	19703	9866	238
	3209	4541	4094	1331	182	3209	3299	106	84
3286	91703	105800	58957	39986	1901	65814	67588	5839	4357
2497	31125	39389	38329	8271	787	31118	29664	8116	8116
1409594	2157467	3322203	2728071	1519268	220526	1802936	1814904	156483	103589
24	34512	46317	45063	12177	2087	34140	33597	5539	5408
66674	197593	195509	173094	23915	2554	171594	250390	34254	32416
12275	61240	84862	80622	23674	3504	61187	62238	836	836
80	294	448	448	154	24	294	536	447	447
68334	457086	659806	614772	222377	36812	437429	414798	6655	3483
18195	140441	163697	154182	35875	7169	127823	129612	9623	9588
2186	253302	341250	334936	89190	42681	252060	186155		

11－10 国有及国有控股工业企业主要经济指标(三)

单位:万元

		负债合计 Liabilities	流动负债 小计 Liquid liabilites	长期负债 小计 Long－term liabilities
总计	**Total**	**7442736**	**5772940**	**1668695**
在总计中:亏损企业	Making loss enterprises	1581248	1279062	302081
在总计中:国有控股企业	State share holding	7442736	5772940	1668695
其中:大中型企业	Large and medium enterprises	7027393	5410250	1616254
在总计中:农村工业	Rural industry	4859	3559	1300
在总计中:轻工业	Light industry	838487	660435	177910
以农产品为原料	Raw material for agricultural products	572729	465576	107011
以非产农产品为原料	Raw material for non agricultural products	265758	194859	70899
重工业	Heavy industry	6604249	5112506	1490785
采掘工业	Excavation	21523	14277	7246
原料工业	Raw material industry	955810	550835	404975
加工工业	Processing industry	5626916	4547394	1078564
在总计中:大中型企业	Large and mudium enterprises	7027393	5410250	1616254
其中:国有大中型企业	State owned	5219645	3850100	1369444
其中:大型企业	Large enterprises	6421058	4989219	1431739
中型企业	Mudium enterprises	606335	421032	184515
小型企业	Small enterprises	415343	362690	52442
煤炭采选业	Coal mining and dressing	21523	14277	7246
食品加工业	Food processing	84027	81931	2076
食品制造业	Food manufacturing	112250	83214	28914
饮料制造业	Beverage manufacturing	50699	45010	5689
烟草加工业	Tobacco processing	124919	107119	17800
纺织业	Textile industry	62573	49143	13430
服装及其他纤维制品制造业	Garments and other fiber products	9514	9446	69
木材加工及竹、藤、棕、草制品业	Timber, bamboo, cane, palm and straw products	19946	13617	6329
印刷业、记录媒介的复制	Printing and record medium reproduction	18371	14001	4370
石油加工及炼焦业	Petroleum processing and coking	9009	9009	
化学原料及化学制品制造业	Raw chemical material and chemical products	64906	45240	19666
医药制造	Medical and pharmacutical products	134231	98942	35290
橡胶制品业	Rubber products	51393	28358	23034
塑料制品业	Plastic products	11677	7019	4658
非金属矿物制品业	Nonmetal mineral products	131682	112841	18841
黑色金属冶炼及压延加工业	Smelting and pressing of ferrous metals	61743	52877	8866
金属制品业	Metal products	6268	6264	4
普通机械制造业	Ordinary machinery	145566	130655	14811
专用设备制造业	Special purpose equipment	69239	66936	2234
交通运输设备制造业	Transport equipment	5025548	4041865	982900
电气机械及器材制造业	Electric equipmert and machinery	59016	51506	7505
电子及通信设备制造业	Electronic and telecommunication equipment	273234	253807	19427
仪器仪表及文化办公用机械制造业	Instruments, meters, culture and office	76718	49322	27396
其他制造业	Other manufacturing	897	604	293
电力、蒸汽、热水的生产和供应业	Production and supply of electric power, steam and hot water	608298	255648	352650
煤气生产和供应业	Production and supply of gas	130693	113296	17397
自来水的生产和供应业	Production and supply of tap water	78800	30997	47803

MAIN ECONOMIC INDICATORS OF INDUSTRIAL ENTERPRISES OF STATE OWNED(Ⅲ)

unit: 10000yuan

所有者权益合计 Creditors' equity	实收资本 Capital hold	国家资本 State owned	集体资本 Collectine owned	法人资本 Legperson capital	个人资本 Private funds	港澳台资本 Funded from Hongkong, Macao and Taiwan	外商资本 Foreign funds	产品销售收入 Sale revenwe	产品销售成本 Cost of sales
4279673	**2045984**	**1536906**	**11928**	**201331**	**90703**	**9181**	**195935**	**10072435**	**8153454**
706648	551785	511459	793	23496	918	847	14273	547975	496074
4279673	2045984	1536906	11928	201331	90703	9181	195935	10072435	8153454
4121087	1872849	1416315	8474	175305	86425	7988	178343	9773031	7902847
1812	1520		1340		180			6790	6069
415477	376562	288764	8577	42540	9097	5957	21628	761104	547255
124035	164298	104147	1608	39220	8977	5672	4675	580287	396221
291442	212264	184618	6969	3320	120	285	16953	180817	151034
3864197	1669422	1248141	3351	158792	81606	3225	174307	9311332	7606199
13639	9255	9167			88			15112	9381
339112	267879	131681	1586	116437	16422		1754	549573	456039
3511446	1392288	1107294	1765	42355	65097	3225	172553	8746647	7140779
4121087	1872849	1416315	8474	175305	86425	7988	178343	9773031	7902847
2090662	1051974	979237	825	17249	54663			5685490	4891487
4049238	1713622	1316349		155228	81321	1003	159723	9109191	7417129
71848	159226	99966	8474	20077	5104	6985	18620	663841	485718
158587	173135	120591	3454	26027	4278	1194	17592	299404	250606
13639	9255	9167			88			15112	9381
-12001	10191	9521		291		379		20645	19446
16528	25565	2868		17842	30	4825		371663	268918
2772	9175	2646		1126	728		4675	22126	15873
-12137	13807	13807						68227	31126
45412	47404	47404						26342	22913
8651	3896	3896						14310	12679
3498	2157	360		786	51		960	6699	5232
5291	4770	3593	163		1013			9593	7158
5570	6364	4621	1046				697	43031	36838
69417	15647	4693	5250	340	18		5347	32755	22466
79794	66039	35445	2270	19961	7326	752	285	61145	28080
22779	25979	23144		2835				22312	18670
9859	7254	3468	331		156		3299	15948	12511
99985	66723	9651		56782	201			91278	60078
-6712	5715	4995	540		180			20131	19006
1582	2041	1381		50			610	2788	2282
101476	39035	34947	800		1188		2100	45930	38001
10735	14003	13905			98			13899	10763
3037526	1224610	979056	525	9055	62358	3163	170453	8594136	7022235
30850	23535	15861		569			7104	53447	41271
301396	81818	47650	244	32360	1097	62	405	50207	47426
47353	15643	14838		806				37038	27002
759	759		759					387	278
86454	94598	60639		33959				331626	294526
107151	96557	55904		24480	16173			52663	39113
202048	133446	133446						48998	40186

11－11 国有及国有控股工业企业主要经济指标(四)

单位:万元

		产品销售费用 Cost of sales	广告费 Advertisement	产品销售税金及附加 Sales tax and extra charge
总计	**Total**	**254616**	**49416**	**251384**
在总计中:亏损企业	Making loss enterprises	24249	1088	8662
在总计中:国有控股企业	State share holding	254616	49416	251384
其中:大中型企业	Large and medium enterprises	243487	49084	249990
在总计中:农村工业	Rural industry	14	4	
在总计中:轻工业	Light industry	29320	3764	31604
以农产品为原料	Raw material for agricultural products	20886	2935	20168
以非产农产品为原料	Raw material for non agricultural products	8434	830	1436
重工业	Heavy industry	225296	45651	219780
采掘工业	Excavation	627	1	153
原料工业	Raw material industry	9531	14	7688
加工工业	Processing industry	215138	45637	211939
在总计中:大中型企业	Large and mudium enterprises	243487	49084	249990
其中:国有大中型企业	State owned	133891	8202	69205
其中:大型企业	Large enterprises	229772	46586	217655
中型企业	Mudium enterprises	13715	46586	217655
小型企业	Small enterprises	11128	332	1395
煤炭采选业	Coal mining and dressing	627	1	53
食品加工业	Food processing	1638		60
食品制造业	Food manufacturing	3468	5	143
饮料制造业	Beverage manufacturing	2271	73	3913
烟草加工业	Tobacco processing	3232	1657	25635
纺织业	Textile industry	256		9
服装及其他纤维制品制造业	Garments and other fiber products	152	3	5
木材加工及竹、藤、棕、草制品业	Timber, bamboo, cane, palm and straw products	452	8	43
印刷业、记录媒介的复制	Printing and record medium reproduction	86		112
石油加工及炼焦业	Petroleum processing and coking			3803
化学原料及化学制品制造业	Raw chemical material and chemical products	1789	23	276
医药制造	Medical and pharmaceutical products	10573	1488	377
橡胶制品业	Rubber products	574		2075
塑料制品业	Plastic products	137		21
非金属矿物制品业	Nonmetal mineral products	5603	10	1352
黑色金属冶炼及压延加工业	Smelting and pressing of ferrous metals	139	4	38
金属制品业	Metal products	113	13	17
普通机械制造业	Ordinary machinery	1360	6	203
专用设备制造业	Special purpose equipment	772	29	85
交通运输设备制造业	Transport equipment	210817	46090	210057
电气机械及器材制造业	Electric equipmert and machinery	1353		55
电子及通信设备制造业	Electronic and telecommunication equipment	2024	3	68
仪器仪表及文化办公用机械制造业	Instruments, meters, culture and office	1382	3	226
其他制造业	Other manufacturing	51		3
电力、蒸汽、热水的生产和供应业	Production and supply of electric power, steam and hot water	233		1783
煤气生产和供应业	Production and supply of gas	2911		579
自来水的生产和供应业	Production and supply of tap water	2603		295

MAIN ECONOMIC INDICATORS OF INDVSTRIAL ENTERPRISES OF STATE OWNED(Ⅳ)

unit:10000yuan

产品销售利润 Sales profit	其他业务利润 Other profits	管理费用 Cost of management	税金 Taxes	财产保险费 Property insurance	劳动待业保险费 Employment insurance	养老医疗保险费 Life insurance	办公费 Administrative expense	研究开发费 Cost of R&D	职工教育费 Education
1412982	**186245**	**1006390**	**14069**	**6246**	**23912**	**83623**	**11709**	**225872**	**3870**
18990	6055	113119	2220	744	12479	9829	1790	1331	642
1412982	186245	1006390	14069	6246	23912	83623	11709	225872	3870
1376707	183199	971886	13325	5641	22317	79793	9036	225327	3716
707		184	22						
152924	2367	79634	1729	790	7251	5580	2710	1360	321
133011	1281	37729	862	464	3799	2105	1623	541	244
19913	1086	41905	866	326	3452	3476	1087	820	77
1260057	183878	926756	12340	5456	16661	78043	8999	224512	3549
4951	37	3700	1	54	861	551	97		29
76315	30945	30776	582	326	1318	4205	522	14	230
1178792	152896	892281	11757	5076	14482	73287	8380	224498	3290
1376707	183199	971886	13325	5641	22317	79793	9036	225327	3716
590907	110395	760288	6199	3640	14907	63121	6190	223840	3329
1244634	182521	934415	12431	5074	17888	77285	7376	22450	3399
132073	679	37471	894	567	4429	2507	1660	818	317
36275	3045	34504	744	605	1596	3831	2672	545	155
4951	37	3700	1	54	861	551	97		29
-498	991	3849	34	20	57	643	29		3
99134	64	3873	270	30	47	225	1163	76	96
69		2078	64	9	70	331	94		13
8234	-19	7987	173	289	1822		61	197	57
3164	83	3065	86	6	1051	161	23		7
1475	-20	1688	12		397		22		17
972	3	833	20	24	90	6	8		3
2238	184	1827	45	10	88	470	44		6
2390	339	2591	47	1	292	63	7		20
8223	7	3008	82	74	111	231	21	54	16
22115	135	19935	229	123	396	498	715	314	62
993	199	1570	85	42	215	56	74	5	1
3279	58	1363		17	95	53	51	26	5
24245	25189	8411	91	237	421	973	139	50	
948	22	1516	57		144	115	18		8
376	49	596	15	1	12	66	18		3
6367	-111	8508	229	53	1104	986	241	48	51
2278	86	3709	226	19	178	287	34	72	23
1151028	151935	875760	11149	4985	12951	71684	7538	224555	3102
10768	311	4419	167	59	139	173	211	424	31
689	464	9974	188	25	256	221	154	86	95
8430	648	9091	156	36	527	604	298	12	17
55	-5	37	1						
35084	4665	6765	239	33	303	1157	197		48
10060	791	11549	156	69	136	2125	194	4	104
5914	142	8690	248	29	2150	1947	259		5

11－12 国有及国有控股工业企业主要经济指标(五)

单位:万元

		财务费用 Financial expenses	利息支出 Interest expenditune	营业利润 Business profits
总　　计	**Total**	**108620**	**95476**	**484217**
在总计中:亏损企业	Making loss enterprises	33201	28902	－121275
在总计中:国有控股企业	State share holding	108620	95476	484217
其中:大中型企业	Large and medium enterprises	103658	90941	484362
在总计中:农村工业	Rural industry	192	192	332
在总计中:轻工业	Light industry	14176	13334	61481
以农产品为原料	Raw material for agricultural products	8694	8225	87370
以非产农产品为原料	Raw material for non agricultural products	5483	5109	－26389
重工业	Heavy industry	94444	82143	422735
采掘工业	Excavation	789	785	499
原料工业	Raw material industry	24611	23315	51874
加工工业	Processing industry	69044	58043	370363
在总计中:大中型企业	Large and mudium enterprises	103658	90941	484362
其中:国有大中型企业	State owned	62918	63436	－121904
其中:大型企业	Large enterprises	85760	73783	406981
中型企业	Mudium enterprises	17898	17157	77382
小型企业	Small enterprises	4962	4535	－146
煤炭采选业	Coal mining and dressing	789	785	499
食品加工业	Food processing	1246	1160	－4601
食品制造业	Food manufacturing	2969	2969	92356
饮料制造业	Beverage manufacturing	942	809	－2951
烟草加工业	Tobacco processing	－135	－135	363
纺织业	Textile industry	1680	1680	－1489
服装及其他纤维制品制造业	Garments and other fiber products	54	49	－288
木材加工及竹、藤、棕、草制品业	Timber, bamboo, cane, palm and straw products	202	53	－59
印刷业、记录媒介的复制	Printing and record medium reproduction	263	262	333
石油加工及炼焦业	Petroleum processing and coking	190	187	－51
化学原料及化学制品制造业	Raw chemical material and chemical products	1322	1116	3900
医药制造	Medical and pharmaceutical products	2580	2124	－265
橡胶制品业	Rubber products	634	634	－1012
塑料制品业	Plastic products	306	301	1668
非金属矿物制品业	Nonmetal mineral products	4951	4760	36072
黑色金属冶炼及压延加工业	Smelting and pressing of ferrous metals	260	257	－806
金属制品业	Metal products	153	152	－323
普通机械制造业	Ordinary machinery	3243	3237	－5496
专用设备制造业	Special purpose equipment	1528	528	－2873
交通运输设备制造业	Transport equipment	59308	52179	367895
电气机械及器材制造业	Electric equipmert and machinery	718	684	5941
电子及通信设备制造业	Electronic and telecommunication equipment	3154	818	－11975
仪器仪表及文化办公用机械制造业	Instruments, meters, culture and office	1132	627	－1146
其他制造业	Other manufacturing	－10	－10	23
电力、蒸汽、热水的生产和供应业	Production and supply of electric power, steam and hot water	15889	14999	17096
煤气生产和供应业	Production and supply of gas	3095	3095	－3793
自来水的生产和供应业	Production and supply of tap water	2156	2156	－4791

MAIN ECONOMIC INDICATORS OF INDUSTRIAL ENTERPRISES(Ⅴ)

unit:10000yuan

投资收益 Dividend	补贴收入 Subsidy	利润总额 After－fax profits	应交所得税 Income tax payable	应付利润 Profits payable	亏损企业亏损总额 Total loss of loss－making enterprises	利税总额 Pre－tax profits	上交税金 Taxble income	本年应付工资总额 Wages	主营业务应付工资总额 Wages of business
301601	**16178**	**676199**	**55855**	**514343**	**122909**	**1400393**	**724194**	**392357**	**388450**
－3303	5477	－122909	62	－1559	122909	－93340	29569	68243	65705
301601	16178	676199	55855	514343	122909	1400393	724194	392357	388450
301587	15112	675749	53605	512926	103970	1386760	711011	366628	363633
		332	109	223		332		132	132
－247	932	9773	3430	923	47413	61398	51626	40008	38725
543	733	32697	1820	506	12454	73877	41180	25038	24175
－789	199	－22924	1610	417	34959	－12479	10446	14970	14550
301848	15246	666426	52425	513420	75496	1338995	672568	352349	349726
	170	241	59	118	124	1549	1308	4538	4487
613	5765	4565	2219	1065	34333	38552	33987	34110	33891
301235	9311	661621	50147	512237	41039	1298894	637274	313701	311348
301587	15112	675749	53605	512926	103970	1386760	711011	366628	363633
301583	12889	88892	4842	12910	61234	363377	274485	283741	281159
301562	14544	654130	51738	509672	78938	1316170	662041	339451	337159
25	568	21619	1867	3255	25032	70589	48970	27177	26474
14	1066	450	2250	1417	18939	13633	13183	25729	24818
	170	241	59	118	124	1549	1308	4538	4487
	138	－4992	4		5121	－4748	244	2630	2611
		35774	22	1	281	36128	354	2321	2321
		－3069	9	19	3555	2959	6028	1368	1368
		273	203			30166	29893	4397	4397
－45	122	－704	2		736	－645	59	3878	3785
25	241	166	69	1	507	488	323	2303	2303
	1	－61	79		301	414	474	896	896
		174	260	191	593	1008	835	1964	1835
	3	84	17	58		4653	4569	1415	1414
415		3673	407	579	257	6311	2639	2820	2734
562	232	－669	1462	628	7968	3753	4422	7694	7070
		－1033			1033	1983	3015	1607	1607
		2441	199		199	3316	875	603	603
27	2681	13101	54		2237	22572	9471	6007	5989
		－343	76	135	575	30	373	958	779
		－344			390	－153	191	602	601
448	310	－4889	41	76	5124	－2821	2068	7217	5944
	25	－2095	40	104	2424	－1265	830	2363	2175
299051	8886	663563	50003	511717	37894	1289886	6263623	289105	288179
	30	5813	1103	340	1508	9084	3271	1424	1403
109	22	－14247	18	84	14534	－12170	2076	7166	7166
824	71	－689	34		895	1889	2578	5911	5857
11	43	29				72	43	86	86
	80	－8265	31	293	18832	7267	15532	19135	19109
170	3000	－2782	1662		12868	59	2841	6299	6299
4	123	－4951			4955	－1392	3559	7615	7435

11-13 国有及国有控股工业企业主要经济指标(六)

单位:万元

		本年应付福利费总额 Total welfare
总　　计	**Total**	**95853**
在总计中:亏损企业	Making loss enterprises	8915
在总计中:国有控股企业	State share holding	95853
其中:大中型企业	Large and medium enterprises	92197
在总计中:农村工业	Rural industry	19
在总计中:轻工业	Light industry	3182
以农产品为原料	Raw material for agricultural products	1153
以非产农产品为原料	Raw material for non agricultural products	2029
重工业	Heavy industry	92671
采掘工业	Excavation	912
原料工业	Raw material industry	4123
加工工业	Processing industry	87637
在总计中:大中型企业	Large and mudium enterprises	92197
其中:国有大中型企业	State owned	38789
其中:大型企业	Large enter prises	88553
中型企业	Mudium enterprises	3644
小型企业	Small enterprises	3657
煤炭采选业	Coal mining and dressing	912
食品加工业	Food processing	322
食品制造业	Food manufacturing	138
饮料制造业	Beverage manufacturing	171
烟草加工业	Tobacco processing	531
纺织业	Textile industry	-1157
服装及其他纤维制品制造业	Garments and other fiber products	236
木材加工及竹、藤、棕、草制品业	Timber, bamboo, cane, palm and straw products	119
印刷业、记录媒介的复制	Printing and record medium reproduction	261
石油加工及炼焦业	Petroleum processing and coking	209
化学原料及化学制品制造业	Raw chemical material and chemical products	357
医药制造业	Medical and pharmacutical products	862
橡胶制品业	Rubber products	40
塑料制品业	Plastic products	47
非金属矿物制品业	Nonmetal mineral products	412
黑色金属冶炼及压延加工业	Smelting and pressing of ferrous metals	119
金属制品业	Metal products	67
普通机械制造业	Ordinary machinery	825
专用设备制造业	Special purpose equipment	344
交通运输设备制造业	Transport equipment	84954
电气机械及器材制造业	Electric equipmert and machinery	177
电子及通信设备制造业	Electronic and telecommunication equipment	568
仪器仪表及文化办公用机械制造业	Instruments, meters, culture and office	823
其他制造业	Other manufacturing	4
电力、蒸汽、热水的生产和供应业	Production and supply of electric power, steam and hot water	2433
煤气生产和供应业	Production and supply of gas	938
自来水的生产和供应业	Production and supply of tap water	1141

MAIN ECONOMIC INDICATORS OF INDUSTRIAL ENTERPRISES (Ⅵ)

unit:10000 yuan

主营业务应付福利费总额 Welfare in business	本年应交增值税 Value added tax payable	本年进项税额 Tax credit in this year	本年销项税额 Add value tax in this year	全部从业人员年平均人数(人) Employees
95358	**472809**	**1310968**	**2098796**	**236066**
8620	20907	65062	87210	72437
95358	472809	1310968	2098796	236066
91836	461021	1283168	2058913	203046
19		910	894	220
3000	20021	37136	56022	42001
1060	11012	17497	27224	28514
1940	9009	19639	28798	13487
92358	452788	1273832	2042774	194065
904	1154	735	1948	4611
4089	26299	30008	56099	23689
87364	425335	1243089	1984728	165765
91836	461021	1283168	2058913	203046
38529	205281	1205264	1399535	146414
88286	444386	1250556	2010197	179030
3550	16635	32612	48717	24016
3552	11788	27800	39883	33020
904	1154	735	1948	4611
321	185	1786	1863	5057
138	211	653	843	3783
171	2114	1601	3692	2940
531	4258	7229	11598	1497
-1164	50	4337	4430	5938
236	318	697	742	2447
119	431	584	992	859
243	723	735	1447	2451
209	766	7027	7519	1413
355	2362	2139	3820	2150
795	4046	1792	4859	6114
40	940	2919	3842	2204
47	854	2044	2873	558
407	8119	5853	14862	6299
94	335	2893	3370	1518
67	175	232	406	713
717	1865	6023	7546	8181
318	745	1403	2146	7263
84817	416267	1234417	1970359	131403
145	3216	5588	8763	2147
568	2009	5269	5949	7859
815	2352	1192	2189	7661
4	40	33	73	50
2430	13749	9365	22654	10535
938	2262	4365	6721	5338
1094	3264	30	3294	5077

11－14 大中型工业企业主要经济指标(一)

单位:万元

	企业单位数(个) Enterprises	亏损企业 Making loss enterprises	工业总产值(不变价格) Gross industrial output value (constant price)
总 计 Total	**139**	**53**	**11030392**
一、按登记注册类型分组: Grouped by type registered			
内资企业 Domestic funds	117	50	6805854
国有企业 State owned	50	31	5697219
集体企业 Collective owned	9	3	18391
股份合作企业 share holding cooperative	8	4	57974
联营企业 Joint ownership	1	1	10277
有限责任公司 Limited company	31	9	492434
股份有限公司 Share holding	16	2	518491
私营企业 Private	2		11068
港、澳、台商投资企业 Funded from Hongkong, Macao and Taiwan	4		454943
外商投资企业 Foreign founed	18	3	3769595
二、按经济组织类型分组 Grouped by ownership			
独资企业 Solely owned enterprises	60	34	5724615
合作、合伙企业 Cooperation and partnership	9	5	68251
股份有限公司 Share holding	16	2	518491
有限责任公司 Limited company	54	12	4719035
三、按隶属关系分组 Grouped by administrative			
在总计中:亏损企业 Making loss enterprises	53	53	418448
在总计中:国有控股企业 State share holding	108	46	10089487
其中:大中型企业 Large and medium enterprises	108	46	10089487
在总计中:农村工业 Rural industry	2		7612
在总计中:轻工业 Light industry	48	20	1391167
以农产品为原料 Rew material for agricultural products	39	17	1146921
以非产农产品为原料 Rew material for non agricultural products	9	3	244247
重工业 Heavy industry	91	33	9639225
采掘工业 Excavation	1		2220
原料工业 Rew material industry	20	7	188293
加工工业 Processing industry	70	26	9448712
在总计中:大中型企业 Large and mudium enterprises	139	53	11030392
其中:国有大中型企业 State owned	50	31	5697219
其中:大型企业	68	27	10130940
中型企业	71	26	899452
煤炭采选业 Coal mining and dressing	1		2220
食品加工业 Food processing	8	3	401126
食品制造业 Food manufacturing	4	2	430708
饮料制造业 Beverage manufacturing	8	4	84184
烟草加工业 Tobacco processing	1		48917
纺织业 Textile industry	2		24550
服装及其他纤维制品制造业 Garments and other fiber products	3	3	9033
木材加工及竹、藤、棕、草制品业 Timber, bamboo, cane, palm and straw products	2	1	6813
印刷业、记录媒介的复制 Printing and record medium reproduction	5	2	6683
石油加工及炼焦业 Petroleum processing and coking	1		11437
化学原料及化学制品制造业 Raw chemical material and chemical products	4	1	18244
医药制造 Medical and pharmacutical products	11	2	171847
橡胶制品业 Rubber products	1	1	37179
塑料制品业 Plastic products	1	1	3355
非金属矿物制品业 Nonmetal mineral products	12	4	74519
黑色金属冶炼及压延加工业 Smelting and pressing of ferrous metals	2	1	8914
金属制品业 Metal products	2	1	2080
普通机械制造业 Ordinary machinery	12	7	45589
专用设备制造业 Special purpose equipment	3	1	12265
交通运输设备制造业 Transport equipment	27	8	9146694
电气机械及器材制造业 Electric equipmert and machinery	3	2	14646
电子及通信设备制造业 Electronic and telecommunication equipment	8	3	305290
仪器仪表及文化、办公用机械制造业 Instruments, meters, culture and office	7	2	43480
电力、蒸汽、热水的生产和供应业 Production and supply of electric power, steam and hotwater	7	2	82291
煤气生产和供应业 Production and supply of gas	3	1	33490
自来水的生产和供应业 Production and supply of tap water	1	1	4839

MAIN ECONOMIC INDICATORS OF LARGE AND MUDIVM INDVSTRIAL ENTERPRISES(Ⅰ)

unit:10000 yuan

工业总产值（当年价格）Gross industrial output value (current price)	新产品产值 New product	工业销售产值（当年价格）Sale revenue (current)	出口交货值 Export	工业中间投入合计 Intermediate Consumer	工业增加值（当年价）Added value (current)	资产合计 Total assets	流动资产小计 Circulating funds	短期投资 Short－term inuestment	应收帐款净额 Accownt receiveabre
10685556	**3032397**	**10511854**	**16625**	**8410682**	**2768091**	**12149559**	**5365611**	**1984**	**1119214**
6549130	152548	6419052	93682	5132039	1668215	9691497	3942932	1924	734024
5565387	58371	5472020	69600	4400646	1370021	7310307	3031446	709	524647
18585	207	18050		12611	6511	42712	23873	70	12328
57206	26514	59186	8004	41468	18909	82915	49313	750	20491
6246	6246	5251		3770	2491	835	776		
342175	37803	332645	12037	265716	90230	1318251	455977	2	69282
535196	23407	516625	4042	394045	169029	915674	373561	393	106982
24336		15276		13784	11024	20804	7987		293
461589		416586		294287	169717	219000	75749		19192
3674838	2879849	3676215	72542	2984357	930159	2239061	1346930	60	365998
5592977	58579	5498655	70826	4419402	1379767	7364840	3063357	779	538931
63452	32759	64436	8004	45238	21400	83749	50089	750	20491
535196	23407	516625	4042	394045	169029	915674	373561	393	106982
4493932	2917652	4432138	83353	3551998	1197895	3785295	1878605	62	452809
498466	51800	461652	17723	407312	109586	2042581	779099	10	188339
9696685	3030076	9540132	98893	7638518	2519187	11148480	4933531	1854	1000159
9696685	3030076	9540132	98893	7638518	2519187	11148480	4933531	1854	1000159
7612		7211		5057	2606	10580	6757	700	1025
1229256	39443	1158086	63028	886561	362410	1431194	533972	315	109672
1093292	32195	1021363	61117	788207	319062	964777	435802	315	80440
135964	7248	136723	1912	98354	43348	466417	98170		29231
9456300	2992955	9353768	103196	7524121	2405681	10718365	4831639	1669	1009542
6758		7149		4223	3188	145265	3052	2	1006
389366		386193		301545	121361	1352373	321276	700	120894
9060176	2992955	8960426	103196	7218353	2281132	9351727	4507311	967	887643
10685556	30302397	10511854	166225	8410682	2768091	12149559	5365611	1984	1119214
5565387	58371	5472020	69600	4400646	1370021	7310307	3031446	709	524647
9722793	2981479	9621849	149883	7764699	2428052	11161389	4938949	1024	1003456
962762	50918	890005	16341	645983	340039	988169	426662	960	115758
6758		7149		4223	3188	14265	3052	2	1006
410988		399824	54227	348797	62307	3274733	129469	70	19703
427979	6246	386280		266816	161278	116792	44354		13536
85273		83299		60197	30731	113661	44122	70	7775
68600	4318	68281		35862	36996	112782	76555		10928
24712	7858	22919	6131	23130	1632	93507	51985		
9743	207	9706		7847	1939	18424	7244		710
6333		5949	758	4362	2370	22512	5526		1647
9105		8700		6165	3792	20736	8234		2697
41487		42572		31810	10357	10888	6848		2448
19976		20239		15858	6030	115262	53015		20538
77619	15680	57918		54958	26988	198671	93962	175	31759
32909		32269		23994	9855	69045	50144		10746
3171		2631		2063	1316	8822	3871		3673
111297		107274	3562	81004	39081	245245	67156		14769
9731		9764		7609	2246	20449	12075	700	3602
1705	137	1486		1120	676	5157	2991		641
43634	6019	43396	1219	36933	8365	234693	135405		30573
11518	2056	10405	388	9286	2828	73664	33795		6093
8809080	2946625	8737438	83052	7039777	2196665	8255521	3975651	967	750546
12549		10271		9291	3689	23296	14407		6776
124727	27553	113545	16783	84973	44161	616024	253013		57411
37867	15699	35883	105	27286	12923	123597	44550		11783
193673		193606		157220	58294	807957	156096		67905
56691		52617		40256	18680	233927	68553		30170
48431		48431		29848	21705	269932	23539		11211

11－15 大中型工业企业主要经济指标(二)

单位:万元

	存 货 Inventory	产成品 Products	流动资产年平均余额 Annual average balance of circulating
总　计 Total	**1673755**	**458096**	**5461597**
一、按登记注册类型分组: Grouped by type registered			
内资企业 Domestic funds	1233135	375313	4321045
国有企业 State owned	988267	285241	3402047
集体企业 Collective owned	5464	4252	23017
股份合作企业 share holding cooperative	9972	4396	45943
联营企业 Joint ownership	694	497	772
有限责任公司 Limited company	132818	51117	484979
股份有限公司 Share holding	91399	27250	356226
私营企业 Private	4521	2560	8062
港、澳、台商投资企业 Funded from Hongkong,Macao and Taiwan	39248	20625	73580
外商投资企业 Foreign founed	401372	62157	1066973
二、按经济组织类型分组 Grouped by ownership			
独资企业 Solely owned enterprises	996616	289578	3431578
合作、合伙企业 Cooperation and partnership	10666	4894	46714
股份有限公司 Share holding	91399	27250	356226
有限责任公司 Limited company	575074	136375	1627079
三、按隶属关系分组 Grouped by administrative			
在总计中:亏损企业 Making loss enterprises	303288	58511	857217
在总计中:国有控股企业 State share holding	1543063	416370	5046757
其中:大中型企业 Large and medium enterprises	1543063	416370	5046757
在总计中:农村工业 Rural industry	1096	985	5580
在总计中:轻工业 Light industry	215016	87942	567922
以农产品为原料 Rew material for agricultural products	182019	72430	438474
以非产农产品为原料 Rew material for non agricultural products	32997	15512	129449
重工业 Heavy industry	1458740	370153	4893675
采掘工业 Excavation	483	105	2732
原料工业 Rew material industry	46827	5957	341416
加工工业 Processing industry	1411430	364092	4549527
在总计中:大中型企业 Large and mudium enterprises	1673755	458096	5461597
其中:国有大中型企业 State owned	988267	285241	3402047
其中:大型企业 Large enterprises	1517544	397056	5037886
中型企业 Mudium enterpriuses	156212	61040	423711
煤炭采选业 Coal mining and dressing	483	105	2732
食品加工业 Food processing	56482	15437	135031
食品制造业 Food manufacturing	23261	13549	44460
饮料制造业 Beverage manufacturing	13417	2661	40001
烟草加工业 Tobacco processing	26252	2400	73131
纺织业 Textile industry	24856	16598	56312
服装及其他纤维制品制造业 Garments and other fiber products	4267	2622	7341
木材加工及竹、藤、棕、草制品业 Timber, bamboo, cane, palm and straw products	3331	1699	5449
印刷业、记录媒介的复制 Printing and record medium reproduction	2913	2217	7885
石油加工及炼焦业 Petroleum processing and coking	3647	811	7139
化学原料及化学制品制造业 Raw chemical material and chemical products	8292	2507	53229
医药制造 Medical and pharmacutical products	33698	19218	94656
橡胶制品业 Rubber products	6756	5461	38752
塑料制品业 Plastic products	178	54	4431
非金属矿物制品业 Nonmetal mineral products	22073	7031	68010
黑色金属冶炼及压延加工业 Smelting and pressing of ferrous metals	5555	3131	11707
金属制品业 Metal products	1350	1264	2869
普通机械制造业 Ordinary machinery	89750	17755	134112
专用设备制造业 Special purpose equipment	14387	4381	32953
交通运输设备制造业 Transport equipment	1236512	310901	4061823
电气机械及器材制造业 Electric equipmert and machinery	4455	2593	13031
电子及通信设备制造业 Electronic and telecommunication equipment	60025	17925	254633
仪器仪表及文化、办公用机械制造业 Instruments, meters, culture and office	12046	7492	40498
电力、蒸汽、热水的生产和供应业 Production and supply of electric power, steam and hotwater	11064		173449
煤气生产和供应业 Production and supply of gas	8145	284	69712
自来水的生产和供应业 Production and supply of tap water	563		28250

MAIN ECONOMIC INDICATORS OF INDUSTRIAL ENTERPRISES(Ⅱ)

unit: 10000yuan

长期投资 Long term investment	固定资定小计 Fived assets	固定资产原价 Original value of fixed assets	生产经营用 Operating	累计折旧 Depreciation	本年折旧 Depreciation in this year	固定资产净值 Net value of fixed assets	固定资产净值年平均余额 Annual average balance	无形及递延资产小计 Intangible and deferred	无形资产 Intangible
1654219	4253350	5996675	5094248	2361217	358832	3635459	3647695	281264	210528
1615802	3316895	4493306	3611008	1710713	243070	2782593	2798982	243456	178570
1338097	2307638	3354895	2613510	1385090	201760	1969804	1937315	128814	79943
2232	16161	19028	18734	5727	706	13301	13466	105	92
4183	24611	39035	30836	14870	1862	24165	24956	2074	2074
	59	59	59			59	59		
201029	576306	633462	511184	121068	19617	512394	494318	80348	67881
70260	387876	442644	432582	182158	18687	260486	324580	23992	20480
	4244	4184	4104	1799	437	2385	4290	8123	8101
	129040	154466	141044	25426	2505	129040	130035	4908	3539
38418	807416	1348904	1342196	625078	113258	723826	718678	32901	28419
1340329	2327015	3380353	2638675	1394033	203000	1986321	1953837	129486	80602
4183	24670	39094	30895	14870	1862	24224	25014	2074	2074
70260	387876	442644	432582	182158	18687	260486	324580	23992	20480
239447	1513789	2134584	1992097	770156	135283	1364428	1344263	125713	107373
129036	1040173	1262666	1100249	353386	77138	909280	872897	73236	63248
1617070	3785298	5394641	4501606	2103257	329277	3291385	3310589	243971	178304
1617070	3785298	5394641	4501606	2103257	329277	3291385	3310589	243971	178304
	3811	4391	4181	580	179	3811	3811	12	12
38937	775831	972903	861318	298168	65655	674735	622388	51200	42365
12831	455541	543413	441145	180022	18859	363391	368677	40840	32184
26106	320290	429490	420173	118146	46796	311344	253711	10360	10182
1615283	3477519	5023772	4232930	2063048	293177	2960724	3025307	230064	168163
871	10212	12119	12114	2051	147	10068	9842	129	
135090	866631	1205856	1076829	413940	61477	791917	777050	26181	22988
1479322	2600676	3805798	3143988	1647058	231554	2158739	2238415	203755	145175
1654219	4253350	5996675	5094248	2361217	358832	3635459	3647695	281264	210528
1338097	2307638	3354895	2613510	1385090	201760	1969804	1937315	128814	79943
1643980	3766126	5392897	4563409	2177535	335132	3215362	3234501	235474	170034
10240	487224	603779	530840	183682	23701	420097	413194	45790	40494
871	10212	12119	12114	2051	147	10068	9842	129	
5965	172542	190092	184513	64760	8708	125332	115538	16751	14213
152	70438	87197	75989	16935	911	70262	71981	1848	1520
125	55513	77973	69750	22601	2953	55371	56660	4245	4144
33	35893	49784	43611	19436	1930	30347	30617	301	193
507	40859	41648	15009	10816	1119	30832	26308	156	156
391	9556	9250	7263	2374	255	6876	6790	1233	1233
	2651	15731	8157	17945	324	−2214	12200	4851	92
157	12284	17340	15105	5821	326	11519	12982	60	60
	4039	10927	10924	6887	62	4039	4048		
26047	29168	38070	36611	9153	1182	28918	29437	3837	2854
5577	76093	77497	44589	25915	3311	51582	50144	13922	12922
50	18734	10014	10014	5091	456	4923	4741	117	117
	2951	4963	4963	2013	168	2951	2932		
4876	161815	210979	134579	51083	8623	159896	159116	10591	10385
35	6638	8800	7679	2270	229	6530	6492	1701	90
	2165	2949	2747	784	88	2165	2222		
3009	90083	103445	57144	39252	1797	64193	64946	2871	1389
2312	29441	36636	35903	7202	696	29434	28195	8116	8116
1418245	2203085	3374027	2786021	1550300	222415	1823727	1834549	159687	104633
24	7760	8138	8138	591	120	7547	7625	1105	1105
66674	207245	212971	190648	31726	3892	181245	259086	35328	33489
12275	61031	84444	80552	23444	3499	61000	62021	836	836
87110	560712	821153	777221	321067	46342	500086	483296	4039	3476
17648	138186	161029	151612	35367	7106	125662	128711	9539	9504
2136	244257	329501	323393	86335	42179	243166	177218		

11－16 大中型工业企业主要经济指标(三)

单位:万元

	负债合计 Liabilities	流动负债 小计 Liquid liabilties	长期负债 小计 ling－term liabilities
总 计 Total	**7568725**	**5932772**	**1635064**
一、按登记注册类型分组: Grouped by type registered			
内资企业 Domestic funds	6496704	4974619	1521979
国有企业 State owned	5219645	3850100	1369444
集体企业 Collective owned	24504	21116	3387
股份合作企业 share holding cooperative	56365	46260	10105
联营企业 Joint ownership	770	770	
有限责任公司 Limited company	761291	651570	109716
股份有限公司 Share holding	423935	394900	29035
私营企业 Private	10194	9903	291
港、澳、台商投资企业 Funded from Hongkong, Macao and Taiwan	160200	114964	44453
外商投资企业 Foreign founed	911821	843189	68632
二、按经济组织类型分组 Grouped by ownership			
独资企业 Solely owned enterprises	5246455	3873523	1372832
合作、合伙企业 Cooperation and partnership	57135	47030	10105
股份有限公司 Share holding	423935	394900	29035
有限责任公司 Limited company	1841200	1617319	223092
三、按隶属关系分 Grouped by administrative			
在总计中:亏损企业 Making loss enterprises	1380754	1098203	282445
在总计中:国有控股企业 State share holding	7027393	5410250	1616254
其中:大中型企业 Large and medium enterprises	7027393	5410250	1616254
在总计中:农村工业 Rural industry	6691	5791	900
在总计中:轻工业 Light industry	903016	734843	168174
以农产品为原料 Rew material for agricultural products	704566	598308	106258
以非产农产品为原料 Rew material for non agricultural products	198451	136535	61916
重工业 Heavy industry	6665708	5197929	1466890
采掘工业 Excavation	9636	5621	4015
原料工业 Rew material industry	985516	590354	395161
加工工业 Processing industry	5670556	4601954	1067714
在总计中:大中型企业 Large and mudium enterprises	7568725	5932772	1635064
其中:国有大中型企业 State owned	5219645	3850100	1369444
其中:大型企业 Large enterprises	6795501	5350636	1444764
中型企业 Mudium enterprises	773224	582135	190300
煤炭采选业 Coal mining and dressing	9636	5621	4015
食品加工业 Food processing	212364	205039	7325
食品制造业 Food manufacturing	100264	72023	28241
饮料制造业 Beverage manufacturing	91925	88757	3168
烟草加工业 Tobacco processing	124919	107119	17800
纺织业 Textile industry	43332	31648	11685
服装及其他纤维制品制造业 Garments and other fiber products	10095	8083	2012
木材加工及竹、藤、棕、草制品业 Timber, bamboo, cane, palm and straw products	19097	12768	6329
印刷业、记录媒介的复制 Printing and record medium reproduction	16797	12428	4369
石油加工及炼焦业 Petroleum processing and coking	6856	6856	
化学原料及化学制品制造业 Raw chemical material and chemical products	47673	33175	14498
医药制造 Medical and pharmacutical products	107395	78425	28970
橡胶制品业 Rubber products	47331	24296	23034
塑料制品业 Plastic products	8538	4185	4352
非金属矿物制品业 Nonmetal mineral products	137693	118828	18865
黑色金属冶炼及压延加工业 Smelting and pressing of ferrous metal0	24170	21832	
金属制品业 Metal products	4872	4885	－13
普通机械制造业 Ordinary machinery	137755	123593	14062
专用设备制造业 Special purpose equipment	63824	61984	1840
交通运输设备制造业 Transport equipment	5079163	4103367	975013
电气机械及器材制造业 Electric equipmert and machinery	21298	16676	4616
电子及通信设备制造业 Electronic and telecommunication equipment	285918	266501	19417
仪器仪表及文化、办公用机械制造业 Instruments, meters, culture and office	76138	48742	27396
电力、蒸汽、热水的生产和供应业 Production and supply of electric power, steam and hotwater	689120	336110	353010
煤气生产和供应业 Production and supply of gas	130019	112623	17397
自来水的生产和供应业 Production and supply of tap water	72533	27208	45325

MAIN ECONOMIC INDICATORS OF INDUSTRIAL ENTERPRISES(Ⅲ)

unit:10000yuan

所有者权益合计 Creditors' equity	实收资本 Capital hold	国家资本 State owhed	集体资本 Collectine owned	法人资本 Legperson capital	个人资本 Private funds	港澳台资本 Funded from Hongkong, Macao and Taiwan	外商资本 Foreign funds	产品销售收入 Sale revenwe	产品销售成本 Cost of sales
4580834	**2084813**	**1448956**	**24282**	**228630**	**107180**	**17085**	**258680**	**10813322**	**8787162**
3194793	1487705	1177930	19032	181952	107180	1610		6652364	5686897
2090662	1051974	979237	825	17249	54663			5685490	4891487
18208	9456		9456					12565	9732
26550	8877	100	4513		4264			66611	53736
65	50			50				3263	3244
556960	249332	166671		81503	1159			264109	207584
491739	162716	31922	4239	83150	41794	1610		608430	511476
10610	5300				5300			11896	9637
58800	33297	4014		15175		14108		396847	282273
1327240	563812	267011	5250	31503		1367	258680	3764112	2817992
2118385	1070430	979237	10281	17249	54663		9000	5706640	4907195
26615	8927	100	4513	50	4264			69873	56981
491739	162716	31922	4239	83150	41794	1610		608430	511476
1944096	842741	437696	5250	128181	6459	15475	249680	4428379	3311510
661827	478102	442183	1066	19726	796		14331	490562	444512
4121087	1872849	1416315	8474	175305	86425	7988	178343	9773031	7902847
4121087	1872849	1416315	8474	175305	86425	7988	178343	9773031	7902847
3889	3855		3657		180			7352	6482
528178	386996	249295	13285	50464	13329	13922	46700	1120595	859716
260212	219043	98528	7210	47114	12429	12312	41450	1007284	765208
267966	167952	150767	6075	3350	901	1610	5250	113310	94513
4052656	1697817	1199660	10998	178165	93851	3163	211981	9692727	7927446
4628	4396	4396						7238	4279
366857	265693	115155	540	129085	19953		960	596759	501874
3681171	1427729	1080109	10458	49081	73898	3163	211021	9088730	7421293
4580834	2084813	1448956	24282	228630	107180	17085	258680	10813322	8787162
2090662	1051974	979237	825	17249	54663			5685490	4891487
4365889	1858000	1338275	2795	197995	95240	7123	216573	9943463	8140560
214945	226813	110681	21488	30635	11940	9962	42107	869859	646602
4628	4396	4396						7238	4279
112369	60922	8097	80	24194	1350		27201	410642	363412
16528	23618	770	3478	14545		4825		369434	266590
21736	34317	7814	1500	2538	728	7487	14249	79275	55554
-12137	13807	13807						68227	31126
50175	44077	44077						23209	19795
8329	3693	3209	484					8769	7585
3415	2075	311		786			960	6011	4621
3939	4005	3090	223		693			8381	5544
4032	3907	3907						40057	34079
67589	13317	2761	5250	56			5250	22426	14276
91276	44333	20707	2270	9187	10559	1610		48988	18053
21715	23144	23144						21649	17865
285	486		331		156			2856	2172
107551	80227	12677	3460	57272	349		6469	101462	69856
-3721	3110	2390	540		180			9462	8587
285	736	736						1469	1164
96937	34627	31472	1054				2100	43103	35414
9840	11408	11408						10771	8669
3176358	1245532	958931	2912	15381	72308	3163	192839	8893569	7271591
1998	1091	522		569				8935	7183
330106	91882	46558	2702	31925	1085		9613	86826	71981
47458	15593	14788		806				36906	26895
118836	100889	50399		46890	3600			404569	363143
103907	95340	54687		24480	16173			52354	39003
197399	128300	128300						46733	38728

11－17 大中型工业企业主要经济指标(四)

单位:万元

	产品销售费用 Cost of sales	广告费 Advertise－ment	产品销售税金及附加 Sales tax and extra charge
总 计 Total	**266766**	**52115**	**255561**
一、按登记注册类型分组: Grouped by tpye registered			
内资企业 Domestic funds	159620	10316	79784
国有企业 State owned	133891	8202	69205
集体企业 Collective owned	207		67
股份合作企业 share holding cooperative	1824	4	347
联营企业 Joint ownership	22		1
有限责任公司 Limited company	13613	920	5284
股份有限公司 Share Holding	9288	901	4881
私营企业 Private	776	290	
港、澳、台商投资企业 Funded from Hongkong,Macao and Taiwan	4755	513	3288
外商投资企业 Foreign founed	103292	41285	172489
二、按经济组织类型分组 Grouped by ownership			
独资企业 Solely owned enterprises	134688	8222	69272
合作、合伙企业 Cooperation and partnership	1845	4	348
股份有限公司 Share holding	9288	901	4881
有限责任公司 Limited company	120945	42988	181061
三、按隶属关系分 Grouped by administrative			
在总计中:亏损企业 Making loss enterprises	22381	1062	8151
在总计中:国有控股企业 State share holding	243487	49084	249990
其中:大中型企业 Large and medium enterprises	243487	49084	249990
在总计中:农村工业 Rural industry	69	4	2
在总计中:轻工业 Light industry	41695	6288	34576
以农产品为原料 Rew material for agricultural products	33256	5663	33060
以非产农产品为原料 Rew material for non agricultural products	8439	624	1516
重工业 Heavy industry	225072	45827	220985
采掘工业 Excavation	414	1	83
原料工业 Rew material industry	8706	14	8303
加工工业 Processing industry	215952	45812	212599
在总计中:大中型企业 Large and mudium enterprises	266766	52115	255561
其中:国有大中型企业 State owned	133891	8202	69205
其中:大型企业 Large enterprises	241799	47575	222390
中型企业 Mudium enterpises	24968	4542	33172
煤炭采选业 Coal mining and dressing	414	1	83
食品加工业 Food processing	10786	342	321
食品制造业 Food manufacturing	3844		47
饮料制造业 Beverage manufacturing	8770	2336	6728
烟草加工业 Tobacco processing	3232	1657	25635
纺织业 Textile industry	227		8
服装及其他纤维制品制造业 Garments and other fiber products	180	3	3
木材加工及竹、藤、棕、草制品业 Timber,bamboo,cane,palm and straw products	452	8	40
印刷业、记录媒介的复制 Printing and record medium reproduction	120		85
石油加工及炼焦业 Petroleum processing and coking			3803
化学原料及化学制品制造业 Raw chemical material and chemical products	1169	23	94
医药制造业 Medical and pharmaceutical products	8090	1427	428
橡胶制品业 Rubber products	570		2074
塑料制品业 Plastic products	45		21
非金属矿物制品业 Nonmetal mineral products	5886	10	1405
黑色金属冶炼及压延加工业 Smelting and pressing of ferrous metals	109	4	12
金属制品业 Metal products	65		9
普通机械制造业 Ordinary machinery	1281	4	209
专用设备制造业 Special purpose equipment	567	3	58
交通运输设备制造业 Transport equipment	211483	46293	210689
电气机械及器材制造业 Electric equipmert and machinery	597		42
电子及通信设备制造业 Electronic and telecommunication equipment	2283	1	67
仪器仪表及文化、办公用机械制造业 Instruments, meters, culture and office	1364	3	225
电力、蒸汽、热水的生产和供应业 Production and supply of electric power, steam and hotwater	106		2618
煤气生产和供应业 Production and supply of gas	2859		577
自来水的生产和供应业 Production and supply of tap water	2267		280

MAIN ECONOMIC INDICATORS OF INDUSTRIAL ENTERPRISES(Ⅳ)

unit: 10000yuan

产品销售利润 Sales profit	其他业务利润 Other profits	管理费用 Cost of management	税金 Taxes	财产保险费 Property ihswrance	劳动待业保险费 Employment insurance	养老医疗保险费 Life insurance	办公费 Administrative expense	研究开发费 Cost of rscd	职工教育费 Education
1503838	**185382**	**1019188**	**14077**	**5962**	**26614**	**80857**	**10669**	**225847**	**4233**
726063	144456	860239	8164	4490	23877	70821	8047	225645	3835
590907	110395	760288	6199	3640	14907	63121	6190	223840	3329
2560	101	987	10	8	36	66	38		2
10704	412	7585	175	119	599	1279	194	206	34
-4		70				27	8		2
37628	30379	53369	1171	507	3630	4391	876	766	131
82786	3164	36799	607	217	4703	1934	615	754	320
1483	5	1142	3		2	3	126	80	17
106531	47	6591	231	110	50	395	1396	109	105
671239	40880	152357	5682	1362	2687	9640	1226	93	293
595485	110411	761987	6222	3648	14945	63216	6272	223840	3333
10700	412	7655	175	119	599	1306	202	206	36
82786	3164	36799	607	217	4703	1934	615	754	320
814862	71395	212746	7073	1979	6366	14400	3579	1048	544
15518	4644	96924	1888	661	11553	7808	1468	1299	586
1376707	183199	971886	13325	5641	22317	79793	9036	225327	3716
1376707	183199	971886	13325	5641	22317	79793	9036	225327	3716
799		209	15	2			8		1
184608	1469	77310	1651	804	7183	5090	2232	957	314
175765	994	46422	900	571	3952	2151	1793	627	279
8843	475	30888	752	233	3231	2939	438	330	35
1319225	183914	941877	12426	5158	19431	75767	8437	224890	3920
2463		1627	1	26	787		31		18
77876	30362	28655	493	319	1112	3733	389	4	219
1238886	153552	911596	11932	4813	17531	72033	8017	224886	3683
1503833	185382	1019188	14077	5962	26614	80857	10669	225847	4233
590907	110395	760288	6199	3640	14907	63121	6190	223840	3329
1338715	183866	970583	12700	5239	21874	77774	7859	224944	3864
165118	1517	48605	1377	723	4740	3082	2810	904	369
2463		1627	1	26	787		31		18
36123	106	12566	82	16	13	153	102	80	8
98952	172	3769	253	42	299	383	1047	76	106
8223	509	4648	106	136	91	853	257	11	35
8234	-19	7987	173	289	1822		61	197	57
3180	3	2358	78	6	1051	72	19		6
1001	68	1519	17	5	339	56	22		17
899		756	19	20	79	6	6		2
2632	155	1629	41	11	87	405	19		4
2176		2079	41		291				19
6887	3	2548	81	74	78	128	18	44	8
22418	-2	13377	190	49	221	291	340	278	57
1140	-6	110	43	42	215	9	74	5	1
618		514			95		9	26	2
24315	25081	8383	96	238	404	871	131	1	50
755	36	639	32		13	101	13		5
232	47	289	8		1		12		
6199	-157	7882	214	51	970	829	194	38	48
1477	86	2982	198	19	178	156	16	72	17
1199806	152799	893625	11210	4724	16262	70954	6568	224967	3511
1113	89	1430	102	26	22	83	107	10	
12496	428	12923	361	25	253	151	837	27	92
8422	648	9003	153	36	527	580	295	12	16
38701	4603	6706	191	33	276	822	83		52
9916	597	11269	152	67	133	2084	192	4	102
5458	138	7582	234	28	2106	1868	215		

11－18　大中型工业企业主要经济指标(五)

单位:万元

	财务费用 Financial expenses	利息支出 Interest expen	营业利润 Business profits
总　　计　Total	**116418**	**101582**	**553609**
一、按登记注册类型分组:　Grouped by type registered			
内资企业　Domestic funds	81092	76409	－70813
国有企业　State owned	62918	63436	－121904
集体企业　Collective owned	598	597	1076
股份合作企业　share holding cooperative	1975	1975	1555
联营企业　Joint ownership	20	20	－94
有限责任公司　Limited company	11843	8267	2795
股份有限公司　Share holding	3726	2102	45425
私营企业　Private	12	12	334
港、澳、台商投资企业　Funded from Hongkong, Macao and Taiwan	4884	4854	95103
外商投资企业　Foreign founed	30443	20319	529319
二、按经济组织类型分组　Grouped by ownership			
独资企业　Solely owned enterprises	63387	63905	－119478
合作、合伙企业　Cooperation and partnership	1995	1995	1461
股份有限公司　Share holding	3726	2102	45425
有限责任公司　Limited company	47310	33581	626201
三、按隶属关系分组　Grouped by administrative			
在总计中:亏损企业　Making loss enterprises	31111	26817	－107873
在总计中:国有控股企业　State share holding	103658	90941	484362
其中:大中型企业　Large and medium enterprises	103658	90941	484362
在总计中:农村工业　Rural industry	310	310	281
在总计中:轻工业　Light industry	21718	20859	87049
以农产品为原料　Rew material for agricultural products	16913	16261	113424
以非产农产品为原料　Rew material for non agricultural products	4804	4597	－26375
重工业　Heavy industry	94701	80724	466561
采掘工业　Excavation	636	632	200
原料工业　Rew material industry	25786	23026	53797
加工工业　Processing industry	68279	57066	412564
在总计中:大中型企业　Large and mudium enterprises	116418	101582	553609
其中:国有大中型企业　State owned	62918	63436	－121904
其中:大型企业　Large enterprises	96840	82971	455158
中型企业　Mudium enterpises	19578	18612	98451
煤炭采选业　Coal mining and dressing	636	632	200
食品加工业　Food processing	9137	8832	14527
食品制造业　Food manufacturing	2899	2899	92455
饮料制造业　Beverage manufacturing	1726	1579	2358
烟草加工业　Tobacco processing	－135	－135	363
纺织业　Textile industry	1291	1291	－466
服装及其他纤维制品制造业　Garments and other fiber products	167	167	－617
木材加工及竹、藤、棕、草制品业　Timber, bamboo, cane, palm and straw products	202	53	－59
印刷业、记录媒介的复制　Printing and record medium reproduction	219	218	940
石油加工及炼焦业　Petroleum processing and coking	189	186	－92
化学原料及化学制品制造业　Raw chemical material and chemical products	1166	960	3176
医药制造　Medical and pharmacutical products	2213	1952	6826
橡胶制品业　Rubber products	634	634	－600
塑料制品业　Plastic products	303	303	－199
非金属矿物制品业　Nonmetal mineral products	5225	5020	35788
黑色金属冶炼及压延加工业　Smelting and pressing of ferrous metals	247	244	－95
金属制品业　Metal products	134	134	－144
普通机械制造业　Ordinary machinery	3166	3160	－5007
专用设备制造业　Special purpose equipment	1502	511	－2921
交通运输设备制造业　Transport equipment	58460	51276	400521
电气机械及器材制造业　Electric equipmert and machinery	262	238	－490
电子及通信设备制造业　Electronic and telecommunication equipment	3174	685	－3173
仪器仪表及文化、办公用机械制造业　Instruments, meters, culture and office	1132	627	－1065
电力、蒸汽、热水的生产和供应业　Production and supply of electric power, steam and hotwater	17245	14891	19353
煤气生产和供应业　Production and supply of gas	3085	3085	－3842
自来水的生产和供应业　Production and supply of tap water	2141	2141	－4127

MAIN ECONOMIC INDICATORS OF LARGE ANDMVDIVM INDUSTRIAL ENTERPRISES (Ⅴ)

unit: 10000yuan

投资收益 Dividend	补贴收入 Subsidy	利润总额 After－tax profits	应交所得税 Income tax payable	应付利润 Profits payable	亏损企业亏损总额 Total loss of loss－making enterprises	利税总额 Pre－tax profits	上交税金 Taxable incoine	本年应付工资总额 Wages	主营业务应付工资总额 Wages of business
302814	**19340**	**745199**	**63708**	**536037**	**105487**	**1493977**	**748779**	**417639**	**414598**
303152	18279	116159	16539	13777	101117	447068	330908	358288	355371
301583	12889	88892	4842	12910	61234	363377	274485	283741	281159
	9	1110	5		214	1714	604	1790	1756
36	20	1240	1361	155	520	4759	3519	7461	7461
		－89			89	－74	15	116	116
－397	2207	－19153	561	223	37887	－98	19055	26480	26191
1930	3154	43810	9514	295	1174	76569	32759	38106	38106
		350	256	194		821	471	594	582
		38652				44356	5704	2783	2783
－338	1062	590387	47169	522260	4369	1002554	412167	56568	56444
301583	12899	91352	4847	12910	61448	366816	275464	285988	283372
36	20	1151	1361	155	609	4685	3534	7577	7577
1930	3154	43810	9514	295	1174	76569	32759	38106	38106
－735	3268	608886	47985	522678	42256	1045907	437022	85969	85543
－3303	5085	－105487	32	－1866	105487	－78904	26582	58725	56783
301587	15112	675749	53605	512926	103970	1386760	711011	366628	363633
301587	15112	675749	53605	512926	103970	1386760	711011	366628	363633
		281	76	155		334	53	433	433
－338	4335	34763	4464	14554	34154	89055	54292	46545	45570
201	4333	58444	4044	14253	7593	105481	47037	35170	34372
－539	3	－23681	420	301	26561	－16427	7255	11375	11197
303152	15005	710436	59244	521483	71332	1404923	694487	371095	369028
		118	39			854	735	2063	2063
613	5684	6044	2413	468	33140	47888	41844	42125	41946
302539	9321	704274	56792	521015	38192	1356181	651908	326907	325019
302814	19340	745199	63708	536037	105487	1493977	748779	417639	414598
301583	12889	88892	4842	12910	61234	363377	274485	283741	281159
302527	15606	703621	60605	529675	80037	1395969	692348	382761	380469
286	3735	41578	3103	6363	25450	98009	56431	34879	34130
		118	39			854	735	2063	2063
－338	4169	15232	2366	10835	2430	15670	437	13414	13414
		35785	14		275	35947	162	2158	2158
	50	2408	10	2933	2666	14791	12383	3827	3827
		273	203			30166	29893	4397	4397
－45	122	32	2			91	58	3488	3488
25		－616			616	－570	46	1393	1393
		－59	79		299	381	440	789	789
		954	260	191	248	1891	937	1698	1535
	3	45	15	30		4528	4482	1273	1273
415		2930	308		31	4935	2006	2033	2033
820	－8	6377	1524	596	1059	11131	4754	5471	4837
		－621			621	2394	3015	1402	1402
		－199			199	29	228	339	339
27	2690	13357	85	562	2330	23549	10192	6770	6770
		－141	76	155	372	－4	137	400	221
		－160			163	－60	100	417	417
448	310	－4328	4		4804	－2454	1874	6876	5780
	25	－2316	2	104	2336	－1661	655	1519	1519
300355	8887	696222	56047	520335	36196	1334273	638051	301873	300964
		－692	2	14	696	－219	473	754	732
109	22	－5632	650		14198	－1159	4473	7935	7935
824	71	－608	34		814	1957	2566	5853	5853
		－6553	327	283	18439	17906	24459	28811	28811
170	3000	－2212	1662		12298	609	2821	6167	6167
4		－4398			4398	－997	3401	6522	6483

11-19 大中型工业企业主要经济指标(六)
MAIN ECONOMIC INDICATORS OFINDUSTRIAL ENTERPRISES (Ⅵ)

单位:万元 unit:10000 yuan

	本年应付福利费总额 Total welfare	主营业务应付福利费总额 Welfare in business	本年应交增值税 Value added tax payable	本年进项税额 Tax credit in this year	本年销项税额 Add value tax in this year	全部从业人员年平均人数(人) Employees
总计 **Total**	98252	97526	493218	1376898	2175039	239731
一、按登记注册类型分组: Grouped by type registered						
内资企业 Domestic funds	46717	46369	251124	1295794	1528638	213480
国有企业 State owned	38789	38529	205281	1205264	1399535	146414
集体企业 Collective owned	187	182	537	668	1159	5878
股份合作企业 share holding cooperative	759	759	3172	4959	8026	5307
联营企业 Joint ownership	16	16	15	546	561	310
有限责任公司 Limited company	1086	1003	13771	29000	42752	33056
股份有限公司 Share holding	5785	5785	27878	54957	76533	21962
私营企业 Private	95	95	471	400	71	553
港、澳、台商投资企业 Funded from Hongkong, Macao and Taiwan	336	336	2416	1654	3760	2095
外商投资企业 Foreign founed	51199	50821	239678	79450	642641	24156
二、按经济组织类型分组 Grouped by ownership						
独资企业 Solely owned enterprises	39028	38763	206192	1206884	1401947	152556
合作、合伙企业 Cooperation and partnership	775	775	3186	5506	8587	5617
股份有限公司 Share holding	5785	5785	27878	54957	76533	21962
有限责任公司 Limited company	52664	52203	255961	109551	687971	59596
三、按隶属关系分组 Grouped by administrative						
在总计中:亏损企业 Making loss enterprises	7553	7348	18432	58010	77202	58730
在总计中:国有控股企业 State share holding	92197	91836	461021	1283168	2058913	203046
其中:大中型企业 Large and medium enterprises	92197	91836	461021	1283168	2058913	203046
在总计中:农村工业 Rural industry	61	61	50	786	823	1012
在总计中:轻工业 Light industry	3172	2684	19716	60673	71699	44045
以农产品为原料 Rew material for agricultural products	1519	1070	13977	49208	54330	35880
以非产农产品为原料 Rew material for non agricultural products	1653	1615	5739	11466	17368	8165
重工业 Heavy industry	95080	94842	473502	1316224	2103340	195686
采掘工业 Excavation	282	282	653	281	933	1704
原料工业 Rew material industry	5053	5028	33540	31285	64541	22736
加工工业 Processing industry	89745	89532	439309	1284659	2037865	171246
在总计中:大中型企业 Large and mudium enterprises	98252	97526	493218	1376898	2175039	239731
其中:国有大中型企业 State owned	38789	38529	205281	1205264	1399535	146414
其中:大型企业 Large enterprises	93721	93094	469958	1335040	2111551	205251
中型企业 Mudium enterprises	4531	4432	23259	41857	63488	34480
煤炭采选业 Coal mining and dressing	282	282	653	281	933	1704
食品加工业 Food processing	545	185	116	28091	21357	15147
食品制造业 Food manufacturing	215	215	115	654	728	2476
饮料制造业 Beverage manufacturing	528	528	5655	7632	13287	4311
烟草加工业 Tobacco processing	531	531	4258	7229	11598	1497
纺织业 Textile industry	-1232	-1232	50	3757	3834	4999
服装及其他纤维制品制造业 Garments and other fiber products	197	197	43	597	361	1636
木材加工及竹、藤、棕、草制品业 Timber, bamboo, cane, palm and straw products	104	104	400	498	876	751
印刷业、记录媒介的复制 Printing and record medium reproduction	233	210	852	604	1456	1933
石油加工及炼焦业 Petroleum processing and coking	178	178	680	6251	6657	1151
化学原料及化学制品制造业 Raw chemical material and chemical products	263	263	1911	1749	2978	1690
医药制造业 Medical and pharmaceutical products	597	530	4327	991	3469	4525
橡胶制品业 Rubber products	35	35	940	2789	3729	1674
塑料制品业 Plastic products	45	45	207	268	475	438
非金属矿物制品业 Nonmetal mineral products	425	425	8787	6784	16208	7268
黑色金属冶炼及压延加工业 Smelting and pressing of ferrous metals	56	31	125	1408	1538	463
金属制品业 Metal products	58	58	91	155	246	566
普通机械制造业 Ordinary machinery	769	689	1665	5419	6416	9611
专用设备制造业 Special purpose equipment	236	236	597	1148	1743	6178
交通运输设备制造业 Transport equipment	87103	86969	427362	1273392	2018606	134511
电气机械及器材制造业 Electric equipmert and machinery	79	47	431	590	1001	1171
电子及通信设备制造业 Electronic and telecommunication equipment	661	661	4406	7579	10626	8386
仪器仪表及文化、办公用机械制造业 Instruments, meters, culture and office	815	815	2341	1181	2166	7461
电力、蒸汽、热水的生产和供应业 Production and supply of electric power, steam and hotwater	3590	3590	21841	13509	34951	11829
煤气生产和供应业 Production and supply of gas	920	920	2244	4343	6681	5110
自来水的生产和供应业 Production and supply of tap water	1020	1014	3121		3121	3245

统计资料
STATISTICS

交通运输、邮电通信业
TRANSPORTATION，POST AND TELECOMMUNICATION

第十二篇　交通运输、邮电通信业

2002年,铁路全年完成货物发送量1762万吨,比上年增长6.7%,货物周转量307.6亿吨公里,比上年下降2.5%,完成旅客发送量2672万人,比上年下降2.6%,旅客周转量85.2亿人公里,比上年增长1.0%。公路全年完成货物运输量9010万吨,比上年增长5.5%,货行周转量33.6亿吨公里,比上年上升7.0%,完成旅客发送量4935万人,比上年上升3.6%,旅客周转量25.7亿人公里,比上年增长5.3%。

民航(北航吉林分公司及长春机场)全年完成货邮发运量8784.3吨,比上年增长31.6%,货邮吞吐量22090.6吨,比上年增长16.4%,完成旅客发送量61.1万人,比上年增长11.8%,旅客吞吐量122.5万人,比上年增长12.0%。

2002年通信全年完成业务收入29.3亿元,比上年增长8.3%”。

移动电话期末为251万户,比上年增长63.6%,依旧保持高速的发展。互联网注册用户为98124户,比上年增长91.9%,保持高速的发展。邮政全年完成业务收入3.6亿元,比上年增长2.0%。

特快专递94.9万件,比上年增长14.4%。

12－1 主要年份邮电业务总量及邮电能力
BASIC STATISTICS ON POST AND TELECOMMUNICATIONS

		1998	1999	2000	2001	2002
邮电业务收入(万元)	Volume of post and telecommunication(10000yuan)	199980	284143	433564	316487.5	328971
函件(万件)	Letters(10000pcs)	4898	4138.8	4216	5583	5577
包件(万件)	Parcels(10000pcs)	51.4	52.3	56.2	70	66
汇票(万张)	Bill of exchange(10000)	101.1	99.9	97.9	97	94
订销报纸期发数(万份)	Newspapers circulation(10000)	84.2	39.4	110.9	72	34
订销报纸累计数(万份)	Total newspapers(10000)	17176.2	8199	7528	6665	5991
订销杂志期发数(万份)	Magazines circulation(10000)	47	63.9	66	82	50
订销杂志累计数(万份)	Total magazines(10000)	666.5	720.2	711	580	528
市话年末到达户数(万户)	Telephone subscribers(10000)	67.7	76	86.9	95.2	104.6
#住宅电话(万户)	Residentialtelephone subscribers(10000)	55.5	66.7	76.3	80.9	82.8
农话年末到达户数(万户)	Ruraltelephone subscribers(10000)	7.4	10.3	15.3	20.1	21.8
#住宅电话(万户)	Residentialtelephone subscribers(10000)	6.9	9.7	14.4	19.1	20.9
无线寻呼(万户)	Subscribers of paging service(10000)	42.6	70.2	68.6	51.5	32
移动电话(万户)	Mobiletelephones subscribers(10000)	24.7	45.1	87.9	154.9	251
电报(万份)	Telegrams(10000)	23.4	10.9	5.8	3.2	1
长途电话(万张)	Long distance calls(10000)	11653	11342	8923	11994	11634
特快专递(万份)	Express mail services(10000)	50.8	59.9	72	83.3	95
邮政储蓄年末余额(万元)	Postal deposits balance(10000yuan)	231388	261312	305316	353678	409562
邮路总长度(公里)	Length of postal routes(km)	42456	75825	87732	70294.3	84452
长途电路(路)	Long distance telephone lines(line)	39700	49652	70054	167866	222617
长途程控交换机容量(路端)	Capacity of telephone exchange(line)	58000	58000	58000	58000	58000
市话交换机总容量(万门)	Urban capacity(10000line)	107.4	112.1	137.1	151.6	185.6
农话交换机总容量(万门)	Rural capacity(10000line)	13.2	15.5	21.4	28.2	31
年末邮电局(所)数(处)	Post and telecommunication offices	276	531	559	566	575
年末电话机数(万部)	Telephones(10000)	82	95.4	110.6	129.8	131.7

注:从2001年开始,将邮电业务总量改为邮电业务收入,2001年比上年增长15.4%。

12-2 主要年份民用车辆拥有量

		1998	
		总计 Total	私人 Private
一、民用汽车(辆)	Civil vehicles(coach)	103132	26251
1.载客汽车(辆)	Buses and cars(coach)	56479	16944
载客量(客位)	Passengers(seat)	575829	130202
其中:大型(辆)	Large(coach)	4133	331
载客量(客位)	Passengers(seat)	157058	13909
2.普通载货汽车(辆)	Ordinary trucks(coach)	42076	9256
载重量(吨位)	Truck capacity(ton)	200158	49849
其中:大型(辆)	Large(coach)	19159	6322
载重量(吨位)	Truck capacity(ton)	124534	40461
3.专用载货汽车(辆)	Special truck(coach)	1650	51
载重量(吨位)	Truck capacity(ton)	10395	336
4.其他专用汽车(辆)	Other special truck(coach)	1824	
5.特种汽车(辆)	Special truck(coach)	1103	
二、轮胎式拖拉机(辆)	Tractors rubber wheels(coach)	56158	53350
其中:手扶式拖拉机(辆)	Mini tractors(coach)	12500	12500
三、摩托车(辆)	Motorcycle(coach)	96006	82565
其中:两轮(辆)	Two wheels(coach)	69272	61652
四、其他机动车(辆)	Other motor vehicles(coach)	12678	12171
五、载货挂车(辆)	Truck(coach)	628	172

NUMBER OF CIVIL MOTOR VEHICLE OWNED

1999		2000		2001		2002	
总计 Total	私人 Private	总计 Total	私人 Private	总计 Total	私人 Private	总计 Total	私人 Private
110903	31177	129354	23482	143402	24157	153644	36375
61154	20365	76038	15920	87490	16186	105753	29470
764713	193468	836418	151241	918645	144055	821902	180885
4424	356	4828	241	5208	300	5536	317
178820	14390	188295	9399	197904	11105	225765	12928
44458	10757	49239	7386	51754	7812	47586	6849
254357	53786	270816	35452	289822	39841	286723	36685
20229	7080	21593	2865	22422	3247	5090	366
150591	50976	164108	21488	172649	24677	61080	4392
1884	55	1566	81	1588	68	42991	6327
12106	363	10180	535	10481	452	184861	27206
2117	–	1499	68	1569	70	305	56
1290	–	1012	27	1001	21	75	
71267	67704	72819	69308	75608	72584	161102	
13006	13006	15765	15765	18286	18286	82625	
113707	98788	140749	134932	137653	131964	177823	
97023	85575	111273	106675	108575	104088	129646	
17833	17120	25725	25418	26402	26087	11	1
293	51	278	175	411	411	11045	57

12-3 主要年份全社会客货运输量
BASIC STATISTICS ON TRANSPORTATION

		1998	1999	2000	2001	2002
一、铁路	Railway					
1.货物发送量(万　吨)	Freight traffic(10000ton)	814	972	903	1652	1762
2.货物周转量(万吨公里)	Freight ton-Kilometers(10000ton·km)		2160000	2090000	3153800	3076000
3.旅客发送量(万　人)	Passenger traffic(10000persons)	1867	1867	1937	2743	2076
4.旅客周转量(万人公里)	Passenger Kilometers(10000persons·km)		760000	820000	846900	852000
二、公路	Highways					
1.货物运输量(万　吨)	Freight traffic(10000ton)	343	8560	8910	8693	9010
2.货物周转量(万吨公里)	Freight ton-Kilometers(10000ton)	10182	314617	327516	318422	336000
3.旅客运输量(万　人)	Passenger traffic(10000persons)	2024	4436	4622	4675	4935
4.旅客周转量(万人公里)	Passenger Kilometers(10000persons·km)	109253	226108	240414	240521	257000
三、民航	Civil aviation					
1.货邮发送量(吨)	Freight traffic(ton)	3753.1	4265.1	5730.1	6674.8	8784.3
2.货邮吞吐量(吨)	Freight ton-Kilomefers(ton)		12773.4	16864	18971.6	22090.6
3.旅客发送量(万　人)	Passenger traffic(10000persons)	38.4	41.9	48.6	54.6	61.1
4.旅客吞吐量(万　人)	Passenger Kilometers(10000persons)		83.5	96.7	109.3	122.5
四、管道	Pipelines					
1.天然气输送量(万立方米)	Petroleum and gas traffic(10000cu·m)	4254.8	4057.6	3871.1	3679	9720
2.天然气周转量(万立方米/公里)	Petroleum and gas Kilometers(10000cu·m/km)	1638614	1261138	1199233	1138580	823000

统计资料

STATISTICS

建筑业

CONSTUCTION

第十三篇 建筑业

建筑业总产值稳步增长。2002 年,我市建筑业生产呈增长态势。全年完成建筑业总产值 162.38 亿元,比上年增长 15.7%;其中装饰装修产值完成 5.09 亿元,比上年增长 8.82%;建筑工程产值完成 142.35 亿元,比上年增长 32.48%;房屋建筑施工面积为 1123.08 万平方米,比上年增长 13.4%;房屋竣工面积为 650.07 万平方米,比上年增长 4.3%。

从业人员、工程技术人员队伍不断扩大。2002 年末,我市建筑业企业从业人员为 13.68 万人,比上年增长 13.43%;其中工程技术人员为 2.3 万人,比上年增长 26.7%。从业人员的增加,为社会提供了部分就业机会;工程技术人员的增加,使企业的技术含金量和工程质量得到不断提高。

经济效益明显提高。2002 年我市建筑业工程结算收入为 155.43 亿元,比上年增长 19.05%;工程结算利润为 12.26 亿元,比上年增长 11.98%;应付工资总额 15.51 亿元,比上年增长 7.6%;工程质量优良品率为 73.96%,比上年提高 12.4 个百分点;竣工率为 84.1%,比上年提高了 11.2 个百分点;资产负债率为 71.1%,比上年下降 0.2 个百分点。

13－1 建筑业生产情况

		计量单位 Unit	总计 Total	内资企业 Domestic funds	国有企业 State owned
建筑业总产值	Gross output value of construction	万元 10000yuan	1623806	1598440	662932
1. 建筑工程	Construction	万元 10000yuan	1423530	1402545	577298
2. 安装工程	Installation	万元 10000yuan	184059	179940	76059
3. 其他产值	Others	万元 10000yuan	16217	15955	9575
竣工产值	Output value of building completed	万元 10000yuan	1364911	1339545	497043
单位工程施工个数	Projects under construction	个 unit	8175	8087	2493
#:本年新开工个数	New starting projects	个 unit	4897	4818	1723
#:实行投标承包个数	Number of tender	个 unit	6033	5987	1790
#:本年新开工	New starting projects	个 unit	3493	3447	1230
单位工程竣工个数	Projects completed	个 unit	4890	4810	1786
一次交验工程个数	Once qualified	个 unit	4679	4601	1703
房屋建筑施工面积	Floor space of building completed	平方米 sq·m	11230821	11031803	4462305
#:本年新开工面积	New starting projects	平方米 sq·m	7160676	7039081	2394615
#:投标承包面积	Number of tender	平方米 sq·m	9353832	9303814	3933398
#:本年新开工	New starting tender	平方米 sq·m	6467539	6417521	2362326
房屋建筑竣工面积	Floor space of building completed	平方米 sq·m	6500716	6301698	2584214
一次交验合格面积	Floor space of once qualified	平方米 sq·m	5615185	5556167	5190576
自有机械设备年末总台数	Number of machinery and equipment owned	台 unit	37565	36679	18560
#:总功率	Total power	千瓦 kw	1083229	1037945	497254
自有机械设备净值	Net value of machinery and equipment owned	万元 10000yuan	211845	204376	77878
#:施工机械功率	Power of machiners	千瓦 kw	890555	845379	397268
计算建筑业全员劳动生产率的平均人数	Average persons of construction	人 person	176756	173618	68854

BASIC STATISTICS ON PRODUCTION OF CONSTRUCTION

登记注册类型 Grouped by type of registered									
集体企业 Collective owned	股份合作企业 Cooperative	有限责任公司 Share holding	股份有限公司 Other limited	私营企业 Corperation	港澳台商投资企业 Funded from Hongkong Macao Taiwan	合资经营企业 Domestic Furds	独资经营企业 Solely owned	外商投资企业 Foreign funds	合资企业 Joint Venture
47487	9092	605236	203883	69810	10398	5898	4500	14968	9692
34709	8941	521864	198285	61448	10359	5859	4500	10626	5350
11790		82718	1816	7557	39	39		4080	4080
988	151	654	3782	805				262	262
38528	9381	501587	230574	62432	10398	5898	4500	14968	9692
394	41	4271	488	400	50	6	44	38	36
294	39	2072	352	338	49	5	44	30	29
187	3	3380	435	192	44		44	2	2
178	3	1551	337	148	44		44	2	2
318	36	1999	323	348	50	6	44	30	28
301	36	1979	286	296	50	6	44	28	28
326058		2780393	3020250	442797	52281	9000	43281	146737	146737
240199		1943433	2106922	353912	44681	1400	43281	76914	76914
269223		2048744	2669128	383321	43281		43281	6737	6737
205014		1481597	2050148	318436	43281		43281	6737	6737
252465		1599984	1530854	334181	52281	9000	43281	146737	146737
224925		1511984	1294501	334181	52281	9000	43281	6737	6737
2442	115	11200	2209	2153	161	161		725	593
36557	9120	374502	50608	69904	4097	4097		41187	38047
11950	373	77237	15018	21920	954	954		6515	4862
34087	9060	299053	40040	65871	4000	4000		41176	38047
9094	897	59823	23700	11250	1189	939	250	1949	1685

13-1续表1

		计量单位 Unit	土木工程 建筑业 Construction
建筑业总产值	Gross output value of construction	万元 10000yuan	1528320
1.建筑工程	Construction	万元 10000yuan	1383153
2.安装工程	Installation	万元 10000yuan	128960
3.其它产值	Others	万元 10000yuan	16207
竣工产值	Output value of building completd	千元 1000yuan	1275659
单位工程施工个数	Projects under construction	个 unit	7176
#:本年新开工个数	New starting proiects	个 unit	3983
#:投标承包个数	Number of tender	个 unit	5556
#:本年新开工	New starting projects	个 unit	3048
单位工程竣工个数	Projects completed	个 unit	3952
一次交验工程个数	Once qualified	个 unit	3761
房屋建筑施工面积	Flour space under construction	平方米 sq·m	11130146
#:本年新开工面积	New starting projects	平方米 sq·m	7060001
#:实行投标承包面积	Floor space of tender	平方米 sq·m	9258018
#:本年新开工	New starting tender	平方米 sq·m	6371725
房屋建筑竣工面积	Floor space of building completed	平方米 sq·m	6400041
一次交验合格面积	Floor space of once qualified	平方米 sq·m	5514510
自有机械设备年末总台数	Number of machinery and equipment owned	台 unit	33777
#:总功率	Total power	千瓦 kw	1005806
自有机械设备净值	Net value of machinery and equipment owned	万元 10000yuan	199405
#:施工机械功率	Power of machines	千瓦 kw	816662
计算建筑业全员劳动生产率的平均人数	Average persons of construction	人 person	160076

continued 1

行　业　类　型 Grouped by sector					线路管道设备安装业 Pipes lines and equipment installation			装　修 装饰业 Building decoration
房屋 Building	矿山 Mine	铁路公路隧道桥梁 Railways tunnels highway and bridges	堤坝电站码　头 Dam power station harbour	其他土木工程 Others		线　路 管道业 Pipeline	设　备 安装业 Equipment	
1005463	6720	301815	88333	125989	64873	14676	50197	30613
949138		301815	84437	47763	10792	217	10575	29585
47690			3896	77374	54073	14459	39614	1026
8635	6720			852	8		8	2
753190	6720	334020	31525	150204	61563	13969	47867	27689
5041	20	432	197	1486	999	251	748	
2320	18	272	114	1259	914	220	694	
4223	14	309	170	840	477	116	361	
2008	14	168	111	747	445	116	329	
2338	20	392	83	1119	938	251	687	
2233	20	383	81	1044	918	231	687	
1126073		4073			100675	7000	93675	
7055928		4073			100675	7000	93675	
9253945		4073			95814	7000	88814	
6367652		4073			95814	7000	88814	
6395968		4073			100675	7000	93675	
5510437		4073			100675	7000	93675	
18544	420	5504	6206	3103	2310	745	1565	1478
500360	9865	256162	164581	74838	42267	19775	22492	35156
91717	3252	69388	19932	15116	7165	2467	4698	5275
396906	9865	215230	130376	64285	39307	19571	19736	34586
109611	336	26025	14305	9799	11829	2032	9797	4851

13-2 建 筑 业 财 务 状 况

		计量单位 Unit	总 计 Total	内资企业 Domestic funds	国有企业 State owend
一、实收资本		万元 10000yuan			
二、年末资产负债	Total assets and libilities				
流动资产合计	Circulating funds	万元 10000yuan	1704965	1676840	604234
#:存货	Inventory	万元 10000yuan	432756	427893	65015
#:在建工程	Under construction	万元 10000yuan	49739	48953	29473
固定资产小计	Total of fixed assets	万元 10000yuan	399904	391261	166937
固定资产原价合计	Orginal value of fixed assets	万元 10000yuan	581773	568448	263416
#:生产经营用	Expense of operating	万元 10000yuan	446206	437487	189441
累计折旧	Cumulative depreciation	万元 10000yuan	188421	183739	101804
#:本年折旧	Depreciation at this year	万元 10000yuan	34616	33294	12871
无形及递延资产合计	Intangible and deferred assets	万元 10000yuan	54122	53301	11220
#:无形资产	Intangible assets	万元 10000yuan	44236	43600	8092
资产总计	Total assets	万元 10000yuan	2198477	2160636	801578
流动负债合计	Total circulation liabilities	万元 10000yuan	1518882	1497589	620819
长期负债合计	Long term liabities	千元 1000yuan	39607	38448	16896
负债合计	Total labilities	万元 10000yuan	1558489	1536037	637715
所有者权益合计	Creditors' equity	万元 10000yuan	639988	624599	163863
#:实收资本	Capital hold	万元 10000yuan	491279	478109	168283
三、损益及分配	Loss, profit and distribution				
工程结算收入	Revenue of project settlement accounts	万元 10000yuan	1554326	1531217	620905
工程结算成本	Cost of project settlement accounts	万元 10000yuan	1379871	1360717	547588
工程结算税金及附加	Taxes of project settlement accounts	万元 10000yuan	51819	49843	20511
其他业务利润	Other profit	万元 10000yuan	9986	9954	2902
管理费用	Management expenses	万元 10000yuan	108993	107715	51064
#:税金	Taxes	万元 10000yuan	1789	1734	548
#:劳动、待业保险费	Unemployment insurance	万元 10000yuan	12652	12618	7201
营业利润	Profit of opering	万元 10000yuan	10241	9593	-82
利润总额(亏损数)	Total profit	万元 10000yuan	6669	5916	-2834
应交所得税	Payable income tax	万元 10000yuan	6284	6044	926
应付利润	Payable profit	万元 10000yuan	12584	11694	1929
四、工资、福利费	Wages welfare				
本年应付工资总额	Payable wages	万元 10000yuan	155145	152619	66413
本年应付福利费总额	Payable welfare	万元 10000yuan	21143	20723	9479
五、建筑业增加值	Aeded value	万元 10000yuan			
六、亏损企业个数	Making-loss enterprises	个 unit	110	104	22

FINANCIAL INDICATORS OF CONSTRUCTION ENTERPRINSES

登记注册类型 Grouped by type of registered					港澳台商投资企业 Funded from Hongkong Macao Taiwan			外商投资企业 Foreign funds	
集体企业 Collective owned	股份合作企业 Cooperative	有限责任公司 Share holding	股份有限公司 Other limited	私营企业 Corperation		合资经营企业 Domestic Furds	独资经营企业 Solely owned		合资企业 Joint Venture
40919	3787	702891	280647	44362	11855	7010	4845	16270	7068
12283	232	305309	31409	13645	3055	823	2232	1808	1666
6430		7800	844	4406	69	22	47	717	575
15639	1054	128408	49697	29526	2128	1607	521	6515	4862
20352	1515	181776	65384	36005	3211	2537	674	10114	6684
17074	851	147647	54330	28144	1207	1207		7512	5557
4717	579	54027	15813	6799	1083	930	153	3599	1822
450	49	15126	2781	2017	149	105	44	1173	267
1119		23787	15458	1717	634	634		187	167
1119		19804	13245	1340	634	634		2	
59155	4841	865570	350115	79377	14773	9407	5366	23068	12119
33795	3670	559933	248872	30500	10376	5305	5071	10917	5482
620	71	14362	6432	67				1159	
34415	3741	574295	255304	30567	10376	5305	5071	12076	5482
24740	1100	291275	94811	48810	4397	4102	295	10992	6637
22107	946	179816	62987	43970	4461	3793	668	8709	5543
44525	9280	586730	203795	65982	9877	5377	4500	13232	7956
38544	8568	518510	189699	57808	7529	4331	3198	11625	7431
1576	288	18876	6413	2179	1670	185	1485	306	219
36		960	5924	132	24	24		8	6
3798	393	37950	10492	4018	670	566	104	608	280
39	1	823	280	43	16	12	4	39	16
429	29	3422	1388	149	16	16		18	7
473	31	5098	2189	1884	-66	241	-307	714	41
482	26	3207	3138	1897	-63	244	-307	816	41
220	8	2876	1204	810	108	108		132	31
456	18	5725	1901	1665	251	251		639	65
6485	279	51941	18831	8670	1105	815	290	1421	1295
750	39	7098	2106	1251	220	114	106	200	180
17		29	6	30	5	4	1	1	1

13-2 续表 1

		计量单位 Unit	土木工程 建筑业 Construction
一、资本金合计	Total		
二、年末资产负债	Total assets and libilities		
流动资产合计	Circulating funds	万元 10000yuan	1598854
#:存货	Inventory	万元 10000yuan	408840
#:在建工程	Under construction	万元 10000yuan	47847
固定资产小计	Total of fixed assets	万元 10000yuan	366150
固定资产原价	Orginal value of fixed assets	万元 10000yuan	539894
#:生产经营用	Expense of operating	万元 10000yuan	420167
累计折旧	Cumulative depreciation	万元 10000yuan	179978
#:本年折旧	Depreciation in this year	万元 10000yuan	32642
无形及递延资产合计	Intangible and deferred assets	万元 10000yuan	52277
#:无形资产	Intangible assets	万元 10000yuan	42801
资产合计	Total assets	万元 10000yuan	2052343
流动负债合计	Total circulation liabilities	万元 10000yuan	1434261
长期负债合计	Long term liabities	万元 10000yuan	38235
负债合计	Total labilities	万元 10000yuan	1472496
所有者权益合计	Creditors' equity	万元 10000yuan	579847
#:实收资本	Capital hold	万元 10000yuan	430590
三、损益及分配	Loss,profit and distribution		
工程结算收入	Revenue of project settlement accounts	万元 10000yuan	1465276
工程结算成本	Cost of project settlement accounts	万元 10000yuan	1303369
工程结算税金及附加	Taxes of project settlement accounts	万元 10000yuan	47480
其他业务利润	Other profit	万元 10000yuan	9588
管理费用	Management expenses	万元 10000yuan	100482
#:税金	Taxes	万元 10000yuan	1636
#:劳动、待业保险费	Unemployment insurance	万元 10000yuan	12370
营业利润	Profit of opering	万元 10000yuan	10759
利润总额	Total profit	万元 10000yuan	7280
应交所得税	Payable income tax	万元 10000yuan	5778
应付利润	Payable profit	万元 10000yuan	11424
四、工资、福利费	Wages welfare		
本年应付工资总额	Payable wages	万元 10000yuan	143348
本年应付福利费总额	Payable welfare	万元 10000yuan	19422
五、建筑业增加值	Adeded value	万元 10000yuan	
六、亏损企业个数	Making-loss enterprises	个 unit	56

continued 1

行业类型 Grouped by sector					线路管道设备安装业 Pipes lines and equipment installation			装修装饰业 Building decoration
房屋 Building	矿山 Mine	铁路公路隧道桥梁 Railways tunnels highway and bridges	堤坝电站码头 Dam power station harbour	其他土木工程 Others		线路管道业 Pipeline	设备安装业 Equipment	
1118849	3669	261129	105541	109666	80091	17295	62796	260202
353880	382	16970	22458	15150	16976	3827	13149	6940
20257		9973	15202	2415	1481	66	1415	411
207079	3252	93036	34150	28633	17986	6090	11896	15768
301025	4150	134000	60912	39807	23808	8318	15490	18071
228247	3252	109717	45940	33011	17168	7509	9659	8871
97633	898	41423	26911	13113	6136	2234	3902	2307
20450	86	6004	3619	2483	1067	234	833	907
29893	1402	18956	1290	736	627	63	564	1218
21414	1402	18198	1221	566	250	47	203	1185
1374590	12354	380888	141125	143386	100672	23844	76828	45462
984467	2232	246809	104420	96333	60009	13289	46720	24612
25558		5072	6807	798	1251	120	1131	121
1010025	2232	251881	111227	97131	61260	13409	47851	24733
364565	10122	129007	29898	46255	39412	10435	28977	20729
245944	10033	113583	25465	35565	40757	9927	30830	19932
957373	2555	299907	88333	117108	61003	13344	47659	28047
859650	2348	270622	76991	93758	52690	10948	41742	23812
31340	49	9385	2914	3792	3403	503	2900	936
7342	2	1453	151	640	142	46	96	256
60119	171	16035	8434	15723	5280	1775	3505	3231
1378	5	115	31	107	116	58	58	37
9476		1045	1729	120	185	98	87	97
3280	-11	3877	-637	4250	-504	137	-641	-14
1537	-11	1278	160	4316	-598	137	-735	-13
3200		1153	61	1364	275	72	203	231
5377		2880	143	3024	653	158	495	507
98552	270	24644	7867	12015	7604	2107	5497	4193
12920	37	3538	1265	1662	1128	243	885	593
37	1	7	2	9	33	13	20	21

统计资料

STATISTICS

批发零售贸易和餐饮业

WHOLESALE RETAIL TRADES AND CATERING

第十四篇　批发零售贸易和餐饮业

2002 年，我市实现社会消费品零售总额 402.2 亿元，比去年同期增长 12.2%，占全省社会消费品零售总额 1008.1 亿元的 39.9%。

分行业看：在社会消费品零售总额中，批发零售贸易业仍占主体地位，2002 年，批发零售贸易业实现零售额 345.8 亿元，占社会消费品零售总额的 86.0%，比上年增长 12.0%。餐饮业拉动作用较强，实现零售额 53.5 亿元，占社会消费品零售总额的 13.3%，比上年增长 14.8%。其他行业实现零售额 2.9 亿元，下降 4%。

按经济类型划分：非公有经济发展较快，实现零售额 317.7 亿元，比去年同期增长 14.4%。公有经济实现零售额 84.5 亿元，增长 4.7%。非公有经济增幅高于公有经济增幅 9.7 个百分点。非公有经济在零售额中所占比重为 79.0%，比上年上升了 1.5 个百分点。

按用途划分：吃、用零售额上升，穿的零售额下降。在社会消费品零售总额中，食品类零售额实现 142.4 亿元，增长 13.3%；用品类零售额实现 198.2 亿元，增长 16.7%；穿着类零售额实现 61.6 亿元，下降 2.0%。

14－1 社会消费品零售总额
TOTAL RETAIL SALES OF CONSUMER GOODS

单位:万元　　　　unit:10000 yuan

		2002
社会消费品零售总额	**Total**	**4021693.6**
其中:市区	Urban district	3456302.6
(一)按销售单位所在地分组	Grouped by region	
(1)市的零售额	Total of district	3757387.6
(2)县的零售额	Total of county	84113.1
(3)县以下零售额	Below county	180192.9
(二)按经济类型分	Grouped by ownership	
国有经济	State owned	725484.9
非国有经济	No－state owned	3296208.7
公有经济	Public owned	844737.7
非公有经济	No－public owned	3176955.9
(三)按行业分组	Grouped by sector	
批发、零售贸易业	Wholesale and retair trade	3458079.8
限额以上	Above designated size	978879.5
限额以下及个体	Under designated size	2479200.3
市场内	Inside market	1864209.8
市场外	Outside market	614990.5
餐饮业	Catering	535163.6
其他	Others	28450.2
(四)按用途分组	Grouped by use	
吃的商品	Food	1423919.6
穿的商品	Clothing	615616.6
用的商品	Daily consumer goods	1982157.4

14－2 限额以上批发零售贸易业商品购进、销售、库存总额

单位:万元

		法人企业(个) Legal person enterprises	产业活动单位(个) Dperating unit	从业人数(人) Employment (person)
总　　计	**Total**	**191**	**199**	**36758**
一、批发业		83	86	15012
其中:国有及国有控股	State owned and share	47	48	11327
1. 按登记注册类型分组	Grouped by type registered			
内资企业	Domestic funds	83	86	15012
国有企业	State owned	32	33	5134
集体企业	Collective owned	8	8	1862
股份合作企业	Cooperative	2	2	20
联营企业	Joint			
国有联营企业	State joint owned			
集体联营企业	Collective joine owned			
国有与集体联营企业	State－collective joint owned			
其他联营企业	Other joint ownedP			
有限责任公司	Limited liability corporations	17	17	3312
国有独资企业	State owned	8	8	3042
其他有限责任公司	Other	9	9	270
股份有限公司	Share holding	13	15	4363
私营企业	Private	11	11	321
私营独资企业	Private funded	1	1	26
私营合伙企业	Private partner			
私营有限责任公司	Private limited company	9	9	249
私营股份有限公司	Private share holding	1	1	46
其他企业	Others			
港、澳、台商投资企业	Funded from Hongkong, Macao and Taiwan			
合资经营企业	Joint ventune			
合作经营企业	Cooperative			
独资经营企业	Solefunds			
投资股份有限公司	Share holding			
外商投资企业	Foreign funds			
中外合资经营企业	Joint venture			
中外合作经营企业	Cooperative			
外资企业	Fundecl from foreign			
外商投资股份有限公司	Share halding funded from foreigh			
2. 按国民经济行业分组	Grouped by sector			
食品、饮料、烟草和家庭用品批发业	Wholesale of food, beverage and tobaccos	36	39	9712
食品、饮料、烟草批发业	Wholesale of food, beverage and tobaccos	19	20	5988
粮食、食用油批发业	Holesale of grain and edible oil	7	7	4456
烟草及其制品批发业	Wholesahe of tobaccos	6	7	750

TOTAL PURCHASE,SALES AND INVENTORY IN WHOLESALE AND RETAIL TRADES

unit:10000yuan

购进总额 Total purchase	进口 Imports	销售总额 Total sales	批发 Wholesale	出口 Exports	零售 Retail trade	年末库存总额 Inventory
2306938.0	**31070.3**	**3004658.2**	**1866867.1**	**814847.9**	**1137791.1**	**505685.8**
1284060.0	30150.0	1845325.5	1695054.9	814847.9	150270.6	409999.7
1075186.4	4770.6	1623050.0	1496852.5	791982.5	126197.5	387411.3
1284060.0	30150.0	1845325.5	1695054.9	814847.9	150270.6	409999.7
521798.4	9093.0	590648.6	516648.2	71973.0	74000.4	98545.5
26039.7		29556.2	26793.7		2762.5	5069.2
6622.7		6888.1	2784.8		4103.3	575.2
468447.0	604.7	947974.5	947717.4	742733.6	257.1	281913.6
416668.8	604.7	893190.1	892955.1	739621.8	235.0	280403.0
51778.2		54784.4	54762.3	3111.8	22.1	1510.6
199054.9	20452.3	206493.0	141554.9	141.3	64938.1	17600.4
62097.3		63765.1	59555.9		4209.2	6295.8
4007.1		5539.0	5539.0			164.3
55596.9		56060.0	52022.1		4037.9	5320.6
2493.3		2166.1	1944.8		171.3	810.9
797678.9	4165.9	1327028.5	1313882.2	795687.5	13146.3	353051.2
688235.9		1167581.5	1165491.6	728578.7	2089.9	336320.5
403720.4		877052.4	877052.4	728578.7		313326.3
260599.4		264461.3	262393.5		2067.8	19834.0

14－2 续表 1　　单位:万元

		法人企业数(个) Legal person enterprises	产业活动单位数(个) operating unit	从业人数(人) Employment (person)
棉、麻、土畜产品批发业	Wholesale of cotton, ambery and animal products	1	1	224
纺织品、服装和鞋帽批发业	Wholesale of textiles, garment, shoes and hats	4	4	1033
日用百货批发业	Wholesale of daily consumer good	2	3	78
日用杂品批发业	Wholesale of daily sundry articles			
五金、交电、化工批发业	Wholesale of hardware transport, electric and chemical products	6	7	307
药品及医疗器械批发业	Wholesale of medicines and medical appliances	4	4	2082
能源、材料和机械电子设备批发业	Wholesale of energy material and equipment	41	41	3559
能源批发业	Wholesale of energy	15	15	1874
石油及制品批发业	＃Petroleum and related products	12	12	1417
煤炭及制品批发业	Coal and related products	3	3	457
化工材料批发业	Chemical materials			
木材批发业	Timber	1	1	86
建筑材料批发业	Building material			
矿产品批发业	Mineral products			
金属材料批发业	Metal materials	10	10	451
机械、电子设备批发业	Machinery and electronic equipment	10	10	441
汽车、摩托车及零配件批发业	Motor vehicles, motorcycle and parts	5	5	707
汽车批发业	Motor vehiches	2	2	508
再生物资回收批发业	Recycled materials			
其他批发业	Other wholesale	6	6	1741
工艺美术批发业	Arts and handicraft products			
图书报刊批发业	Book, newspapers and magazines	2	2	300
农业生产资料批发业	Means of agricultural products	4	4	1441
其他类未包括的批发业	Other wholesale not classified elsewhere			
二、零售业	Retail trade	108	113	21746
其中:国有及国有控股	State owned and share	30	31	11303
1. 按登记注册类型分组	Grouped by type registered			
内资企业	Domestic funds	104	107	20244
国有企业	State owned	21	22	3239
集体企业	Collective owned	10	10	812
股份合作企业	Cooperative	3	3	329
联营企业	Joint			
国有联营企业	State joint			
集体联营企业	Gllective joint			
国有与集体联营企业	State and collective joint			
其他联营企业	Other joint owned			

continued 1

unit:10000yuan

购进总额 Total purchase	进口 Imports	销售总额 Total sales	批发 Wholesale	出口 Exports	零售 Retail	年末库存总额 Inventory
4165.9	4165.9	49081.7	49081.7	49081.7		1841.0
27964.9		28087.8	24449.1	14915.3	3638.7	3402.2
7035.1		6761.3	6584.9		176.4	916.6
37291.2		39070.0	37309.2	3111.8	1761.8	664.0
32985.9		36446.2	30966.7		5479.5	9906.9
422652.7	25984.1	449222.8	312098.5	19160.4	137124.3	29563.0
156534.6		171627.4	88517.6		83109.8	13124.7
151100.0		164151.3	82231.5		81919.8	11783.0
5434.6		7476.1	6286.1		1190.0	1341.7
2353.1	52.2	2481.0	2481.1	2345.1		11.5
86521.4		85566.6	85566.6			9272.2
58408.5	25931.9	70475.4	66754.7	16815.3	3720.7	3060.1
118835.1		119072.4	68778.6		50293.8	4094.5
14187.1		15975.5	9922.4		6053.1	2876.3
63728.4		69074.2	69074.2			27385.5
41066.0		42722.2	42722.2			22954.3
22662.4		26352.0	26352.0			4431.2
1022878.0	920.3	1159332.7	171812.2		987520.5	95686.1
471627.7	693.6	556241.1	75961.0		480280.1	27306.2
958467.6	920.3	1093225.1	171812.2		921412.9	90184.3
104701.5	200.0	108851.2	3257.2		105594.0	12785.7
15193.1		16508.7	1156.4		15352.3	1296.5
5149.2		4840.6	2381.5		2459.1	999.0

14-2 续表2

单位:万元

		法人企业数(个) Legal person enterprises	产业活动单位数(个) operating unit	从业人数(人) Employment (person)
有限责任公司	Limited liability corporations	26	26	3342
国有独资企业	State owned	2	2	37
其他有限责任公司	Other	24	24	3305
股份有限公司	Share holding	8	10	9713
私营企业	Private	36	36	2809
私营独资企业	Private funded	2	2	966
私营合伙企业	Private partner	1	1	13
私营有限责任公司	Private limited company	31	31	1789
私营股份有限公司	Private share holding	2	2	41
其他企业	Others			
港、澳、台商投资企业	Funded from Hongkong, Macao and Taiwan	2	2	711
合资经营企业	Joint ventune	1	1	636
合作经营企业	Cooperative			
独资经营企业	Sole funds	1	1	75
投资股份有限公司	Share holding			
外商投资企业	Foreign funds	2	4	791
中外合资经营企业	Joint venture	1	2	211
中外合作经营企业	Cooperative	1	1	38
外资企业	Fundecl from foreign		1	542
外商投资股份有限公司	Share halding funded from foreigh			
2. 按国民经济行业分组	Grouped by sector			
食品、饮料、烟草零售业	Wholesale of food, beverage and Tobaccos	9	9	1033
粮油食品零售业	Holesale of grain and edible oil			
副食品零售业	Non-stople food	7	7	993
日用百货零售业	Retail of daily consumer goods			
百货零售业	Consumer goods	28	32	15070
文化体育用品零售业	Cultural and sports goods	2	2	543
纺织品、服装和鞋帽零售业	Textiles, garments, shose and hats	2	2	510
日用杂品零售业	Retail of daily sundry articles	2	2	43
五金、交电、化工零售业	Hardware, trasport, electric and chemical products	7	7	658
药品及医疗器械零售业	Medicines and medical appliances	6	6	1036
图书报刊零售业	Books, newspapers and magazines	7	8	1152
其他零售业	Other retail trade	42	42	1580
家具零售业	Furniture			
汽车、摩托车及其零配件零售业	Motor vehicle, motorcycles and parts	21	21	739
计算机及软件、办公设备零售业	Computers software and office appliances	13	13	219

continued 2

unit:10000yuan

购进总额 Total purchase	进口 Imports	销售总额 Total sales	批发 Wholesale	出口 Exports	零售 Retail	年末库存总额 Inventory
145575.4	493.6	180348.5	35414.3		144934.2	26820.8
7218.5		5290.2	4011.3		1278.9	477.6
138356.5	493.6	175058.3	31403.0		143655.3	26343.2
399337.8		481014.9	66425.4		414589.5	18719.8
288511.0	226.7	301661.2	63177.4		238483.8	29562.5
19584.5		19775.1			19775.1	1686.3
723.2		779.6	233.6		546.0	22.1
260913.7	226.7	274162.7	62943.8		211218.9	26930.6
7289.6		6943.8			6943.8	923.5
40060.6		40620.5			40620.5	331.2
38497.1		38728.9			38728.9	331.2
1563.5		1891.6			1891.6	
24349.8		25487.1			25487.1	5170.6
4573.1		6421.1			6421.1	
13516.1		17327.5			17327.5	521.7
6260.6		1738.5			1738.5	4648.9
22339.8		25952.0	2381.5		23570.5	3672.8
15132.0		17332.2	2381.5		14950.7	2505.7
487060.8		599846.5	10193.7		589652.8	48652.3
1827.9		1953.7	795.8		1157.9	908.70
2883.3		3210.3			3210.3	129.7
1932.0		2073.4			2073.4	3183.7
23831.6		28180.0	15263.1		12916.9	7242.6
13793.2	493.6	21715.4	2783.6		18931.8	4104.7
53877.4		56227.6	3556.8		52670.8	10968.0
411666.1	426.7	416065.4	136383.2		279682.2	15117.9
377548.9	426.7	380652.1	125124.5		255527.6	9655.5
18819.8		19038.1	2494.1		16544.0	3898.6

14－3 限额以上批发零售贸易企业财务状况(1)

单位:万元

		企业数(个) Enterprises	亏损企业(个) Making loss enterprises
批发、零售贸易企业总计	**Total**	**191**	**89**
一、批发企业	Wholesale enterprises	83	38
其中:国有及国有控股	State owned and share holding	47	19
(一)按登记注册类型分组	Grouped by type registered		
内资企业	Domestic funds	83	38
国有企业	State owned	32	10
集体企业	Collective owned	8	5
股份合作企业	Cooperative	2	2
联营企业	Joint ownership		
国有联营企业	State joint		
集体联营企业	Collective joint		
国有与集体联营企业	State and collective joint		
其他联营企业	Others		
有限责任公司	Limited liability company	17	9
国有独资企业	State owned	8	4
其他有限责任公司	Others	9	5
股份有限公司	Share holding	13	7
私营企业	Private	11	5
私营独资企业	Private funded	1	
私营合伙企业	Private partner		
私营有限责任公司	Private limited company	9	5
私营股份有限公司	Private share holding	1	
其他企业	Others		
港、澳、台商投资企业	Funded from Hong Kong Macao and Taiwan		
合资经营企业	Joint venture		
合作经营企业	Cooperative		
独资经营企业	Sole funds		
投资股份有限公司	Share holding		
外商投资企业	Foreign funds		
中外合资经营企业	Joint venture		

MAIN FINANCIAL INDICATORS OF ENTERPRISES ABOVE DESIGNATED SIZE IN WHOLESALE AND RETAIL TRADES(Ⅰ)

unit:10000 yuan

年末资产负债 Assets and liabilities							
流动资产小计 Circulating funds	存货 Inventory	长期投资 Long term investement	固定资产小计 Fixed assets	固定资产原价 Original value of fixde assets	累计折旧 Depreciation	本年折旧 Depreciation in this year	资产合计 Total assets
1368186.6	**630190.4**	**73928.8**	**426243.3**	**484768.4**	**99153.0**	**17615.2**	**1926096.6**
1125687.2	560686.9	57391.0	166263.0	183142.6	47004.0	5655.2	1367108.6
922722.8	478324.9	31668.6	126659.1	142889.5	38454.7	4952.4	1108740.6
1125687.2	560686.9	57391.0	166263.0	183142.6	47004.9	5655.2	1367108.6
255008.2	82870.1	21379.6	67631.9	83010.4	23917.8	3648.3	364414.2
93674.1	67586.4	934.4	13113.9	16668.7	3627.1	93.5	97552.3
958.2	552.4		7.9	22.2	14.3	2.1	966.1
619383.3	383047.9	6765.9	22980.7	30645.1	8724.3	853.1	650604.8
609090.9	381565.0	6765.9	21815.2	29312.2	8556.9	802.1	639145.1
10292.4	1482.9		1165.5	1332.9	167.4	51.0	11459.7
130506.8	20860.7	21895.3	60788.9	50260.4	9925.3	818.2	219208.2
26156.6	5769.4	6415.8	1739.7	2535.8	796.1	240.0	34363.0
3672.9	167.6		812.3	1304.8	492.5	63.6	4496.1
1984.0	4908.7	6415.8	897.9	1193.4	295.5	175.7	27194.1
2643.3	693.1		29.5	37.6	8.1	0.7	2672.8

14－3续表1　　　　单位:万元

		企业数(个) Enterprises	亏损企业(个) Making loss enterprises
中外合作经营企业	Cooperative		
外资企业	Funded from foreign		
外商投资股份有限公司	Share holding funded from foreign		
(二)按国民经济行业分组	Grouped by sector		
食品、饮料、烟草和家庭用品批发业	Wholesale of food, beverage and tobaccos	36	14
食品、饮料、烟草批发业	Wholesale of food, beverage and tobaccos	19	5
其中:粮食、食用油批发业	Grain and edible oil	7	4
烟草及其制品批发业	Tobaccos and its products	6	
棉、麻、土畜产品批发业	Wholesale of cotton, ambery and animal product	1	
纺织品、服装和鞋帽批发业	Wholesale of textiles, garments, shoes and hats	4	4
日用百货批发业	Wholesale of daily consumer goods	2	
日用杂品批发业	Wholesale of daily sundry articles		
五金、交电、化工批发业	Hard ware, transport, electric and chemical products	6	3
药品及医疗器械批发业	Wholesale of medicines and medical appliances	4	2
能源、材料和机械电子设备批发业	Wholesale of energy material and equipment	41	20
能源批发业	Wholesale of energy products	15	8
石油及制品批发业	Petrolum and related products	12	5
煤炭及制品批发业	Coal and related products	3	3
化工材料批发业	Wholesale of chemical materials		
木材批发业	Wholesale of timber	1	
建筑材料批发业	Wholesale of building materials		
矿产品批发业	Wholesale of mineral products		
金属材料批发业	Wholesale of metal materials	10	4
机械、电子设备批发业	Machinery and electronic equipment	10	5
汽车、摩托车及零配件批发业	Vehicles, motorcycles and parts	5	3
汽车批发业	Vehicles	2	1
再生物资回收批发业	Wholesale of recycled materials		
其他批发业	Other wholesale	6	4
工艺美术批发业	Wholesale of arts and handicraft products		
图书报刊批发业	Books, newspapers and magazines	2	1
农业生产资料批发业	Means of agricutural productis	4	3
其他类未包括的批发业	Others		
二、零售企业	Retail trade	108	51

continued1 unit:10000 yuan

年末资产负债 Assets and liabilities							
流动资产小计 Circulating funds	存货 Inventory	长期投资 Long term investement	固定资产小计 Fixed assets	固定资产原价 Original value of fixde assets	累计折旧 Depreciation	本年折旧 Depreciation in this year	资产合计 Total assets
821440.5	454336.6	24052.8	89331.6	92583.5	23947.8	2758.3	940629.0
716154.3	437453.9	5558.0	46454.4	63696.2	18080.4	2271.6	770441.0
665443.7	418639.3	3717.1	23590.3	35270.9	12425.5	1151.3	694267.4
24060.0	15502.5	489.3	15300.3	18354.0	3135.1	878.0	40504.5
15363.4	291.8	1975.5	4604.9	5998.9	1394.0	115.8	22494.6
21141.6	3130.9	441.9	14141.9	2772.9	308.5	64.8	35780.5
2734.1	749.3		162.6	202.1	39.5	9.6	2896.7
6312.2	4375.4	80.3	726.3	880.6	154.3	37.1	7079.3
59734.9	8335.3	15997.1	23241.5	19032.8	3971.1	259.4	101936.9
180582.4	32688.6	17551.9	60705.9	71059.6	18602.7	2643.9	279942.7
61654.4	13620.8	5407.3	45558.4	50190.0	12043.1	1545.5	131100.1
38362.9	10915.9	2291.7	29420.1	32054.4	9802.2	1086.8	88509.0
23291.5	2704.9	3115.6	16138.3	18135.6	2240.9	458.7	42591.1
4219.0	11.5		1051.0	1335.0	284.0	32.0	5270.0
39314.0	8090.7	4279.1	2755.1	4180.8	1425.7	351.5	46391.8
44438.7	3134.8	3560.5	4001.4	5429.9	1913.1	694.4	51611.6
30956.3	7830.8	4305.0	7340.0	9923.9	2936.8	20.5	45569.2
15936.2	2740.3	4155.3	4789.4	7224.6	2435.2	14.8	27608.4
123664.3	73661.7	15786.3	16225.5	19499.5	4454.4	253.0	146536.9
30702.2	6524.7	14856.9	3329.6	3224.8	1003.3	188.9	49927.9
92962.1	67137.0	929.4	12895.9	16274.7	3451.1	64.1	96609.0
242499.4	69503.5	16537.8	259980.3	301625.8	52148.1	11960.0	558988.0

14－3 续表 2

单位:万元

		企业数(个) Enterprises	亏损企业(个) Making loss enterprises
其中:国有及国有控股	State owned and share holding	30	12
(一)按登记注册类型分组	Grouped by type registered		
内资企业	Domestic funds	104	48
国有企业	State owned	21	6
集体企业	Collective owned	10	6
股份合作企业	Cooperative	3	1
联营企业	Joint ownership		
国有联营企业	State joint		
集体联营企业	Collective joint		
国有与集体联营企业	State and collective joint		
其他联营企业	Others		
有限责任公司	Limited liability company	26	13
国有独资企业	State owned	2	2
其他有限责任公司	Others	24	11
股份有限公司	Share holding	8	2
私营企业	Private	36	20
私营独资企业	Private funded	2	
私营合伙企业	Private partner	1	1
私营有限责任公司	Private limited company	31	18
私营股份有限公司	Private share holding	2	1
其他企业	Others		
港、澳、台商投资企业	Funded from HongKong, Macao and Taiwan	2	2
合资经营企业	Joint venture	1	1
合作经营企业	Cooperative		
独资经营企业	Sole funds	1	1
投资股份有限公司	Share holding with HongKong Macao and Taiwan	2	1
外商投资企业	Foreign funds	1	1
中外合资经营企业	Joint venture	1	
中外合作经营企业	Cooperative		
外资企业	Funded from foreign		

continued 2 unit:10000 yuan

年末资产负债 Assets and liabilities							
流动资产小计 Circulating funds	存货 Inventory	长期投资 Long term investement	固定资产小计 Fixed assets	固定资产原价 Original value of fixde assets	累计折旧 Depreciation	本年折旧 Depreciation in this year	资产合计 Total assets
83227.4	**20384.6**	**14871.3**	**107691.7**	**124052.9**	**22034.3**	**2486.5**	**223343.3**
210870.4	66583.4	16537.8	4 177140.7	199987.5	33348.4	5621.7	435239.1
17952.7	8427.6	82.8	10100.3	12800.7	2918.4	295.2	35455.2
1975.3	784.8		1521.2	2153.8	632.6	105.0	3495.6
1915.6	624.4	139.8	4204.1	2685.1	189.7	31.0	6513.5
64508.9	29581.9	295.0	40638.5	52717.4	12304.4	2262.8	112025.3
1271.3	540.4		94.9	117.7	22.8	8.4	1366.2
63237.6	29041.5	295.0	40543.6	52599.7	12281.6	2254.4	110659.1
69672.6	12733.8	15022.2	82790.5	89831.5	12388.4	1563.6	180935.8
54845.3	14430.9	998.0	37886.1	39799.0	4914.9	1364.1	96813.7
16699.5	1831.8		25005.8	27820.0	2814.2	409.7	42588.3
88.5	18.9		2.0	2.0			90.5
36055.1	11745.5	998.0	12623.0	11702.2	2081.2	934.9	51680.2
2002.2	834.7		255.3	274.8	19.5	19.5	2454.7
21857.9	515.2		73575.8	89027.8	15453.0	5236.5	103742.3
21671.6	509.5		73535.3	88933.8	15399.5	5219.8	103515.5
186.3	5.7		40.5	94.0	53.5	16.7	226.8
9771.1	2404.9		9263.8	12610.5	3346.7	1101.8	20006.6
7642.0	1959.0		9090.4	12356.1	3265.7	1048.2	17582.8
2129.1	445.9		173.4	254.4	81.0	53.6	2423.8

14－3 续表 3　　单位:万元

		企业数（个）Enterprises	亏损企业（个）Making loss enterprises
外商投资股份有限公司	Share holding funded from foreign		
(二)按国民经济行业分组	Grouped by sector		
食品、饮料和烟草零售业	Retail of food, beverage and tobaccos	9	2
其中:粮油食品零售业	Grains and edible oil		
副食品零售业	Non-staple food	7	2
日用百货零售业	Retail of daily consumer goods	33	15
百货零售业	Consumer goods	28	13
文化体育用品零售业	Cultural and sports goods	2	1
纺织品、服装和鞋帽零售业	Retail of textiles, garments, shoes and hats	2	1
日用杂品零售业	Retail of dally sundry articles	2	1
五金、交电、化工零售业	Hardware, transport, electric and chemical product	7	5
药品及医疗器械零售业	Medicines and medical appliances	6	4
图书报刊零售业	Books, newspapers and magazines	7	1
其他零售业	Other retail trade	42	22
家具零售业	Furniture		
汽车、摩托车及其零配件零售业	Vehicles, motorcycles and parts	21	9
计算机及软件、办公设备零售业	Computers, software and office appliances	13	7
(三)按业态分组	Grouped by kind of operating		
百货商店	General shop	26	11
超级市场	Supmarket	8	5
专业(专卖)店	Special store	40	16
其他	Others	34	19

continued 3

unit:10000 yuan

年末资产负债 Assets and liabilities							
流动资产小计 Circulating funds	存货 Inventory	长期投资 Long term investement	固定资产小计 Fixed assets	固定资产原价 Original value of fixde assets	累计折旧 Depreciation	本年折旧 Depreciation in this year	资产合计 Total assets
5292.9	2742.7		9497.7	10707.0	1355.1	419.7	17227.7
3607.3	1745.2		5708.4	6484.6	922.0	262.0	11741.6
154996.1	35073.6	15220.2	226630.3	263566.9	46223.2	10154.1	427765.4
151313.4	32780.4	15220.2	224620.9	261001.8	45667.5	10128.0	422073.3
1095.5	835.3		1788.5	2322.4	533.9	25.4	2884.0
316.8	135.4		90.9	94.0	53.5	16.7	407.7
3640.6	3088.6		209.0	253.2	44.2	9.2	3849.5
5884.3	3147.3		511.8	669.0	157.3	105.4	6390.6
11577.1	3586.9	306.8	5629.4	6309.9	680.5	263.4	18368.7
16082.3	8821.6	68.9	3749.3	5149.1	1399.8	190.5	21989.4
447808.8	12907.4	941.9	13661.9	14876.7	2234.5	801.0	62989.0
35367.0	10108.0	913.9	10293.5	11148.3	1874.5	760.2	49995.3
2766.5	1556.9	28.0	71.3	102.4	31.1	14.3	2872.6
113114.6	21455.6	14720.0	199632.6	230063.3	37903.1	7485.2	355310.2
33138.8	13082.3	512.2	26098.0	30913.2	6825.6	2623.8	62780.7
63389.7	23395.6	855.6	20082.6	23359.2	4296.3	1073.4	90947.7
32856.3	11570.0	450.0	14167.1	17290.1	3123.1	777.6	49949.4

14－4 限额以上批发零售贸易企业财务状况(2)

单位:万元

		负债合计 Liabilities
批发、零售贸易企业总计	**Total**	**1665386.4**
一、批发企业	Whole sale enterprises	1258442.1
其中:国有及国有控股	State owned and share holding	1057910.9
(一)按登记注册类型分组	Grouped by type registered	
内资企业	Domestic funds	1258442.1
国有企业	State owned	353167.2
集体企业	Collective owned	76860.0
股份合作企业	Cooperative	920.6
联营企业	Joint ownership	
国有联营企业	State joint	
集体联营企业	Collective joint	
国有与集体联营企业	State and collective joint	
其他联营企业	Others	
有限责任公司	Limited liability company	627911.1
国有独资企业	State owned	617483.7
其他有限责任公司	Others	10427.4
股份有限公司	Share holding	180212.1
私营企业	Private	19371.1
私营独资企业	Private funded	861.0
私营合伙企业	Private partner	
私营有限责任公司	Private limited company	18028.7
私营股份有限公司	Private share holding	481.4
其他企业	Others	
港、澳、台商投资企业	Funded from HongKong, Macao and Taiwan	
合资经营企业(港或澳、台资)	Joint venture	
合作经营企业(港或澳、台资)	Cooperative	
独资经营企业	Sole funds	
投资股份有限公司	Share holding	
外商投资企业	Foreign funds	
中外合资经营企业	Joint venture	

MAIN FINANCIAL INDICATORS OF ENTERPRISES ABOVE DESIGNATED SIZE IN WHOLESALE AND RETAIL TRADES(Ⅱ)

unit:10000 yuan

年末资产负债 Assets and abilities					损益及分配 Loss, profit and distrution			
所有者权益合计 Creditors' equity	实收资本 Capital hold	国家资本 State owned	港澳台资本 Funded from Hongkong, Macao and Taiwan	外商资本 Foreign funds	商品销售收入净额 Net revenue of sales	商品销售成本 Cost of sales	经营费用 Expense of operation	商品销售税金及附加 Sales tax and extra charges
259171.8	**246676.3**	**97873.1**	**7601.0**	**4877.8**	**2568958.9**	**2583708.6**	**145382.7**	**1838.0**
108666.5	127239.5	71198.3			1626373.2	1696661.6	113458.9	770.9
50829.7	75191.4	66167.7			1423356.2	1505569.6	106501.4	598.4
108666.5	127239.5	71198.3			1626373.2	1696661.6	113458.9	770.9
11247.0	41002.6	36684.6			463680.6	419599.3	19641.8	524.7
20692.3	5892.7	21.2			35764.4	32856.1	1797.8	29.4
45.5	50.0				6567.9	6308.6	162.0	11.5
22693.7	21521.8	17636.6			884283.2	1015047.4	83194.5	31.0
21661.4	20120.2	17636.3			834367.5	966414.9	81716.5	4.7
1032.3	1401.6				499515.7	48632.5	1478.0	26.3
38996.1	36779.6	16856.2			178733.1	168373.6	6826.6	137.4
14991.9	21992.8				57344.0	54476.6	1836.2	36.9
3635.1	1000.0				4534.0	4111.0	141.2	8.3
9165.4	18770.8				50960.0	48597.6	1586.8	24.2
2191.4	2222.0				1850.0	1768.0	108.2	4.4

14-4 续表 1

单位:万元

		负债合计 Liabilities
中外合作经营企业	Cooperative	
外资企业	Funded from foreign	
外商投资股份有限公司	Share holding funded from foreign	
(二)按国民经济行业分组	Grouped by sector	
食品、饮料、烟草和家庭用品批发业	Wholesale of food, beverage and tobaccos	899164.7
食品、饮料、烟草批发业	Wholesale of food, beverage and tobaccos	753677.2
粮食、食用油批发业	Grain and edible oil	703496.1
烟草及其制品批发业	Tobaccos and its products	22773.0
棉、麻、土畜产品批发业	Wholesale of cotton, ambery and animal product	18674.1
纺织品、服装和鞋帽批发业	Wholesale of textiles, garments, shoes and hats	39928.0
日用百货批发业	Wholesale of daily consumer goods	613.2
日用杂品批发业	Wholesale of daily sundry articles	
五金、交电、化工批发业	Hard ware, Transport, electric and chemical products	5679.9
药品及医疗器械批发业	Wholesale of medicines and medical appliances	80592.3
能源、材料和机械电子设备批发业	Wholesale of energy products	252063.4
能源批发业	Wholesale of energy products	122587.6
石油及制品批发业	Petrolum and related products	87814.2
煤炭及制品批发业	Coal and related products	34773.4
化工材料批发业	Wholesale of chemical materials	
木材批发业	Wholesale of timber	3733.2
建筑材料批发业	Wholesale of building materials	
矿产品批发业	Wholesale of mineral products	
金属材料批发业	Wholesale of metal materials	37227.0
机械、电子设备批发业	Machinery and electronic equipment	51608.6
汽车、摩托车及零配件批发业	Vehicles, motorcycles and parts	36907.0
汽车批发业	Vehicles	21691.3
再生物资回收批发业	Wholesale of recycled materials	
其他批发业	Others	107214.0
工艺美术批发业	Wholesale of arts and handicraft products	
图书报刊批发业	Books, newspapers and magazines	30652.7
农业生产资料批发业	Means of agricltural production	76561.3
其他类未包括的批发业	Others	
二、零售企业	Retail trade	406944.3

continued1 unit:10000 yuan

年末资产负债 Assets and abilities					损益及分配 Loss, profit and distrution			
所有者权益合计 Creditors' equity	实收资本 Capital hold	国家资本 State owned	港澳台资本 Funded from Hongkong, Macao and Taiwan	外商资本 Foreign funds	商品销售收入净额 Net revenue of sales	商品销售成本 Cost of sales	经营费用 Expense of operation	商品销售税金及附加 Sales tax and extra charges
41464.3	66376.0	34221.9			1161137.1	1259180.9	93576.7	422.2
16763.8	36316.2	23757.4			1014367.1	1122315.4	88052.9	371.8
-9228.7	20254.6	18170.7			814509.7	947532.6	82878.2	0.6
17731.5	2928.1	2753.2			173406.4	152107.4	3754.6	312.1
3820.5	5685.1	5685.1			54472.9	5112.7	1613.8	
-4147.5	5145.6	4248.5			27150.3	25925.6	1097.9	8.3
2283.5	2374.0	152.0			3406.7	3229.2	152.7	6.0
1399.4	851.6	100.0			30220.8	28740.8	1173.8	17.5
21344.6	16003.5	278.9			31519.3	27817.2	1485.6	18.6
27879.3	37590.2	18784.6			399454.7	376981.5	17096.5	314.6
8512.5	12922.1	10887.5			151204.2	137862.0	11828.8	129.9
694.8	6369.2	4550.2			142156.1	131827.4	8360.0	85.8
7817.7	6552.9	6337.3			9048.1	6034.6	3468.8	44.1
1536.8	1572.7				2404.7	2423.3	58.9	4.2
9164.8	7033.8				73937.4	70853.6	1557.0	41.8
3.0	6122.7	3471.0			61179.8	57951.7	2007.1	90.7
8662.2	9938.9	4426.1			110728.6	107890.9	1644.7	48.0
5917.1	7676.9	4426.1			15257.1	14270.7	489.4	18.3
39322.9	23273.3	18191.8			65781.4	60499.2	2785.7	34.1
19275.2	18191.8	18191.8			30121.3	25427.5	2282.8	29.8
20047.7	5081.5				35660.1	35071.7	502.9	4.3
150505.3	119436.8	26674.8	7601.0	4877.8	942585.7	887047.0	31923.8	1067.1

14-4 续表 2

单位:万元

		负债合计 Liabilities
其中:国有及国有控股	State owned and share holding	149559.9
(一)按登记注册类型分组	Grouped by type registered	
内资企业	Domestic funds	307525.3
国有企业	State owned	31424.9
集体企业	Collective owned	3263.2
股份合作企业	Cooperative	5881.6
联营企业	Joint ownership	
国有联营企业	State joint	
集体联营企业	Collective joint	
国有与集体联营企业	State and collective joint	
其他联营企业	Others	
有限责任公司	Limited liability company	94468.0
国有独资企业	State owned	1257.5
其他有限责任公司	Others	93210.5
股份有限公司	Share holding	101833.0
私营企业	Private	70654.6
私营独资企业	Private funded	26885.2
私营合伙企业	Private partner	35.4
私营有限责任公司	Private limited company	42350.6
私营股份有限公司	Private share holding	1383.4
其他企业	Others	
港、澳、台商投资企业	Funded from Hong Kong, Macao and Taiwan	82080.5
合资经营企业	Joint venture	81880.5
合作经营企业	Cooperative	
独资经营企业	Sole funds	200.0
投资股份有限公司	Share holding	
外商投资企业	Foreign funds	17338.5
中外合资经营企业	Joint venture	15014.7
中外合作经营企业	Cooperative	2323.8
外资企业	Funded from foreign	

continued 2

unit:10000 yuan

年末资产负债 Assets and abilities					损益及分配 Loss, profit and distrution			
所有者权益合计 Creditors' equity	实收资本 Capital hold	国家资本 State owned	港澳台资本 Funded from Hongkong, Macao and Taiwan	外商资本 Foreign funds	商品销售收入净额 Net revenue of sales	商品销售成本 Cost of sales	经营费用 Expense of operation	商品销售税金及附加 Sales tax and extra charges
72245.0	50935.9	22710.2			404246.1	384933.8	7596.0	574.1
126175.4	94172.0	26674.8			877556.9	829695.4	21806.3	1045.8
4030.3	6845.8	5419.9			68329.6	62403.4	2315.0	185.9
232.4	578.7	78.0			12012.2	10730.7	432.3	22.7
631.9	864.4				4636.1	4172.2	151.1	28.5
17557.3	26659.4	6246.5			152564.4	137808.3	7352.9	299.8
108.7	320.0	250.0			1981.3	1941.9	32.3	0.6
17448.6	26339.4	5996.5			150583.1	135866.4	7320.6	299.2
77564.4	43181.7	14930.4			375379.5	359952.0	6353.8	344.5
26129.1	16042.0				264635.1	254629.2	5201.2	164.4
15703.1	1010.0				21705.2	19375.0	306.7	0.9
55.1	50.0				666.4	607.1	59.6	0.8
9329.6	13882.0				236287.0	228905.0	4811.8	159.8
1071.3	1100.0				5976.5	5742.1	23.1	2.9
21661.8	15308.8		7601.0	30.0	44629.5	40336.6	7293.0	21.1
21635.0	15278.8		7601.0		42737.9	38728.9	7090.3	21.1
26.8	30.0			30.0	1891.6	1607.7	202.7	
2668.1	9956.0			4847.8	20399.3	17014.6	2824.5	0.2
2568.1	9956.0			4847.8	5589.5	5149.7	10.9	0.2
100.0					14809.8	11864.9	2813.6	

14－4 续表 3 单位:万元

		负债合计 Liabilities
外商投资股份有限公司	Share holding funded from foreign	
(二)按国民经济行业分组	Grouped by sector	
食品、饮料和烟草零售业	Retail of food, beverage and tobaccos	12301.5
粮油食品零售业	Grains and edible oil	
副食品零售业	Non-staple food	7855.4
日用百货零售业	Retail of daily consumer goods	312105.9
百货零售业	Consumer goods	303637.5
文化体育用品零售业	Cultural and sports goods	5959.2
纺织品、服装和鞋帽零售业	Retail of textiles, garments, shoes and hats	200.0
日用杂品零售业	Retail of daily sundry articles	3858.6
五金、交电、化工零售业	Hardware, transpor, electric and chemical product	1589.5
药品及医疗器械零售业	Medicines and medical appliances	15114.8
图书报刊零售业	Books, newspapers and magazines	16825.6
其他零售业	Other retailtrade	44948.4
家具零售业	Furniture	
汽车、摩托车及其零配件零售业	Vehicles, motorcycles and parts	38989.5
计算机及软件、办公设备零售业	Computers, software and office appliances	1887.1
(三)按业态分组	Grouped by type of retail	
1.百货商店	General shop	252599.9
2.超级市场	Supmarket	42539.2
3.专业(专卖)商店	Special store	70479.6
4.其他	Others	41325.6

continued3 unit:10000 yuan

年末资产负债 Assets and abilities					损益及分配 Loss, profit and distrution			
所有者权益合计 Creditors' equity	实收资本 Capital hold	国家资本 State owned	港澳台资本 Funded from Hongkong, Macao and Taiwan	外商资本 Foreign funds	商品销售收入净额 Net revenue of sales	商品销售成本 Cost of sales	经营费用 Expense of operation	商品销售税金及附加 Sales tax and extra charges
4926.2	2525.9	248.6			15476.0	13532.0	1197.3	63.4
3886.2	1900.9	123.6			11954.8	10505.5	1008.2	55.0
114121.1	85086.9	16697.2	7601.0	4847.8	488532.9	452269.3	21716.9	751.0
116897.4	84149.6	16094.7	7601.0	4847.8	483090.1	447319.8	21429.6	739.5
-3075.2	702.5	602.5			1935.0	1813.0	185.7	7.0
207.7	30.0			30.0	3210.3	2844.0	252.2	
-9.1	100.0				1835.8	1593.5	179.3	1.2
4801.1	6190.6	10.6			19618.6	18867.9	706.7	26.4
3253.9	4509.7	710.0			22371.6	19259.0	2166.7	38.3
5163.8	3902.5	3318.9			21146.3	16802.5	2048.5	49.7
18040.6	17091.2	5689.5			370394.2	361878.8	3656.2	137.1
11005.8	10690.0	420.0			339579.8	332964.3	2868.9	94.4
985.5	926.4				16332.0	15744.7	176.1	7.0
101171.9	64407.0	13248.6	7601.0		392578.9	367818.1	13418.37	613.4
20241.5	20797.3	2790.0		4847.8	71264.8	63745.3	5971.6	114.8
20468.1	21014.8	9466.7		30.0	286713.6	270175.2	9420.7	252.3
8623.8	13217.7	1169.5			192028.4	185308.4	3112.8	86.6

14－5 限额以上批发零售贸易企业财务状况(3)

单位:万元

		商品销售利润 Sales profit
批发、零售贸易企业总计	**Total**	**－161970.4**
一、批发企业	Whole sale enterprises	－184518.2
其中:国有及国有控股	State owned and share holding	－189313.2
(一)按登记注册类型分组	Grouped by type registered	
内资企业	Domestic funds	－184518.2
国有企业	State owned	23914.8
集体企业	Collective owned	1081.1
股份合作企业	Cooperative	85.8
联营企业	Joint ownership	
国有联营企业	State joint	
集体联营企业	Collective joint	
国有与集体联营企业	State and collective joint	
其他联营企业	Others	
有限责任公司	Limited liability company	－213989.7
国有独资企业	State owned	－213768.6
其他有限责任公司	Others	－221.1
股份有限公司	Share holding	3395.5
私营企业	Private	994.3
私营独资企业	Private funded	273.5
私营合伙企业	Private partner	
私营有限责任公司	Private limited company	751.4
私营股份有限公司	Private share holding	－30.6
其他企业	Others	
港、澳、台商投资企业	Funded from Hong Kong Macao and Taiwan	
合资经营企业	Joint venture	
合作经营企业	Cooperative	
独资经营企业	Sole funds	
投资股份有限公司	Share holding	
外商投资企业	Foreign funds	
中外合资经营企业	Joint venture	

MAIN FINANCIAL INDICATORS OF ENTERPRISES ABOVE DESIGNATED SIZE INWHOLESALE ANE RETAIL TRADES(Ⅲ)

unit: 10000yuan

损益及分配 Loss, profit and distrution								
代购代销收入 Revenue of agents	主营利润 Profits of operation	其他业务利润 Other profits	管理费用 Cost of mangerment	税金 Taxes	财产保险 Property insurance	劳动待业险 Employment insurance	财务费用 Financial expenses	利息支出 Interest expenditure
1584.7	**-160385.7**	**25006.2**	**69838.9**	**2019.6**	**728.4**	**4591.7**	**32563.9**	**18214.0**
319.9	-184198.3	3800.9	32390.1	638.1	426.7	2151.3	21424.3	9553.8
152.5	-189160.7	3319.2	25591.7	585.8	383.9	1917.4	19666.3	7441.3
319.9	-184198.3	3800.9	32390.1	638.1	426.7	2151.3	21424.3	9553.8
235.5	24150.3	716.9	15533.0	274.2	267.5	782.4	5947.1	4587.5
	1081.1	32.8	2508.2	11.1	2.6	35.4	79.5	43.1
	85.8	-9.0					0.1	
84.4	-213905.3	1463.3	6854.3	254.3	83.6	353.8	13819.5	3366.9
84.4	-213684.2	1445.0	6663.6	251.3	83.6	353.8	13844.1	3367.1
	-221.1	18.3	190.7	3.0			-24.6	-0.2
	3395.5	1443.5	6275.3	72.6	32.8	973.9	1167.8	1116.4
	994.3	153.4	1129.4	25.9	40.2	5.8	410.3	439.9
	273.5		219.7	4.3	4.3	5.8	-7.2	
	751.4	88.4	884.6	21.6	35.9		414.0	437.3
	30.6	65.0	25.1				3.5	2.6

14－5 续表 1

单位:万元

		商品销售利润 Sales profit
中外合作经营企业	Cooperative	
外资企业	Funded from foreign	
外商投资股份有限公司	Share holding funded from foreign	
(二)按国民经济行业分组	Grouped by sector	
食品、饮料、烟草和家庭用品批发业	Wholesale of food, beverage and Tobaccos	－192042.7
食品、饮料、烟草批发业	Whole sale of food, beverage and tobaccos	－196373.0
粮食、食用油批发业	Grain and edible oil	－215901.7
烟草及其制品批发业	Tobaccos and its products	17232.3
棉、麻、土畜产品批发业	Wholesale of cotton, ambery and animal product	1706.4
纺织品、服装和鞋帽批发业	Wholesale of textiles, garments, shoes and hats	118.5
日用百货批发业	Wholesale of daily consumer goods	18.8
日用杂品批发业	Wholesale of daily sundry articles	
五金、交电、化工批发业	Hard ware, Transport, electric and chemical products	288.7
药品及医疗器械批发业	Wholesale of medicines and medical appliances	2197.9
能源、材料和机械电子设备批发业	Wholesale of energy products	5062.1
能源批发业	Wholesale of energy products	1383.5
石油及制品批发业	Petrolum and relates products	1882.9
煤炭及制品批发业	Coal and related products	－499.4
化工材料批发业	Wholesale of chemical materials	
木材批发业	Wholesale of timber	－81.7
建筑材料批发业	Wholesale of building materials	
矿产品批发业	Wholesale of mineral products	
金属材料批发业	Wholesale of metal materials	1485.0
机械、电子设备批发业	Machinery and electronic equipment	1130.3
汽车、摩托车及零配件批发业	Vehicles, motorcycles and parts	1145.0
汽车批发业	Vehicles	478.7
再生物资回收批发业	Wholesale of recycled materials	
其他批发业	Other wholesale	2462.4
工艺美术批发业	Wholesale of arts and handicraft products	
图书报刊批发业	Books, newspapers and magazines	2381.2
农业生产资料批发业	Means of agricltural production	81.2
其他类未包括的批发业	Others	
二、零售企业	Retail trade	22547.8

continued1 unit:10000yuan

损益及分配 Loss,profit and distrution								
代购代销收入 Revenue of agents	主营利润 Profits of operation	其他业务利润 Other profits	管理费用 Cost of mangerment	税金 Taxes	财产保险 Property insurance	劳动待业险 Employment insurance	财务费用 Financial expenses	利息支出 Interest expenditure
97.5	-191945.2	2091.5	19737.0	498.9	290.5	1333.0	17584.4	6581.0
32.0	-196341.0	1670.6	15638.0	440.7	288.6	829.0	15456.8	4947.9
32.0	-215869.7	1306.1	6721.4	264.1	79.4	294.4	15107.6	4453.5
	17232.3	52.7	7025.1	140.6	184.8	355.3	412.0	412.0
65.5	1771.9	26.6	901.8				607.2	
	118.5	15.0	682.4	5.4		71.2	1077.2	1168.0
	18.8	69.9	72.3	1.6	0.7	4.5	3.5	2.6
	288.7	16.2	126.0	3.0			-17.1	-1.4
	2197.9	293.2	2316.5	48.2	1.2	428.3	456.8	463.9
222.4	5284.5	1676.8	9169.8	120.5	133.6	817.3	3820.7	2957.9
	1383.5	246.7	3494.1	83.0	55.3	645.4	1842.4	667.8
	1882.9	175.1	2466.6	71.2	48.6	184.9	1836.7	660.5
	-499.4	71.6	1027.5	11.8	6.7	460.5	5.7	7.3
76.3	-5.4	11.5	78.7	2.7			11.7	27.0
	1485.0	322.7	1869.2	12.9	69.5	48.1	509.5	582.0
146.1	1276.4	460.2	1918.2	8.9	8.8	123.8	940.7	1137.2
	1145.0	635.7	1809.6	13.0			516.4	543.9
	478.7	100.5	904.0				343.4	346.0
	2462.4	32.6	3483.3	18.7	2.6	1.0	19.2	14.9
	2381.2	-0.2	1656.8	10.0		1.0	-31.1	-0.2
	81.2	32.8	1826.5	8.7	2.6		50.3	15.1
1264.8	23812.6	21205.3	37448.8	1381.5	301.7	2440.4	11139.6	8660.2

14-5 续表 2

单位:万元

		商品销售利润 Sales profit
其中:国有及国有控股	State owned and share holding	11172.2
(一)按登记注册类型分组	Grouped by type registered	
内资企业	Domestic funds	25009.0
国有企业	State owned	3425.3
集体企业	Collective owned	826.5
股份合作企业	Cooperative	284.3
联营企业	Joint	
国有联营企业	State joint	
集体联营企业	Collective joint	
国有与集体联营企业	State and collective joint	
其他联营企业	Other joint	
有限责任公司	Limited company	7103.4
国有独资企业	State owned	6.5
其他有限责任公司	Others	7096.9
股份有限公司	Share holding	8729.2
私营企业	Private	4640.3
私营独资企业	Private funds	2022.6
私营合伙企业	Private partner	-1.1
私营有限责任公司	Private limited company	2410.4
私营股份有限公司	Private share holding	208.4
其他企业	Others	
港、澳、台商投资企业	Funded from HongKong, Macao and Taiwan	-3021.2
合资经营企业	Joint venture	-3102.4
合作经营企业	Coopertive	
独资经营企业	Sole funds	81.2
投资股份有限公司	Share holding	
外商投资企业	Foreign funds	560.0
中外合资经营企业	Joint venture	428.7
中外合作经营企业	Cooperative	131.3
外资企业	Funded from foreign	

continued 2　　unit:10000yuan

代购代销收入 Revenue of agents	主营利润 Profits of operation	其他业务利润 Other profits	管理费用 Cost of mangerment	税金 Taxes	财产保险 Property insurance	劳动待业险 Employment insurance	财务费用 Financial exponses	利息支出 Interest expenditune
损益及分配 Loss, profit and distrution								
1244.5	12416.7	10514.4	16997.5	754.7	222.6	2104.3	4313.3	3157.7
1264.8	26273.8	16920.9	32895.6	1367.3	299.5	2408.7	7865.4	5957.3
	3425.3	1082.9	4122.9	90.4	25.1	385.2	281.1	214.2
	826.5	4.3	940.2	24.3	2.6		38.1	38.2
	284.3	204.5	399.5	12.5	4.1	52.2	189.3	186.9
	7103.4	5572.6	10333.7	243.3	55.7	355.7	2476.6	2157.4
	6.5		30.6	0.7		3.9		
	7096.9	5572.6	10303.1	242.6	55.7	351.8	2476.6	2157.4
1244.5	9973.7	6918.0	11.37.2	618.3	187.3	1553.7	2598.2	1323.4
20.3	4660.6	3138.6	6062.1	378.5	24.7	61.9	2282.1	2037.2
	2022.6	1055.1	1354.0	98.0	7.0		1325.8	1238.5
	-1.1		2.6					
20.3	2430.7	2083.5	4499.5	278.0	17.7	61.9	956.4	798.7
	208.4		206.0	2.5			-0.1	
	-3021.2	3864.9	2829.8	6.2	2.2	31.7	2733.5	2716.2
	-3102.4	3864.9	2747.0	6.2	2.2	31.7	2733.3	2716.2
	81.2		82.8				0.2	
	560.0	419.5	1723.4	8.0			540.7	-13.3
	428.7	20.8	1668.3	8.0			554.0	
	131.3	398.7	55.1				-13.3	-13.3

14-5 续表3 单位:万元

		商品销售利润 Sales profit
外商投资股份有限公司	Share holding funded from foreign	
(二)按国民经济行业分组	Grouped by sector	
食品、饮料和烟草零售业	Retail of food, beverage and tobaccos	683.3
粮油食品零售业	Grains and edible oil	
副食品零售业	Non-staple food	386.1
日用百货零售业	Retail of daily consumer goods	13795.7
百货零售业	Consumer goods	13601.2
文化体育用品零售业	Cultural and sports goods	-70.7
纺织品、服装和鞋帽零售业	Retail of textiles, garments, shoes and hats	114.1
日用杂品零售业	Retail of daily sundry articles	61.8
五金、交电、化工零售业	Hardware, transport, electric and chemical product	17.6
药品及医疗器械零售业	Medicines and medical appliances	907.6
图书报刊零售业	Books, newspapers and magazines	2245.6
其他零售业	Other retail trade	4722.1
家具零售业	Furniture	
汽车、摩托车及其零配件零售业	Vehicles, motorcycles and parts	3652.2
计算机及软件、办公设备零售业	Computers, software and office appliances	404.2
(三)按业态分组	Grouped by type of retail	
百货商店	General shop	10728.7
超级市场	Supmarket	1433.1
专业(专卖)商店	Special store	6865.4
其他	Others	3520.6

continued3　　　　unit:10000yuan

损益及分配 Loss,profit and distrution								
代购代销收入 Revenue of agents	主营利润 Profits of operation	其他业务利润 Other profits	管理费用 Cost of mangerment	税金 Taxes	财产保险 Property insurance	劳动待业险 Employment insurance	财务费用 Financial exponses	利息支出 Interest expenditune
	683.3	1447.2	1895.0	58.2	14.8	179.7	123.3	51.7
	386.1	1408.9	1677.1	51.4	8.0	151.3	124.5	52.9
20.3	13816.0	18341.1	26829.9	958.2	260.7	2090.0	10145.1	8061.9
20.3	13261.5	18264.4	26384.3	957.5	255.5	1989.0	10023.2	7946.0
	−70.7	73.9	289.1	0.4		98.0	47.6	45.0
	114.1		115.7				0.2	
	61.8		33.0	2.0	0.5		22.3	21.8
	17.6	279.4	947.8	4.0	0.7	8.0	10.7	7.4
	907.6	166.3	1025.1	81.3	5.0	16.8	234.3	100.7
	2245.6	29.0	2030.1	13.5	7.4	82.7	13.7	−3.5
1244.5	5966.6	942.3	4572.2	264.3	12.6	63.2	590.0	420.2
1244.5	4896.7	603.1	3200.2	258.2	11.2	61.1	585.6	413.7
	404.2	10.9	451.1	1.2	0.4	0.8	2.1	0.5
	10728.7	17013.7	21017.3	861.3	250.1	1874.4	9181.2	7897.4
20.3	1453.4	2086.5	5471.8	84.5	4.9	133.0	797.5	30.4
1244.5	8109.9	1698.8	7130.2	127.5	32.9	317.8	722.9	380.0
	3520.6	406.3	3829.5	308.2	13.8	115.2	438.0	352.4

14－6　限额以上批发零售贸易企业财务状况(4)

单位:万元

		损益及分配 营业利润 Operating profits
总　计	**Total**	**－14054.2**
一、批发企业	Wholesale enterprises	－9361.2
其中:国有及国有控股	State owned and share holding	－6351.1
(一)按登记注册类型分组	Grouped by type registered	
内资企业	Domestic funds	－9361.2
国有企业	State owned	3058.5
集体企业	Collective owned	－1473.7
股份合作企业	Cooperative	－13.2
联营企业	Joint	
国有联营企业	State joint	
集体联营企业	Collective joint	
国有与集体联营企业	State and collective joint	
其他联营企业	Other joint	
有限责任公司	Limited company	－8152.7
国有独资企业	State owned	－7783.8
其他有限责任公司	Others	－368.9
股份有限公司	Share holding	－2388.1
私营企业	Private	－392.0
私营独资企业	Private funds	61.0
私营合伙企业	Private partner	
私营有限责任公司	Private limited company	－458.8
私营股份有限公司	Private share holding	5.8
其他企业	Others	
港、澳、台商投资企业	Funded from HongKong, Macao and Taiwan	
合资经营企业	Joint venture	
合作经营企业	Coopertive	
独资经营企业	Sole funds	
投资股份有限公司	Share holding	
外商投资企业	Foreign funds	
中外合资经营企业	Joint venture	

MAIN FINANCIAL INDICATORS OF ENTERPRISES ABOVE DESIGNATED SIZE IN WHOLESALE AND RETAIL TRADES(Ⅳ)

unit:10000yuan

Loss, profit and distrution		工资福利及增加值 Wages, welfare and added value taxes				
补贴收入 Subsidy	利润总额 Total profits	本年应付工资总额 Paybale wage	本年应付福利费总额 Payable welfare	本年应交增值税 Value added tax payable	本年进项税额 Tax credit in this year	本年销项税额 Add value tax in this year
253455.6	**14446.5**	**28888.6**	**5510.3**	**16546.9**	**229662.9**	**244480.5**
253326.3	18260.5	15381.2	2149.4	9052.5	114797.4	123508.7
253090.0	20125.8	12806.5	1821.4	7693.0	91108.5	99030.9
253326.3	18260.5	15381.2	2149.4	9052.5	114797.4	123508.7
2815.4	5384.4	8505.2	894.6	7106.2	67002.3	72751.3
	−2027.2	953.5	117.5	252.6	2804.1	3062.0
1.5	−14.7	111.4	3.3	64.0	1052.0	1115.8
250511.1	16798.0	2466.2	394.5	265.6	6232.6	6537.6
250511.1	17194.5	2273.3	361.0	24.1	1722.7	1789.8
	−396.5	192.9	33.5	241.5	4509.9	4747.8
−1.7	−3114.8	2995.4	694.3	1090.0	28876.9	30489.5
	1234.8	349.5	45.2	274.1	8829.5	9552.5
	61.0	51.6	3.3	82.7	182.1	770.7
	1170.6	252.9	35.6	236.0	8286.7	8465.7
	3.2	45.0	6.3	−44.6	360.7	316.1

14－6 续表 1 单位:万元

		损益及分配
		营业利润 Operating profits
中外合作经营企业	Cooperative	
外资企业	Funded from foreign	
外商投资股份有限公司	Share holding funded from foreign	
(二)按国民经济行业分组	Grouped by sector	
食品、饮料、烟草和家庭用品批发业	Wholesale of food, beverage and Tobaccos	－1484.7
食品、饮料、烟草批发业	Whole sale of food, beverage and tobaccos	－700.0
粮食、食用油批发业	Grain and edible oil	－11428.1
烟草及其制品批发业	Tobaccos and its products	9847.9
棉、麻、土畜产品批发业	Wholesale of cotton, ambery and animal product	236.3
纺织品、服装和鞋帽批发业	Wholesale of textiles, garments, shoes and hats	－1626.4
日用百货批发业	Wholesale of daily consumer goods	12.9
日用杂品批发业	Wholesale of daily sundry articles	
五金、交电、化工批发业	Hard ware, Transport, electric and chemical products	195.9
药品及医疗器械批发业	Wholesale of medicines and medical appliances	396.6
能源、材料和机械电子设备批发业	Wholesale of energy products	－6869.0
能源批发业	Wholesale of energy products	－4084.1
石油及制品批发业	#Petrolum and related products	－2623.1
煤炭及制品批发业	Coal and related products	－1461.0
化工材料批发业	Wholesale of chemical materials	
木材批发业	Wholesale of timber	－83.4
建筑材料批发业	Wholesale of building materials	
矿产品批发业	Wholesale of mineral products	
金属材料批发业	Wholesale of metal materials	－570.9
机械、电子设备批发业	Machinery and electronic equipment	－1122.5
汽车、摩托车及零配件批发业	Vehicles, motorcycles and parts	－1008.1
汽车批发业	Vehicles	－1131.0
再生物资回收批发业	Wholesale of recycled materials	
其他批发业	Other wholesale	－1007.5
工艺美术批发业	Wholesale of arts and handicraft products	
图书报刊批发业	Books, newspapers and magazines	755.3
农业生产资料批发业	Means of agricltural production	－1762.8
其他类未包括的批发业	Others	
二、零售企业	Retail trade	－4693.0

continued 1　　　　unit:10000yuan

Loss, profit and distrution		工资福利及增加值 Wages, welfare and added value taxes				
补贴收入 Subsidy	利润总额 Total profits	本年应付工资总额 Paybale wage	本年应付福利费总额 Payable welfare	本年应交增值税 Value added tax payable	本年进项税额 Tax credit in this year	本年销项税额 Add value tax in this year
253226.4	24868.2	8418.2	1416.5	4857.5	50394.6	54456.3
253228.1	26656.8	6150.2	851.8	4144.3	30278.1	33881.4
252962.5	16005.4	3262.9	498.3		179.1	197.8
127.5	9737.3	2294.5	308.7	3568.0	26129.1	29103.5
	236.3	391.0	45.1	284.3	7227.2	7511.5
	-1644.9	439.6	38.5	47.7	2806.9	1813.6
	6.5	69.2	9.4	-31.6	627.0	569.3
	179.4	409.8	33.3	224.9	4402.6	4722.1
-1.7	-565.9	958.4	438.4	187.9	5052.8	5958.4
99.9	-4997.2	6009.0	898.8	3664.9	60893.0	65012.6
	-3993.0	3953.5	603.8	2222.2	23128.6	25880.2
	-2807.0	3294.8	519.1	1781.3	22351.9	24905.3
	-1186.0	658.7	84.7	440.9	776.7	974.9
98.4	11.6	146.8	20.4		9.3	9.3
	-508.3	476.5	55.1	370.8	11792.1	12382.3
	-985.0	810.4	113.1	819.4	7256.6	8054.5
1.5	477.5	621.8	106.4	252.5	18706.4	18686.3
	359.7	455.2	56.9	182.6	2466.4	2428.7
	-1610.5	954.0	-165.9	530.1	3509.8	4039.8
	703.0	430.6	-238.8	530.1	3509.8	4039.8
	-2313.5	523.4	72.9			
129.3	-3814.0	13507.4	3360.9	7494.4	114865.5	120971.8

14-6 续表 2　　　　单位:万元

		损益及分配
		营业利润 Operating profits
其中:国有及国有控股	State owned and share holding	1744.0
(一)按登记注册类型分组	Grouped by type registered	
内资企业	Domestic funds	1311.3
国有企业	State owned	-226.9
集体企业	Collective owned	-43.6
股份合作企业	Cooperative	-100.0
联营企业	Joint	
国有联营企业	State joint	
集体联营企业	Collective joint	
国有与集体联营企业	State and collective joint	
其他联营企业	Other joint	
有限责任公司	Limited company	-816.8
国有独资企业	State owned	-24.1
其他有限责任公司	Others	-792.7
股份有限公司	Share holding	3341.3
私营企业	Private	-842.7
私营独资企业	Private funds	55.2
私营合伙企业	Private partner	-3.7
私营有限责任公司	Private limited company	-896.7
私营股份有限公司	Private share holding	2.5
其他企业	Others	
港、澳、台商投资企业	Funded from HongKong, Macao and Taiwan	-4719.6
合资经营企业	Joint venture	-4717.8
合作经营企业	Coopertive	
独资经营企业	Sole funds	-1.8
投资股份有限公司	Share holding	
外商投资企业	Foreign funds	-1284.7
中外合资经营企业	Joint venture	-1772.8
中外合作经营企业	Cooperative	488.1
外资企业	Funded from foreign	

continued2

unit: 10000yuan

Loss, profit and distrution		工资福利及增加值 Wages, welfare and added value taxes				
补贴收入 Subsidy	利润总额 Total profits	本年应付工资总额 Paybale wage	本年应付福利费总额 Payable welfare	本年应交增值税 Value added tax payable	本年进项税额 Tax credit in this year	本年销项税额 Add value tax in this year
67.3	1497.3	4880.5	1751.0	1880.0	34280.3	35938.6
129.3	2288.5	11542.6	3087.9	6096.7	105179.7	109875.7
7.3	561.4	2171.3	601.5	607.1	9852.4	10161.7
12.0	−143.7	459.1	43.2	216.7	1521.9	1698.8
	−101.3	169.9	19.0	47.9	594.3	639.8
66.6	−1245.7	3348.7	1444.7	2874.0	22906.1	25109.5
	−24.1	17.1	2.3	6.1	317.6	336.5
66.6	−1221.6	3331.6	1442.4	2867.9	22588.5	24773.0
	3448.6	3644.3	708.2	1469.2	30175.7	31582.9
43.4	−230.8	1749.3	271.3	881.8	40129.3	40863.0
	339.7	187.0	26.1	0.6	81.5	75.4
	−3.7	11.1	1.5	7.8	105.1	113.3
43.4	−569.3	1510.8	237.8	849.9	38928.1	39478.3
	2.5	40.4	5.9	23.5	1014.6	1016.0
	−4355.7	1447.5	260.6	860.9	6787.6	7648.5
	−4352.6	1327.8	260.6	806.1	6520.8	7326.9
	−3.1	119.7		54.8	266.8	321.6
	−1746.8	517.3	12.4	536.8	2898.2	3447.6
	−2221.9	349.9		8.0	905.9	926.5
	475.1	167.4	12.4	528.8	1992.3	2521.1

14－6 续表 3

单位:万元

		损益及分配
		营业利润 Operating profits
外商投资股份有限公司	Share holding funded from foreign	
(二)按国民经济行业分组	Grouped by sector	
食品、饮料和烟草零售业	Retail of food, beverage and tobaccos	112.7
粮油食品零售业	Grains and edible oil	
副食品零售业	Non-staple food	－6.0
日用百货零售业	Retail of daily consumer goods	－6055.2
百货零售业	Consumer goods	－5758.9
文化体育用品零售业	Cultural and sports goods	－333.5
纺织品、服装和鞋帽零售业	Retail of textiles, garments, shoes and hats	－1.8
日用杂品零售业	Retail of daily sundry articles	5.9
五金、交电、化工零售业	Hardware, transport, electric and chemical product	－680.7
药品及医疗器械零售业	Medicines and medical appliances	－33.2
图书报刊零售业	Books, newspapers and magazines	230.7
其他零售业	Other retailtrade	1728.6
家具零售业	Furniture	
汽车、摩托车及其零配件零售业	Vehicles, motorcycles and parts	1603.7
计算机及软件、办公设备零售业	Computers, software and office appliances	－58.1
(三)按业态分组	Grouped by type of retail	
百货商店	General shop	－3476.0
超级市场	Supmarket	－2728.6
专业(专卖)商店	Special store	1707.8
其他	Others	－196.2

continued 3 unit:10000yuan

Loss, profit and distrution		工资福利及增加值 Wages, welfare and added value taxes				
补贴收入 Subsidy	利润总额 Total profits	本年应付工资总额 Paybale wage	本年应付福利费总额 Payable welfare	本年应交增值税 Value added tax payable	本年进项税额 Tax credit in this year	本年销项税额 Add value tax in this year
66.6	131.4	949.1	67.4	302.5	1972.7	2266.1
66.6	14.0	819.4	45.9	230.8	1445.8	1667.5
	-5316.0	8262.7	2439.7	4290.2	42515.7	46415.7
	-5662.1	7889.4	2387.6	4252.7	41637.4	45486.1
	309.8	284.2	39.8	22.4	307.1	329.0
	-3.1	143.5	3.4	54.8	266.8	321.6
	5.1	32.4	9.5	9.3	280.7	312.1
40.9	-624.2	332.0	48.8	97.2	2586.2	2706.6
	-186.2	1118.1	102.0	488.8	3111.9	3567.8
0.7	202.6	939.3	469.7	975.3	1785.5	2164.3
21.1	1976.4	1730.3	220.4	1276.3	62346.0	63217.6
6.6	1972.4	925.7	126.0	887.4	57728.7	58279.0
2.5	-60.5	295.0	27.1	95.9	2729.3	2773.1
12.0	-3002.5	5668.2	2092.6	2601.3	29731.2	32210.8
66.6	-3201.7	2708.4	305.9	1299.8	10789.2	11837.9
48.2	2506.4	3827.3	788.7	2831.7	44158.8	46389.3
2.5	-116.2	1303.5	173.7	761.6	30186.3	30533.8

14－7 限额以上餐饮企业财务状况(1)

单位:万元

		企业数 (个) Enerprises
总　　计	**Total**	**22**
其中:国有及国有控股	State owned and share holding	4
一、按登记注册类型分组	Grouped by type registered	
内资企业	Domestic funds	15
国有企业	State owned	2
集体企业	Collective owned	
股份合作企业	Cooperative	
联营企业	Joint	
国有联营企业	State joint	
集体联营企业	Collective joint	
国有与集体联营企业	State and collective joint	
其他联营企业	Other joint	
有限责任公司	Limited company	2
国有独资企业	State owned	
其他有限责任公司	Others	2
股份有限公司	Share holding	
私营企业	Private	11
私营独资企业	Private funds	3
私营合伙企业	Private partner	
私营有限责任公司	Private limited company	8
私营股份有限公司	Private share holding	
其他企业	Others	
港、澳、台商投资企业	Funded from HongKong, Macao and Taiwan	4
合资经营企业	Joint venture	4
合作经营企业	Coopertive	
独资经营企业	Funded	
投资股份有限公司	Share holding	
外商投资企业	Foreign funds	3
中外合资经营企业	Joint venture	2
中外合作经营企业	Cooperative	1
外资企业	Sole funds	
外商投资股份有限公司	Share holding funded from foreign	
二、按国民经济行业分组	Grouped by sector	
正餐	Lunch	22
快餐	Snack	
其他餐饮业	Other	

MAIN FINANCIAL INDICATORS OF ENTERPRISES ABOVE DESIGNATED SIZD IN CATERING TRADE(Ⅰ)

unit: 10000yuan

亏损企业（个） Making loss	年末资产负债 Assets and abilities							
	流动资产小计 Circulating funds	存货 Inventory	长期投资 Long term investment	固定资产小计 Fixed assets	固定资产原价 Original value of fixed assets	累计折旧 Depreciation	本年折旧 Depreciation in this year	资产合计 Total assets
11	**11188.9**	**802.3**		**19118.7**	**24309.8**	**5201.1**	**727.3**	**30981.8**
2	2803.2	214.5		6240.7	6808.8	568.1	103.5	8043.9
6	7670.0	552.8		14663.5	17416.9	2763.4	648.5	23757.2
1	467.7	199.4		136.8	209.4	72.6	22.4	604.5
2	1262.5	26.6		5846.9	6353.5	506.6	79.5	7109.4
2	1262.5	26.6		5846.9	6353.5	506.6	79.5	7109.4
3	5939.8	326.8		8679.8	10854.0	2184.2	546.6	16043.3
	381.1	121.9		518.8	700.2	181.4	26.4	941.6
3	5558.7	204.9		8161.0	10153.8	2002.8	520.2	15101.7
3	1415.0	76.8		1571.8	3389.1	1817.3	51.6	3138.8
3	1415.0	76.8		1571.8	3389.1	1817.3	51.6	3138.8
2	2103.9	172.7		2883.4	3503.8	620.4	27.2	4085.8
1	1697.3	147.7		2733.1	3034.0	300.9	18.7	3430.4
1	406.6	25.0		150.3	469.8	319.5	8.5	655.4
11	11188.9	802.3		19118.7	24309.8	5201.1	727.3	30981.8

14－8 限额以上餐饮企业财务状况(2)

单位:万元

		负债合计 Liabilities
总　　计	**Total**	**25126.6**
其中:国有及国有控股	State owned and share holding	3646.1
一、按登记注册类型分组	Grouped by type registered	
内资企业	Domestic funds	20439.6
国有企业	State owned	530.3
集体企业	Collective owned	
股份合作企业	Cooperative	
联营企业	Joint	
国有联营企业	State joint	
集体联营企业	Collective joint	
国有与集体联营企业	State and collective joint	
其他联营企业	Other joint	
有限责任公司	Limited company	4463.6
国有独资企业	State owned	
其他有限责任公司	Others	4463.6
股份有限公司	Share holding	
私营企业	Private	15445.7
私营独资企业	Private funds	190.0
私营合伙企业	Private partner	
私营有限责任公司	Private limited company	15255.7
私营股份有限公司	Private share holding	
其他企业	Others	
港、澳、台商投资企业	Funded from HongKong, Macao and Taiwan	2201.0
合资经营企业	Joint venture	2201.0
合作经营企业	Coopertive	
独资经营企业	Funded	
投资股份有限公司	Share holding	
外商投资企业	Foreign funds	2486.0
中外合资经营企业	Joint venture	2177.7
中外合作经营企业	Cooperative	308.3
外资企业	Sole funds	
外商投资股份有限公司	Share holding funded from foreign	
二、按国民经济行业分组	Grouped by sector	
正餐	Lunch	25126.6
快餐	Snack	
其他餐饮业	Other	

MAIN FINANCIAL INDICATORS OF ENTERPRISES ABOVE DESIGNATED SIZD IN CATERING TRADE(Ⅱ)

unit: 10000yuan

年末资产负债 Assets and abililities					损益及分配 Loss, profit and distrution			
所有者权益合计 Creditors' equity	实收资本 Capital hold	国家资本 State owned	港澳台资本 Funded from Hongkong, Macao and Taiwan	外商资本 Foreign funds	营业收入 Operating revenue	营业成本 Cost of business	营业费用 Expenses of operating	营业税金及附加 Tax and extracharye
5855.2	**10889.4**	**1288.2**	**1767.4**	**175.0**	**20421.3**	**12128.9**	**5460.4**	**1301.9**
4397.8	4380.6	222.2			3142.7	1691.3	501.7	168.0
3317.6	6058.4	222.2	743.9		14518.2	8055.5	4292.9	976.6
74.2	232.2	222.2			1396.7	781.1	406.7	77.9
2645.8	3448.4				963.8	458.9	406.5	48.5
2645.8	3448.4				963.8	458.9	406.5	48.5
597.6	2377.8		743.9		12157.7	6815.5	3479.7	850.2
751.6	722.9				2094.7	1200.3	474.3	182.5
-154.0	1654.9		743.9		10063.0	5615.2	3005.4	667.7
937.8	2931.0	1066.0	1023.5		2274.2	1497.4	580.2	134.3
937.8	2931.0	1066.0	1023.5		2274.2	1497.4	580.2	134.3
1599.8	1900.0			175.0	3628.9	2576.0	587.3	191.0
1252.7	1400.0			175.0	3210.6	2317.4	467.1	170.1
347.1	500.0				418.3	258.6	120.2	20.9
5855.2	10889.4	1288.2	1767.4	175.0	20421.3	12128.9	5460.4	1301.9

14－9 限额以上餐饮企业财务状况(3)

单位:万元

		经营利润 Operating profits	管理费用 Cost of mangerment
总　　计	**Total**	**1530.1**	**1782.4**
其中:国有及国有控股	State owned and share holding	781.7	805.8
一、按登记注册类型分组	Grouped by type registered		
内资企业	Domestic funds	1193.2	1172.5
国有企业	State owned	131.0	272.3
集体企业	Collective owned		
股份合作企业	Cooperative		
联营企业	Joint		
国有联营企业	State joint		
集体联营企业	Collective joint		
国有与集体联营企业	State and collective joint		
其他联营企业	Other joint		
有限责任公司	Limited company	49.9	221.4
国有独资企业	State owned		
其他有限责任公司	Others	49.9	221.4
股份有限公司	Share holding		
私营企业	Private	1012.3	678.8
私营独资企业	Private funds	237.6	163.5
私营合伙企业	Private partner		
私营有限责任公司	Private limited company	774.7	515.3
私营股份有限公司	Private share holding		
其他企业	Others		
港、澳、台商投资企业	Funded from HongKong, Macao and Taiwan	62.3	243.5
合资经营企业	Joint venture with	62.3	243.5
合作经营企业	Coopertive with		
独资经营企业	Funded from		
投资股份有限公司	Share holding with	274.6	366.4
外商投资企业	Foreign funds	256.0	342.4
中外合资经营企业	Joint venture	18.6	24.0
中外合作经营企业	Cooperative		
外资企业	Funded from foreign		
外商投资股份有限公司	Share holding		
二、按国民经济行业分组	Grouped by sector		
正餐	Lunch	1530.1	1782.4
快餐	Snack		
其他餐饮业	Others		

MAIN FINANCIAL INDICATORS OF ENTERPRISES ABOVE DESIGNATED SIZD IN CATERING TRADE(Ⅲ)

unit: 10000yuan

损益及分配 Loss, profits and distrution								
税金 Taxes	财产保险 Property insurance	劳动待业险 Employment insurance	财务费用 Financial expenses	利息支出 Interest expenditune	营业利润 Business profits	利润总额 After－tax profits	本年应付工资总额 wages	本年应付福利费总额 Pagable welfore
30.6	**11.4**	**4.6**	**527.8**	**94.3**	**－780.1**	**－769.5**	**2166.6**	**151.6**
19.3	2.0		10.0	6.2	－34.1	－34.1	398.7	14.7
19.3	2.0		462.8	94.3	－442.1	－431.5	1573.3	107.5
19.3			6.0	6.0	－147.3	－143.7	214.0	12.0
	2.0		180.2	0.2	－351.7	－345.0	115.6	14.7
	2.0		180.2	0.2	－351.7	－345.0	115.6	14.7
			276.6	88.1	56.9	60.8	1243.7	80.8
			1.9	1.9	72.2	72.2	237.6	
			274.7	86.2	－15.3	－11.4	1006.1	80.8
11.3	9.4	4.6	2.6		－183.8	－183.8	170.6	19.2
11.3	9.4	4.6	2.6		－183.8	－183.8	170.6	19.2
			62.4		－154.2	－154.2	422.7	24.9
			13.2		－99.6	－99.6	395.4	21.1
			49.2		－54.6	－54.6	27.3	3.8
30.6	11.4	4.6	527.8	94.3	－780.1	－769.5	2166.6	151.6

14－10　餐饮业销售情况
SALES CONDITION OF CATERING TRADE

单位:万元　　unit:10000yuan

		法人企业(个) Legal person	产业活动单位(个) Industry legal person	从业人数(人) Employment (person)	营业总收入 Revenues	商品零售额 District
总　计	**Total**	**42318**	**42347**	**119996**	**535163.4**	**535163.4**
一、限额以上	Above designated	22	51	9615	63043.4	63043.4
(一)按登记注册类型分组	Grouped by type registered					
内资企业	Domestic funds	15	33	5958	27763.2	27763.2
国有企业	State owned	2	13	3200	12658.5	12658.5
集体企业	Collective owned					
股份合作企业	Cooperative					
联营企业	Joint ownership					
国有联营企业	State joint					
集体联营企业	Collective joint					
国有与集体联营企业	State and collective joint					
其他联营企业	Others					
有限责任公司	Limited liability company	2	4	609	1898.6	1898.6
国有独资企业	State owned		1	375	234.8	234.8
其他有限责任公司	Others	2	3	234	1663.8	1663.8
股份有限公司	Share holding		3	292	1508.9	1508.9
私营企业	Private	11	13	1857	11697.2	11697.2
私营独资企业	Private funded	3	3	288	2119.5	2119.5
私营合伙企业	Private partner					
私营有限责任公司	Private limited company	8	10	1569	9577.7	9577.7
私营股份有限公司	Private share holding					
其他企业	Others					
港、澳、台商投资企业	Funded from HongKong, Macao and Taiwan	4	7	1062	4223.2	4223.2
合资经营企业	Joint venture	4	6	762	3779.6	3779.6
合作经营企业	Cooperative					
独资经营企业	Sole funds					
投资股份有限公司	Shareholding		1	300	443.6	443.6
外商投资企业	Foreign funds	3	11	2595	31057.0	31057.0
中外合资经营企业	Joint venture	2	7	2148	13374.9	13374.9
中外合作经营企业	Cooperative	1	3	327	8562.1	8562.1
外资企业	Sole funds					
外商投资股份有限公司	Share holding funded from foreign		1	120	9120.0	9120.0
(二)按国民经济行业分组	Grouped by sector					
正餐	Lunch	22	49	9375	48585.5	48585.5
快餐	Snack		2	240	14457.9	14457.9
其他	Other					
二、限额以下	Below designated size and indvidual	42296	42296	110381	472120.0	472120.0

14－11　限额以上连锁(公司)商品销售情况
TOTAL SALES OF CHAIN STORE ABOVE DESIGNATED SIZE

		连锁总店数(个) Main store	连锁门店数(个) Branch			营业面积(平方米) Area of business (sq·m)	从业人数(人) Employment (Person)	销售总额（万元）(营业总收入) Total sales (1000 yuan)	
				直营店 Directly sale store	加盟店 Store allianced				零售额 District
总　计	**Total**	**12**	**196**	**113**	**83**	**69054**	**3384**	**83155.6**	**69115.3**
一、零售业	Retail	9	189	106	83	63854	2946	81043.0	67002.7
其中:国有及国有控股	State owned and share holding	1	8	8		227	32	3521.2	3521.2
其中:外商及港澳台投资	Foreigh funds								
按零售业态分	Grouped by type of retail								
百货商店	General shop								
超级市场	Supmarket	3	22	15	7	39000	1288	51132.8	39203.8
专业店	Special store	5	159	83	76	24627	1626	26389.0	24277.7
专卖店	Special store	1	8	8		227	32	3521.2	3521.2
其他	Others								
二、餐饮业	Catering	3	7	7		5200	438	2112.6	2112.6
其中:外商及港澳台投资	Foreigh funds								
按行业分	Grouped by sector								
正餐	Lunch	3	7	7		5200	438	2112.6	2112.6
快餐	Snack								
其他餐饮业	Other								

统计资料

STATISTICS

对外经济贸易和旅游业

FOREIGN TRADE AND TOURISM

第十五篇　对外经济贸易和旅游业

2002年，是我国加入WTO的第一年，国家继续实施鼓励出口的相关政策和措施，推出了一系列改革措施促进贸易便利化，有效地促进了对外贸易的健康快速发展，长春市对外开放进入了新阶段。据海关统计，全年实现进出口总额28.9亿美元，比上年增长22.3%，其中，进口16.2亿美元，增长16.7%；出口12.7亿美元，增长30.2%。在出口中，国有企业出口10.6亿美元，比上年增长39.5%，拉动全市出口增长30.6个百分点，占全部出口总额的83.5%；外商投资企业出口2亿美元，减少4.6%；一般贸易出口11.1亿美元，增长38.6%。外向依存度达到20.9%，比上年提高1.9个百分点。

招商引资成效显著，全方位对外开放格局基本形成。全年新批三资项目119个，其中，超千万美元项目22个。全年实际利用外资6.3亿美元，比上年增长23.7%。其中，直接利用外资3.4亿美元，下降5.4%。

对外承包与劳务合作继续展开。全年新签对外承包和劳务合作合同金额38650万美元，比上年增长59.6%；完成营业额16600万美元，比上年增长10.6%；外派劳务人员1.29万人，比上年增长10.3%。

旅游业发展势头良好。春节、"五一"和"十一"三个长假期拉动作用突出，全年接待黄金周假日旅游人数达150.7万人次，比上年增长8%，收入6亿元，比上年增长43%。全年来长旅游人数达到1093.1万人次，其中，接待入境游客7.6万人次，比上年增长13.9%；接待国内旅游者1085.5万人次，增长8.4%。旅游总收入67亿元，增长39.5%。全年旅游外汇收入4204万美元，增长36.8%。全市已有星级饭店41家，旅行社74家，其中国际旅行社15家，旅游定点餐馆、商店38家，接待能力不断增强。

15-1 对外经济贸易情况
FOREIGN TRADE AND ECONOMIC COOPERATION

		单位 Unit	总量 Number
进出口总额(一)	Total imports and export	万美元 $ 10000	289247
其中:进口	Imports	万美元 $ 10000	161997
出口	Exports	万美元 $ 10000	127250
1.国有企业	State ownead	万美元 $ 10000	146028
其中:进口	Imports	万美元 $ 10000	39768
出口	Exports	万美元 $ 10000	106260
2.非国有企业	Non-state owned	万美元 $ 10000	143219
其中:进口	Imports	万美元 $ 10000	122229
出口	Exports	万美元 $ 10000	20990
①集体企业	Collective owned	万美元 $ 10000	489
其中:进口	Imports	万美元 $ 10000	29
出口	Exports	万美元 $ 10000	460
②三资企业	Foreign funds	万美元 $ 10000	141410
其中:进口	Imports	万美元 $ 10000	121332
出口	Exports	万美元 $ 10000	20078
进出口总额(二)	Imports and exports	万美元 $ 10000	217359
其中:进口	Imports	万美元 $ 10000	162444
出口	Exports	万美元 $ 10000	54915
新批项目(企业)数	Number of new registered enterprises	个 unit	119
投资总额	Total investment	万美元 $ 10000	58248
合同利用外资额	Contract value	万美元 $ 10000	39629
其中:直接利用外资额	Foreign direct investments	万美元 $ 10000	26629
实际利用外资额	Total of foreign funds actually used	万美元 $ 10000	62666
其中:直接利用外资额	Foreigh direct investment	万美元 $ 10000	33707

注:进出口总值表(一)是指在长春行政区域内工商注册、并在长春登记、赋予代码为“2201”的全部有外贸经营权的企业(公司)进出口贸易总额。它是衡量我市有外贸经营权的企业(公司)经营规模和总体水平的标志。

进出口总值表(二)是指在全国各地工商注册,并在当地海关登记赋予相应代码的有外贸经营权的企业(公司),进口商品目的地为长春市、出口产品货源地产自长春市的进出口总额。它是衡量我市进口市场需求(包括项目)及出口生产质量、能力的标志。

*Import-export value by changchun foreign trade managing units refer to actul value of imports and exports carried out by corporation which have been registered by changchun customhouse and vested with right to run import, export business

**Import value of commodities by the places of their destination and export value of commodities by the place of their origin in china: The places of their consumption, unilization or the place of their final destinotion. The latter indicator refers to the value of export commodities of the places of their origin or the place of the commodities dispatched, changchun.

15－2 2002年新批外商项目(企业)分类表
NEW REGISTERED FOREIGN FUNDS(2002)

		户 数 (个) Enterprises (unit)	外商投资 (万美元) Investment ($10000)	比重 (%) Percentage (%)
总 计	Toal	109	23560	100
1. 按行业类别分	Grouped by sector			
农林牧渔业	Farming forestry animal husbandry and fishery	10	1757	7.5
制造业	Manufacturing	79	20904	88.7
建筑业	Construction			
批发零售贸易餐饮业	Wholesale, retail trade and catering services	2	302	1.3
房地产业	Real estate	3	176	0.7
社会服务业	Social services	15	421	1.8
2. 按国别、地区分	Grouped by country orregion			
香 港	Hongkong	32	10669	45.3
韩 国	Korea	21	3265	13.8
维尔京群岛	Virgin islands	3	1815	7.7
泰 国	Thailand	9	1737	7.4
台 湾	Taiwan	9	1641	7.0
美 国	United states	14	1322	5.6
日 本	Japan	10	871	3.7
德 国	Germany	2	747	3.2
巴 拿 马	Panama	1	510	2.1
澳大利亚	Australia	2	440	1.9
澳 门	Macao	1	252	1.1
加 拿 大	Canada	2	138	0.6
萨 摩 亚	Samoan	1	100	0.4
乌 克 兰	Ukraine	1	60	0.2
俄 罗 斯	Russia	1	3	0.0
3. 按经济类型分	Grouped by ownership			
外资企业	Foreign funds	48	10095	42.9
合资经营	Joint venture	47	10657	45.2
合作经营	Cooperative	14	2808	11.9

15－3 主要出口商品情况
MAIN EXPORT GOODS

商品名称 Item		出口金额 (万美元) Export($10000)	占出口总额比重(%) Proportion(%)
1. 玉米	Corn	78427	61.6
2. 服装及衣着附件	Garments	8258	6.5
3. 冻鸡	Poultry	4544	3.6
4. 汽车和汽车底盘	Vehicles and its chassis	3575	2.8
5. 大米	Rice	1382	1.1
6. 干豆	Soybeans	1220	1.0
7. 塑料制品	Plastics products	1096	0.9
8. 电线和电缆	Wire and cable	1025	0.8
9. 锯材	Timeber	663	0.5
10. 纺织纱线、织物及制品	Textile	658	0.5
11. 药材	Medicine materials	565	0.4
12. 钢材	Steel	529	0.4
13. 家用或装饰用木制品	Funiture	440	0.3
14. 食用油籽	Beaning oil	412	0.3
15. 鞋类	Shoes	322	0.3
16. 蔬菜	Vegetable	259	0.2
17. 鲜冻牛肉	Beef	163	0.1
18. 滑石	Talcum	110	0.1
19. 医药品	Medicine and medical articals	106	0.1
20. 柳编结品	Weave products	100	0.1
合　计	Total	127250	100.0

15－4 主要进口商品情况
MAIN IMPORT GOODS

商品名称 Item		进口金额（万美元）Import（$10000）	占进口总额比重（%）Proportion（%）
1. 汽车零件	Vehicles parts	61471	37.9
2. 活塞式内燃机的零件	Parts of engine	17354	10.7
3. 计量检测分析自控仪器及器具	Instrument of test	7049	4.4
4. 钢材	Steel products	3267	2.0
5. 型模及金属铸造用型箱	Mould and box for metal casting	1980	1.2
6. 橡胶或塑料加工机械	Rubber plastics machine tools	1158	0.7
7. 原木	Wood	969	0.6
8. 纺织机械	Texfile machine tools	964	0.6
9. 电线和电缆	Wire and cable	863	0.5
10. 汽车和汽车底盘	Vehicles and its chassis	825	0.5
11. 自动数据处理设备及其部件	High－precision machine tools	810	0.5
12. 通断及保护电路装置及零件	Hardware	733	0.5
13. 金属加工机床	Metal－cutling machine tools	708	0.4
14. 初级形状的塑料	Plastics	679	0.4
15. 医疗仪器及器械	Health care machine tools	386	0.2
16. 合成纤维长丝机织物	Chemical fiber	345	0.2
17. 金属加工机床	Metal－cutling machine tools	334	0.2
18. 机械提升搬运装卸设备及零件	Hoist and its parts	313	0.2
19. 液泵及液体提升机	Pump	288	0.2
20. 建筑及采矿用机械	Mining eqnipment	164	0.1
21. 集成电路及微电子组件	Integrated circuit	108	0.1
合　计	Total	161997	100.0

15－5 外贸进出口总值分国别(地区)出口情况
EXPORT MARKET

国家(地区)	Country or territory	出口额(万美元) Exports($10000)	
		2001	2002
总　　值	Total	97850	127250
1.韩　　国	Korea	30094	46614
2.马来西亚	Malaysia	10676	17953
3.日　　本	Japan	19489	16971
4.印度尼西亚	Indonesia	3563	8992
5.美　　国	United States	3662	4270
6.越　　南	Vietnam	688	3559
7.匈 牙 利	Hungary	1790	2469
8.朝　　鲜	Korea Rep	5159	2093
9.南　　非	South Africa	421	2043
10.伊 拉 克	Iraq		1737
10.香　　港	HongKong	1777	1387
11.孟加拉国	Bangladesh	524	1353
12.德　　国	Germany	1838	1231
13.菲 律 宾	Philippines	1050	1182
14.俄罗斯联邦	Russian	736	1181
15.津巴布韦	Zimbabwe		915
16.英　　国	United Kingdom	639	900
17.阿拉伯联合酋长国	United Arab Emirates	489	865
18.沙特阿拉伯	Saudi Arabia	336	834
19.斯里兰卡	Sri Lanka	1285	683
20.意 大 利	Italy	545	619
21.台 湾 省	Taiwan	413	579
22.西 班 牙	Spain	623	575
23.印　　度	India	297	568
24.尼日利亚	Nigeria		428
25.荷　　兰	Netherland	637	397
26.法　　国	France	436	383
27.土 耳 其	France	449	349
28.比 利 时	France	655	346
29.巴 拿 马	France	196	326
30.挪　　威	Norway	186	323
31.加 拿 大	Canada	339	313
32.新 加 坡	Singapore	191	260
33.波　　兰	Poland	482	259
34.瑞　　士	Switzerland	997	255
35.柬 埔 寨	Cambodia	269	211
36.丹　　麦	Denmark	214	208
37.也门共和国	Arab Repwblic of Yemen	198	205
38.埃塞俄比亚	Ethiopia	11	181
39.埃　　及	Egypt	552	167
40.泰　　国	Thailand	117	156

15-5续表1

Continued1

国家(地区)	Country or territory	出口额(万美元) Exports($10000)	
		2001	2002
41.瑞　　典	Sweden	136	136
42.科 威 特	Kuwait		135
43.蒙　　古	Mongolia	28	130
44.澳大利亚	Australia	199	119
45.坦吉克斯坦	Tadzhikistan		112
46.希　　腊	Greece	144	104
47.约　　旦	Jordan	81	103
48.厄瓜多尔	Ecuador		102
49.老　　挝	Laos		94
50.加　　纳	Ghana		91
51.黎 巴 嫩	Lebanon	65	80
52.葡 萄 牙	Portugal	36	76
53.阿 富 汗	Afghanistan		75
54.乌兹别克斯坦	Uzbekstan		72
55.以 色 列	Israel	153	68
56.突 尼 斯	Tunisia	28	67
57.墨 西 哥	Mexico	75	65
58.巴基斯坦	Pakistan	33	63
59.利 比 亚	Libya		61
60.海　　地	Haiti		56
61.智　　利	Chile	45	55
62.叙 利 亚	Syria		54
63.捷　　克	Czech	31	54
64.波多黎各	Puerto Rico	11	53
65.牙 买 加	Jamaica		51
66.巴　　西	Brazil	79	48
67.伊　　朗	Iran	29	46
68.爱 尔 兰	Ireland	55	44
69.卡 塔 尔	Qater	8	39
70.苏　　丹	Sudan	21	39
71.秘　　鲁	Peru	100	39
72.喀 麦 隆	Cameroon	80	37
73.克罗地亚	Croatia		36
74.吉 布 提	Djibouti	42	33
75.阿尔及利亚	Algeria		33
76.摩 洛 哥	Morocco		32

15－6 外贸进出口总值分国别(地区)进口情况
IMPORT MARKET

国家(地区)	Country or territory	进口总值(万美元) Total($10000) 2001	2002
总　值	Total	132136	161997
德　国	Germany	78531	117854
日　本	Japan	14248	13451
韩　国	Korea	5204	5418
美　国	United States	4664	4734
墨西哥	Mexico	1794	4336
意大利	Italy	3170	2382
泰　国	Thailand	349	1810
芬　兰	Finland	143	1335
法　国	France	821	1271
奥地利	Austra	354	1190
新加坡	Singapore	448	1105
台湾省	Taiwan	840	1069
荷　兰	Netherland	1067	1044
加　蓬	Caban		806
瑞　士	Switzerland	358	503
马来西亚	Malaysia	293	417
俄罗斯联邦	Russian	971	416
香　港	HongKong	4263	407
英　国	United Kingdom	288	374
瑞　典	Sweden		359
澳大利亚	Australia	447	357
西班牙	Spain	896	341
印度尼西亚	Indonesia	358	328
匈牙利	Hungary		260
比利时	France	9375	236
加拿大	Canada	82	181
捷　克	Czech	12	153
土耳其	Turkey	374	107
赤道几内亚	Gq－Guinea		98
南　非	South Africa	317	95
丹　麦	Denmark	39	74
苏里南	Surinam		65
巴　西	Brazil	102	47
印　度	India	5	45
朝　鲜	Korea Rep	9	41
列支敦士登	Liechtenstein		28
乌克兰	Ukraine	13	220

15－7 历 年 旅 游 数 据

		1990	1995	1996
海外旅游者(人次)	International tourists(person－time)	24861	29732	33193
外国人(人次)	Foreigners(person－time)	16058	24494	27077
华侨(人次)	Overseas chinese(person－time)	63	35	37
港澳同胞(人次)	Compatriots from Hongkongand Macao(person－time)	2255	2553	3032
台湾同胞(人次)	Compatriots from Taiwan(person－time)	6440	2650	3049
海外旅游者(人天)	International tourists(person－day)	54049	98083	127370
外国人(人天)	Foreigners(person－day)	36861	86206	114178
华侨(人天)	Overseas chinese(person－day)	118	91	88
港澳同胞(人天)	Compatriots from Hongkong and Macao(person－day)	5966	6339	6639
台湾同胞(人天)	Compatriots from Taiwan(person－day)	11104	5447	6465
国内旅游者(万人次)	Domestic tourists(10000person－time)		560	570
旅游外汇收入(万美元)	Earnings from internotisnal tourism($10000)	279.4	1439	1501
旅游业总收入(亿元)	Revenue of tourism(100 millon yuan)		3.9	6.5

15－8 对外承包工程、劳务合作、设计咨询统计

		合同份数(份) Contracts
合　计	**Total**	**140**
按项目分	Grouped by contracteel projects	
1.承包工程	Contracted projects	44
2.劳务合作	Services cooperation	96
3.设计咨询	Design and consultation services	
按地区分	Grouped by region	
1.亚洲	Asia	89
2.非洲	Africa	3
3.欧洲	Europe	32
4.拉丁美洲	Latin America	3
5.北美洲	North America	2
6.大洋洲	Oceania and pacific Islands	

DEVELOPMENT OF TOURISM

1997	1998	1999	2000	2001	2002
35346	34323	44887	55734	66583	76146
26562	28171	35874	38277	45720	55064
87	82	114			
4440	3031	3892	6831	7280	5861
4257	3039	5007	10626	13853	1522
92209	89627	121242	135065	193350	246356
77176	77465	106694	107131	153382	196813
213	106	242			
78	6747	6981	11296	17327	15691
7001	5309	7314	16638	22641	33852
590	6980	674	819	1001	1085.51
1554	1527	1992.7	2261	3072	4204
10	12	18	28.9	48	67

CONTRACTED PROJECTS AND LABOR COOPERATION

合同额(万美元) Contractedvalue ($10000)	营业额(万美元) Value business fulfilled ($10000)	派出人次 (人次) Person－time	年末在国外 人数(人) Persons outbound(Person)
38650	16600	12860	24096
23433	6025	1803	877
10141	8791	10017	23215
4			
8533	6955	6670	17277
1114	1053	70	180
4133	1338	3052	3598
288	104	10	112
524	1616	1651	2707
6			3

统计资料

STATISTICS

金融保险业

BANKING AND INSURANCE

第十六篇　金融、保险业

2002年，全市金融运行平稳，有力支持了全市经济发展2002年，全市金融机构各项存款余额(人民币、下同)1403.6亿元，比年初增加245亿元，增长21.2%；各项贷款余额1492.5亿元，比年初增加129亿元，增长9.5%。

一、企业存款大幅度增长，储蓄存款保持强劲增长势头

1、企业存款大幅度增长。年末企业存款余额468.7亿元，比年初增长25.2%。企业存款的大幅度增长，表明企业资金比较宽松，也说明企业的生产、经营状况开始好转。

2、储蓄存款稳步增长。年末全市储蓄存款余额达到713.9亿元，比年初增长17.4%。储蓄存款稳步增长的主要原因：一是城乡居民可支配收入持续增长。2002年，长春市城市居民人均可支配收入达6900元，比上年增长8.8%，居民收入的增加，相应增加了储源。二是消费物价指数继续走低。2002年居民消费价格指数为99.6，比同期下降0.4个百分点。三是社会保障体系尚不完善，人们对失业、医疗、住房、子女升学等的预期支出较大，居民为应付不时之需而使储蓄不断增加。四是2002年沪、深股市低靡、国债利率偏低、企业债券风险难以防范等原因，使个人投资选择面狭窄，闲置或节余资金存入银行成为居民的首选。

二、贷款投放增加，有力促进了地方经济与社会建设事业的发展

1、金融机构各项贷款保持稳步增长，贷款投放加大。全年各项贷款余额比年初增加129亿元，增长9.5%，有力地支持了经济的发展。

2、充分发挥信贷作用，重点支持电力、汽车、粮食深加工、轨道客车、森工、电信等重点企业和行业发展。仅工商银行吉林省分行营业部用于上述企业的新增贷款全年就达20亿元，形成了强势企业、龙头产业带动相关行业振兴之势。

3、加大对“三农”的服务力度，农业贷款投放合理，农业生产所需资金基本得到保证。年末农业贷款31.9亿元，比年初增长13.4%，有力地支持了农业经济发展。

三、保险事业进一步发展，为生产力发展提供了可靠的风险保障，发挥了“稳定器”和“推进器”的作用

2002年，全市各保险公司承保总额2544.2亿元，比上年增长40.6%，其中，财产险保额2369.2亿元，增长39.3%；人寿险保额175.0亿元，增长60.2%。保费收入18.7亿元，比上年增长55.5%，其中，财产险保费收入4.6亿元，增长0.4%，人寿险保费收入14.1亿元，增长89.6%。赔款支出总额4.8亿元，比上年增长14.2%，其中，财产险赔款支出2.9亿元，增长22.9%；人身险赔款支出1.9亿元，增长3.1%。

16－1　主要年份城乡居民储蓄存款
DEPOSITS OF URBAN AND RURAL RESIDENTS

单位:万元　　　　unit:10000yuan

		1997	1998	1999	2000	2001	2002
年末储蓄存款余额	Balance of deposits	3886168	4116987	4803744	5336997	6080769	7138522
一、按对象分	Grouped by object						
城镇储蓄	Urban deposits	3573185			4956592	5664812	6654240
农户储蓄	Rural deposits	312983			380405	415957	484282
二、按机构分	Grouped by institutions						
全辖银行	Bank			4458773	4657875	5067180	
其他金融机构	Others	81345		344971	679122	1013589	
三、按地区分	Grouped by region						
市区	District	3147106	3340627	3952629	4370015	5064461	6082025
榆树市	Yushu	176932	172234	190337	228764	249948	251187
农安县	Nongan	209087	219448	244990	256946	264189	268832
德惠市	Dehui	207238	224712	245462	284029	286622	302290
九台市	Jiutai	145805	159966	170326	197243	215549	234188

16－2　1990－2002年保险费收入和赔款支出
PREMIUM AND CLAIM OF INSURANCE(1990－2002)

单位:千元　　　　unit:1000yuan

年份 Year	保险费收入 Premium	赔款支出 Claim	赔付率(%) Payment rate
1990	125000	80330	64.26
1991	164200	103320	62.92
1992	226790	134070	59.12
1993	225929	130248	57.65
1994	208195	132679	63.73
1995	242880	156920	64.61
1996	243165	27898	11.47
1997	834330	216260	25.92
1998	467423	288599	61.74
1999	840370	234360	27.9
2000	897800	284490	31.7
2001	1203345	404926	33.7
2002	1870688	484611	25.9

16－3 全市金融机构信贷收支(人民币)
CREDIT FUNDS BALANCE SHEET OF BANKS(RMB)

单位:万元　　unit:10000 yuan

来源项目名称	Item of soures	金 额 Amount	运用项目名称	Item of uses	金 额 Amount
一、各项存款	Deposits	14035986	一、各项贷款	Loans	14925272
1. 企业存款	Deposits enterprises	4687452	1. 短期贷款	Short term loans	8632324
(1)活期存款	Current deposits	3501913	(1)工业贷款	Industrial loans	1942700
(2)定期存款	Fixed deposits	1185539	(2)商业贷款	Commercial loans	4260336
2. 财政存款	Treasury deposits	491619	(3)建筑业贷款	Construction loans	120258
3. 机关团体存款	Government and organization	509707	(4)农业贷款	Agricultural loans	319325
4. 储蓄存款	Saving deposits	7138522	(5)乡镇企业贷款	Loans to townshipenterprises	114915
(1)活期储蓄	Current deposits	2456687	(6)三资企业贷款	Loans to Foreign funded enterprise	160708
(2)定期储蓄	Fixed deposits	4681835	(7)私营企业及个体贷款	Loans to individuals	38578
5. 农业存款	Agricultural deposits	92567	(8)其他短期贷款	Other short－term loans	1675504
6. 信托存款	Trusted deposits		2. 中期流动资金贷款	Medium－term currency	668501
7. 委托存款	Authorized deposits	471094	3. 中长期贷款	Medium and long－tern loans	5017914
8. 其他存款	Others	645025	(1)基本建设贷款	Construction loans	3611122
二、金融债券	Bonds		(2)技术改造贷款	Innovation loans	261094
三、应付及暂收款	Payable	443734	(3)其他中长期贷款	Others	1145698
四、流通中货币	Currencyin circulation		其中:个人中长期消费贷款	Individual consumer loans	615931
五、各项准备	Pool	95759	4. 信托贷款	Credit loans	1050
六、所有者权益	Creditor's equity	112654	5. 融资租赁	Lease	210
七、其　他	Others	1743580	6. 委托贷款	Authorized loans	264784
			7. 票据融资	Papecredie	275649
			8. 各项垫款	Delay loans	64840
			二、有价证券及投资	Portfolio loans	698503
			三、应收及预付款	Receivable and payable	682908
			四、委托投资	Authorized investment	45636
			五、金银占款	Gold and silver	
			六、外汇占款	Purchase foreigh exchanges	5075
			七、库存现金	Stock of cash	74319
资金来源总计	Total	16431713	资金运用总计	Total	16431713

16－4 全市金融机构现金收支
CASH EXPENDITURES OF FINANCIAL INSTITUTIONS

单位:万元 unit:10000 yuan

	金 额 Amount		金 额 Amount
一、商品销售收入 Commodity sales	3338650	一、工资性支出 Wages	1715198
二、服务业收入 Service trade	1357401	二、农副产品采购支出 Expenditure for ppurchases products	953104
三、税款收入 Taxes	131716	三、工矿及其他产品采购支出 Purchases of industrail and mineral products	318063
四、城乡个体经营收入 Individual business	400502	四、行政企事业管理费支出 Expenditure for government and enterprises over head	2601772
五、储蓄存款收入 Saving deposies	23841346	五、城乡个体经营支出 Expenditure for individual business	501474
六、其他金融机构收入 Other financial instirutions	434097	六、储蓄存款支出 Expenditure for saving deposits	22657118
七、居民归还贷款收入 Repayment	272734	七、其他金融机构支出 Expenditure for other financial institurions	590126
八、汇兑收入 Remittances	560204	八、居民提取贷款支出 Expenditure for loans by residents	304784
九、有价证券收入 Securities	247696	九、汇总支出 Expenditure for remittances	298102
十、其他收入 Others	4176297	十、有价证券支出 Expenditure for securities	264636
其中:兑换外币收入 Expenditure for exchange of foreign currencies	42983	十一、其他支出 Others expenditure	3897266
		其中:兑换外币支出 Expenditure for exchange of foreign currencies	43313
收入合计 Total	34760643	支出合计 Total	34101643
		投放(＋)、回笼(－) Currency issuance(＋), withdrawn(－)	－659000

16－5　2002年全市金融机构年末储蓄存款余额(人民币)
DEPOSITS BALANCE SHEET OF BANKS(RMB)

单位:万元　　unit:10000 yuan

		金　额 Amount
全市金融机构年末储蓄存款余额	**Total**	**7138522**
一、按期限划分	Grouped by objects	
活期储蓄	Demand	2456687
定期储蓄	Time	4681835
二、按对象划分	Grouped by institutions	
城镇居民储蓄	Urban deposits	6654240
农村居民储蓄	Rural deposits	484282
三、按地区划分	Grouped by region	
市辖区	District	6082025
榆　树	Yushu	251187
农　安	Nongan	268832
德　惠	Dehui	302290
九　台	Jutai	234188

16－6　2002年全市保险业务状况
BASIC STATISTIC ON INSURANCE(2002)

单位:万元　　unit:10000 yuan

		保　额 Amount	保费收入 Premium	赔款支出 Claim
总　计	Total	**25441855**	**187069**	**48461**
一、财产险合计	Property	23691838	46098	29321
家财险	Family property insurance	353782	1728	637
企财险	Enterprises property insurance	7103934	10202	5797
运输工具险	Motorvehicle insurance	11968250	26264	16489
货物运输险	Freight transport insurance	2002013	3284	809
工程责任险	Construction insurance	995033	2914	2142
农业险	Agriculture insurance	20850	66	345
航空航天险	Satellite insurance	116013	245	444
其他财产险	Other property insurance	1131963	1395	2658
二、人寿险合计	Life insurance	1750017	140971	19140
健康险	Health insurance	211679	7326	2531
人寿险	Life insurance	1007158	117598	10696
养老年金险	Pension insurance	297437	10506	4596
意外短期险	Accidente insurance	233743	5541	1317

统计资料

STATISTICS

教育、科技及文化事业

EDUCATION，SCIENCE AND CULTURE

第十七篇　教育及文化事业

2002年,全市共有普通全日制高等院校27所,招收学生6.4万人,年底在校生19.2万人。各类成人高等学校10所,共招学生1.2万人,年底在校生2.9万人。年末成人中专30所,招收学生0.4万人,年底在校生1万人。普通中学397所,在校生41.7万人,其中初中311所,在校生32.5万人。小学1830所,年底在校生55.3万人,小学适龄儿童入学率达98.97%。

2002年我市获得"全国职业教育工作先进地区"称号。

2002年,文化业健康发展。文化事业机构689个。群众艺术馆、文化馆13个,文化站148个(乡镇文化站133个),文化、文物科技科研机构3个,博物馆5个,文物保护管理机构4个,电影发行放映管理机构8个,文化市场管理机构11个,文化娱乐经营场所2747个,其中歌舞娱乐场所466个,保龄球6个,网吧991个。

17－1 长春市各级各类学校基本情况
BASIC STATISTICS ON EDUCATION

		校 数(所) Schools	在校学生数(人) Student enrollment (person)	校本部教职工数(人) Teacher and staff 合 计 Total	#专职教师 Full time teacher
普通高等学校	Institutions of higher education	27	192287	31176	13893
普通中等专业学校	Specialized secondary schools	27	12846	2803	1606
其中:市属中专	Belong to city	24	11348	2363	1363
中师(预备校)	Teacher seconday schools	7	2790	676	449
成人高校	Adult education schools	10	29056	3829	1885
成人中专	Specialized secondary schools for adults	30	9855	2734	1822
职业中学	Specialized secondary schools for staff	105	19180	1182	728
普通中学	Regular secondary schools	397	416907	30964	23475
其中:初中	Junior secondary schools	311	324909		18322
高中	Senior secondary schools	75	91998		5153
技工学校	Technical training schools	27	9507	1438	708
小学	Primary schools	1830	119822	42844	36852
工读学校	Spare time schools	1	63	55	34
特殊教育学校	Specialized education schools	9	1605	424	294
幼儿园	Kinder gartents	611	85428	5609	3049

17－2 平均每万人口中学生数
SECONDARY STUDENT ENROLLMENT PER 10000 POPULATION

单位:人

unit:person

		全 市 Total	市 区 District	九台市 Jiutai	榆树市 Yushu	农安县 Nongan	德惠市 Dehui
大 学	University	270	633				
中 专	Specializde secondany schools	18	31				
职业技术学校	Technical schools						
高 中	Senior schools	129	159	106	93	131	97
初 中	Junior schools	456	422	513	368	548	523
小 学	Primary schools	776	655	792	808	919	947

17－3 中 学 概 况

BASIC STATISTICS ON SECONDARY SCHOOLS

		校数(所) Schools	在校学生数(人) Student enrollment (person)	教职工数(人) Teacher and staff	
				合计 Total	#专职教师 Full time teacher
长春市	Changchun	397	416907	30964	23475
市 区	District	165	176617	14538	10949
南关区	Nanguan	19	14044	1327	1072
宽城区	Kuancheng	17	16934	1323	1003
朝阳区	Chaoyang	22	21935	1850	1451
二道区	Erdao	15	19123	1562	1183
绿园区	Luyuan	20	21423	1811	1472
双阳区	Shuangyang	29	21518	1809	1281
经济开发区	Economic technical developing area	4	4067	328	280
旅游开发区	Tourism developing area	2	1029	101	86
高新开发区	High－technical developing area	1	578	40	36
省直	Directly under province	4	15047	1019	793
九台市	Jiutai	41	51464	3426	2443
榆树市	Yushu	64	56437	4000	3094
农安县	Nongan	73	75793	5258	3964
德惠市	Dehui	54	56596	3742	3025

17－4 农、职业中学分县区基本情况

BASIC STATISTICS ON VOCATIONAL SCHOOLS

		校数(所) Schools	在校学生数(人) Student enrollment (person)	教职工数(人) Teacher and staff	
				合计 Total	#专职教师 Full time teacher
长春市	Changchun	47	19180	1182	728
市 区	District	28	8130	591	355
南关区	Nanguan	1	10	36	14
宽城区	Kuancheng	3	1404	163	122
朝阳区	Chaoyang				
二道区	Erdao	2	105	35	27
绿园区	Luyuan				
双阳区	Shuangyang	14	378	88	43
经济开发区	Economic technical developing area				
旅游开发区	Tourism developing area				
省直	Directly under province				
市直	Directly under city				
九台市	Jiutai	2	6764	161	89
榆树市	Yushu	10	728	143	94
农安县	Nongan	2	754	146	101
德惠市	Dehui	5	2804	141	89

17－5 小学概况
BASIC STATISTICS ON PRIMARY SCHOOLS

		校数（所）Schools	在校学生数（人）Student enrollment (person)	教职工数（人）Teacher and staff	
				合计 Total	#专任教师 Full time teacher
长春市	Changchun	1830	553136	42844	36852
市　区	District	427	199206	16291	14019
南关区	Nanguan	48	25740	2167	1939
宽城区	Kuancheng	53	28804	2371	2044
朝阳区	Chaoyang	54	34169	2453	2175
二道区	Erdao	52	27783	2037	1710
绿园区	Luyuan	56	31253	2368	2123
双阳区	Shuangyang	134	26785	3273	2633
高新开发区	Economic technical developing area	3	1377	86	76
经济开发区	Tourism developing area	9	4774	413	352
旅游开发区	High technical developing area	14	3353	296	261
省直	Directly under province	2	7850	405	358
市直	Directly under city				
九台市	Jiutai	313	65921	6282	5313
榆树市	Yushu	394	98837	6896	6233
农安县	Nongan	387	102680	7434	6257
德惠市	Dehui	309	86492	5941	5030

17－6 幼儿园
BASIC STATISTICS ON KINDERGARTENS

		园数（所）Kindergartens	在园幼儿数（人）Children (person)	教职工数（人）Teacher and staff	
				合计 Total	#专任教师 Full time teacher
长春市	Changchun	611	85428	5609	3049
市　区	District	336	48336	4196	2100
南关区	Nanguan	52	6655	655	353
宽城区	Kuancheng	66	6938	572	247
朝阳区	Chaoyang	53	9045	1049	527
二道区	Erdao	75	9285	316	177
绿园区	Luyuan	59	9476	1314	586
双阳区	Shuangyang	15	4681	218	170
经济开发区	Developing area	15	1283		
旅游开发区	Tourism area		335		
省直	Directly under province				
市直	Directly under city				
九台市	Jiutai	50	6996	255	185
榆树市	Yushu	99	10308	522	334
农安县	Nongan	31	8367	216	163
德惠市	Dehui	95	11421	420	267

17－7　小学学龄人口入学情况
PERCENTAGE OF SCHOOL－AGE CHILDREN ENROLLED

单位:人　　unit:person

	校内外学龄人口 School－agechidren		在校学龄人口 School－agechildren enrolled		入学率(%) Enrollmentrate	
	合计 Total	其中:女 Female	合计 Total	其中:女 Female	合计 Total	其中:女 Female
总计　Total	530947	254750	525487	251822	98.97	98.85
城市　Urban area	133214	64721	132499	64365	99.46	99.45
县镇　Town	93441	44849	90487	43289	96.84	96.52
农村　Rural area	304292	145180	302501	144168	99.41	99.30

17－8 初中学龄人口入学情况
PERCENTAGE OF MIDDLE SCHOOL STUDENTS ENROLLED

单位:人　　unit:person

	校内外学龄人口 School－agechidren		在校学龄人口 School－agechildren enrolled		入学率(%) Enrollmentrate	
	合计 Total	其中:女 Female	合计 Total	其中:女 Female	合计 Total	其中:女 Female
总计　Total	294214	142442	290716	140882	98.81	98.90
城市　Urban area	97388	47591	96343	47116	98.93	99.00
县镇　Town	93955	45329	92993	44874	98.98	99.00
农村　Rural area	102871	49522	101380	48892	98.55	98.73

17-9 文化事业基本情况
BASIC STATISTICS ON CULTURAL INSTITUTIONS

		单位 Unit	全市 Total	市区 District	县(市) County
一、座席个数	Seats	个 sets			
1.电影院、开放礼堂俱乐部	Cinema, music hall	个 unit	17109	14908	2201
2.艺术表演场所	Theater	个 unit	8557	5114	3413
二、演(映)出场次	Performances	场 shous			
1.电影院、开放礼堂俱乐部	Cinema, music hall	场 shous			
2.艺术表演场所	Theater	场 shous	715	249	466
其中:艺术演出	Performancing	场 shous	130	105	25
3.艺术表演团体	Art performance group	场 shous	1510	1307	203
三、观众人次	Spectators	千人次 1000person-time			
1.电影院、开放礼堂俱乐部	Cinema, music hall	千人次 1000person-time	55	55	5665
2.艺术表演场所	Theater	千人次 1000person-time	355	231	124
其中:艺术演出	Performancing	千人次 1000person-time	112	104	8
3.艺术表演团体	Art performance group	千人次 1000person-time	1659	1038	621
四、举办展览个数	Number of exhibition	个 unit	99	81	18
1.群众艺术馆	Mass art centres	个 unit	2	2	
2.文化馆(站)	Cultural centers	个 unit	81	63	18
3.博物馆	Museums	个 unit	16	16	
五、参观人次	Visitors	千人次 1000person time	374	374	
1.文物保护管理机构	Agency of historical relics	千人次 1000person time			
2.博物馆	Museums	千人次 1000person time	374	374	
六、文物藏品	Number of collection	件 pcs	76609	71409	5200
1.文物保护管理机构	Agency of historical relics	件 pcs	542	60	482
2.博物馆	Museums	件 pcs	76067	71349	4718
七、总藏量	Number of collections	千册(件) 1000 pcs	5317	4968	349
1.群众艺术馆	Mass art centres	千册 1000 pcs	13	13	
2.文化馆(站)	Cultural centers	千册 1000 pcs	23	15	8
3.公共图书馆	Public libraries	千册 1000 pcs	5281	4940	341

17－10 文化事业机构、人数
INSTITUTIONS AND PERSONNEL IN CULTURE AND ART

		机构数（个）Institutions			职工数（人）Workers and staff members		
		总计 Total	市区 District	县（市）County	总计 Total	市区 District	县（市）County
一、电影事业	Film	468	70	398	1460	475	985
1.电影发行放映管理机构	Film renting units	8	4	4	369	140	229
2.电影制片厂	Film studios	1	1				
3.电影院、影剧院	Cinemas	11	7	4	435	219	216
4.开放礼堂、俱乐部	Music hall	10	10		36	36	
5.对内礼堂、俱乐部	Theatre	33	33		60	60	
6.电影队	Film team	405	15	390	560	20	540
二、艺术业	Art instifutions						
1.艺术表演团体	Art performance troups	16	10	6	1494	1194	300
2.艺术表演场所	Theatre	12	9	3	631	485	146
3.艺术创作机构	Art creation institution	7	3	4	86	55	31
三、文化科技科研机构	Instifutions of S&R	3	3		67	67	
四、出版事业	Publishing						
1.报社	Newspapers						
2.出版	Books pubished						
3.画报社	Illustrated magazines						
4.杂志社	Magazines						
五、文物事业	Cultural relics	12	8	4	390	303	87
1.文物保护管理机构	Agency of historical relics	4	1	3	48	8	40
2.文物研究机构	Research historical relics agency	2	2		70	70	
3.博物馆	Museums	5	4	1	248	201	47
4.文物商店	Cultural relics agencies	1	1		24	24	
六、图书馆	Public libraries	11	7	4	640	472	168
其中:少儿公共图书馆	Public libraries	1	1		25	25	
七、群众文化	Mass culture	161	53	108	749	327	422
1.群众艺术馆	Mass art centres	3	3		154	154	
2.文化馆	Culture centres	10	6	4	368	130	238
3.文化站	Culture department and stations	148	44	104	227	43	184
其中:乡镇文化站	Township cultural stations	133	29	104	212	28	184

17－11 工业企业基本情况
BASIC CONDITIONS OF INDUSTRIAL ENTERPRISES

单位:万元 unit:10000yuan

		企业数(个) Enterprises	有科技活动企业数(个) Enterprises having T&S	工程技术人员(人) Personnel of S&T (person)	年末固定资产原价(万元) Original value of fixed assets (10000 yuan)	生产经营用机器设备原价 Original value of equipment	微电子控制设备原价 Original value of electronic equipment
总　　计	Total	**570**	**91**	**26102**	**6770666.5**	**5779121.4**	**94647.2**
一、按企业规模分组:	Grouped by size of enterprises						
大型企业	Large－scale enterprises	68	26	16539	5392896.9	4563408.5	47290.4
特大型企业	Supers－scale enterprises	2	2	6090	1942539.9	1382199.2	8400.0
大一型企业	Large－scale＃1	17	9	4822	2139595.6	2016999.5	6565.7
大二型企业	Large－scale＃2	49	15	5627	1310761.4	1164209.8	32324.7
中型企业	Medium－scale enterprises	71	24	3346	595686.7	522747.9	26901.7
中一型企业	Medium－scale＃1	22	8	1406	276665.9	255139.8	18202.2
中二型企业	Medium－scale＃2	49	16	1940	319020.8	267608.1	8699.5
小型企业	Small－scale	431	41	6217	782082.9	692965.0	20455.1
二、按登记注册类型分组	Grouped by status of registration						
内资企业	Domestic funds	480	77	23219	5060750.0	4108829.0	59340.6
国有	State－owned	143	23	13847	3512974.9	2750451.0	34048.6
其中:大型企业	Large scale	28	11	11462	3090811.8	2400807.1	32413.7
集体	Collective－owned	131	10	1552	148048.8	131221.3	2360.3
股份合作	Cooperative enterprises	29	3	501	61879.8	48369.0	2847.8
国有联营	State joint ownership	0	0	0	0.0	0.0	0.0
其中:大型企业	Large scale	0	0	0	0.0	0.0	0.0
集体联营	Collective joint ownership	1	0	2	887.0	807.0	1.5
国有与集体联营	Joint state－collective ownership	2	0	3	148.6	145.0	0.0
其他联营	Other joint	1	0	4	450.0	450.0	0.0
国有独资公司	Sole state－funded	32	12	3500	479433.1	421215.5	10488.7
其中:大型企业	Large scale	14	5	2163	395304.8	349855.8	9884.1
其他有限责任公司	Limited company	38	7	1163	273117.4	196192.8	5327.9
股份有限公司	Share holding	35	15	2171	488973.7	473950.3	3940.8
私营独资	Sole private	22	0	58	22316.4	17276.2	0.0
私营合伙	Partnership	1	0	1	346.6	346.6	0.0
私营有限责任公司	Private limited company	40	7	401	68743.4	66291.9	325.0
私营股份有限公司	Private share holding	5	0	16	3430.3	2112.4	0.0

17－11续表1

continued 1

		企业数（个）Enterprises	有科技活动企业数（个）Enterprises having T&S	工程技术人员（人）Personnel of S&T (person)	年末固定资产原价（万元）Original value of fixed assets (10000 yuan)	生产经营用机器设备原价 Original value of equipment	微电子控制设备原价 Original value of electronic equipment
其他内资	Other domestic funds	0	0	0	0.0	0.0	0.0
港澳台商投资	Funded from HongKong, Moaca, Taiwan	22	3	758	186581.3	169222.9	15505.7
其中:大型企业	Large scale	2	1	109	67417.8	63284.8	0.0
与港澳台商合资经营	Jointlg owned	18	3	721	179416.0	162718.3	15096.3
与港澳台商合作经营	Cooperative	1	0	9	2228.9	2228.9	409.4
港澳台商独资	Sole funds	1	0	0	407.6	407.6	0.0
港澳台商投资股份有限公司	Share holding	2	0	28	4528.8	3868.1	0.0
外商投资	Foreign funds	68	11	2125	1523335.2	1501069.5	19800.9
其中:大型企业	Large Scale	10	1	1039	1243331.6	1238368.2	1029.6
中外合作经营	Cooperative	4	1	94	32762.6	28384.8	884.7
中外合资经营	Joint venture	53	7	1936	1476770.7	1459763.4	18855.6
外商独资	Sole funds	9	2	89	13254.3	12376.5	28.5
外商投资股份有限公司	Share holding	2	1	6	547.6	544.8	32.1
三、按工业行业大类分组	Grouped by sector						
煤炭采选业	Coal mining and processing	7	0	291	29492.2	25741.4	136.3
石油和天然气开采业	Petroleum and natural gas extraction	1	0	1	11536.2	10623.1	0.0
黑色金属矿采选业	Ferrous metals mining and processign	0	0	0	0.0	0.0	0.0
有色金属矿采选业	Nonferrous metals mining and dressing	1	0	1	342.8	291.1	0.0
非金属矿采选业	Nonmetal Minerals minging and of dressing	2	0	4	990.0	990.0	0.0
其他矿采选业	Other mingerals mining and dressing	0	0	0	0.0	0.0	0.0
木材及竹材采运业	Logging and transport of timber and bamboo	0	0	0	0.0	0.0	0.0
食品加工业	Food processing	46	2	477	254014.4	242401.3	27.5
食品制造业	Food manufacturing	22	2	555	105896.6	93929.9	10000.0
饮料制造业	Beverage manufacturing	19	2	288	91533.1	82793.7	5710.3
烟草加工业	Tobacco processing	1	1	117	49783.6	43611.2	0.0
纺织业	Textile industry	7	0	527	52424.4	23409.6	0.0
服装及其他纤维制品制造业	Garments and other fiber products	16	0	104	18101.7	14674.3	10.5
皮革、毛皮、羽绒及其制品业	Leather, furs, down and related products	2	0	0	818.4	818.4	0.0
木材加工及竹、藤、棕、草制品业	Timber, bamboo, cane, palm and straw products	14	1	88	29618.5	21169.3	2696.1

17－11续表2 continued 2

		企业数（个）Enterprises	有科技活动企业数（个）Enterprises having T&S	工程技术人员（人）Personnel of S&T (person)	年末固定资产原价（万元）Original value of fixed assets (10000 yuan)	生产经营用机器设备原价 Original value of equipment	微电子控制设备原价 Original value of electronic equipment
家具制造业	Furniture manufacturing	3	0	23	3431.7	3431.7	0.0
造纸及纸制品业	Paper making and paper products	4	0	24	4108.4	4062.1	0.0
印刷业、记录媒介的复制	Printing and record medium reproduction	19	0	198	25496.2	22596.2	0.0
文教体育用品制造业	Cultural, educational and sports goods	0	0	0	0.0	0.0	0.0
石油加工及炼焦业	Petroleum processing and coking	4	1	47	13561.9	13227.2	32.1
化学原料及化学制品制造业	Raw chemical material and chemical products	22	2	489	55531.7	51389.0	144.9
医药制造业	Medical and pharmacutical products	41	12	1905	132592.6	88912.9	6662.9
化学纤维制造业	Chemical fiber	0	0	0	0.0	0.0	0.0
橡胶制品业	Rubber products	6	1	113	16199.7	15981.0	12.0
塑料制品业	Plastic products	21	1	106	41457.3	34384.4	7442.3
非金属矿物制品业	Nonmetal mineral products	38	1	781	235379.5	153758.7	610.6
黑色金属冶炼及压延加工业	Smelting and pressing of ferrous metals	8	1	266	31909.6	20288.6	163.3
有色金属冶炼及压延加工业	Smelting and pressing of non ferrous metals	3	0	8	1162.9	961.2	0.0
金属制品业	Metal products	21	0	211	22573.2	20369.2	563.0
普通机械制造业	Ordinary machinery	36	12	1174	127924.4	77698.9	1174.7
专用设备制造业	Special purpose equipment	21	6	528	60874.8	56091.3	414.0
交通运输设备制造业	Transport equipment	113	21	10563	3600534.9	2997418.7	36582.5
武器弹药制造业	Weapon and ammunition	0	0	0	0.0	0.0	0.0
电气机械及器材制造业	Electric equipmert and machinery	15	6	338	52458.1	50201.4	2525.3
电子及通信设备制造业	Electronic and telecommunication equipment	17	9	2063	228774.7	205495.8	2838.3
仪器仪表及文化办公用机械制造业	instruments, meters, culturae and office	11	6	879	87488.9	82876.0	1098.6
其他制造业	Other manufacturing	4	0	22	2597.4	2597.4	0.0
电力、蒸汽、热水的生产和供应业	Production and supply of electric power, steam and hotwater	14	4	3132	848206.2	803172.3	11254.6
煤气生产和供应业	Production and supply of gas	4	0	363	163697.2	154181.6	0.0
自来水的生产和供应业	Production and supply of tap waterP	7	0	416	370153.3	359572.6	4547.4
四、按隶属关系分组	Grouped by and ministration						
中央属	Centra	23	16	11617	2766370.9	2067024.6	25275.0
省（直辖市）属	Province	29	3	1269	391841.9	363271.8	994.7
地区属	Prefectures	175	38	7805	1741686.7	1537100.7	59825.7
县属	County	92	8	1265	183211.3	164983.7	2042.7
其他属	Others	139	17	3325	1543276.5	1518991.3	5605.0

17－12 工业企业科技活动人员情况
BASIC STATISTICS ON PERSONNEL FOR SCIENTIFIC AND TECHNOLOGICAL ACTIVITIES

	科技活动人员合计(人) Personnel (person)	# 1. 全时人员 Full time	2. 非全时人员 Non－full time	# 1. 高中级技术职称人员 Scientiscs and engineer	2. 无高中级技术职称的大学本科及以上学历人员 Regular college course	# 研究与试验发展人员 Personnel for R&D
总 计 Total	11147	9568	1579	6208	2279	3438
一、按企业规模分组： Grouped by size of enterprises						
大型企业 Large－scale enterprises	8986	7829	1157	5311	1576	2641
特大型企业 Supers－scale	5743	5743	0	3738	1108	2029
大一型企业 Large－scale＃1	2118	1568	550	1120	249	397
大二型企业 Large－scale＃2	1125	518	607	453	219	215
中型企业 Medium－scale enterprises	768	583	185	350	134	188
中一型企业 Medium－scale＃1	387	328	59	193	63	140
中二型企业 Medium－scale＃2	381	255	126	157	71	48
小型企业 Small－scale	1393	1156	237	547	569	609
二、按登记注册类型分组 Grouped by status of registration						
内资企业 Domestic funds	10818	9360	1458	6021	2202	3352
国有 State－owned	7430	6718	712	4424	1375	2407
其中：大型企业 Large scale	7199	6582	617	4283	1348	2374
集体 Collective－owned	311	251	60	76	117	51
股份合作 Cooperative enterprises	92	92	0	28	32	0
国有联营 State Joint ownership	0	0	0	0	0	0
其中：大型企业 Large scale	0	0	0	0	0	0
集体联营 Collective joint ownership	0	0	0	0	0	0
国有与集体联营 Joint state－collective ownership	0	0	0	0	0	0
其他联营 Other joint	0	0	0	0	0	0
国有独资公司 Sole state－funded	930	718	212	439	119	175
其中：大型企业 Large scale	627	504	123	333	102	169
其他有限责任公司 Limited comany	238	159	79	84	55	0
股份有限公司 Share holding	1639	1255	384	868	445	636
私营独资 Sole private	0	0	0	0	0	0
私营合伙 Parthership	0	0	0	0	0	0
私营有限责任公司 Private limited company	178	167	11	102	59	83
私营股份有限公司 Private share holding	0	0	0	0	0	0
其他内资 Other domestic funds	0	0	0	0	0	0
港澳台商投资 Funded from HongKong, Moaca, Taiwan	67	26	41	38	6	24
其中：大型企业 Large scale	43	14	29	20	0	0
与港澳台商合资经营 Jointlg owned	67	26	41	38	6	24
与港澳台商合作经营 Cooperative	0	0	0	0	0	0
港澳台商独资 Sole funds	0	0	0	0	0	0
港澳台商投资股份有限公司 Share holding	0	0	0	0	0	0
外商投资 Foreign funds	262	182	80	149	71	62
其中：大型企业 Large Scale	9	9	0	9	0	0
中外合作经营 Cooperative	15	10	5	8	7	0
中外合资经营 Joint venture	220	147	73	122	60	60
外商独资 Sole funds	25	25	0	19	4	0
外商投资股份有限公司 Share holding	2	0	2	0	0	2
三、按工业行业大类分组 Grouped by sector						
煤炭采选业 Cool mining and processing	0	0	0	0	0	0

17－12 续表 1 continued 1

	科技活动人员合计(人) Personnel (Person)	# 1. 全时人员 Full time	2. 非全时人员 Non－full time	# 1. 高中级技术职称人员 Scientiscs and engineer	2. 无高中级技术职称的大学本科及以上学历人员 Regular college course	# 研究与试验发展人员 Personnel for R&D
石油和天然气开采业 Petroleum and natural gas extraction	0	0	0	0	0	0
黑色金属矿采选业 Ferrous metals mining and processign	0	0	0	0	0	0
有色金属矿采选业 Non－ferrous metals mining and dressing	0	0	0	0	0	0
非金属矿采选业 Nonmetal minerals mining and dressing	0	0	0	0	0	0
其他矿采选业 Other minerals mining and dressing	0	0	0	0	0	0
木材及竹材采运业 Logging and transport of timber and bamboo	0	0	0	0	0	0
食品加工业 Food processing	48	48	0	5	23	40
食品制造业 Food manufacturing	52	52	0	14	10	0
饮料制造业 Beverage manufacturing	141	112	29	24	6	0
烟草加工业 Tobacco processing	24	24	0	13	7	0
纺织业 Textile industry	0	0	0	0	0	0
服装及其他纤维制品制造业 Garments and other fiber products	0	0	0	0	0	0
皮革、毛皮、羽绒及其制品业 Leather, furs, down and related products	0	0	0	0	0	0
木材加工及竹、藤、棕、草制品业 Timber, bamboo, cane, palm and straw products	2	2	0	0	0	2
家具制造业 Furniture manufacturing	0	0	0	0	0	0
造纸及纸制品业 Paper making and paper products	0	0	0	0	0	0
印刷业、记录媒介的复制 Printing and record medium reproduction	0	0	0	0	0	0
文教体育用品制造业 Cultural, educational and sports goods	0	0	0	0	0	0
石油加工及炼焦业 Petroleum processing and coking	2	0	2	0	0	2
化学原料及化学制品制造业 Raw chemical material and chemical products	53	48	5	33	11	53
医药制造业 Medical and pharmacutical products	431	367	64	221	156	283
化学纤维制造业 Chemical fiber	0	0	0	0	0	0
橡胶制品业 Rubber products	15	10	5	8	7	0
塑料制品业 Plastic products	10	10	0	1	2	0
非金属矿物制品业 Nonmetal mineral products	64	18	46	9	26	0
黑色金属冶炼及压延加工业 Smelting and pressing of ferrous metals	15	15	0	12	3	0
有色金属冶炼及压延加工业 Smelting and pressing of non ferrous metals	0	0	0	0	0	0
金属制品业 Metal products	0	0	0	0	0	0
普通机械制造业 Ordinary machinery	692	584	108	333	119	151
专用设备制造业 Special purpose equipment	272	260	12	124	18	0
交通运输设备制造业 Transport equipment	6856	6359	497	4158	1364	2087
武器弹药制造业 Weapon and ammunition	0	0	0	0	0	0
电气机械及器材制造业 Electric equipmert and machinery	136	87	49	91	31	0
电子及通信设备制造业 Electronic and telecommunication equipment	823	634	189	320	332	597
仪器仪表及文化办公用机械制造业 Instruments, meters, culturae and office	930	419	511	289	147	206
其他制造业 Other manufacturing	0	0	0	0	0	0
电力、蒸汽、热水的生产和供应业 Production and supply of electric power, steam and hotwater	581	519	62	552	17	17
煤气生产和供应业 Production and supply of gas	0	0	0	0	0	0
自来水的生产和供应业 Production and supply of tap water	0	0	0	0	0	0
四、按隶属关系分组 Groped by and ministration						
中央属 Centra	7660	6644	1016	4416	1376	2384
省(直辖市)属 Province	117	87	30	64	15	0
地区属 Prefectures	1586	1256	330	757	330	349
县属 County	237	201	36	92	98	75
其他属 Others	1283	1186	97	820	377	579

17－13 工业企业科技活动经费筹集情况
BASIC STATISTICS ON S&T FUNDS IN INDUSTRIAL ENTERPRISES

	科技活动经费筹集总额(万元) Total (10000 yuan)	企业资金 Enterprises funds	金融机构贷款 Loan	来自政府部门资金 Goverment appropriation	来自事业单位的资金 Institutions	来自国外的资金 Foreign funds	其他资金 Others
总计 Total	223067.4	214014.9	2103.9	6593.6	250.0	0.0	105.0
一、按企业规模分组: Grouped by size of enterprises							
大型企业 Large－scale enterprises	206860.2	199666.3	1361.7	5812.2	0.0	0.0	20.0
特大型企业 Supers－scales	193799.7	188979.7	0.0	4820.0	0.0	0.0	0.0
大一型企业 Large－scale＃1	5720.2	5222.5	0.0	497.7	0.0	0.0	0.0
大二型企业 Large－scale＃2	7340.3	5464.1	1361.7	494.5	0.0	0.0	20.0
中型企业 Medium－scale enterrprises	5065.0	4125.5	300.0	309.5	250.0	0.0	80.0
中一型企业 Medium－scare＃1	2745.6	2275.6	0.0	220.0	250.0	0.0	0.0
中二型企业 Medium－scare＃2	2319.4	1849.9	300.0	89.5	0.0	0.0	80.0
小型企业 Small－scale	11142.2	10223.1	442.2	471.9	0.0	0.0	5.0
二、按登记注册类型分组 Grouped by status of registration							
内资企业 Domestic funds	216212.6	207176.0	2103.9	6577.7	250.0	0.0	105.0
国有 State－owned	196041.0	194433.3	0.0	1587.7	0.0	0.0	20.0
其中:大型企业 Large scale	195073.2	193530.5	0.0	1522.7	0.0	0.0	20.0
集体 Collective－owned	1565.8	1506.8	0.0	59.0	0.0	0.0	0.0
股份合作 Cooperative enterprises	1032.7	992.7	0.0	40.0	0.0	0.0	0.0
国有联营 State joint ownership	0.0	0.0	0.0	0.0	0.0	0.0	0.0
其中:大型企业 Large scale	0.0	0.0	0.0	0.0	0.0	0.0	0.0
集体联营 Collective joint ownership	0.0	0.0	0.0	0.0	0.0	0.0	0.0
国有与集体联营 Joint state－collective ownership	0.0	0.0	0.0	0.0	0.0	0.0	0.0
其他联营 Other joint	0.0	0.0	0.0	0.0	0.0	0.0	0.0
国有独资公司 Sole state funded	8272.0	2994.3	1361.7	3966.0	0.0	0.0	0.0
其中:大型企业 Large scalie	7634.4	2308.2	1361.7	3964.5	0.0	0.0	0.0
其他有限责任公司 Limited company	1150.9	1078.9	42.0	30.0	0.0	0.0	0.0
股份有限公司 Share holding	6659.0	4813.8	700.2	895.0	250.0	0.0	0.0
私营独资 Sole private	0.0	0.0	0.0	0.0	0.0	0.0	0.0
私营合伙 Partnership	0.0	0.0	0.0	0.0	0.0	0.0	0.0
私营有限责任公司 Private limited company	1491.2	1406.2	0.0	0.0	0.0	0.0	85.0
私营股份有限公司 Private share holding	0.0	0.0	0.0	0.0	0.0	0.0	0.0
其他内资 Other domestic funds	0.0	0.0	0.0	0.0	0.0	0.0	0.0
港澳台商投资 Funded from HongKong, Macao, Taiwan	453.3	453.3	0.0	0.0	0.0	0.0	0.0
其中:大型企业 Large scale	373.2	373.2	0.0	0.0	0.0	0.0	0.0
与港澳台商合资经营 Jointlg owned	453.3	453.3	0.0	0.0	0.0	0.0	0.0
与港澳台商合作经营 Cooperative	0.0	0.0	0.0	0.0	0.0	0.0	0.0
港澳台商独资 Sole funds	0.0	0.0	0.0	0.0	0.0	0.0	0.0
港澳台商投资股份有限公司 Share holding	0.0	0.0	0.0	0.0	0.0	0.0	0.0
外商投资 Foreign funds	6401.5	6385.6	0.0	15.9	0.0	0.0	0.0
其中:大型企业 Large scale	77.0	77.0	0.0	0.0	0.0	0.0	0.0
中外合作经营 Cooperative	0.0	0.0	0.0	0.0	0.0	0.0	
中外合资经营 Joint venture	6124.5	6108.6	0.0	15.9	0.0	0.0	0.0
外商独资 Sole funds	277.0	277.0	0.0	0.0	0.0	0.0	0.0
外商投资投股有限公司 Share holding	0.0	0.0	0.0	0.0	0.0	0.0	0.0
三、按工业行业大类分组 Grouped by sector							
煤炭采选业 Coal mining and processing	0.0	0.0	0.0	0.0	0.0	0.0	0.0

17－13 续表 1 Continued 1

	科技活动经费筹集总额(万元) Total (10000 yuan)	企业资金 Enterprises funds	金融机构贷款 Loan	来自政府部门资金 Goverment appropriation	来自事业单位的资金 Institutions	来自国外的资金 Foreign funds	其他资金 Others
石油和天然气开采业 Petroleum and natural gas extraction	0.0	0.0	0.0	0.0	0.0	0.0	0.0
黑色金属矿采选业 Ferrous metals mining and processign	0.0	0.0	0.0	0.0	0.0	0.0	0.0
有色金属矿采选业 Non－ferrous metals mining and dressing	0.0	0.0	0.0	0.0	0.0	0.0	0.0
非金属矿采选业 Nonmetal Minerals mining and ressing	0.0	0.0	0.0	0.0	0.0	0.0	0.0
其他矿采选业 Other minerals mining and dressing	0.0	0.0	0.0	0.0	0.0	0.0	0.0
木材及竹材采运业 Logging and transport of timber and bamboo	0.0	0.0	0.0	0.0	0.0	0.0	0.0
食品加工业 Food processing	900.0	600.0	0.0	220.0	0.0	0.0	80.0
食品制造业 Food manufacturing	47.0	5.0	42.0	0.0	0.0	0.0	0.0
饮料制造业 Beverage manufacturing	386.2	383.2	0.0	3.0	0.0	0.0	0.0
烟草加工业 Tobacco processing	232.1	232.1	0.0	0.0	0.0	0.0	0.0
纺织业 Textile industry	0.0	0.0	0.0	0.0	0.0	0.0	0.0
服装及其他纤维制品制造业 Garments and other fiber products	0.0	0.0	0.0	0.0	0.0	0.0	0.0
皮革、毛皮、羽绒及其制品业 Leather, furs, down and related products	0.0	0.0	0.0	0.0	0.0	0.0	0.0
木材加工及竹、藤、棕、草制品业 Timber, bamboo, cane, palm and straw products	10.0	5.0	0.0	0.0	0.0	0.0	5.0
家具制造业 Furniture manufacturing	0.0	0.0	0.0	0.0	0.0	0.0	0.0
造纸及纸制品业 Paper making and paper products	0.0	0.0	0.0	0.0	0.0	0.0	0.0
印刷业、记录媒介的复制 Printing and record medium reproduction	0.0	0.0	0.0	0.0	0.0	0.0	0.0
文教体育用品制造业 Cultural, educational and sports goods	0.0	0.0	0.0	0.0	0.0	0.0	0.0
石油加工及炼焦业 Petroleum processing and coking	0.0	0.0	0.0	0.0	0.0	0.0	0.0
化学原料及化学制品制造业 Raw chemical material and chemical products	557.3	207.3	0.0	350.0	0.0	0.0	0.0
医药制造业 Medical and pharmacutical products	4515.1	3752.4	300.0	462.7	0.0	0.0	0.0
化学纤维制造业 Chemical fiber	0.0	0.0	0.0	0.0	0.0	0.0	0.0
橡胶制品业 Rubber products	0.0	0.0	0.0	0.0	0.0	0.0	0.0
塑料制品业 Plastic products	70.0	60.0	0.0	10.0	0.0	0.0	0.0
非金属矿物制品业 Nonmetal mineral products	108.8	108.8	0.0	0.0	0.0	0.0	
黑色金属冶炼及压延加工业 Smelting and pressing of ferrous metals	64.0	64.0	0.0	0.0	0.0	0.0	0.0
有色金属冶炼及压延加工业 Smelting and pressing of non ferrous metals	0.0	0.0	0.0	0.0	0.0	0.0	0.0
金属制品业 Metal products	0.0	0.0	0.0	0.0	0.0	0.0	0.0
普通机械制造业 Ordinary machinery	742.2	705.7	0.0	16.5	0.0	0.0	20.0
专用设备制造业 Special purpose equipment	1322.7	1322.7	0.0	0.0	0.0	0.0	0.0
交通运输设备制造业 Transport equipment	201679.5	199336.9	1361.7	980.9	0.0	0.0	0.0
武器弹药制造业 Weapon and ammunition	0.0	0.0	0.0	0.0	0.0	0.0	0.0
电气机械及器材制造业 Electric equipmert and machinery	768.0	728.0	0.0	40.0	0.0	0.0	0.0
电子及通信设备制造业 Electronic and telecommunication equipment	7381.6	2641.9	400.2	4339.5	0.0	0.0	0.0
仪器仪表及文化办公用机械制造业 instruments, meters, culturae and office	2453.9	2032.9	0.0	171.0	250.0	0.0	0.0
其他制造业 Other manufacturing	0.0	0.0	0.0	0.0	0.0	0.0	0.0
电力、蒸汽、热水的生产和供应业 Production and supply of electric power, steam and hotwater	1829.0	1829.0	0.0	0.0	0.0	0.0	0.0
煤气生产和供应业 Production and supply of gas	0.0	0.0	0.0	0.0	0.0	0.0	0.0
自来水的生产和供应业 Production and supply of tap water	0.0	0.0	0.0	0.0	0.0	0.0	0.0
四、按隶属关系分组 Grouped by and minstration							
中央属 Centra	196247.6	194804.9	0.0	1422.7	0.0	0.0	20.0
省(直辖市)属 Province	3894.2	24.2	0.0	3870.0	0.0	0.0	0.0
地区属 Prefectures	14589.4	12436.7	1361.7	536.0	250.0	0.0	5.0
县属 County	1491.1	1029.1	342.0	40.0	0.0	0.0	80.0
其他属 Others	5033.1	3967.0	400.2	665.9	0.0	0.0	0.0

17－14 工业企业科技活动经费支出情况(一)
EXPENDITURE FOR S&T FUNDS IN INDUSTRIAL ENTERPRISES(Ⅰ)

单位:万元　　unit:10000 yuan

	科技活动经费支出总额 Total	内部支出合计 Domesties expeniture	劳务费 Services	原材料费 Rew materials	非基建项目购买和自制设备支出 Equipment expenditure	其他 Others
总计 Total	220136.2	210930.2	18618.9	54462.5	18142.1	119706.7
一、按企业规模分组: Grouped by size of enterprises						
大型企业 Large－Scale enterprises	204322.3	197655.2	15695.9	52297.2	13486.4	116175.7
特大型企业 Supers－scale	193799.7	187941.1	12773.2	49734.2	11617.1	113816.1
大一型企业 Large－scale＃1	5277.5	4618.5	2080.7	795.1	439.5	1303.2
大二型企业 Large－scale＃2	5245.1	5095.6	842.0	1767.4	1429.8	1056.4
中型企业 Medium－scale enterprises	4795.0	3909.0	759.3	649.9	651.7	1848.1
中一型企业 Medium－scale＃1	2575.6	2564.6	417.5	483.5	548.6	1115.0
中二型企业 Medium－scale＃2	2219.4	1344.4	341.8	166.4	103.1	733.1
小型企业 Small－scale	11018.9	9366.0	2163.7	1515.4	4004.0	1682.9
二、按登记注册类型分组 Grouped by status of registration						
内资企业 Domestic funds	213368.4	205740.6	17902.0	54157.8	15248.1	118432.7
国有 State－owned	195598.3	189541.5	13865.7	51825.0	11880.4	111970.4
其中:大型企业 Large－scale enterprises	194630.5	188602.4	13629.3	51551.8	11825.9	111595.4
集体 Collective－owned	1569.8	1513.8	271.6	169.0	379.4	693.8
股份合作 Cooperative enterprises	1028.5	1028.5	86.5	130.0	780.0	32.0
国有联营 State joint ownership	0.0	0.0	0.0	0.0	0.0	0.0
其中:大型企业 Large scale	0.0	0.0	0.0	0.0	0.0	0.0
集体联营 Collective joint ownership	0.0	0.0	0.0	0.0	0.0	0.0
国有与集体联营 Joint state－collective ownership	0.0	0.0	0.0	0.0	0.0	0.0
其他联营 Other joint	0.0	0.0	0.0	0.0	0.0	0.0
国有独资公司 Sole state－funded	6276.8	5687.8	1019.1	351.8	950.6	3366.3
其中:大型企业 Large scale	5639.2	5050.2	815.9	153.4	817.0	3263.9
其他有限责任公司 Limited company	1140.9	785.9	214.9	185.3	10.0	375.7
股份有限公司 Share holding	6262.9	5702.9	2156.4	1295.0	792.7	1458.8
私营独资 Sole private	0.0	0.0	0.0	0.0	0.0	0.0
私营合伙 Partnership	0.0	0.0	0.0	0.0	0.0	0.0
私营有限责任公司 Private limited company	1491.2	1480.2	287.8	201.7	455.0	535.7
私营股份有限公司 Private share holding	0.0	0.0	0.0	0.0	0.0	0.0
其他内资 Other domestic funds	0.0	0.0	0.0	0.0	0.0	0.0
港澳台商投资 Funded from HongKong, Macao, Taiwan	453.3	444.3	70.0	24.1	23.0	327.2
其中:大型企业 Large scale	373.2	373.2	43.0	5.0	0.0	325.2
与港澳台商合资经营 Jointlg owned	453.3	444.3	70.0	24.1	23.0	327.2
与港澳台商合作经营 Cooperative	0.0	0.0	0.0	0.0	0.0	0.0
港澳台商独资 Sole funds	0.0	0.0	0.0	0.0	0.0	0.0
港澳台商投资股份有限公司 Share holding	0.0	0.0	0.0	0.0	0.0	0.0
外商投资 Foreign funds	6314.5	4745.3	646.9	280.6	2871.0	946.8
其中:大型企业 Large scale	77.0	77.0	36.0	6.0	0.0	35.0
中外合作经营 Cooperative	10.0	10.0	10.0	0.0	0.0	0.0
中外合资经营 Joint venture	6024.5	4455.3	547.9	264.6	2811.0	831.8
外商独资 Sole funds	277.0	277.0	86.0	16.0	60.0	115.0
外商投资股份有限公司 Share holding	3.0	3.0	3.0	0.0	0.0	0.0
三、按工业行业大类分组 Grouped by sector						
煤炭采选业 Coal mining and processing	0.0	0.0	0.0	0.0	0.0	0.0

17－14 续表1 单位:万元 continued1 unit:10000 yuan

	科技活动经费支出总额 Total	内部支出合计 Domesties expeniture	劳务费 Services	原材料费 Rew materials	非基建项目购买和自制设备支出 Equipment expenditure	其他 Others
石油和天然气开采业 Petroleum and natural gas extraction	0.0	0.0	0.0	0.0	0.0	0.0
黑色金属矿采选业 Ferrous metals mining and processign	0.0	0.0	0.0	0.0	0.0	0.0
有色金属矿采选业 Non－ferrous metals mining and dressing	0.0	0.0	0.0	0.0	0.0	0.0
非金属矿采选业 Nonmetal Minerals minging and of dressing	0.0	0.0	0.0	0.0	0.0	0.0
其他矿采选业 Other mingerals mining and dressing	0.0	0.0	0.0	0.0	0.0	0.0
木材及竹材采运业 Logging and tvansport of timber and bamboo	0.0	0.0	0.0	0.0	0.0	0.0
食品加工业 Food processing	880.0	880.0	126.0	88.0	300.0	366.0
食品制造业 Food manufacturing	47.0	47.0	47.0	0.0	0.0	0.0
饮料制造业 Beverage manufacturing	386.2	385.2	45.0	7.0	2.0	331.2
烟草加工业 Tobacco processing	232.1	232.1	64.1	168.0	0.0	0.00
纺织业 Textile industry	0.0	0.0	0.0	0.0	0.0	0.0
服装及其他纤维制品制造业 Garments and other fiber products	0.0	0.0	0.0	0.0	0.0	0.0
皮革、毛皮、羽绒及其制品业 Leather, furs, down and related products	0.0	0.0	0.0	0.0	0.0	0.0
木材加工及竹、藤、棕、草制品业 Timber, bamboo, cane, palm and straw products	10.0	10.0	0.8	0.5	5.0	3.7
家具制造业 Furniture manufacturing	0.0	0.0	0.0	0.0	0.0	0.0
造纸及纸制品业 Paper making and paper products	0.0	0.0	0.0	0.0	0.0	0.0
印刷业、记录媒介的复制 Printing and record medium reproduction	0.0	0.0	0.0	0.0	0.0	0.0
文教体育用品制造业 Cultural, educational and sports goods	0.0	0.0	0.0	0.0	0.0	0.0
石油加工及炼焦业 Petroleum processing and coking	0.0	0.0	0.0	0.0	0.0	0.0
化学原料及化学制品制造业 Raw chemical material and chemical products	557.3	557.3	75.7	0.0	50.0	431.6
医药制造业 Medical and pharmacutical products	3872.4	2961.4	590.3	598.2	621.6	1151.3
化学纤维制造业 Chemical fiber	0.0	0.0	0.0	0.0	0.0	0.0
橡胶制品业 Rubber products	0.0	10.0	10.0	0.0	0.0	0.0
塑料制品业 Plastic products	60.0	55.0	12.0	30.0	10.0	3.0
非金属矿物制品业 Nonmetal mineral products	108.8	108.8	58.8	10.0	0.0	40.0
黑色金属冶炼及压延加工业 Smelting and pressing of ferrous metals	64.0	64.0	13.0	0.0	0.0	51.0
有色金属冶炼及压延加工业 Smelting and pressing of non ferrous metals	0.0	0.0	0.0	0.0	0.0	0.0
金属制品业 Metal products	0.0	0.0	0.0	0.0	0.0	0.0
普通机械制造业 Ordinary machinery	795.4	776.7	531.8	118.4	94.5	32.0
专用设备制造业 Special purpose equipment	1322.7	1322.7	207.6	162.3	431.2	521.6
交通运输设备制造业 Transport equipment	199688.3	191622.8	14029.8	50358.0	14427.6	112807.4
武器弹药制造业 Weapon and ammunition	0.0	0.0	0.0	0.0	0.0	0.0
电气机械及器材制造业 Electric equipmert and machinery	584.5	564.5	103.9	156.0	256.6	48.0
电子及通信设备制造业 Electronic and telecommunication equipment	7381.6	7286.3	1426.1	1655.5	760.0	3444.7
仪器仪表及文化办公用机械制造业 instruments, meters, culturae and office	2303.9	2302.4	446.1	864.0	734.3	258.0
其他制造业 Other manufacturing	0.0	0.0	0.0	0.0	0.0	0.0
电力、蒸汽、热水的生产和供应业 Production and supply of electric power, steam and hotwater	1829.0	1741.0	827.9	246.6	449.3	217.2
煤气生产和供应业 Production and supply of gas	0.0	0.0	0.0	0.0	0.0	0.0
自来水的生产和供应业 Production and supply of tap water	0.0	0.0	0.0	0.0	0.0	0.0
四、按隶属关系分组 Grouped by and ministration						
中央属 Centra	195804.9	189763.0	13866.1	52084.7	11788.4	112023.8
省(直辖市)属 Province	3894.2	3894.2	218.5	52.6	730.0	2893.1
地区属 Prefectures	12114.2	9543.0	1948.7	1100.3	4444.7	2049.3
县属 County	1507.6	997.6	253.2	136.1	253.1	355.2
其他属 Others	4989.3	4962.4	2172.6	919.8	546.5	1323.5

17－15 工业企业科技活动经费支出情况(二)

EXPENDITURE FOR S&T FUNDS IN INDUSTRIAL ENTERPRISES(Ⅱ)

单位:万元 unit:10000 yuan

		内部支出中研究与试验发展经费支出 Experiment	基础研究支出 Basic reseach	应用研究支出 Apply reseach	试验发展支出 Test	内部支出中新产品开发经费支出 New products developing
总　　计	**Total**	**65263.4**	**146.0**	**20406.6**	**44710.8**	**52621.9**
一、按企业规模分组:	Grouped bysize of enterprises					
大型企业	Large－scale enterprises	59952.6	0.0	20402.6	39550.0	44185.1
特大型企业	Supers－scale	58293.2	0.0	20402.6	37890.6	38679.2
大一型企业	Large－scale＃1	982.0	0.0	0.0	982.0	2318.6
大二型企业	Large－scale＃2	677.4	0.0	0.0	677.4	3187.3
中型企业	Medium－scale enterprises	2018.4	0.0	0.0	2018.4	2845.5
中一型企业	Medium－scale＃1	1454.2	0.0	0.0	1454.2	1766.4
中二型企业	Medium－scale＃2	564.2	0.0	0.0	564.5	1079.1
小型企业	Small－scale	3292.4	146.0	4.0	3142.4	5591.3
二、按登记注册类型分组	Grouped by status of registration					
内资企业	Domestic funds	63633.1	143.0	20406.6	43083.5	48384.5
国有	State－owned	59450.6	0.0	20402.6	39048.0	37760.3
其中:大型企业	Large scale	59028.1	0.0	20402.6	38625.5	37091.8
集体	Collective－owned	249.0	0.0	4.0	245.0	848.3
股份合作	Cooperative enterprises	0.0	0.0	0.0	0.0	1004.8
国有联营	State joint ownership	0.0	0.0	0.0	0.0	0.0
其中:大型企业	Large scale	0.0	0.0	0.0	0.0	0.0
集体联营	Collective joint ownership	0.0	0.0	0.0	0.0	0.0
国有与集体联营	Joint state－collective ownership	0.0	0.0	0.0	0.0	0.0
其他联营	Other joint	0.0	0.0	0.0	0.0	0.0
国有独资公司	Sole state－funded	137.1	0.0	0.0	137.1	5300.7
其中:大型企业	Large scale	114.5	0.0	0.0	114.5	4770.7
其他有限责任公司	Limited company	0.0	0.0	0.0	0.0	644.4
股份有限公司	Share holding	3401.2	143.0	0.0	3258.2	2569.0
私营独资	Sole private	0.0	0.0	0.0	0.0	0.0
私营合伙	Partnership	0.0	0.0	0.0	0.0	0.0
私营有限责任公司	Private limited company	395.2	0.0	0.0	395.2	257.0
私营股份有限公司	Private share holding	0.0	0.0	0.0	0.0	0.0
其他内资	Other domestic funds	0.0	0.0	0.0	0.0	0.0
港澳台商投资	Funded from HongKong, Macao, Taiwan	71.1	0.0	0.0	71.1	444.3
其中:大型企业	Large scale	0.0	0.0	0.0	0.0	373.2
与港澳台商合资经营	Jointlg owned	71.1	0.0	0.0	71.1	444.3
与港澳台商合作经营	Cooperative	0.0	0.0	0.0	0.0	0.0
港澳台商独资	Sole funds	0.0	0.0	0.0	0.0	0.0
港澳台商投资股份有限公司	Share holding	0.0	0.0	0.0	0.0	0.0
外商投资	Foreign funds	1559.2	3.0	0.0	1556.2	3793.1
其中:大型企业	Large scale	0.0	0.0	0.0	0.0	77.0
中外合作经营	Cooperative	0.0	0.0	0.0	0.0	10.0
中外合资经营	Joint venture	1556.2	0.0	0.0	1556.2	3506.1
外商独资	Sole funds	0.0	0.0	0.0	0.0	277.0
外商投资股份有限公司	Share holding	3.0	3.0	0.0	0.0	0.0
三、按工业行业大类分组	Grouped by sector					
煤炭采选业	Coal mining and processing	0.0	0.0	0.0	0.0	0.0

17－15 续表 1 单位:万元 unit:10000 yuan continued1

		内部支出中研究与试验发展经费支出 Experiment	基础研究支出 Basic reseach	应用研究支出 Apply reseach	试验发展支出 Test	内部支出中新产品开发经费支出 New products developing
石油和天然气开采业	Petroleum and natural gas extraction	0.0	0.0	0.0	0.0	0.0
黑色金属冶炼及压延加工业	Smelting and pressing of ferrous metals	0.0	0.0	0.0	0.0	0.0
有色金属矿采选业	Non－ferrous metals mining and dressing	0.0	0.0	0.0	0.0	0.0
非金属矿采选业	Nonmetal Minerals minging and of dressing	0.0	0.0	0.0	0.0	0.0
其他矿采选业	Other mingerals mining and dressing	0.0	0.0	0.0	0.0	0.0
木材及竹材采运业	Logging and transport of timber and bamboo	0.0	0.0	0.0	0.0	0.0
食品加工业	Food processing	800.0	0.0	0.0	800.0	880.0
食品制造业	Food manufacturing	0.0	0.0	0.0	0.0	47.0
饮料制造业	Beverage manufacturing	0.0	0.0	0.0	0.0	385.2
烟草加工业	Tobacco processing	0.0	0.0	0.0	0.0	232.1
纺织业	Textile industry	0.0	0.0	0.0	0.0	0.0
服装及其他纤维制品制造业	Garments and other fiber products	0.0	0.0	0.0	0.0	0.0
皮革、毛皮、羽绒及其制品业	Leather, furs, down and related products	0.0	0.0	0.0	0.0	0.0
木材加工及竹、藤、棕、草制品业	Timber, bamboo, cane, palm and straw products	5.0	0.0	0.0	5.0	3.0
家具制造业	Furniture manufacturing	0.0	0.0	0.0	0.0	0.0
造纸及纸制品业	Paper making and paper products	0.0	0.0	0.0	0.0	0.0
印刷业、记录媒介的复制	Printing and record medium reproduction	0.0	0.0	0.0	0.0	0.0
文教体育用品制造业	Cultural, educational and sports goods	0.0	0.0	0.0	0.0	0.0
石油加工及炼焦业	Petroleum processing and coking	3.0	3.0	0.0	0.0	0.0
化学原料及化学制品制造业	Raw chemical material and chemical products	557.3	0.0	0.0	557.3	0.0
医药制造业	Medical and pharmacutical products	2332.1	0.0	0.0	2332.1	2272.2
化学纤维制造业	Chemical fiber	0.0	0.0	0.0	0.0	0.0
橡胶制品业	Rubber products	0.0	0.0	0.0	0.0	10.0
塑料制品业	Plastic products	0.0	0.0	0.0	0.0	55.0
非金属矿物制品业	Nonmetal mineral products	0.0	0.0	0.0	0.0	30.0
黑色金属冶炼及压延加工业	Smelting and pressing of ferrous metals	0.0	0.0	0.0	0.0	0.0
有色金属冶炼及压延加工业	Smelting and pressing of non ferrous metals	0.0	0.0	0.0	0.0	0.0
金属制品业	Metal products	0.0	0.0	0.0	0.0	0.0
普通机械制造业	Ordinary machinery	165.6	143.0	0.0	22.6	213.5
专用设备制造业	Special purpose equipment	0.0	0.0	0.0	0.0	267.3
交通运输设备制造业	Transport equipment	58963.4	0.0	20406.6	38556.8	40616.6
电气机械及器材制造业	Electric equipmert and machinery	0.0	0.0	0.0	0.0	0.0
武器弹药制造业	Weapon and ammunition	0.0	0.0	0.0	0.0	522.5
电子及通信设备制造业	Electronic and telecommunication equipment	1986.0	0.0	0.0	1986.0	5735.5
仪器仪表及文化办公用机械制造业	instruments, meters, culturae and office	390.6	0.0	0.0	390.6	1352.0
其他制造业	Other manufacturing	0.0	0.0	0.0	0.0	0.0
电力、蒸汽、热水的生产和供应业	Production and supply of electric power, steam and hotwater	60.4	0.0	0.0	60.4	0.0
煤气生产和供应业	Production and supply of gas	0.0	0.0	0.0	0.0	0.0
自来水的生产和供应业	Production and supply of tap water	0.0	0.0	0.0	0.0	0.0
四、按隶属关系分组	Grouped by and ministration					
中央属	Centra	59353.4	0.0	20402.6	38950.8	38135.2
省(直辖市)属	Province	0.0	0.0	0.0	0.0	3870.0
地区属	Prefectures	2469.4	0.0	0.0	2469.4	7957.5
县属	County	65.0	65.0	0.0	0.0	897.6
其他属	Others	3126.6	81.0	0.0	3045.6	1157.1

17－16 工业企业科技活动经费支出情况(三)

单位:万元

		外部支出合计 Total	对国内独立研究院所支出 To institution
总　　计	Total	**9206.0**	**959.2**
一、按企业规模分组:	Grouped by size of enterprises		
大型企业	Large－scale enterprises	6667.1	86.5
特大型企业	Supers－scale	5858.6	0.0
大一型企业	Large－scale＃1	659.0	35.0
大二型企业	Large－scale＃2	149.5	51.5
中型企业	Medium－scale enterprises	886.0	851.0
中一型企业	Medium－scale＃1	11.0	0.0
中二型企业	Medium－scale＃2	875.0	851.0
小型企业	Small－scale	1652.9	21.7
二、按登记注册类型分组	Grouped by status of registration		
内资企业	Domestic funds	7627.8	959.2
国有	State－owned	6056.8	43.2
其中:大型企业	Large scale	6028.1	36.5
集体	Collective－owned	56.0	1.0
股份合作	Cooperative enterprises	0.0	0.0
国有联营	State joint ownership	0.0	0.0
其中:大型企业	Large scale	0.0	0.0
集体联营	Collective joint ownership	0.0	0.0
国有与集体联营	Joint state－collective ownership	0.0	0.0
其他联营	Other joint	0.0	0.0
国有独资公司	Sole state－funded	589.0	0.0
其中:大型企业	Large scale	589.0	0.0
其他有限责任公司	Limited company	355.0	355.0
股份有限公司	Share holding	560.0	560.0
私营独资	Sole private	0.0	0.0
私营合伙	Partnership	0.0	0.0
私营有限责任公司	Private limited company	11.0	0.0
私营股份有限公司	Private share holding	0.0	0.0
其他内资	Other domestic funds	0.0	0.0
港澳台商投资	Funded from HongKong，Macao，Taiwan	9.0	0.0
其中:大型企业	Large scale	0.0	0.0
与港澳台商合资经营	Jointlg owned	9.0	0.0
与港澳台商合作经营	Cooperative	0.0	0.0
港澳台商独资	Sole funds	0.0	0.0
港澳台商投资股份有限公司	Share holding	0.0	0.0
外商投资	Foreign funds	1569.2	0.0
其中:大型企业	Large scale	0.0	0.0
中外合作经营	Cooperative	0.0	0.0
中外合资经营	Joint venture	1569.2	0.0
外商独资	Sole funds	0.0	0.0
外商投资股份有限公司	Share holding	0.0	0.0
三、按工业行业大类分组	Grouped by sector		
煤炭采选业	Coal mining and processing	0.0	0.0

EXPENDITURE FOR S&T FUNDS IN INDUSTRIAL ENTERPRISES(Ⅲ)

unit:10000yuan

对国内高等学校支出 High-education	对国内其他企业支出 Other enterprises	对国外机构支出 To foreign country	用于科研的基建经费支出 Construction	土建工程支出 Construetion
73.0	**496.2**	**7677.6**	**2381.6**	**456.0**
71.0	429.0	6080.6	30.0	0.0
0.0	0.0	5858.6	0.0	0.0
53.0	349.0	222.0	0.0	0.0
18.0	80.0	0.0	30.0	0.0
0.0	26.0	9.0	210.0	205.0
0.0	11.0	0.0	210.0	205.0
0.0	15.0	9.0	0.0	0.0
2.0	41.2	1588.0	2141.6	251.0
73.0	465.0	6130.6	2139.8	405.0
55.0	100.0	5858.6	30.0	0.0
53.0	80.0	5858.6	30.0	0.0
0.0	5.0	50.0	300.0	200.0
0.0	0.0	0.0	0.0	0.0
0.0	0.0	0.0	0.0	0.0
0.0	0.0	0.0	0.0	0.0
0.0	0.0	0.0	0.0	0.0
0.0	0.0	0.0	0.0	0.0
0.0	0.0	0.0	0.0	0.0
18.0	349.0	222.0	0.0	0.0
18.0	349.0	222.0	0.0	0.0
0.0	0.0	0.0	0.0	0.0
0.0	0.0	0.0	1809.8	205.0
0.0	0.0	0.0	0.0	0.0
0.0	0.0	0.0	0.0	0.0
0.0	11.0	0.0	0.0	0.0
0.0	0.0	0.0	0.0	0.0
0.0	0.0	0.0	0.0	0.0
0.0	0.0	9.0	0.0	0.0
0.0	0.0	0.0	0.0	0.0
0.0	0.0	9.0	0.0	0.0
0.0	0.0	0.0	0.0	0.0
0.0	0.0	0.0	0.0	0.0
0.0	0.0	0.0	0.0	0.0
0.0	31.2	1538.0	241.8	51.0
0.0	0.0	0.0	0.0	0.0
0.0	0.0	10.0	0.0	0.0
0.0	31.2	1538.0	231.8	51.0
0.0	0.0	0.0	0.0	0.0
0.0	0.0	0.0	0.0	0.0
0.0	0.0	0.0	0.0	0.0

17－16 续表1　单位:万元

		外部支出合计 Total	对国内独立研究院所支出 To institution
石油和天然气开采业	Petroleum and natural gas extraction	0.0	0.0
黑色金属矿采选业	Nonferrous metals mining and dressing	0.0	0.0
有色金属矿采选业	Nonferrous metals mining and dressing	0.0	0.0
非金属矿采选业	Nonmetal Minerals minging and of dressing	0.0	0.0
其他矿采选业	Other mingerals mining and dressing	0.0	0.0
木材及竹材采运业	Logging and transport of timber and bamboo	0.0	0.0
食品加工业	Food processing	0.0	0.0
食品制造业	Food manufacturing	0.0	0.0
饮料制造业	Beverage manufacturing	1.0	1.0
烟草加工业	Tobacco processing	0.0	0.0
纺织业	Textile industry	0.0	0.0
服装及其他纤维制品制造业	Garments and other fiber products	0.0	0.0
皮革、毛皮、羽绒及其制品业	Leather, furs, down and related products	0.0	0.0
木材加工及竹、藤、棕、草制品业	Timber, bamboo, cane, palm and straw products	0.0	0.0
家具制造业	Furniture manufacturing	0.0	0.0
造纸及纸制品业	Paper making and paper products	0.0	0.0
印刷业、记录媒介的复制	Printing and record medium reproduction	0.0	0.0
文教体育用品制造业	Cultural, educational and sports goods	0.0	0.0
石油加工及炼焦业	Petroleum processing and coking	0.0	0.0
化学原料及化学制品制造业	Raw chemical material and chemical products	0.0	0.0
医药制造业	Medical and pharmacutical products	911.0	900.0
化学纤维制造业	Chemical fiber	0.0	0.0
橡胶制品业	Rubber products	0.0	0.0
塑料制品业	Plastic products	5.0	5.0
非金属矿物制品业	Nonmetal mineral products	0.0	0.0
黑色金属冶炼及压延加工业	Smelting and pressing of ferrous metals	0.0	0.0
有色金属冶炼及压延加工业	Smelting and pressing of non ferrous metals	0.0	0.0
金属制品业	Metal products	0.0	0.0
普通机械制造业	Ordinary machinery	18.7	3.7
专用设备制造业	Special purpose equipment	0.0	0.0
交通运输设备制造业	Transport equipment	8065.5	0.0
武器弹药制造业	Weapon and ammunition	0.0	0.0
电气机械及器材制造业	Electric equipmert and machinery	20.0	13.0
电子及通信设备制造业	Electronic and telecommunication equipment	95.3	0.0
仪器仪表及文化办公用机械制造业	Instruments, meters, culturae and office	1.5	1.5
其他制造业	Other manufacturing	0.0	0.0
电力、蒸汽、热水的生产和供应业	Production and supply of electric power, steam and hotwater	88.0	35.0
煤气生产和供应业	Production and supply of gas	0.0	0.0
自来水的生产和供应业	Production and supply of tap water	0.0	0.0
四、按隶属关系分组	Grouped by and ministration		
中央属	Centra	6041.9	35.0
省(直辖市)属	Province	0.0	0.0
地区属	Prefectures	2571.2	413.2
县属	County	510.0	510.0
其他属	Others	26.9	0.0

continued1 unit:10000 yuan

对国内高等学校支出 High-education	对国内其他企业支出 Other enterprises	对国外机构支出 To foreign country	用于科研的基建经费支出 Construction	土建工程支出 Construction
0.0	0.0	0.0	0.0	0.0
0.0	0.0	0.0	0.0	0.0
0.0	0.0	0.0	0.0	0.0
0.0	0.0	0.0	0.0	0.0
0.0	0.0	0.0	0.0	0.0
0.0	0.0	0.0	0.0	0.0
0.0	0.0	0.0	200.0	200.0
0.0	0.0	0.0	0.0	0.0
0.0	0.0	0.0	0.0	0.0
0.0	0.0	0.0	0.0	0.0
0.0	0.0	0.0	0.0	0.0
0.0	0.0	0.0	0.0	0.0
0.0	0.0	0.0	0.0	0.0
0.0	0.0	0.0	0.0	0.0
0.0	0.0	0.0	0.0	0.0
0.0	0.0	0.0	0.0	0.0
0.0	0.0	0.0	0.0	0.0
0.0	0.0	0.0	0.0	0.0
0.0	0.0	0.0	0.0	0.0
0.0	0.0	0.0	0.0	0.0
0.0	11.0	0.0	231.8	51.0
0.0	0.0	0.0	0.0	0.0
0.0	0.0	0.0	10.0	0.0
0.0	0.0	0.0	0.0	0.0
0.0	0.0	0.0	0.0	0.0
0.0	0.0	0.0	0.0	0.0
0.0	0.0	0.0	0.0	0.0
0.0	0.0	0.0	0.0	0.0
0.0	15.0	0.0	0.0	0.0
0.0	0.0	0.0	0.0	0.0
18.0	369.9	7677.6	300.0	200.0
0.0	0.0	0.0	0.0	0.0
2.0	5.0	0.0	0.0	0.0
0.0	95.3	0.0	1599.8	0.0
0.0	0.0	0.0	40.0	5.0
0.0	0.0	0.0	0.0	0.0
53.0	0.0	0.0	0.0	0.0
0.0	0.0	0.0	0.0	0.0
0.0	0.0	0.0	0.0	0.0
53.0	95.3	5858.6	0.0	0.0
0.0	0.0	0.0	0.0	0.0
20.0	369.0	1769.0	471.8	256.0
0.0	0.0	0.0	0.0	0.0
0.0	26.9	0.0	1599.8	0.0

17－17 工业企业新产品工程准备和产出情况
BASIC STATISTICS ON NEW PRODUCTS

单位:万元

		新产品工程准备和试生产费用支出 New products expenditure	为生产新产品和应用新工艺发生的培训费支出 Training expenditure
总　　计	Total	**37092.5**	**20206.1**
一、按企业规模分组:	Grouped by size of enterprises		
大型企业	Large－scale enterprises	35400.6	20024.2
特大型企业	Supers－scale	34000.0	20000.0
大一型企业	Large－scale＃1	342.6	17.2
大二型企业	Large－scale＃2	1058.0	7.0
中型企业	Medium－scale enterprises	566.5	41.9
中一型企业	Medium－scale＃1	484.0	24.3
中二型企业	Medium－scale＃2	82.5	17.6
小型企业	Small－scale	1125.4	140.0
二、按登记注册类型分组	Grouped by status of registration		
内资企业	Domestic funds	36975.9	20081.6
国有	State－Owned	34565.0	20013.0
其中:大型企业	Large scale	34040.0	20007.0
集体	Collective－owned	92.0	6.8
股份合作	Cooperative enterprises	1003.9	0.0
国有联营	State joint ownership	0.0	0.0
其中:大型企业	Joint state－collective ownership	0.0	0.0
集体联营	Collective joint ownership	0.0	0.0
国有集体联营	Joint state－collective ownership	0.0	0.0
其他联营	Other joint	0.0	0.0
国有独资公司	Sole state－funded	690.0	17.6
其中:大型企业	Large scalie	341.0	15.2
其他有限责任公司	Limited company	15.0	2.0
股份有限公司	Share holding	600.0	42.0
私营独资	Sole private	0.0	0.0
私营合伙	Parthership	0.0	0.0
私营有限责任公司	private limited company	10.0	0.2
私营股份有限公司	Private share holding	0.0	0.0
其他内资	Other domestic funds	0.0	0.0
港澳台商投资	Funded from HongKong, Moaca, Taiwan	33.6	15.0
其中:大型企业	Large scale	1.6	0.0
与港澳台商合资经营	Jointlg owned	33.6	15.0
与港澳台商合作经营	Cooperative	0.0	0.0
港澳台商独资	Sole funds	0.0	0.0
港澳台商投资股份有限公司	Share holding	0.0	0.0
外商投资	Foreign funds	83.0	109.5
其中:大型企业	Large scale	50.0	2.0
中外合作经营	Cooperative	5.0	2.0
中外合资经营	Joint venture	28.0	98.0
外商独资	Sole funds	50.0	9.5
外商投资股份有限公司	Share holding	0.0	0.0
三、按工业行业大类分组	Grouped by sector		
煤炭采选业	Coal mining and processing	0.0	0.0

Unit: 10000yuan

新产品试销费用 Test expenditure	新产品产值 Output value	新产品销售收入 Sales revenue	出口 Export	新产品销售利润 Profits
765.9	**1843756.0**	**1697489.4**	**327.4**	**143754.2**
45.0	1801233.0	1662863.7	200.0	137338.7
0.0	1747565.0	1620640.0	0.0	135549.0
10.0	23160.6	13532.5	0.0	655.6
35.0	30507.4	28696.2	200.0	1134.1
38.0	17745.9	13851.8	13.5	3004.9
33.6	12333.0	10653.6	13.5	2019.4
4.4	5412.9	3198.2	0.0	985.5
682.9	24777.1	20768.9	113.9	3410.6
710.9	1829885.2	1687363.6	127.4	141872.2
70.4	1770122.9	1632500.5	0.0	137355.0
0.0	1760999.1	1624702.6	0.0	135958.8
2.0	8805.8	7413.8	0.0	1169.2
0.0	24306.0	23704.4	0.0	886.6
0.0	0.0	0.0	0.0	0.0
0.0	0.0	0.0	0.0	0.0
0.0	0.0	0.0	0.0	0.0
0.0	0.0	0.0	0.0	0.0
0.0	0.0	0.0	0.0	0.0
8.0	20565.3	18210.0	13.5	1295.9
0.0	14780.3	13405.1	0.0	230.8
5.5	1385.2	1464.9	93.9	451.3
620.0	4200.0	3770.0	20.0	614.2
0.0	0.0	0.0	0.0	0.0
0.0	0.0	0.0	0.0	0.0
5.0	500.0	300.0	0.0	100.0
0.0	0.0	0.0	0.0	0.0
0.0	0.0	0.0	0.0	0.0
10.0	463.0	418.0	0.0	59.0
10.0	163.0	158.0	0.0	46.0
10.0	463.0	418.0	0.0	59.0
0.0	0.0	0.0	0.0	0.0
0.0	0.0	0.0	0.0	0.0
0.0	0.0	0.0	0.0	0.0
45.0	13407.8	9707.8	200.0	1823.0
35.0	586.0	500.0	200.0	85.0
0.0	30.0	20.0	0.0	2.0
0.0	12781.8	9187.7	0.0	1735.9
45.0	596.0	500.1	200.0	85.1
0.0	0.0	0.0	0.0	0.0
0.0	0.0	0.0	0.0	0.0

17－18 工业企业科技项目和专利情况

		全部科技项目数(项) Poojucts	新产品开发项目数 New products
总　　计	Total	**828**	**460**
一、按企业规模分组:	Grouped by size of enterprises		
大型企业	Large－scale enterprises	575	250
特大型企业	Supers－scale	425	167
大一型企业	Large－scale＃1	94	52
大二型企业	Large－scale＃2	56	31
中型企业	Medium－scale enterprises	62	50
中一型企业	Medium－scale＃1	32	28
中二型企业	Medium－scale＃2	30	22
小型企业	Small－scale	191	160
二、按登记注册类型分组	Grouped by status of registration		
内资企业	Domestic funds	796	432
国有	State－owned	551	228
其中:大型企业	Large scale	522	209
集体	Collective－owned	98	93
股份合作	Cooperative enterprises	10	10
国有联营	State joint ownership	0	0
其中:大型企业	Large scale	0	0
集体联营	Collective joint ownership	0	0
国有与集体联营	Joint state－collective ownership	0	0
其他联营	Other joint	0	0
国有独资公司	Sole state－funded	61	47
其中:大型企业	Large scale	35	28
其他有限责任公司	Limited company	12	11
股份有限公司	Share holding	54	39
私营独资	Sole private	0	0
私营合伙	Partnership	0	0
私营有限责任公司	Private limited company	10	4
私营股份有限公司	Private share holding	0	0
其他内资	Other domestic funds	0	0
港澳台商投资	Funded from HongKong, Macao, Taiwan	6	6
其中:大型企业	Large scale	3	3
与港澳台商合资经营	Jointlg owned	6	6
与港澳台商合作经营	Cooperative	0	0
港澳台商独资	Sole funds	0	0
港澳台商投资股份有限公司	Share holding	0	0
外商投资	Foreign funds	26	22
其中:大型企业	Large scale	1	1
中外合作经营	Cooperative	5	5
中外合资经营	Joint venture	16	12
外商独资	Sole funds	5	5
外商投资股份有限公司	Share holding	0	0
三、按工业行业大类分组	Grouped by sector		
煤炭采选业	Coal mining and processing	0	0

PATENT OF INDUSTRIAL ENTERPRISES

研究与试验发展项目 P&D	全部科技项目参加人员合计(人) Personnel	高中级技术职称人员 Scientists engineers	无高中级技术职称的大学本科及以上学历人员 Regnlar college course	全部科技项目经费内部支出合计(万元) Domeric expenditure	研究与试验发展项目支出 R&D Expenditure	专利申请数(件) Applications	发明专利数 Inventions	拥有发明专利数(件) Patent granted
376	6107	2477	1470	60645.2	41446.6	143	32	48
324	4739	1890	923	48333.5	36275.8	90	16	12
258	2973	1013	527	40312.7	34622.3	59	12	1
49	997	566	240	3352.6	982.0	9	3	7
17	769	311	156	4668.2	671.5	22	1	4
12	370	199	107	3429.4	2018.4	2	1	6
7	219	119	52	2255.7	1454.2	0	0	0
5	151	80	55	1173.7	564.2	2	1	6
40	998	388	440	8882.3	3152.4	51	15	30
365	5833	2311	1399	55996.2	39809.3	112	24	38
310	3782	1459	731	40815.0	35779.7	80	16	10
303	3652	1376	713	40003.7	35357.2	80	16	10
5	191	57	103	1509.8	245.0	1	0	15
0	78	28	18	1028.5	0.0	0	0	0
0	0	0	0	0.0	0.0	0	0	0
0	0	0	0	0.0	0.0	0	0	0
0	0	0	0	0.0	0.0	0	0	0
0	0	0	0	0.0	0.0	0	0	0
0	0	0	0	0.0	0.0	0	0	0
15	468	298	104	5489.8	131.2	11	1	6
14	364	238	93	4978.6	108.6	10	0	0
0	158	53	46	667.7	0.0	1	1	0
29	1052	361	360	5010.2	3258.2	14	3	3
0	0	0	0	0.0	0.0	0	0	0
0	0	0	0	0.0	0.0	0	0	0
6	104	55	37	1457.2	395.2	5	3	4
0	0	0	0	0.0	0.0	0	0	0
0	0	0	0	0.0	0.0	0	0	0
3	67	38	6	181.1	71.1	0	0	2
0	43	20	0	110.0	0.0	0	0	2
3	67	38	6	181.1	71.1	0	0	2
0	0	0	0	0.0	0.0	0	0	0
0	0	0	0	0.0	0.0	0	0	0
0	0	0	0	0.0	0.0	0	0	0
8	207	128	65	4467.9	1566.2	31	8	8
0	9	9	0	77.0	0.0	0	0	0
3	15	8	7	10.0	10.0	0	0	0
5	167	101	54	4260.9	1556.2	7	3	3
0	25	19	4	197.0	0.0	24	5	5
0	0	0	0	0.0	0.0	0	0	0
0	0	0	0	0.0	0.0	0	0	0

17-18 续表 1

		全部科技项目数(项) Projucts	新产品开发项目数 New products
石油和天然气开采业	Petroleum and natural gas extraction	0	0
有色金属矿采选业	Nonferrous metals mining and dressing	0	0
黑色金属矿采选业	Nonferrous metals mining and dressing	0	0
非金属矿采选业	Nonmetal Minerals minging and of dressing	0	0
其他矿采选业	Other mingerals mining and dressing	0	0
木材及竹材采运业	Logging and transport of timber and bamboo	0	0
食品加工业	Food processing	4	3
食品制造业	Food manufacturing	2	2
饮料制造业	Beverage manufacturing	4	4
烟草加工业	Tobacco processing	4	4
纺织业	Textile industry	0	0
服装及其他纤维制品制造业	Garments and other fiber products	0	0
皮革、毛皮、羽绒及其制品业	Leather, furs, down and related products	0	0
木材加工及竹、藤、棕、草制品业	Timber, bamboo, cane, palm and straw products	2	1
家具制造业	Furniture manufacturing	0	0
造纸及纸制品业	Paper making and paper products	0	0
印刷业、记录媒介的复制	Printing and record medium reproduction	0	0
文教体育用品制造业	Cultural, educational and sports goods	0	0
石油加工及炼焦业	Petroleum processing and coking	0	0
化学原料及化学制品制造业	Raw chemical material and chemical products	2	0
医药制造业	Medical and pharmaceutical products	59	27
化学纤维制造业	Chemical fiber	0	0
橡胶制品业	Rubber products	5	5
塑料制品业	Plastic products	1	1
非金属矿物制品业	Nonmetal mineral products	2	2
黑色金属冶炼及压延加工业	Smelting and pressing of ferrous metals	2	0
有色金属冶炼及压延加工业	Smelting and pressing of non ferrous metals	0	0
金属制品业	Metal products	0	0
普通机械制造业	Ordinary machinery	18	14
专用设备制造业	Special purpose equipment	29	13
交通运输设备制造业	Transport equipment	554	284
武器弹药制造业	Weapon and ammunition	0	0
电气机械及器材制造业	Electric equipmert and machinery	11	11
电子及通信设备制造业	Electronic and telecommunication equipment	56	41
仪器仪表及文化办公用机械制造业	Instruments, meters, culturae and office	59	48
其他制造业	Other manufacturing	0	0
电力、蒸汽、热水的生产和供应业	Production and supply of electric power, steam and hotwater	14	0
煤气生产和供应业	Production and supply of gas	0	0
自来水的生产和供应业	Production and supply of tap water	0	0
四、按隶属关系分组	Grouped by and ministration		
中央属	Centra	523	216
省(直辖市)属	Province	16	5
地区属	Prefectures	122	97
县属	County	18	17
其他属	Others	130	112

continued1

研究与试验发展项目 R&D	全部科技项目参加人员合计(人) Personel (person)	高中级技术职称人员 Scientists engineers	无高中级技术职称的大学本科及以上学历人员 Regnlar college course	全部科技项目经费内部支出合计(万元) Domeric expeniture (10000 yuan)	研究与试验发展项目支出 R&D expenditure	专利申请数(件) Applicaion	发明专利数 Inventions	拥有发明专利数(件) Patent granted
0	0	0	0	0.0	0.0	0	0	0
0	0	0	0	0.0	0.0	0	0	0
0	0	0	0	0.0	0.0	0	0	0
0	0	0	0	0.0	0.0	0	0	0
0	0	0	0	0.0	0.0	0	0	0
0	0	0	0	0.0	0.0	0	0	0
2	48	5	23	880.0	800.0	0	0	0
0	52	14	10	47.0	0.0	0	0	0
0	46	22	1	122.0	0.0	0	0	2
0	5	5	0	232.1	0.0	0	0	0
0	0	0	0	0.0	0.0	0	0	0
0	0	0	0	0.0	0.0	0	0	0
0	0	0	0	0.0	0.0	0	0	0
2	2	1	0	5.0	5.0	5	3	4
0	0	0	0	0.0	0.0	0	0	0
0	0	0	0	0.0	0.0	0	0	0
0	0	0	0	0.0	0.0	0	0	0
0	0	0	0	0.0	0.0	0	0	0
0	0	0	0	0.0	0.0	0	0	0
2	32	14	9	557.3	557.3	0	0	0
46	339	166	119	2803.4	2332.1	4	3	5
0	0	0	0	0.0	0.0	0	0	0
3	15	8	7	10.0	10.0	0	0	0
0	10	1	2	55.0	0.0	1	1	0
0	64	9	26	32.6	0.0	0	0	0
0	15	12	3	21.5	0.0	0	0	0
0	0	0	0	0.0	0.0	0	0	0
0	0	0	0	0.0	0.0	0	0	0
1	213	98	9	192.6	22.6	1	0	0
0	96	61	11	1212.9	0.0	0	0	0
263	3846	1343	769	43644.0	35288.5	102	21	16
0	0	0	0	0.0	0.0	0	0	0
0	95	69	11	522.5	0.0	0	0	0
42	639	261	313	7113.7	1980.1	18	4	7
11	438	255	144	1503.0	390.6	12	0	14
0	0	0	0	0.0	0.0	0	0	0
4	152	133	13	1690.6	60.4	0	0	0
0	0	0	0	0.0	0.0	0	0	0
0	0	0	0	0.0	0.0	0	0	0
304	4014	1470	741	41171.7	35682.5	68	16	10
0	79	46	14	3880.0	0.0	0	0	0
36	1022	537	289	8439.7	2463.5	36	8	13
0	147	68	18	586.4	0.0	1	0	2
28	695	310	339	4801.4	3045.6	37	8	8

17－19 工业企业技术改造、技术获取及减免税情况
BASIC STATISTICS ON INNOVATION TECHNOLOGY DEVELOPING AND TAX－FREE

单位：万元 unit：10000 yuan

		技术改造经费支出 Innovation	技术引进经费支出 Technology introduce	引进技术资料及关键设备的支出 Equipment	消化吸收经费支出 Training	购买国内技术经费支出 Technology developing	享受各级政府对技术开发的减免税 Tax－free
总　计	Total	**150905.2**	**8392.6**	**7692.6**	**5243.3**	**2866.5**	**169.6**
一、按企业规模分组：	Grouped bysize of enterprises						
大型企业	Large－scale enterprises	120000.5	1641.3	1376.3	4046.3	1431.5	144.0
特大型企业	Supers－scale	110000.0	550.0	550.0	0.0	0.0	144.0
大一型企业	Large－scale＃1	1768.0	242.3	220.3	4046.3	1011.5	0.0
大二型企业	Large－scale＃2	8332.5	849.0	606.0	0.0	420.0	0.0
中型企业	Medium－scale enterprises	23164.1	5107.8	4672.8	1193.0	1430.0	15.6
中一型企业	Medium－scale＃1	5482.2	0.0	0.0	0.0	0.0	0.0
中二型企业	Medium－scale＃2	17681.9	5107.8	4672.8	1193.0	1430.0	15.6
小型企业	Small－scale	7740.6	1643.5	1643.5	4.0	5.0	10.0
二、按登记注册类型分组	Grouped by status of registration						
内资企业	Domestic funds	128051.2	1368.1	1192.1	4050.3	1016.5	159.6
国有	State－owned	118225.6	83.0	7.0	4047.3	1011.5	0.0
其中：大型企业	Large scale	112602.5	28.0	6.0	4046.3	1011.5	0.0
集体	Collective－owned	655.6	50.0	50.0	3.0	0.0	0.0
股份合作	Cooperative enterprises	10.0	2.0	2.0	0.0	0.0	0.0
国有联营	State joint ownership	0.0	0.0	0.0	0.0	0.0	0.0
其中：大型企业	Large scale	0.0	0.0	0.0	0.0	0.0	0.0
集体联营	Collective joint ownership	0.0	0.0	0.0	0.0	0.0	0.0
国有与集体联营	Joint state－collective ownership	0.0	0.0	0.0	0.0	0.0	0.0
其他联营	Other joint	0.0	0.0	0.0	0.0	0.0	0.0
国有独资公司	Sole state－funded	2426.0	970.3	870.3	0.0	0.0	0.0
其中：大型企业	Large scale	2420.0	970.3	870.3	0.0	0.0	144.0
其他有限责任公司	Limited company	397.0	0.0	0.0	0.0	0.0	144.0
股份有限公司	Share holding	5837.0	210.0	210.0	0.0	5.0	15.6
私营独资	Sole private	0.0	0.0	0.0	0.0	0.0	0.0
私营合伙	Partnership	0.0	0.0	0.0	0.0	0.0	0.0
私营有限责任公司	Private limited company	500.0	52.8	52.8	0.0	0.0	0.0
私营股份有限公司	Private share holding	0.0	0.0	0.0	0.0	0.0	0.0
其他内资	Other domestic funds	0.0	0.0	0.0	0.0	0.0	0.0
港澳台商投资	Funded from HongKong，Moaca，Taiwan	4085.0	1101.0	720.0	1193.0	1430.0	0.0
其中：大型企业	Large scale	361.0	0.0	0.0	0.0	0.0	0.0
与港澳台商合资经营	Jointlg owned	4085.0	1101.0	720.0	1193.0	1430.0	0.0
与港澳台商合作经营	Cooperative	0.0	0.0	0.0	0.0	0.0	0.0
港澳台商独资	Sole funds	0.0	0.0	0.0	0.0	0.0	0.0
港澳台商投资股份有限公司	Share holding	0.0	0.0	0.0	0.0	0.0	0.0
外商投资	Foreign funds	18769.0	5923.5	5780.5	0.0	420.0	10.0
其中：大型企业	Large scale	30.0	643.0	500.0	0.0	420.0	0.0
中外合作经营	Cooperative	0.0	0.0	0.0	0.0	0.0	10.0
中外合资经营	Joint venture	18769.0	5923.5	5780.5	0.0	420.0	0.0
外商独资	Sole funds	0.0	0.0	0.0	0.0	0.0	0.0
外商投资股份有限公司	Share holding	0.0	0.0	0.0	0.0	0.0	0.0
三、按工业行业大类分组	Grouped by sector						
煤炭采选业	Coal mining and processing	0.0	0.0	0.0	0.0	0.0	0.0

17－19 续表 1　单位:万元　　continued1 unit:10000yuan

		技术改造经费支出 Innovation	技术引进经费支出 Technology introduce	引进技术资料及关键设备的支　出 Eequipment	消化吸收经费支出 Training	购买国内技术经费支　出 Technology developing	享受各级政府对技术开发的减免税 Tax－free
石油和天然气开采业	Petroleum and natural gas extraction	0.0	0.0	0.0	0.0	0.0	0.0
黑色金属矿采选业	Ferrous metals mining and processign	0.0	0.0	0.0	0.0	0.0	0.0
有色金属矿采选业	Nonferrous metals mining and dressing	0.0	0.0	0.0	0.0	0.0	0.0
非金属矿采选业	Nonmetal Minerals minging and of dressing	0.0	0.0	0.0	0.0	0.0	0.0
其他矿采选业	Other mingerals mining and dressing	0.0	0.0	0.0	0.0	0.0	0.0
木材及竹材采运业	Logging and transport of timber and bamboo	0.0	0.0	0.0	0.0	0.0	0.0
食品加工业	Food processing	500.0	52.8	52.8	0.0	0.0	0.0
食品制造业	Food manufacturing	42.0	0.0	0.0	0.0	0.0	0.0
饮料制造业	Beverage manufacturing	361.0	0.0	0.0	0.0	0.0	0.0
烟草加工业	Tobacco processing	5282.2	0.0	0.0	0.0	0.0	0.0
纺织业	Textile industry	0.0	0.0	0.0	0.0	0.0	0.0
服装及其他纤维制品制造业	Garments and other fiber products	0.0	0.0	0.0	0.0	0.0	0.0
皮革、毛皮、羽绒及其制品业	Leather, furs, down and related products	0.0	0.0	0.0	0.0	0.0	0.0
木材加工及竹、藤、棕、草制品业	Timber, bamboo, cane, palm and straw products	0.0	0.0	0.0	0.0	0.0	0.0
家具制造业	Furniture manufacturing	0.0	0.0	0.0	0.0	0.0	0.0
造纸及纸制品业	Paper making and paper products	0.0	0.0	0.0	0.0	0.0	0.0
印刷业、记录媒介的复制	Printing and record medium reproduction		0.0	0.0	0.0	0.0	0.0
文教体育用品制造业	Cultural, educational and sports goods	0.0	0.0	0.0	0.0	0.0	0.0
石油加工及炼焦业	Petroleum processing and coking	0.0	0.0	0.0	0.0	0.0	0.0
化学原料及化学制品制造业	Raw chemical material and chemical products	13238.0	3900.0	3900.0	0.0	0.0	0.0
医药制造业	Medical and pharmacutical products	400.0	0.0	0.0	4046.3	1011.5	15.6
化学纤维制造业	Chemical fiber	0.0	0.0	0.0	0.0	0.0	0.0
橡胶制品业	Rubber products	0.0	0.0	0.0	0.0	0.0	10.0
塑料制品业	Plastic products	5.0	342.5	342.5	0.0	0.0	0.0
非金属矿物制品业	Nonmetal mineral products	865.0	643.0	500.0	0.0	420.0	0.0
黑色金属冶炼及压延加工业	Smelting and pressing of ferrous metals	20.0	0.0	0.0	0.0	0.0	0.0
有色金属冶炼及压延加工业	Smelting and pressing of non ferrous metals	0.0	0.0	0.0	0.0	0.0	0.0
金属制品业	Metal products	0.0	0.0	0.0	0.0	0.0	0.0
普通机械制造业	Ordinary machinery	97.0	0.0	0.0	0.0	0.0	0.0
专用设备制造业	Special purpose equipment	500.0	0.0	0.0	0.0	0.0	0.0
交通运输设备制造业	Transport equipment	124231.1	2611.3	2130.3	1196.0	1430.0	0.0
武器弹药制造业	Weapon and ammunition	0.0	0.0	0.0	0.0	0.0	0.0
电气机械及器材制造业	Electric equipmert and machinery	1.0	11.0	11.0	1.0	5.0	0.0
电子及通信设备制造业	Electronic and telecommunication equipment	2200.0	750.0	750.0	0.0	0.0	144.0
仪器仪表及文化办公用机械制造业	instruments, meters, culturae and office	1337.4	6.0	6.0	0.0	0.0	0.0
其他制造业	Other manufacturing	0.0	0.0	0.0	0.0	0.0	0.0
电力、蒸汽、热水的生产和供应业	Production and supply of electric power, steam and hotwater	1825.5	76.0	0.0	0.0	0.0	0.0
煤气生产和供应业	Production and supply of gas	0.0	0.0	0.0	0.0	0.0	0.0
自来水的生产和供应业	Production and supply of tap water		0.0	0.0	0.0	0.0	0.0
四、按隶属关系分组	Grouped by and ministration						
中央属	Centra	117725.6	76.0	0.0	4046.3	1011.5	0.0
省(直辖市)属	Province	1000.0	550.0	550.0	0.0	0.0	144.0
地区属	Prefectures	24594.0	7451.8	6827.8	1194.0	1850.0	15.6
县属	County	803.0	62.8	62.8	0.0	5.0	0.0
其他属	Others	6255.2	202.0	202.0	0.0	0.0	0.0

统计资料

STATISTICS

体育、卫生及其他事业

SPORTS，PUBLIC HEALTH AND OTHERS

第十八篇　体育、卫生及其他事业

2002年卫生事业不断发展，医疗卫生体制改革取得突破性进展。全市拥有各类卫生机构1498个；各类卫生机构拥有床位2.2万张；卫生技术人员为3.4万人。每千人拥有医生2.0人。

体育市场化、产业化步伐加快。目前，全市各类体育经营场所发展到398家，经营项目25个，极大的补充、丰富了体育培训、市民健身领域。

经过普查，基本摸清了我市行政区域内体育场馆分布情况。目前，我市行政区域内共有体育设施7097个，其中，企事业单位1530个，大中专院校771个，中小学4629个，部队167个。形成了布局比较合理，项目比较齐全，功能比较完善的格局。我市人均占有体育用地面积已达2.07m^2，在全国省会城市中处于领先地位。

18－1 公共体育场
STADIUMS AND GYMNASIUMS

单位:个

		实际数 Number			实际数 Number			实际数 Number
体育场	Stadium	1	体育馆	Gymnasiums	8	室内游泳池	Swimming pool	16
室外游泳池	Out door swimming pools	5	运动场	Stadiums	76	足球场	Standiums	34
室外网球场	Tennis court	19	室内网球场	Tennis court	3	保龄球房	Bowling ball	12

注:截止 2002 年 12 月前建成并投入使用的场地。 Note:Data were obtained at the 2002 year end.

18－2 2002 年长春市大中小学校《国家体育锻炼标准》达标情况
PERSONS WHO HAVE COME UP TO THE STATE PHSICAL TRAINING STANDARDS

单位:人 unit: person

		小 学 Primary schools			中 学 Middle schools			中专中技 Specilized middle schols		
		应参加达标学校数 Proper schools	应参加达标活动学生数 Proper students	达标学生数 Students standard	应参加达标学校数 Proper schools	应参加达标活动学生数 Proper students	达标学生数 Students standard	应参加达标学校数 Proper schools	应参加达标活动学生数 Proper students	达标学生数 Students standard
合计	Total	1826	513267	480118	446	307189	279204	51	53223	49190
直属小计	Tatal	0	0	0	0	0	0	0	0	0
地区合计	Total	1826	513267	480118	446	307189	279204	51	53223	49190
市辖区	District	0	0	0	0	0	0	0	0	0
南关区	Nanguan	40	14801	13838	16	12763	12244	4	3270	3147
宽城区	Kuancheng	54	32529	31789	20	16258	14302	0	0	0
朝阳区	Chaoyuang	61	33812	33346	31	23478	22916	11	11461	11182
二道区	Erdao	21	15737	15421	12	14196	13781	0	0	0
绿园区	Luyuan	56	32897	32807	23	18964	18900	0	0	0
双阳区	Shuangyang	151	53933	42572	123	36647	25670	28	17346	16902
农安县	Nongan	409	69283	62354	65	58547	51521	7	20846	17719
九台市	Jiutai	314	73485	69630	45	32577	30644	1	300	240
榆树市	Yushu	411	118550	112705	57	40925	38487	0	0	0
德惠市	Dehui	309	68240	65656	54	52844	50739	0	0	0

注:截止 2002 年 12 月前建成并投入使用的场地。 Note:Data were obtained at the 2002 year end.

18－3 卫生机构床位、人员数
BEDS AND PERSONNEL IN HEALTH INSTITUTION

		机构数（个） Institutions	床位数（张） Beds	人员数(人) Personnel				
				总计 Total	#卫生技术员 Medical technical personnel			
					合计 Total	执业医师 Doctors of wester medicine	执业助理医师 Doctors	注册护士 Senior nurses
总　计	**Total**	**1498**	**22110**	**43199**	**34186**	**12692**	**1439**	**11471**
一、医院	Hospitals	154	19731	30730	23694	8720	763	9134
二、卫生院	Hopitals	143	1643	4459	3631	1120	342	814
三、疗养院	Sanatoriums	1	150	75	9	2	1	3
四、门诊部	Clinics	94	18	823	706	336	29	210
五、采供血机构	Blood bank	1	－	178	124	28	6	38
六、妇幼保健院(所、站)	Maternity and child care centers	11	213	1028	828	299	62	163
七、专科疾病防治院(所、站)	Specialized prevention & treatment centers or station	10	171	480	344	91	41	74
八、疾病预防控制中心(防疫站)	Sanitation and antiepidemic agencies	14	－	1737	1407	578	102	84
九、卫生监督所	Health care centre	5	－	334	282	119	26	4
十、医学科学研究机构	Researth institules of medical science	2	184	486	333	121	6	75
十一、健康教育所(站、中心)	Health training centre	1	－	32	13	7	－	－
十二、其他卫生机构	Other institutions	5	－	84	62	44	－	6
十三、诊所、医务室、社区卫生服务站	Clinics	1057	－	2753	2753	1227	61	866

18－4 长春市县(区)村卫生室基本情况

ASIC STATISTIC ON HEALTH CARE OF TOWNSHIP IN CHANGCHU

		单 位 Unit	全 市 Total	市 区 District	县(市) County
一、机构数	Unit	个 person	2041	334	1707
二、村办	Village	个 person	1316	250	1066
乡卫生院设点	Township	个 person	1	0	1
联合办	Joint	个 person	35	35	0
私人办	Private	个 person	353	48	305
其他	Others	个 person	336	1	335
三、乡村医生和卫生员人数	Rural doctors and nurese	人 person	4733	503	4230
乡村医生	Rural doctors	人 person	4656	481	4175
卫生员	Health workers	人 person	77	22	55
四、村民委员会数(个)	Village committees	人 person	1661	277	1384
其中:未设置卫生室的村数	Village where has not medicat station	个 person	54	11	43
实行合作医疗村数	Village for health care in surance	个 person	702	18	684
实行大病统筹村数	Health care which plamed as whole	个 person	308	0	308
农村接生员	Rural nurses	人 person	56	28	28

18－5 计划生育情况
BASIC STATISTICS ON BIRTH CONTROL

	育龄妇女人数（人） Women birth aged (person)	其中：已婚 Married	女性初婚人数（人） First married (person)	晚婚（人） Marry at mature age (person)	晚婚率（%） Rate of marry at mature age (%)	晚育（人） Later birth (person)	晚育率（%） Later birth rate (%)	计划内出生（人） Birth control (person)	计划生育率（%） Birth control rate (%)	领证数（人） Certificate of birth contral (person)
总　计 Total	**1914606**	**1560391**	**34432**	**13852**	**40.23**	**20050**	**41.61**	**46285**	**96.05**	**639238**
南关区 Nanguan	145000	110912	2852	2106	73.84	1807	76.37	2357	99.62	79977
宽城区 Kuancheng	133602	105272	5256	192	3.65	1499	58.58	2557	99.92	69284
朝阳区 ChaoYang	193787	142315	3469	2705	77.98	3556	85.11	4172	99.86	103273
二道区 Erdao	105262	88884	1065	650	61.03	1804	73.81	2431	99.47	54327
绿园区 LuYuan	183694	150306	1449	956	65.98	2849	75.81	3748	99.73	94725
双阳区 Shuangyang	92758	76587	1482	562	37.92	537	28.43	2338	93.11	19478
开发区 Developing area	26332	21114	591	395	66.84	667	77.29	860	99.65	6543
净旅区 Tourism area	16086	13156	281	172	61.21	166	36.81	450	99.78	5548
榆树市 Yushu	310037	267080	4878	1671	34.26	1689	19.22	8350	95.04	74272
农安县 Nongan	273707	221212	5218	1567	30.03	1585	23.56	6344	94.29	41317
德惠市 Dehui	212648	178203	3888	1304	33.54	1369	21.12	6122	94.46	35545
九台市 Jiutai	211746	178047	3881	1331	38.93	2209	32.36	6319	92.57	52097
高新 High－technical area	9947	7303	122	61	50.00	136	57.38	237	100	2852

18-6 节 育 情 况
BASIC CONDITION OF BRITH CONTROL

		避孕人数(人) Person of control aception (person)	避孕率(%) Control aception rate (%)	手术例数(个) Number of operating
总 计	**Total**	**1433737**	**91.88**	**45359**
南关区	Nanguan	100129	90.28	1663
宽城区	Kuancheng	95230	90.46	1804
朝阳区	Chaoyang	127957	89.91	1965
二道区	Erdao	79513	89.46	2203
绿园区	Luyuan	130405	86.76	2384
双阳区	Shuangyang	69564	90.83	3414
开发区	Developing area	18876	89.40	632
净旅区	Tourism area	12167	92.48	561
榆树市	Yushu	246801	92.41	8967
农安县	Nongan	208609	94.30	8473
德惠市	Dehui	169640	95.19	6361
九台市	Jiutai	168135	94.43	6706
高新	High-technical area	6711	91.89	226

18－7 火 灾 基 本 情 况
BASIC STATISTICS ON FIRES

		全 市 Total
次数	Times	7685
死人	Deaths	33
伤人	Injuries	14
直接损失(元)	Losses (yuan)	7771825

18－8 交通事故情况
BASIC STATISTICS ON TRAFFIC ACCIDENTS

		次 数 Times	死 亡(人) Death(person)	伤 人(人) Injuries(person)	直接折款(元) Loss(yuan)
合 计	Total	12161	658	5758	24127216
城市	Urban area	10111	338	4012	18218617
农村	Ruralarea	2050	320	1746	5908599

18－9 治安案件情况
BASIC STATISTICS ON PUBLIC ORDER

		实 际 Number			实 际 Number
发生(起)	Cases	47580	治安处罚(人)	Treated(person)	31638
市	City	32038	警告	Warn	3184
县	County	15542	罚款	Fine	18298
查处(起)	Treated	31046	拘留	Detention	10156
市	City	21436			
县	County	9610			

中国统计出版社最新资料书简目